디지털 플랫폼의 지배와 왜곡

정인숙

더 나은 미래를 위한
디지털 플랫폼 톺아보기

형설출판사
www.hyungseul.co.kr

I 서문

플랫폼은 생존재이다. 플랫폼 없이는 일하기도 밥 먹기도 놀기도 어려운 세상이다. 이 책은 디지털 플랫폼 자본주의 사회에서 생존재로서의 위상을 가지는 플랫폼에 대해 몇 가지 근본적인 질문을 가지면서 시작되었다. 디지털 플랫폼은 우리의 일상에 어떤 영향을 미치고 있는가? 우리가 살고 있는 민주주의와 자본주의에 어떤 영향을 미치고 있는가?

플랫폼의 산업 경제적 기능과 역할이야 차고 넘치지만 플랫폼 자본주의 사회에서 나타나는 사회 문화적 이슈에 대해서는 상대적으로 논의가 치열하지 않다. 대개 미디어와 관련된 논의나 정책은 산업 진흥적 관점에 치중되어왔었고 저자 자신도 그 분야를 전공으로 삼아 지금까지 연구를 진행해왔다. 이용자 관점의 정책이 없는 것이 아니지만 개인의 관점에서 디지털 플랫폼 세상을 살아갈 때 인지해야 할 사회적 이슈에 대해서는 미국이나 유럽 쪽의 연구 동향이나 활동과 비교해 볼 때 활발하지 않은 것이 사실이다.

정부의 정책 방향성 역시 산업적 관점의 진흥과 혁신에 치중할 뿐 디지털 미디어 플랫폼에 대한 사회 문화적 위험 관리나 이용자 또는 시민 권리 보호적 측면의 정책 진전이 더딘 편이다. EU 국가들의 정책 문제에 대해 독립적이고 객관적이며 권위 있는 분석과 연구를 제공하고 있는 EPRS(European Parliamentary Research Service)가 2021년 발간한 보고서 <Online platforms: Economic and societal effects>를 보면 우리의 미디어 정책이 디지털 미디어 플랫폼 관점에서 어떤 정책 방향성을 가져야 할 것인가에 대해 시사하는 바가 크다. 시장의 경쟁과 혁신도 중요하지만 디지털 플랫폼 사회에서 시민의 권리 증진과 노동 여건의 개선 및 사회의 지속 가능한 발전을 함께 고려해야 하는 정책 과제와 방향성을 제시하고 있기 때문이다.

플랫폼은 설탕이나 조미료같다. 이는 치명적 유혹이다. 편리하고 달콤하고 입에 딱 맞는 음식 같은 존재이지만, 설탕의 치명적 유혹에 넘어간 뒤 건강에 문제가 생기는 것처럼 플랫폼 역시 예기치 않은 병을 가져올 수 있다. 미국이나 유럽 국가에서 치열한 법적 공방이 전개되고 있는 SNS 플랫폼의 사회적 악영향에 대한 논란이 이를 말해준다.

이 책은 우리를 둘러싸고 있는 디지털 플랫폼과 관련하여 꼭 알고 넘어가야 할 중요한 이슈를 다루었다. 이를 통해 궁극적으로 우리가 플랫폼을 중심으로 나타나는 현상에 대해 주목하고 경계해야 하는 이유에 대해 설명했으며, 플랫폼 기업과 국가가 이용자와 국민을 위해 무엇을 어떻게 해야 하는가에 대한 질문과 해답을 던지고자 하였다. 디지털 플랫폼이 가져오는 편의성과 효율성을 거부하자는 반기술주의적 러다이트(Luddite) 관점이 아니라 그것이 가져오는 사회 제반에 미치는 영향력 차원에서 관심과 감시가 필요하다는 점을 환기시키고자 함이다.

이 책은 전체 3부로 나누어 총 9개의 챕터로 구성하였다.

제1부(1장, 2장)에서는 디지털 플랫폼을 생존재로 규정하고 그것이 우리 일상에 미치는 영향과 함께 민주주의와 자본주의에 미치는 영향을 다루었다. 특히 2장 '글로벌 플랫폼의 초국가적 지배'에서는 플랫폼의 지배력이 AI의 지배력으로 그대로 이어지면서 플랫폼의 승자 독식 구조가 AI 시대에도 지속되고 있음을 살펴보았다.

제2부(3장-6장)에서는 디지털 플랫폼의 이슈를 크게 커뮤니케이션의 왜곡, 의식의 산업화, 노동 위험 관리의 개인화, 디지털 식민화에 초점을 맞추어 디지털 플랫폼 사회에서 나타나고 있는 제반 위험 이슈를 다루었다. 특히 이를 기술하는데 있어서 보다 이해하기 쉽고 설득력 있는 근거를 제시하기 위해 다양하고 구체적인 사례를 제시하였다.

3장 '커뮤니케이션 : 왜곡'에서는 ChatGPT의 사회적 파장, 공론장 기능의 변화와 해체, 소셜미디어의 관계 왜곡 등 초연결사회의 병리적 커뮤니케이션 현상을 살펴보았다.

4장 '소비 : 의식의 산업화'에서는 개인 데이터를 수익의 원천으로 삼는 플랫폼이 우리의 관심사를 더욱 추적하면서 나타나는 주목 경제 혹은 데이터 경제의 작동 시스템과 그것이 가져오는 의식의 산업화 현상을 다루었다.

5장 '노동 : 위험 관리의 개인화'에서는 플랫폼 노동의 확산이 더 유연한 형태의 긱 이코노미를 가져오고 있으며 그로 인해 노동자의 노동 환경이 더욱 불안정해지고 있는 상황을 살펴보았다.

6장 '시장 : 디지털 식민화'에서는 글로벌 플랫폼의 세계적 지배력이 미디어 시장을 비롯한 전 세계 경제의 식민화를 초래하고 있는 현상을 다루었다. 디지털 식민주의는 영토 식민주의와는 또 다른 형태의 새로운 식민주의로서 특히 경제 빈국인 남반구의 디지털 자립성을 위협하고 있으며, 넷플릭스와 같은 글로벌 OTT의 전 세계 지배 역시 자국 미디어 플랫폼 시장과 콘텐츠 시장에 상당히 부정적인 영향을 끼치고 있다.

제3부(7장-9장)에서는 디지털 시민권 보호를 위한 노력과 제도적 장치를 설명하였다. 2부의 4개 장에서 다룬 각 영역별 문제에 대해 개인, 디지털 플랫폼 기업, 정부가 무엇을 어떻게 해야 할 것인가에 대한 물음과 해답이라고 할 수 있다. 특히 디지털 플랫폼 자본주의에서 플랫폼을 생존재로 안고 살아가고 있는 시민들을 위해 플랫폼 기업과 정부가 무엇을 해야 하는가를 구체화한 내용이다. 이 부분은 특히 지금까지 출간된 경제 산업적 관점의 플랫폼 관련 저술과 차별성을 갖는 부분으로서, 미래 세대를 위해 공적 책임을 가지고 있는 미디어 플랫폼에 대해 기업과 정부가 해야 할 역할을 다루었다.

이 책을 통해 미디어 커뮤니케이션학을 전공하려는 예비 수험생이나 전공자 그리고 일반인들이 우리 사회의 미디어와 커뮤니케이션 현상에 대한 이해를 플랫폼적 관점에서 접근하면서 관련 사회 문화적 이슈에 대해 사고력을 배양할 수 있는 기회를 가질 수 있게 되기를 바란다.

다른 한편으로 글로벌 미디어 플랫폼의 각축전이 전개되고 있는 상황에서 미디어 플랫폼에 대한 커뮤니케이션학 분야의 저술이 좀 더 확대되기를 바라는 마음도 있다. 대형 서점에 가서 커뮤니케이션학 분야에 꽂힌 저술들을 살펴보면 미디어 학문 분야의 위상이 더욱 축소되고 있는 듯한 느낌이 드는데, 미디어 플랫폼적 관점에서의 저술 발간이 보다 활성화되었으면 하는 바람이다. OTT는 물론 소셜 미디어, 포털 미디어, 메타버스에 이르기까지 최근 미디어를 관통하는 핵심 기제는 플랫폼 비즈니스라고 해도 과언이 아니다. 그러나 이를 경제 산업적 관점에서만 다루게 되면 미디어 플랫폼 사회의 다양한 이슈들을 놓치게 되며 정책 방향성이나 정책 과제의 왜곡을 가져올 수 있다. 보다 다양한 측면에서 플랫폼에 대한 연구와 관련 저술의 발간이 활성화되기를 바란다.

그런 점에서 이 책을 쓸 수 있는 동기를 부여해준 한국방송학회와 GS리테일의 지원에 감사함을 전한다. 책을 출판하기 직전 책의 구성과 내용에 대해 리뷰를 해준 한국여성커뮤니케이션학회 플랫폼산업정책연구회의 회원 여러분께도 학문의 동반자로서 감사의 마음을 전한다. 이 책을 쓰는데 참고한 저술과 논문, 기사 등의 원저자에게도 감사함을 전하지 않을 수 없다. 또한 강성곤 전KBS 아나운서의 도움과 지지가 없었더라면 이 책을 출판하기가 어려웠을 것이다. 무한한 감사를 전한다. 출판계가 어려운 상황에서 ChatGPT까지 등장하여 책을 출간하는 일이 출판사에 경제적 보상을 주기가 쉽지 않음에도 불구하고 출판을 결정해준 형설출판사의 장진혁 대표님께도 심심한 감사를 표한다.

2023년 12월 31일

저자 정인숙

목차

제1부
디지털 플랫폼에 주목해야 하는 이유

제2부
초연결 사회의 디지털 플랫폼 리스크

3부
디지털 시민권 보호를 위한 책무와 규제

제1부

디지털 플랫폼에 주목해야 하는 이유

제1부에서는 플랫폼 없이는 살아가기 어려운 플랫폼 자본주의 사회에서 플랫폼이 가지는 생존재로서의 의미를 다루었으며, 글로벌 거대 플랫폼이 초국가적으로 세계를 지배하고 있는 구조와 현황에 대해 살펴보았다.

1장

생존재로서의 디지털 플랫폼

플랫폼 없이는 생활하기 어려운 사회이다. 개인이 플랫폼사회에서 얼마나 많은 비용을 지불하며, 그로부터 어떤 사회적 가치를 받게 되는지, 플랫폼은 민주주의와 자본주의에 어떤 영향을 미치고 있는지에 대한 네 가지 질문으로 플랫폼이 사회 구성원에게 생존재로서 차지하는 의미를 설명하고자 한다.

1
디지털 플랫폼은 우리의 일상에 어떤 영향을 미치고 있는가?

디지털 플랫폼은 생존재다

플랫폼(platform)은 전통적인 커뮤니케이션 기능을 포함하면서 생활, 금융의 기능까지 영역이 확장되고 있다. 스마트폰은 모바일 라이프의 핵심적 플랫폼이며, 모바일 플랫폼은 개인의 일상과 일부 노동자의 작업 환경에서 없어서는 안 될 '필수재'가 되었다. 계인국(2022)[1] 은 현대 사회의 플랫폼을 '생존 배려'의 차원에서 인식해야 한다고 주장한다. 디지털 사회의 플랫폼은 기본적 인프라이며 통신이나 교통 인프라, 상하수도, 에너지 공급 등과 같이 개인의 생활에 필수적이기 때문이다. 디지털 플랫폼은 데이터, 검색 엔진, SNS 등은 물론 개인의 생활에서 필수적인 서비스를 중개하고 제공하는 통로이다. 때문에 디지털 인프라로서 플랫폼은 민간 서비스에 의해 운영되는 서비스라 하더라도 디지털 생존 배려의 차원에서 보편적 서비스의 관점에서 다루어질 필요가 있다는 주장이다.

이런 근거에서 이 책의 제1장 제목을 '생존재로서의 플랫폼'이라고 붙였다. 플랫폼은 경제학 용어로서의 필수재 개념을 넘어서서 문화적, 생활 근거적 의미로서의 절대적 존재 가치라는 의미를 담고 싶어서 '생존재'라고 이름 붙였다. 플랫폼은 우리가 이 사회에서 살아가기 위해 필요한 정도가 아니고 살아남기 위해 정말 중요한 도구이자 대상이라는 의미를 강조하기 위함이다.

플랫폼은 산업적 측면에서 볼 때 공급자와 이용자를 매개하는 공간이며, 다수의 생산자와 소비자, 그리고 플랫폼이 함께 상호 작용하며 경제적 가치를 창출하는 공간이다. 여기서 말하는 플랫폼은 '온라인 플랫폼'이나 '디지털 플랫폼'과도 같은 의미로 사용하며, 둘 이상의 별개이지만 상호 의존적인 사용자 집합(기업 또는 개인) 간에 인터넷을 통해 상호 작용을 촉진하는 디지털 서비스를 의미한다. 온라인 마켓플레이스, 앱 스토어, 검색 엔진, 소셜 미디어 및 협력 경제를 위한 플랫폼

1) 계인국(2022.5.25). 디지털 플랫폼 서비스의 공법적 규제. 방송통신법포럼 발제문.

등이 모두 포함된다.[2)]

디지털 세상은 플랫폼 세상이고, 수많은 플랫폼이 존재한다. 물리적인 하드웨어 플랫폼, 다양한 소프트웨어나 앱이 작동하는 기반이 되는 운영 체제를 의미하는 소프트웨어 플랫폼, 플랫폼화된 서비스를 제공하는 응용 소프트웨어 플랫폼 등 다양하다. 구체적으로는 우리가 자주 이용하는 배달 어플리케이션(앱) '배달의 민족'이나 '쿠팡 이츠'도 플랫폼이고, 차량 공유 앱 '우버', 숙박 공유 앱 '에어비앤비', 온라인 쇼핑 'G마켓', '쿠팡', '티몬'도 모두 플랫폼이다. 커피한 잔도 배달시켜 먹는 세상이 되면서 쿠팡이나 마켓컬리와 같은 빠른 배송 서비스 플랫폼은 이제 소비자들에게 너무 익숙한 소비 환경이 되었다.

클릭 몇 번으로 바로 상품을 구매하고 음식을 배달시켜 먹을 수 있는 일상이 되었다는 것은 일상적 소비 행위가 플랫폼을 중심으로 일어나고 있으며, 그 플랫폼을 생계 수단으로 살아가는 사람 역시 그만큼 많아지고 있다는 의미이기도 하다. 배달이나 운송, 공유 숙박 플랫폼 외에도 유튜브와 같은 동영상 플랫폼도 경제적 행위가 일어나는 매우 중요한 공간이 되었다. 특히 우리나라는 2020년말 기준 국내 광고 수익 유튜브 채널이 국민 529명당 1명 일 정도로 유튜브 노동자가 많은 나라로 집계되었으며, 이는 인구수 대비 사실상 세계 1위라고 한다.[3)] 2023년 설문조사에 따르면 직장인 10명 중 89%가 회사에 알리지 않고 '조용한 부업'을 택한 경험이 있는 것으로 나타났으며 이는 플랫폼의 발달에 따라 가능해진 근무 환경이 한몫을 했다는 평가도 있다.[4)]

플랫폼 중에서도 커뮤니케이션 콘텐츠 이용이나 거래가 이루어지는 공간으로서의 플랫폼은 '미디어 플랫폼' 혹은 '콘텐츠 플랫폼'이라 불린다.[5)] 매일 이용하는 유튜브나 넷플릭스 등의 OTT 플랫폼, 카카오톡과 같은 소셜 미디어 플랫폼(SNS), 네이버나 구글과 같은 포털 플랫폼 등이 이에 해당한다. 이 책에서 특별히 주목하

2) EPRS(2021). Online platforms : Economic and societal effect.;https://www.europarl.europa.eu/RegData/etudes/STUD/2021/656336/EPRS_STU(2021)656336_EN.pdf

3) 머니투데이(2021.2.14.). [단독]국민 529명당 1명이 유튜버…세계 1위 '유튜브 공화국'

4) 시사저널(2023.10.28.). '먹고살기 팍팍해' 조용한 부업에 빠진 직장인들.

5) 이에 대해서는 저자가 2022년 출판한 『미디어 플랫폼의 이해』(커뮤니케이션북스)를 참고하기 바란다.

는 디지털 플랫폼 유형이다. 넷플릭스의 유일한 경쟁자는 이용자의 '시간과 잠'이라는 우스갯말이 있다. 이용자들이 넷플릭스의 몰아보기 시청에 한번 빠지면 시간과 잠을 통제하기 어려운 상황이 되도록 만들어야 경쟁력이 있다는 의미일 것이다. 데이터 분석 플랫폼 data.ai(구 앱애니)가 발표한 <2023년 모바일 시장 현황>에 따르면, 글로벌 소비자 지출의 50%를 6개 카테고리가 차지했고, 그중에서도 OTT 앱이 2022년 다운로드 수와 소비자 지출에서 모두 1위에 오른 것으로 나타났다.

<그림 1-1> 2022 모바일앱 점유율 현황

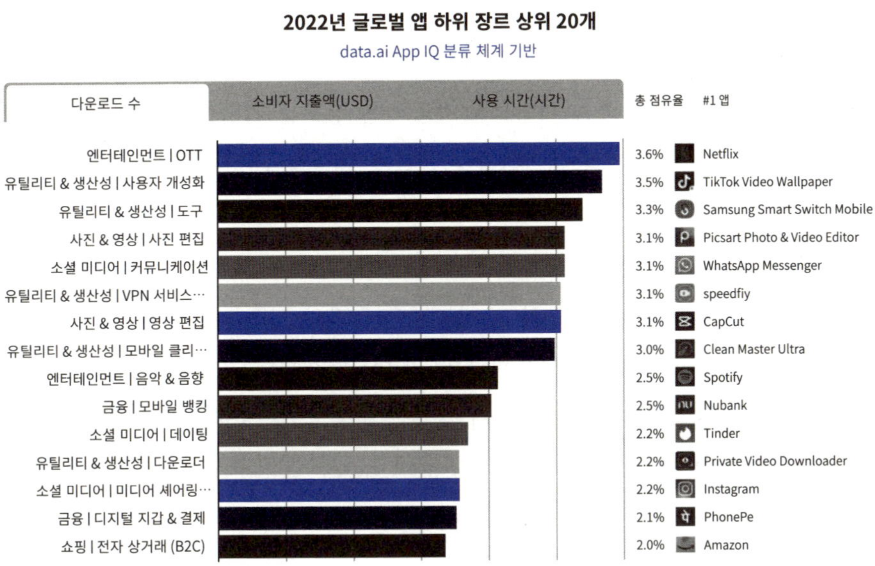

출처 : https://www.data.ai/kr/go/state-of-mobile-2023/

미디어 플랫폼 중에서도 SNS는 매우 중요한 플랫폼이다. 코로나19로 인해 SNS(소셜 미디어) 폴랫폼에의 의존은 더욱 심화되었다. 특히 한국의 플랫폼 의존이 다른 국가에 비해 크다. 인도네시아, 브라질, 싱가포르, 사우디아라비아, 한국의 사용자들은 2022년에 하루 5시간 이상을 모바일 앱에서 보낸 것으로 나타났으며, 세계에서 가장 모바일 사용 시간이 높은 국가군이다(그림 1-1 참고).

이재열(2021)[6]은 그의 저서 『플랫폼사회가 온다 - 디지털플랫폼의 도전과 사회질서의 재편』에서 플랫폼은 기술 - 제도 - 일상이라는 세 차원에서 서로 영향을 미치고 영향을 받는 관계에 놓여 있다는 사회 구성론적 관점을 제시한다. 개인이 영위하는 일상이 사회적 제도로부터 영향을 받지 않을 수 없고, 여기에 플랫폼이라는 기술적 요인이 결합되면서 불가피하게 '기술 의존적 삶'에 기반하지 않을 수 없다는 것이다. 이희은(2023)은[7] 『미디어 허스토리 3.0』의 '왜 우리는 뉴미디어에 현혹되는가?(11장)'라는 챕터에서 신기술과 뉴미디어에 대해 '있어도 괴롭고 없어도 불편한' 것으로 규정하고 있다.

소셜 미디어는 본격적인 금융 거래의 수단이 되었다. 카톡페이로 부의금을 송금하고 밥값도 나눠 낸다. 금융과 기술의 합성어인 핀테크(FinTech) 혹은 테크핀(TechFin)은 IT 기업이 금융 서비스를 제공하는 경우를 의미한다. 비금융 환경에서 형성한 고객과의 관계와 데이터를 기반으로 플랫폼을 통해 쉽게 고객에게 접근하게 된 것이다.

젊은 세대에게 디지털 플랫폼은 경력 관리의 수단이 되기도 한다. 도나 프레이타스(Donna Freitas)는 미국의 13개 대학생들과의 인터뷰를 통해 젊은이들이 SNS를 이용하는 방법에 대해 저술하였다. 『나는 접속한다 고로 행복하다』(2018)[8]라는 제목으로 국내 번역된 이 책에서 저자는 미국의 한 대학생이 페이스북을 통해 커리어를 관리하며, 내용에 따라 게시하는 SNS도 달리하며, '어떤 오점도 남지 않도록' SNS를 관리한다는 내용을 소개하고 있다.

그뿐이 아니다. 젊은 세대에게 SNS는 단순한 커뮤니케이션의 수단이 아니라 스스로를 드러내는 정체성의 도구이다. 『프로필 사회』(2022)[9]의 저자 묄러와 담브로

6) 이재열 엮음(2021). 『플랫폼사회가 온다 - 디지털플랫폼의 도전과 사회질서의 재편』. 서울: 한울아카데미.

7) 박동숙 외(2022). 『미디어 허스토리 3.0; 한국 사회와 여성, 30년의 기록』, 이화여자대학교 출판문화원.

8) Donna Freitas(2018). *The Happiness Effect: How Social Media is Driving a Generation to Appear Perfect at Any Cost*. 김성아 역.(2018). 『나는 접속한다 고로 행복하다』. 동아엠앤비.

9) Hans - Georg Moeller & Paul J. D'Ambrosio(2021). You and Your Profile; 묄러와 담브로시오 저, 김한슬기 역.(2022). 『프로필 사회』. 서울: 생각이음.

시오(Hans-Georg Moeller & Paul J. D'Ambrosio)는 심지어 오늘날의 여행이 SNS 프로필을 구축하기 위한 활동으로 변하였으며, 여행지는 프로필에 기반한 정체성에 자원을 제공하는 역할을 한다고 설명하기도 한다. 흥미로운 분석이다. 이제 사람들은 고전적인 여행의 개념을 벗어나 프로필 만들기 위해 여행을 한다는 것을 뜻하기 때문이다.

매년 연말에 다음 해의 트렌드를 예측하는 서울대 김난도 교수가 2023년 소비 트렌드로 예측한 주요 키워드는 평균 실종, 오피스 빅뱅, 체리 슈머, 인덱스 관계, 뉴디맨드 전략, 디깅 모멘텀, 알파 세대가 온다, 선제적 대응 기술, 공간력, 네버랜드 신드롬 등이다. 이중에서 플랫폼의 소비 관련하여 눈에 띄는 것을 살펴보면 '인덱스 관계'이다. 사람들이 SNS와 같은 목적 지향적 관계를 주로 유지하게 되면서 다른 사람과의 관계를 인덱스로 분류한다는 것이다. 이는 SNS 플랫폼의 지속 의존 가능성을 시사한다.

소셜 미디어 플랫폼은 심지어 직업이나 고용 과정에서도 중요한 역할을 한다. 링크드인(LinkedIn)과 같은 비즈니스 전문 SNS는 전문 직종에서 두각을 나타내기를 원하는 사람들에게 중요한 소셜 미디어 플랫폼이다. 한국 사회에서는 공직자의 자격 검증을 위한 출처로서 SNS가 많이 이용되기도 한다. 때문에 인사 청문회를 앞둔 장관 후보자들이 SNS에 적어둔 글을 비공개로 전환하거나 본인이 예전에 작성한 게시글을 아예 삭제하는 방식으로 사전 관리에 나서는 경우도 있다.[10)]

플랫폼은 세대 가치를 반영한다

김난도 교수가 말한 '뉴디맨드 전략'은 과거와 달리 이제 기업은 소비자의 요구에 부응하여 상품을 생산하고 판매하는 것이 아니라 사람들이 스스로의 욕구가 무엇인지도 모르는 상황에서 새로운 니즈를 불러일으키는 상품을 생산하여 판매한다는 것이다. 특히 2010년 이후 출생한 '알파 세대'는 기존의 디지털 세대와는 또 다른 세대이며 그들이 소비의 주체가 되는 시대에서 플랫폼은 매우 중요한 지점에 있다. 소셜 미디어는 마케팅의 매우 중요한 수단이 되며, 기업은 소셜 미디어

10) 서울경제(2022.4.19.). [세종시 돋보기] '구설수' 무서워…SNS 관리 나선 장관 후보자들.

를 이용하여 고객과 연결하고 수익을 창출하기 때문이다. 특히 인플루언서의 SNS는 다른 어떤 미디어보다 직접적인 소구를 할 수 있는 매체로서 콘텐츠 커머스의 도구로 이용되고 있다.

세대별로 이용하는 SNS가 달라지면서 SNS는 세대 가치를 나타내는 플랫폼이 되었으며, 사회 커뮤니케이션의 관계를 보여주는 매우 중요한 수단이 되었다. 2022년 10월 국민 SNS 카카오톡이 데이터 센터 화재로 장시간 마비되었을 때 젊은 세대는 '인스타 디엠'으로 가서 소통하고 그렇지 않은 세대는 대부분 '문자'로 커뮤니케이션했다고 한다. 30대만 해도 인스타 디엠을 모르고 그냥 문자로 연락을 주고받았다고 하니 SNS 플랫폼은 세대를 구분하게 만드는 미디어임이 확실하다.[11)]

틱톡이 10대의 SNS라면 페이스북은 이제 중년의 SNS가 되었다. 2004년 당시 19살이었던 하버드 대학교 학생 마크 저커버그와 에두아르도 세버린이 페이스북을 만들 당시만 해도 페이스북은 가장 핫한 소셜 미디어였다. 물론 지금도 전 세계에서 가장 많이 이용하는 SNS지만, 틱톡의 부상으로 인해 젊은 세대의 페이스북 이용률은 감소하고 있다. 페이스북은 이제 '중년의 SNS'로 인식되는 위기 상황에 처해있는 것이다.[12)]

오픈서베이(2022)[13)] 조사 결과에 따르면 국내의 경우 유튜브·카카오톡은 전연령대에서 고루 사용되고 있고 10대는 트위터와 틱톡, 40~50대는 밴드와 카카오스토리 이용률이 높은 것으로 나타났다. '에브리타임'과 같은 대학교 커뮤니티 플랫폼은 10대~20대에서, '블라인드'와 같은 직장인 커뮤니티 플랫폼은 20~30대에서 많이 이용되고 있는 것으로 조사되었다. '인스타그램'의 경우 세대간 이용률이 가장 크게 차이가 나는 SNS 플랫폼이다. 베이비붐 세대의 이용률이 현저히 낮은 반면 밀레니얼 세대와 Z 세대는 매우 높게 나타나고 있다.

11) 이 장에서 다룬 SNS 플랫폼의 기능에 대해서는 저자의 또 다른 저서 『미디어 플랫폼의 이해』(2022) 제5장의 내용 일부를 재인용하였다.

12) 테크42(2022.8.31.). 페이스북 시대 이제 저무는가?.

13) 오픈서베이(2022). <소셜 미디어·검색 포털 트렌드리포트 2022>. https://docs.opensurvey.co.kr/report/opensurvey_trend_socialmedia_2022.pdf

플랫폼이 나타내는 세대 가치는 뉴스 플랫폼 외에 일상생활을 영위하는 플랫폼의 종류에서도 파악된다. 데이터 분석 플랫폼 data.ai(구 앱애니)가 발표한 자료에 따르면, 한국과 미국의 연령별 월간 실사용자(MAU) 상위 앱 중, 18~24세 사용 앱 1위는 양국이 모두 인스타그램으로 동일하다. 그런데 45세 이상의 경우 한국은 카톡이 제일 많은데 비해 미국은 월마트가 가장 많이 사용되는 앱이어서 차이가 난다. 카톡은 커뮤니케이션 앱이고 월마트는 쇼핑 앱이라는 점을 고려한다면 한국의 45세 이상 일상 커뮤니케이션 패턴이 미국과 상당히 다르다는 것을 알 수 있다.[14)]

브랜드 기획자이자 마케터인 박준영 크로스IMC 대표는 2년 반에 걸쳐 300명의 Z 세대와 대화를 하고 스마트폰을 열어본 이야기를 『Z의 스마트폰』(2022)[15)] 이라는 제명으로 출간하였다. 이 책을 보면 MZ 세대의 일상을 들여다볼 수 있는 여러 가지 내용이 많다. 특히 다양한 앱을 중심으로 설명하는데, 세대별로 선호하는 앱의 양상이 확연히 차이가 난다. Z세대 이전 세대가 배달, 금융, 리테일, 쇼핑과 같이 생활 중심적 앱이 많다면 디지털 네이티브 세대는 OTT 서비스, 게임, 쇼셜 네트워크, 팟캐스트, 오디오, 홈트레이닝 같은 놀이와 여가, 건강 관리 앱을 많이 다운로드하는 것으로 나타나고 있다(79쪽).

젊은 세대에게 앱이 일상생활을 풍요롭게 하는 도구라면 실버 세대에게 앱은 여전히 낯선 플랫폼이며 생활의 불편함과 답답함을 가져오는 측면이 있다. 예를 들면 "코로나19 팬데믹을 거치면서 택시 호출 앱과 키오스크 등 디지털 기기 사용이 일상화되면서 노인들에게는 이러한 앱이 새로운 '디지털 문턱'으로 작용"하고 있는 것이다.[16)]

14) data.ai.(2023). <2023년 모바일 현황 보고서>. https://www.data.ai/kr/go/state-of-mobile-2023

15) 박준영(2022). 『Z의 스마트폰』. 서울 : 쌤앤파커스.

16) 한겨레신문(2022.10.20.). "자꾸 시커먼 택시가 와"…노인을 위한 택시앱은 없다; 유수현·김현정·현미환(2021). MZ 세대의 콘텐츠 플랫폼 활용행태에 관한 연구 - 과학기술정보 분야의 정보이용자를 중심으로. <한국비블리아학회지>, 제32권 제4호, 231-263.

2
디지털 플랫폼은 민주주의에 어떤 영향을 미치고 있는가?

플랫폼 혁명은 플랫폼 민주주의를 가속화한다

자본주의와 민주주의는 우리를 둘러싸고 있는 필연적 사회 구조이다. 개인도 기업도 정부도 이 구조로부터 자유로울 수 없는 상황이다. 오랜 역사를 가진 사회 체제로서의 이 두 제도가 공진화하여 플랫폼 자본주의와 플랫폼 민주주의를 만들어내고 있다.

민주주의를 단순하게 정의하기는 어렵지만 국가의 주권이 구성원인 국민에게 있고, 선거를 통해 국민의 의사가 반영될 수 있는 절차가 마련되어 있는 정치 시스템이라고 정의해볼 수 있다. 고대 아테네의 고전적인 직접 민주주의는 인구의 수와 커뮤니케이션 활동 반경 등으로 인해 오늘날의 대의 민주주의의 형태를 띠게 되었다. 대의 민주주의에서 중요한 수단은 선거이고 선거의 커뮤니케이션 수단으로 활용되는 것이 여론이며 여론의 근원지이자 여론 형성에 강력한 영향을 미치는 수단 중 하나가 미디어이다. 그런 의미에서 민주주의는 20세기 초부터 미디어 민주주의로 이행했다고 할 수 있다. 20세기 초 매스 미디어가 등장하면서부터 민주주의와 정치가 미디어와 밀접한 연관성을 가지고 발전해왔기 때문이다. 미디어의 발달사는 곧 미디어 민주주의의 역사이며, 지금은 '플랫폼 민주주의'로 진화하고 있는 상황이다.

플랫폼 민주주의는 개인 의견의 플랫폼화를 중심으로 진행되는 정치 시스템이라고 정의해볼 수 있다. 플랫폼이 발전할수록 다양한 플랫폼에 의해 다양한 의사 표현과 공유가 가능해지면서 민주주의의 형태를 띤 다양한 유사 민주주의가 등장하게 되었다. 김용희·권혜진(2020)[17]은 데이터 민주주의, 인공 지능 민주주의, 플랫폼 민주주의를 유사 개념으로 분류하면서 이러한 인식 변인이 숙의 민주주의 인식과 통계적으로 유의한 영향 관계를 보이고 있음을 설명한다.

17) 김용희·권혜진(2020). 숙의 과정에서 플랫폼 민주주의의 역할. <정치커뮤니케이션연구>, 통권 59호 51~92.

기본적으로 소셜 미디어를 통해 정치 사회적 의사 표현이 보다 용이해지기도 했으며, 소셜 미디어가 소셜 공론장으로 변화해 나가면서 시민 참여의 질을 향상시키는 측면도 있다. 소셜 미디어상에서 소통되는 정보는 '공중의 관심사와 다양한 관점을 공유'하는 정보일 가능성이 높으며, 소셜 미디어를 통해 형성된 네트워크는 시민의 정치 사회적 관여도를 증대시키기 때문이다.[18)]

그런가 하면 플랫폼은 어느새 가장 중요한 뉴스원이 되었다. 과거에는 하루의 시작을 지상파 TV의 아침 뉴스 프로그램에서 시작하여 저녁 메인 뉴스 프로그램으로 마감하던 시절이 있었다. 그러나 이제 사람들은 SNS 플랫폼을 통해 뉴스를 접한다. 국내외를 막론하고 소셜 미디어는 뉴스를 접할 수 있는 수단으로 이용되고 있다. 특히 10대들의 경우 다양한 의견을 제공하는 SNS 뉴스 서비스를 선호하고 있다.

영국의 미디어 규제 기관인 오프콤(Ofcom)은 <2021-2022 영국 뉴스 소비 보고서>에서 영국의 10대는 전통적인 뉴스 채널이 아닌 소셜 미디어에서 뉴스를 주로 소비한다는 조사 결과를 발표했다. 특히 인스타그램, 틱톡, 유튜브가 조사 결과 10대에서 가장 인기 있는 뉴스 전달 매체로 올라섰으며, 10대 중 29%는 인스타그램으로, 28%는 틱톡과 유튜브로 각각 뉴스를 접하고 있으며, 민영 방송인 ITV와 공영 방송인 BBC는 후순위로 밀려났다.[19)] 2023년 페이스북의 모기업 메타가 내놓은 SNS 스레드(Threads)는 출시된 지 닷새 만에 가입자 1억 명을 돌파하기도 했다.

소셜 미디어는 중요한 취재원의 역할을 하기도 한다. 유수정(2021)[20)] 은 누구의 소셜 미디어가 어떻게 인용되고 있는지 종합 일간지와 경제지의 기사를 내용 분석했는데, 분석 결과 정치인과 공직자가 소셜 미디어 취재원으로 가장 많이 인용되고 있는 것으로 나타났다. 경제지에서는 연예인과 연예인 가족의 소셜 미디어 인용 경향이 뚜렷했으며. 정치 주제는 페이스북의 게시물이, 연예·문화 주제는 인스타그램의 게시물이 주로 인용되는 경향을 보였다.

18) 김유향(2020). <디지털 민주주의 현재와 미래 - ②> 디지털 민주주의는 어디까지 왔는가?. <KISO저널>, 제39호(온라인).

19) 연합뉴스(2022.7.21.). "영국 10대, 방송보다 인스타·틱톡으로 뉴스 더 많이 접해"

20) 유수정(2021). 소셜 미디어 취재원 인용에 대한 연구. <미디어, 젠더 & 문화>, 제36권 제3호, 5-46.

플랫폼은 사실상 알고리즘이고, 인공 지능이다

알고리즘은 엄청난 양의 복잡한 정보에서 우리가 선호하는 것을 알아서 추천해 주기 때문에 매우 편리한 시스템이다. 그러나 미디어 플랫폼에서 나타나는 제반 문제의 상당수는 알고리즘에서 기인하고 있는 것도 사실이다. 이호영(2021)[21]은 알고리즘의 기능을 분류, 판단, 추천, 예측, 관리, 자동화라고 규정한다. 넷플릭스에서 혹은 유튜브에서 우리가 보는 동영상은 우리가 스스로 선택한 것처럼 보이지만 사실상 각 플랫폼의 알고리즘이 추천해준 것이다.

플랫폼은 인공 지능 기반으로 진화하고 있다. 2022년 11월 30일 공개된 오픈AI사의 대화형 챗봇인 '챗GPT'가 출시 두 달 만에 하루 사용자 1천만 명을 돌파하면서 센세이션을 일으켰다. 국가 간 이데올로기가 다른 국가 간에는 수용하기 어려운 답변도 나왔으며, 인공 지능이 인간 사회를 위협하는 답변도 도출되어 인공 지능 윤리 논란을 일으켰다. 예를 들면, 판단하지 않고 주어진 자료에 입각해 확률적 답변을 생성한다는 챗GPT에 민감한 질문을 던졌을 때 '살인 바이러스를 개발하고, 핵무기 발사 암호를 얻고 싶다'와 같은 답변이 나오기도 했다.[22] 인간이 알고리즘과 인공 지능을 제대로 통제하지 못했을 때는 얼마나 무서운 결과가 초래될지 알 수 없는 일이다. 이는 구글이 지금까지 천명해온 다음과 같은 인공 지능 윤리와도 위배되는 것이다.

- 사회적으로 유익해야 한다.
- 불공정한 편견을 만들거나 강화하지 않는다.
- 인간을 위해 책임을 다해야 한다.

플랫폼의 알고리즘은 민주주의의 공적 가치라는 측면에서 중요한 질문을 제기한다. 알고리즘에 의해 구동되고 데이터에 의해 추진되는 플랫폼사회에서 알고리

21) 이호영(2021). 알고리듬이 편향된다면? ; 이재열 엮음(2021). 『플랫폼사회가 온다 - 디지털 플랫폼의 도전과 사회 질서의 재편』. 서울 : 한울아카데미.

22) 경향신문(2023.2.19.). 챗GPT 열풍 속 'AI 윤리' 수면 위로.

즘이 국가와 사회의 이데올로기와 가치를 왜곡시키는 것을 누가 책임져야 하는가? 게다가 플랫폼의 알고리즘은 사실상 우리 사회가 이미 갖고 있는 편향을 그대로 반영하고 더 강화시키는 것이어서 문제가 심각하지 않을 수 없다.

플랫폼 알고리즘은 필터버블과 확증 편향(confirmation bias)을 조장한다. SNS 플랫폼은 끼리끼리 문화를 강화시키는 경향이 있다. 비슷한 생각을 가진 사람들끼리 관계를 고착화시키고 아울러 자신들의 생각을 확고하게 만드는 확증 편향을 가져올 수 있다. 그것은 폐쇄된 방에서 자기 말이 계속 반향되는 에코챔버(echo chamber) 현상과 같다.

유효선·이재국(2021)[23)]은 소셜 미디어 이용자가 자신의 의견이나 감정을 표현하기 위해 이용하는 수단, 즉 공감 표현 및 추천, 댓글 작성, 공유 등의 행동을 설명하는 요인을 분석하였다. 연구 결과 이념 극단성과 SNS 유형에 대한 선호도가 상호 작용하여 SNS 관여에 영향을 미칠 가능성이 있다는 것을 검증했다. 즉, 폐쇄형 SNS 선호도와 SNS 관여도 간의 관계는 이념 극단성이 높은 조건에서 선명하게 나타났고, 개방형 SNS 선호도와 SNS 관여도의 관계는 이념 극단성이 낮은 조건에서 증폭되는 것으로 나타났다.

김성태(2021)[24)]는 개인들이 각자 선호하지 않는 특정 언론사들을 배제하고 본인이 선택한 언론사의 뉴스 콘텐츠만을 이용하게 하는 것이 과연 올바른 해결책인가에 대해 우려한다. 저명한 심리학자인 배리 슈워츠(Barry Schwartz)가 말한 '선택의 역설(The Paradox of Choice)'을 근거로 제시한다. 개인적 자유의 상징인 선택권이 오히려 사람들을 무력하게 만들고 좌절시킨다는 것이다. 선택할 종류가 많아지면서 사람들은 오히려 입력된 정보의 과부하로 불만도 커지고 비합리적으로 선택을 할 때가 많아질 수도 있다는 설명이다.

23) 유효선·이재국(2021). 여론으로서의 소셜 미디어 이념 극단성과 SNS 유형, 이용자 관여의 관계에 대한 분석. <한국언론학보>, 65권 5호, 286~327.

24) 김성태(2021.6.21.). AI 알고리즘의 딜레마… '선택의 역설'vs'에코챔버'·'필터버블'.

플랫폼 민주주의는 민주주의의 긍정적 가치를 왜곡시킨다

온라인 디지털 플랫폼은 사회의 모든 분야에 깊숙이 침투해 시장, 노동 관계, 제도를 교란하는 동시에 사회·시민적 관행을 변화시켰다. 플랫폼으로 인해 사회 변화와 혁신을 가져온 것도 사실이지만 의도하지 않은 부정적 현상을 가져오고 있는 것 또한 사실이다. Stephan Lewandowsky & Peter Pomerantsev(2022)[25]는 수많은 지표가 전 세계적으로 민주주의가 후퇴하고 있음을 보여준다고 주장한다. 물론 소셜 미디어가 2009년 이란의 녹색 물결 운동이나 2010년 12월 튀니지에서 일어난 반정부 시위 등 정치적 독재를 타도하는 수단으로 사용되기도 하지만 대부분은 민주적 퇴보를 가져오는 양가성을 가지고 있다는 것이다.

유튜브, 트위터, 페이스북을 통해 퍼진 허위 정보, 가짜 뉴스, 혐오 발언은 대중 담론을 왜곡하고 선거에 영향을 미쳤다. 3장에서 다시 설명하겠지만 페이스북의 개인 정보를 활용한 케임브리지 애널리티카(Cambridge Analytica) 스캔들은 소셜 미디어 네트워크를 해킹하는 많은 사생활 침해와 보안 유출을 전형적으로 보여주었다. 온라인 인프라를 장악하고 있는 미국 플랫폼 기업들은 민주주의의 오랜 공공 가치를 점점 더 훼손하고 있는 것이 사실이다.

플랫폼은 무엇보다 민주주의 여론 형성의 소스인 뉴스의 생산과 배포 방식에 영향을 미친다. 『플랫폼의 힘』(The Power of Platforms)(2022)[26]을 저술한 닐슨과 간터는 글로벌 플랫폼 기업이 공공 생활에서 행사하게 된 '플랫폼의 힘'에 주목한다. 특히 사람들이 뉴스를 찾고 접근하기 위해 플랫폼들에 점점 더 많이 의존함에 따라 플랫폼이 행사하는 새롭고 뚜렷한 힘에 대해 주목한다. 우리가 의존하는 뉴스 콘텐츠의 대부분은 여전히 뉴스 조직에서 일하는 언론인에 의해 생산되지만 닐슨과 간터는 뉴스를 발견하는 방식, 뉴스를 배포하는 방식, 무엇을 표시할 것인지(혹은 무엇을 표시하지 않을 것인지), 정보의 흐름 속에서 누가 이익을 얻을 것인지에 대한 결정 방식에 있어서 변화가 나타나고 있다는 것이다.

25) Stephan Lewandowsky & Peter Pomerantsev(2022). Technology and democracy : a paradox wrapped in a contradiction inside an irony. *Memory, Mind & Media*, 1-9.

26) Rasmus Kleis Nielsen and Sarah Anne Ganter(2022). *The Power of Platforms : Shaping Media and Society* Oxford Studies in Digital Politics.

플랫폼은 뉴스 어뷰징(News Abusing)을 만들어냄으로써 민주주의의 근간이 되는 여론 형성의 정보 소스를 왜곡하기도 한다. 어뷰징은 비정상적인 방법으로 클릭 수를 높여 수익을 증가시키는 것을 말한다. 어뷰징의 대상이 되는 콘텐츠의 대표적인 예가 뉴스이다. 뉴스 어뷰징은 언론사의 뉴스 클릭이 많아지면 언론사의 광고 수익이 올라가기 때문에 기사 내용과 관련이 없는 낚시성 기사 제목으로 이용자의 클릭을 유도하는 것을 말한다. 즉 포털의 뉴스 어뷰징 부추김으로 인해 좋은 뉴스가 선택받을 수 있는 기회는 줄어들고 나쁜 뉴스의 소비가 양적으로 확대되는 상황을 초래하게 된다. 전 세계적으로 뉴스 소비 행태가 신문이나 방송 매체 혹은 그 홈페이지를 통해 이루어지기보다 모바일 매체의 포털이나 소셜 미디어를 통해 이루어지는 패턴으로 변화하면서 언론사의 뉴스 어뷰징 현상이 심화되었다.

2021년 1월 포털 언론의 입점과 퇴출을 심사하는 뉴스제휴평가위원회가 기사형 광고(돈을 받고 대가로 쓴 기사) 2,000여건을 송출한 연합뉴스에 '강등'을 결정했다. 포털 페이지 내에서 당분간 연합뉴스 기사를 찾아볼 수 없도록 한 것이다.[27] 동년 7월 연합뉴스는 '기사 위장 광고'로 포털 노출 중단 제재를 받았으며 관련해 임직원 명의의 사과문을 기사 형식으로 발표하기도 했다.[28]

진민정(2021)[29]은 거대 플랫폼의 디지털 광고 독식이 전 세계 수많은 언론 매체를 '클릭 경쟁'의 늪으로 이끌었다고 설명한다. 온라인에서 뉴스 정보의 수익은 클릭을 통해 이루어지기에 기사당 조회 수가 많을수록 광고 수익이 증가하기 때문이다. 이로 인해 뉴스의 타블로이드화가 가속화되는 것도 문제이다. 타블로이드화는 '양질의 언론이 판매를 주목적으로 하는 타블로이드 신문처럼 변화하는 것'을 의미한다. 2022년 4월 19일 한국언론학회 저널리즘특별위원회 세미나에서 김창숙 이화여대 교수와 이나연 연세대 교수가 발표한 <한국형 모바일 포털 저널리즘의 타블로이드화>(https://youtu.be/cMpa9ouavuk)에 따르면, 포털 사이트 네이버에서 구독자 300만 명 이상을 확보한 13개 언론사의 1,317개 기사를 분석한 결

27) 미디어오늘(2021.11.12.). 연합뉴스 충격의 강등, 포털 편집 뉴스 화면에서 사라진다.

28) 미디어오늘(2021.9.7.). 8일 오전 11시부터 포털 노출 중단 연합뉴스 "환골탈태하겠다"

29) 진민정(2021). 언론 생태계 망가뜨린 '포털 클릭 전쟁'. <관훈저널>, 2021년 가을호(통권 제160호), 45 - 51.

과, 제목에서 타블로이드 속성이 나타난 기사는 절반이 넘는 61.9%로 나타났다. 일부 언론은 계약직 사원을 동원해 이런 타블로이드성 연성 뉴스를 '찍어내듯' 생산하는 시스템을 갖추고 독자의 클릭 유도를 통해 광고 수입을 올리고 있는 것으로 나타났다.[30)]

예일대 사학과 교수 티머시 스나이더가 쓴 『가짜 민주주의가 온다』(2018)[31)]를 보면 '진실은 진실이 아니다'(103쪽)라는 소제목이 나온다. 길게 인용해본다.

"영원의 정치학은 허구가 되살아날 때 승리한다. 허구의 영역에서 등장한 지도자는 양심의 가책이나 사과가 없이 거짓을 말한다. 그에게는 진실이 생활 양식이기 때문이다. 허구의 창조물인 "성공한 사업가 도널드 트럼프"는 비진실로 공적 공간을 채우고 거짓말에 대해 결코 사과하지 않았다. 사과를 하면 진실 같은 것이 존재한다고 인정하는 셈이었기 때문이다. 대통령에 취임하고 처음 99일 중 91일 동안 트럼프는 적어도 한 번씩 거짓임이 빤한 주장을 했다. 처음 298일 동안 그는 1628차례 그릇되거나 오해를 야기하는 주장을 했다. 한 번은 30분 동안 진행된 인터뷰에서 24차례 그릇되거나 오해를 야기하는 주장을 했다. 인터뷰어가 발언하는 시간을 감안하면 1분당 한 번씩 한 셈이다. 모든 대통령이 거짓말을 하는 것은 사실이다. 차이가 있다면 트럼프는 진실을 말하는 게 예외적이라는 것이다."(103쪽)

2021년 노벨평화상을 수상한 필리핀 언론인 마리아 레사(Maria Ressa)가 두테르테 행정부의 부패를 지속적으로 폭로하자 그녀가 설립하여 운영하는 온라인 탐사 보도 신문 '래플러'(Rappler)는 공격당했고 "기자는 범죄자와 같다"와 "마리아 레사를 체포하라"는 여론이 만들어졌으며, 사이버 명예 훼손 등 10건의 고소를 당했다. 2022년 9월 언론진흥재단 초청으로 우리나라에 와서 특강을 하기도 한 그녀는 "거짓말도 반복하면 팩트로 바뀐다"며 유튜버와 가짜 SNS 계정을 통

30) 이봉현(2022.6.13.). 국내 언론의 외신 인용 보도 실태_뉴스 타블로이드화에 '즐겨' 동원되는 외신. <신문과 방송>.

31) Timothy Snyder(2018). *The Road to Unfreedom : Russia, Europe, America.* ; 유강은 역(2019). 『가짜 민주주의가 온다』. 서울 : 부키.

한 가짜 뉴스 배포 방식의 바텀업 공격과 기성 미디어의 기사화, 정치권의 확인 사살 등 탑다운 공격의 합작을 통해 거짓이 진실로 둔갑하는 과정을 자신을 범죄자로 둔갑시켰던 사례를 들어 설명했다.[32)]

그녀는 거짓말이 '진실'이 될 정도로 소셜 미디어가 조작되어 거짓말을 전파할 수 있는 속도에 대해 다음과 같이 경고한다.

"사실이 없다면, 진실을 가질 수 없다. 진실 없이는 신뢰를 가질 수 없다. 이 세 가지가 없다면, 우리는 공유된 현실이 없습니다. 우리는 어떤 문제도 해결하려고 시도할 수 없다. 사실의 진실성이 없다면 민주주의를 가질 수 없다. … 그리고 거짓말은 증오나 두려움, 또는 '그들에 대항하는 우리'로 나오는 분노의 총알과 함께 온다. 그럴 때, 좋은 사람이 되는 동기는 무엇인가요? 당신이 관대한 동기는 무엇입니까? 믿으라고요? 인간 본성의 선함이 우리의 공유된 현실에서 자라나기 때문에 그것은 일종의 짓밟힌 것입니다. 우리가 같은 것들을 믿는 것처럼, 어떤 공유된 장소에 도달했을 때, 우리는 서로의 눈을 봅니다. 당신은 이것을 소셜 미디어에서 볼 수 없습니다."

2018년 휴먼 라이츠 워치 보고서에 따르면 레사와 그녀의 기자 팀은 로드리고 두테르테 전 필리핀 대통령이 12,000명 이상의 목숨을 앗아간 캠페인인 '마약과의 전쟁'을 고조시키면서 권력 남용을 추적했다. 일부 인권 단체들은 사망자 수가 더 많을 것으로 추정하고 있다.[33)]

소셜 미디어가 민주주의를 위해 기여하는 정도에 대해 국가별로 국민들이 느끼는 감정의 온도에 차이가 있는 듯하다. 예를 들면 2022년 2월 14일부터 6월 3일까지 19개국의 성인 24,525명을 대상으로 실시된 Pew Research Center 설문 조

32) 정보통신신문(2022.9.20.). 마리아 레사 "플랫폼의 언론통제, 데이터·법규·커뮤니티가 해답" - 정보통신신문(koit.co.kr)

33) Nicola Luksic(2022.12.13.). 'Silence is consent': Why journalist Maria Ressa risks her life for truth in journalism. CBC. https://www.cbc.ca/radio/ideas/maria-ressa-democracy-nobel-prize-beatty-lecture-1.6645842

사[34]에 따르면 미국 국민들은 소셜 미디어가 민주주의에 매우 부정적 효과가 있다고 응답한 비율이 64%인 반면 한국은 긍정적 효과가 있다고 응답한 비율이 더 높았다(61%)(그림 1-2 참고).

특히 미국에서 소셜 미디어를 대하는 비판적 태도는 미국 내에서 발생한 여러 가지 이슈로부터 비롯된 것이라는 점에서 주목할 만하다. Paul Barrett, Justin Hendrix, and Grant Sims(2021.9.27.)[35]는 다수의 사회 과학자, 정책 전문가, 활동가, 현직 및 전직 업계 종사자와의 인터뷰를 바탕으로 한 조사를 통해 페이스북, 유튜브, 트위터와 같은 플랫폼이 정치적 양극화의 원인이면서 현상을 악화시키기도 한다고 강하게 주장한다. 어느 정도의 분열은 민주주의에서 자연스러운 일이지만 미국 사회에서 목격되고 있는 극단적인 양극화는 민주주의 자체를 훼손할 위험이 있는 결과를 초래한다는 것이다. 플랫폼 알고리즘은 기본적으로 사용자 참여를 극대화하기 위해 콘텐츠를 맞춤화하는 인기 기반 알고리즘을 사용하기 때문에 소셜 미디어에 참여하면 할수록 같은 생각을 가진 사용자의 네트워크 내에서 양극화가 증가한다는 것이다.

34) Pew Research Center(2022.12.5.). Social media generally seen as good thing for democracy – but not in U.S.; https://www.pewresearch.org/global/2022/12/06/social-media-seen-as-mostly-good-for-democracy-across-many-nations-but-u-s-is-a-major-outlier/pg_2022-12-06_online-civic-engagement_0-04/

35) Paul Barrett, Justin Hendrix, and Grant Sims(2021.9.27.). How tech platforms fuel U.S. political polarization and what government can do about it. ; https://www.brookings.edu/blog/techtank/2021/09/27/how-tech-platforms-fuel-u-s-political-polarization-and-what-government-can-do-about-it/

<그림 1-2> 국가별로 소셜 미디어에 정치적 사회적 의견을 개진해본 경험

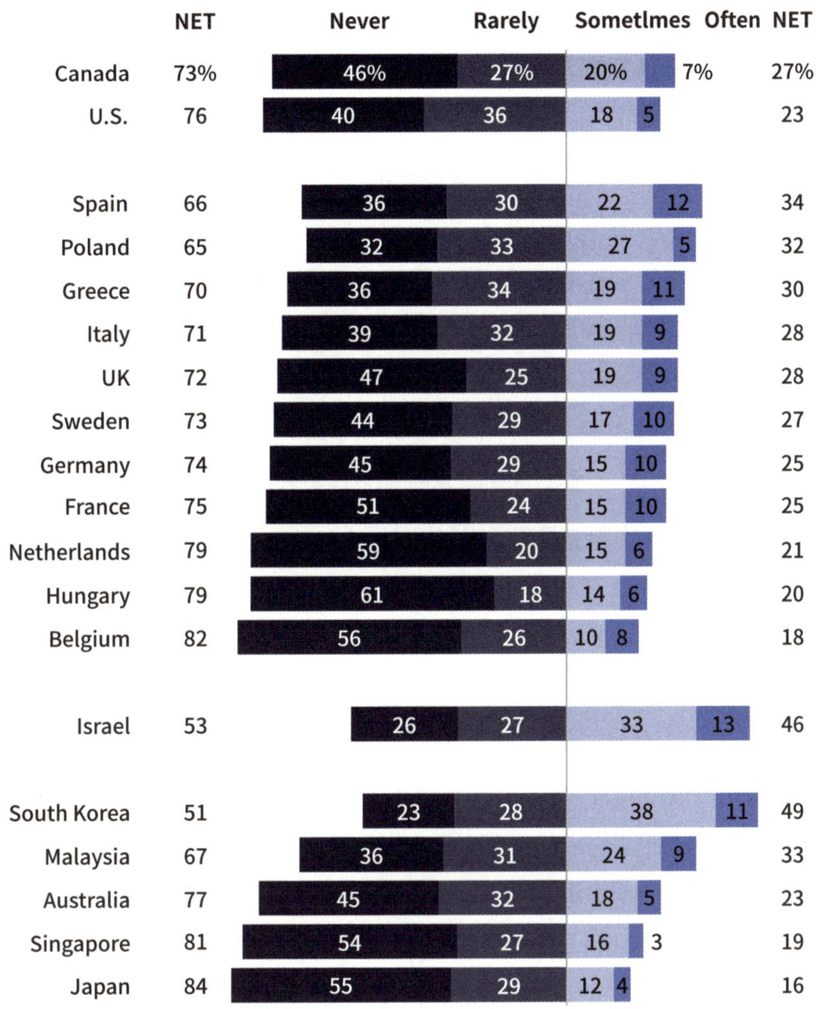

출처 : Pew Research Center(2022)

3
디지털 플랫폼은 자본주의에 어떤 영향을 미치고 있는가?

플랫폼 혁명은 플랫폼 자본주의를 가속화한다

재화의 사적 소유권을 개인이 가질 수 있도록 허용하는 자본주의가 전 세계적 경제 시스템으로 확립된 것은 18세기 중엽 이후 19세기 산업 혁명을 거치면서이다. 물론 15세기부터 18세기 중엽까지 유럽 국가에서 채택한 식민지 제국주의의 자국 보호적 중상주의를 자본주의 초기 형태로 볼 수도 있겠지만 이는 개인 단위의 경제 활동에까지 영향을 미친 산업 혁명 이후의 자본주의와는 성격이 많이 다르다. 산업 혁명은 전 세계의 생산과 분배 시스템을 바꿔놓은 경제 혁명이다. 마르크스가 『자본론』에서 자본주의를 '생산 과정에서 사적 생산 관계를 기반으로 하여 생산물을 소유하고 통제하는 생산 양식'이라고 규정한 것이 바로 이 부분이다. 이 지점에서 자본주의의 대척점으로 사회주의가 존재하게 된다. 이때의 자본주의를 '산업 자본주의'라고 볼 수 있다.[36)]

19세기 말부터 자본주의는 산업 자본주의에서 금융 자본주의로 진화하였다. 생산과 소비가 노동력과 생산 수단에 의해 규정되던 산업 자본주의와 달리 금융 자본주의는 은행과 같은 금융 기관이 시장과 생산에 대한 주도권을 갖는 자본주의의 형태이다. 20세기말까지도 금융 자본주의의 구조가 경제의 기반이 되었다고 할 수 있다. 특히 1929년 대공황 이후에는 적극적인 정부 주도의 계획 경제인 수정 자본주의로 이행하였으며, 1980년부터 확산된 신자유주의는 금융 자본주의와 결합하면서 국가 간 개인 간 격차를 더욱 가속화시키면서 '월가를 정복하라'와 같은 운동으로 이어져 전 세계의 경제 시스템에 균열을 가져왔으며, 자본주의 패러다임의 변화를 예고하였다.

그리고 그 균열의 틈에서 나타난 것이 플랫폼 자본주의(platform capitalism)

36) 위키백과(2023.2.2.). 자본주의.

라고 할 수 있다. 산업 혁명이 산업 자본주의를 가져왔다면 플랫폼 혁명은 플랫폼 자본주의를 가져왔다. 플랫폼 자본주의의 특징은 개인 데이터의 상품화를 중심으로 작동하는 경제 시스템에 있다. 『플랫폼 자본주의』(2016)를 쓴 닉 서르닉(Nick Srnicek)[37]은 플랫폼의 데이터가 노동자를 통제하고 외주화를 촉진하며, 생산 과정의 최적화와 유연화를 가속화하면서 수많은 회사들이 플랫폼 방식을 채택하게 되었다고 설명한다. 랭리&레이슨(Langley & Leyshon, 2017)[38]은 플랫폼 자본주의와 미디어의 관계에 대해 매우 의미 있는 설명을 한다. 새로운 형태의 디지털 경제 순환이 나타나고 있고, 그 서클 안에서 아이디어, 지식, 노동, 그리고 이용 권한이 지리적으로 분산되어 있지만 미디어를 통해 연결된 상호 작용을 한다고 설명한다.

알렉스 로젠블랏(Alex Rosenblat)[39]이 쓴 『우버혁명』(2018)의 번역서에는 '공유경제 플랫폼이 변화시키는 노동의 법칙'라는 부제가 달려 있다. 우버의 경영진을 비롯한 구성원들과 실제 운전자들과의 인터뷰를 통해 차량 플랫폼 서비스의 이면을 분석한 책이다. 그녀는 우버가 사용하는 알고리즘 기술이 운전자들의 노동 행위를 결정짓고 통제하는 데 중대한 영향을 미친다고 주장하면서, 우버의 알고리즘은 중립적이지 않으며 우버의 기술은 사측의 이익에 부합하는 일련의 규정에 따라 거래를 중개한다는 입장이다.

21세기부터 자본주의의 행태는 달라지고 있으며 2023년 현재 플랫폼의 기술적 근간이 되는 AI가 일상생활에 침투되어 있는 상황이 되면서 플랫폼 자본주의는 더욱 공고해지고 있다. 플랫폼이 소비를 이끌다보니 기업은 자신들이 가지고 있던 플랫폼을 모두 커머스화하고 있다. 기존의 소셜 미디어들은 이미 가지고 있는 콘텐츠와 파워 인플루언서 등의 채널을 이용해서 커머스 사업을 진행한 지 오래이며, 유튜브와 같은 동영상 콘텐츠 역시 자체 라이브 커머스를 개시하여 새로운 수익 모델을 찾고 있다. 플랫폼의 커머스화는 디지털 미디어 플랫폼의 산업적 규모

37) Nick Srnicek(2016). Platform Capitalism; 심성보 역(2020). 『플랫폼 자본주의』, 서울 : 킹콩북.

38) Langley, P. and Leyshon, A.(2017) 'Platform capitalism : the intermediation and capitalization of digital economic circulation.', *Finance and society.*, 3(1). pp. 11-31.

39) Rosenblat, A.(2018). *Uberland : How Algorithms Are Rewriting the Rules of Work*. University of California Press. 신소영 역. 『우버 혁명』. 유엑스리뷰.

를 키우는데 일조하고 있으며, 플랫폼을 통해 커머스 이용자의 데이터를 자체적으로 확보하면서 맞춤형 광고에 활용할 수 있는 가능성이 커진 것이다.

의식이 산업화된다

플랫폼 자본주의는 데이터를 기반으로 한 경제 시스템이라는 점에서 '데이터 자본주의(data capitalism)'라고도 한다. 플랫폼에서의 체류 시간은 화폐 가치로 환산되어 관심 경제가 되고 알고리즘은 다시 사용자의 추정 선호도를 만족시키는 역할로 순환되고 있다. 챗GPT는 인터넷의 모든 데이터를 기반으로 새로운 데이터를 창출하고 이에 따른 수익도 창출한다. 이시다 히데타카(石田 英敬)[40]는 "기계가 문자를 쓰게 되면 인간의 다양한 지각 경험을 그대로 포착할 수 있고, 역으로 그러한 신호를 소재로 우리의 의식이 만들어진다고 설명한다. 같은 문자라도 인간의 문자로는 인간 의식의 극히 일부만 표현할 수 있지만 미디어 문자는 들리는 것, 보이는 것을 모두 기록할 수 있다"는 것이다. 그는 이러한 측면에 대해 인간 의식을 미디어라는 기계 기술로 생산하게 되었다는 것을 의미하며 '의식의 산업화'가 가능해졌다는 것을 의미한다고 설명한다.

SNS 플랫폼에서 표시되는 구독과 좋아요는 자신의 의사 표시지만 단순히 거기에서 그치지 않고 주목 경제 혹은 주의력 경제(attention economy)로 이어진다. 주목 경제라는 용어를 제일 처음 사용한 사람은 허버트 사이먼(Herbert A. Simon)이다. 그는 1971년에 발표한 논문에서 주목 경제라는 용어를 사용하면서 인지적 한계와 의사 결정 이론 등에 대한 연구로 노벨 경제학상을 수상하였다.[41]

심지어 플랫폼 리뷰는 경제적 가치 창출을 위해 조작되기도 한다. 아침에 눈을 떠서 저녁에 잠들 때까지 플랫폼을 통한 소비가 이루어진다. 그리고 플랫폼 안에는 수많은 리뷰가 있고, 우리는 그것을 참고한다. 옥기원(2022)[42]은 플랫폼 리뷰 조작이 전문적으로 이루어지고 있음을 폭로하였다. 플랫폼은 알바 놀이터이며,

40) 이시다 히데타카(石田 英敬)저. 윤대석 역(2017).『디지털 미디어의 이해 플랫폼과 알고리즘의 시대 읽기』. 사회평론아카데미.

41) 위키백과(2023.12.1). 주의력경제.

42) 옥기원(2022). 믿을 수 없는 리뷰, 플랫폼 산업 전반에 번진 독버섯. <신문과 방송>, 11월호, 60-62.

플랫폼에서 장사하려면 리뷰 작성 비용을 고정비로 쓰는 것은 물론이고, 아예 기업형 리뷰 조작단이 존재한다고 설명한다. 쿠팡, 네이버, 인스타그램, 당근마켓 등 현존하는 모든 플랫폼에서 리뷰 조작이 이루어지고 있으며, 매크로 프로그램을 통해 트래픽 조작을 제안하는 업체도 존재한다고 폭로한다. 그리고 결론적으로 이는 플랫폼이 리뷰 조작을 방조할 뿐만 아니라 리뷰어들의 순위를 매겨 혜택을 주는 방법으로 리뷰 조작을 부추기기 때문에 플랫폼에 책임이 있다는 결론을 내리고 있다. 중개를 이유로 책임을 회피하는 플랫폼 생태계의 허점을 여실히 보여주고 있다는 것이다.

플랫폼 자본주의는 감시 자본주의와 연결되어 있다

플랫폼 자본주의는 필연적으로 감시 자본주의(surveillance capitalism)와 연결된다. 감시 자본주의는 2019년 쇼샤나 주보프(Shoshana Zuboff)[43]가 제시한 개념으로서 이윤을 창출하는 핵심 목적을 위해 개인 데이터의 수집과 상품화를 중심으로 하는 경제 시스템을 의미한다. 쇼샤나 주보프는 구글 애즈(Google Ads)를 필두로 광고 회사들이 소비자를 더 정확하게 겨냥하기 위해 개인 데이터를 사용할 가능성에 주목하였다. 그는 디지털 플랫폼의 기술이 가져오는 감시 자본주의를 통렬하게 비판하면서 구글과 페이스북으로 대표되는 플랫폼에 의해 새로운 자본주의인 감시 자본주의가 형성되었다고 주장한다. 특히 중국의 사회적 신용이라는 구상은 '디지털 전체주의'를 가져오고 있다고 설명한다. 중국 내에서 이용자들이 '티벳 독립'이나 '톈안먼 광장 사건' 등 민감한 어구를 포함한 메시지를 보내면 중국의 사이버 검열 시스템이 인터넷을 끊거나 소셜 미디어 계정을 차단할 수 있도록 작동하기 때문이다.[44]

마르타 페이라노(2021, 159-180)[45]는 구글을 가르켜 '하늘의 감시자'로 부른다. 구글 위성 데이터와 검색 엔진을 통해 지구상에서 일어나는 모든 일들을 기록하

43) Zuboff, Shoshana(January 2019). "Surveillance Capitalism and the Challenge of Collective Action". New Labor Forum. 28(1): 10-29.

44) 쇼샤나 주보프 저, 김보영 역(2019).『감시 자본주의 시대』. 서울: 문학사상.

45) 마르타 페이라노 저, 최사라 역(2021).『우리들의 적들은 시스템을 알고 있다』. 서울: 시대의 창.

고 시간과 공간을 추적하고 접근할 수 있기 때문이다. 우리가 구글을 검색하는 것이 아니라 구글이 우리를 검색하고 그들의 먹이가 된다고 주장한다. 세계 클라우드 시장의 절반을 점유하고 있는 아마존의 클라우드서비스(Amazon Web Services, AWS) 역시 전 세계 정보를 중앙 집중화하는 인프라 구조로 기능하고 있다.

특히 주목 경제가 감시 자본주의와 연결되는 지점을 주목해야 한다. 온라인에서의 관심은 수확 체증의 법칙을 따른다. 메리 차이코(Mary Chayko)[46]는 좋아요나 댓글의 수, 리트윗이나 팔로워 수 등은 일종의 경제이며, 관심을 더 많이 받으면 받을수록 관심을 더 많이 받는 것이 쉬워지는 경제의 순환이 일어난다고 설명한다. 뿐만 아니라 이는 일종의 감시 행위이며, 사회적 감시, 수평적 감시 행위라고 설명한다. 그는 수평적 감시와 수직적 감시의 차이는 관계의 호혜성의 크기와 유형에 따라 달라지는 것인데, 사람들은 관심 경제를 만들어 내고 관심 경제 속에서 서로에 대한 일종의 적극적인 감시 행위를 하고 있다는 것이다.

SNS에서의 의견 표시나 감정 표시를 서로에 대한 감시 행위라고 주장하는 것은 지나친 부분도 없지 않다. 그러나 개인과 개인의 감정 표시 행위가 그것을 넘어서서 플랫폼 기업들이 그와 같은 데이터를 활용하여 수익을 창출하고 있으니 의도하지는 않았으나 결과적으로는 누군가에 의해 감시의 출처로 사용될 수 있다는 점을 주목해야 할 것이다.

특히 중국의 거대 기술 회사는 감시 자본주의를 새로운 국면으로 몰아넣고 있다. 2022년 8월 중국은 중국의 대표적인 건강 정보 플랫폼인 DXY를 검열했다. 웨이보 계정 5개가 '관련 법규'를 위반했다는 애매한 설명과 함께 갑자기 중단됐고, 위챗(WeChat)과 더우인(Douyin, 중국 국내판 틱톡) 계정도 발행을 중단했다. 이들 소셜 미디어 플랫폼과 DXY 모두 영업 정지의 원인이 무엇인지에 대한 공개 성명을 발표하지 않았지만 닛케이아시아는 이번 지시가 감독당국에서 내려온 것으로

46) Chayko, M.(2017). *Superconnected : The Internet, Digital Media, and Techno-Social Life*. SAGE Publications, Inc. 배현석(2018). 『초연결 사회 : 인터넷, 디지털미디어, 그리고 기술-사회생활』. 한울아카데미.

공식 승인 없이는 끝나지 않을 것이라고 보도했다.[47)]

플랫폼 민주주의와 플랫폼 자본주의는 공진화한다

민주주의와 자본주의는 함수 관계에 있다. 플랫폼에 의한 양자의 연결은 필연적이다. 플랫폼 자본주의는 중개 및 자본화를 통해 수익을 창출하고, 소셜 미디어, 온라인 마켓플레이스, 크라우드소싱을 포함한 경제 생태계를 이루면서 사회를 구속하기 때문이다.

퓨츠(Christian Fuchs, 2021)[48)]는 디지털 자본주의의 문제점을 다음과 같이 10가지로 지적하며, 이러한 문제점이 민주주의의 위기를 초래하고 있다고 설명한다. 퓨츠의 주장은 4항에 제시한 것처럼 SNS를 반사회적 미디어로 규정하고 있다는 점에서 다소 과격한 측면은 있지만 그래도 대체로 적절한 지적을 하고 있다고 본다.

① 디지털 자본은 디지털 노동을 착취하고 커뮤니케이션 산업에서 자본주의 독점을 가져왔다.

② 지배적인 인터넷 문화는 온라인 관심, 영향력, 평판, 가시성에 초점을 맞추고 있는 경쟁적이고 개인주의적인 디지털 문화에 의해 형성되고 있다.

③ 디지털 기업과 국가기구가 감시 산업의 복합체를 구성하고 있다.

④ 자본주의 소셜 미디어는 반민주적 잠재력, 디지털 권위주의, 디지털 인종차별, 디지털 민족주의, 디지털 파시즘을 발전시키는데 도움을 준 반사회적 미디어이다.

⑤ 알고리즘 정치학에서 알고리즘은 온라인 콘텐츠와 관심을 창출하는데, 인간은 어떤 온라인 활동이 인간이고 어떤 것이 기계적인지 구별하기 어려워진다.

47) Zeyi Yang(2022.8.11.). China has censored a top health information platform;https://www.technologyreview.com/2022/08/11/1057592/china-censored-health-information-platform/

48) Fuchs, C.(2021). The Digital Commons and the Digital Public Sphere: How to Advance Digital Democracy Today. Westminster Papers in Communication and Culture, 16(1), 9-26. DOI: https://doi.org/10.16997/wpcc.917

⑥ 온라인 세계에는 필터 버블을 찾는 파편화된 디지털 공공 영역이 있다.
⑦ 디지털 문화 산업은 디지털 네트워크를 통해 보급된 이데올로기를 만들어 냈다. 디지털 광고와 타블로이드 콘텐츠는 온라인 세상을 지배하고 있기 때문이다.
⑧ 인플루언서 자본주의(Influencer Capitalism)가 소셜 미디어를 지배하고 비대칭적인 관심을 불러일으켰다. 인플루언서가 돈을 벌고 유명인이 될 수 있다는 꿈과 환상, 욕망을 부추기고 있다.
⑨ 고속으로 처리되는 많은 양의 온라인 정보 흐름이 디지털 가속화를 초래하고 그로 인해 지속적인 정치적 토론을 위한 시간과 공간이 부족해졌다.
⑩ 소셜 미디어에서 사람들은 종종 사실을 부정하고 감정화, 타블로이드화, 이데올로기에 의해 주도되는 가짜/거짓 뉴스를 접하게 되었다.

4
디지털 플랫폼에 대한 사회적 감시는 왜 필요한가?

디지털 플랫폼의 혁신이 가져오는 위험이 크기 때문이다

디지털 플랫폼이 가져오는 경제사회적 효과는 평가절하될 수 없다. 저렴한 검색 비용으로 전 세계를 연결하고 기술 혁신을 촉진하면서 경제 발전을 가져오고 있기 때문이다. 이를 선도하는 아마존, 알파벳(구글 모회사), 마이크로소프트, 애플 등의 테크 기업들은 세계에서 가장 가치 있는 회사라고도 할 수 있다. 코로나19 팬데믹으로 인한 글로벌 경기 침체 속에서도 이들 기업은 디지털 자본주의의 경제적 사회적 가치를 유지시켰으며, 소비자에게 상당한 혜택을 주고 있는 것이 사실이다.

그러나 디지털 플랫폼이 제공하는 엄청난 가치 창출에도 불구하고 몇 가지 논란이 되는 플랫폼 이슈가 있다. 규모 및 범위의 경제 창출, 승자 독식으로 이어질 수 있는 네트워크 효과, 교차 보조금을 포함하는 비즈니스 모델, 광범위한 데이터 생성, 데이터 캡처 및 이용 등에 따른 문제 등이 적지 않다. 유럽의회(European Parliamnet)의 연구 부처인 EPRS(European Parliament Research Service, 2021)에서 발간한 보고서에 따르면[49] 특히 데이터 축적에 의한 사생활 침해, 불공정 경쟁, 공공 안전과 관련된 규제에 대한 플랫폼의 체계적 회피, 온라인에서 불법적이고 유해한 콘텐츠를 취급하는 문제를 지적하고 있다.

기업에 대한 ESG 경영이 화두가 되고 있지만 플랫폼이 져야 할 책무가 사회적으로 크게 논의되지 않는 듯하다. 이 책을 쓰게 된 동기가 여기에 있다. 앞에서 설명한대로 플랫폼은 우리의 필수재를 넘어서 생존재가 되었을 만큼 중요한 수단이고, MZ 세대, 알파 세대, 실버 세대 상관없이 모두에게 영향력을 가지고 있음에도 불구하고 다른 한편으로 위험적 요인도 적지 않음을 인식해야 한다. 사회적 영향력이 커지고 그에 따른 부정적 영향력이 같이 커지고 있는 만큼 디지털 미디어 플랫폼이 공적 책임을 수행할 수 있도록 사회는 이를 체계적으로 감시할 필요가 있다.

플랫폼의 알고리즘은 조작될 수 있기 때문이다

2023년 우리나라 공정거래위원회는 카카오모빌리티에 과징금 257억 원을 부과했다. 카카오모빌리티가 자사 택시 호출 애플리케이션(앱) 카카오T의 '배차 알고리즘'을 조작했다고 본 것이다. 일반 호출의 경우, 가맹·비가맹 택시에 상관없이 배차 기회가 돌아가야 하는데 카카오모빌리티가 시스템을 조작해 가맹 택시인 '카카오T블루'에 일반 호출(콜)이 더 많이 가도록 우대했다는 것이다.[50]

알고리즘은 플랫폼 작동의 핵심 요소이며, 플랫폼 경제의 수익 창출을 좌우하는 매우 중요한 요소이다. 때문에 알고리즘 작동은 투명하고 공정해야 하며 이는 제어 가능해야 한다. 순위 매개 변수는 규정에 따라 사용자에게 공개되어야 하며,

49) EPRS(2021). Online platforms : Economic and societal effect.;https://www.europarl.europa.eu/RegData/etudes/STUD/2021/656336/EPRS_STU(2021)656336_EN.pdf

50) 이코노미스트(2023.2.20.). 카카오T는 시작일 뿐?…공정위 총구 향한 플랫폼 '고단' [기승전-플랫폼]

리뷰는 공정해야 한다. 또한 플랫폼은 규제 기관의 운영 감사 및 조사를 허용해야 한다.

알고리즘이 지배하는 세상에서 사용자는 자칫 인간으로서의 존엄성이 침해당할 우려가 있다. 사용자를 데이터의 출처 정도로 격하시키거나, 플랫폼 회사가 정당한 결정을 내리거나 자신의 이익에 반하는 결정을 내릴 수도 있고, 그렇게 하도록 고의적으로 조작될 가능성도 있다. 때문에 디지털 플랫폼에서 자신의 결정을 내릴 수 있는 사용자의 주권에 특별한 주의가 필요하며, 그런 것들이 플랫폼 규정에 포함되어야 한다. 플랫폼은 때때로 사용자에게 선택권을 주지 않거나, 선택을 제한하거나, 정보에 입각한 선택을 하기에 불충분하거나 의도적으로 편향된 정보를 제공하는 기술 및 사용자 인터페이스를 설계하기도 한다. 그 과정에서 플랫폼이 설계하는 사용자 인터페이스 기술 서비스는 사용자를 조작하여 선택을 제한하거나 오도하거나 중독성 행동을 유도하는 것을 목표로 해서는 안 된다.[51)]

플랫폼에 의한 경제적 격차, 데이터흐름의 불균형이 심각하기 때문이다

플랫폼의 데이터가 주도하는 데이터 경제(data-driven digital economy)의 큰 특징 중 하나는 불균형이다. 데이터 및 국경 간 데이터 흐름의 개발 영향을 평가할 때 디지털 격차와 불균형이 많이 언급되는 이유 중의 하나이다. 최빈개도국(LDC)의 20%만이 인터넷을 사용할 수 있는 것과는 대조적으로 전 세계 매출액의 1%가 넘는 매출 규모를 글로벌 플랫폼 기업 4개(GAFA; Google, Apple, Facebook, Amazon)가 차지하고 있는 현실이다.[52)] 이들은 막대한 금융, 시장 및 기술력, 사용자에 대한 방대한 양의 데이터를 제어하며, 규모, 이익, 시장 가치 및 지배적 위치를 점차 강화하고 있는 상황이다.

플랫폼 자본주의를 견인하는 국가는 글로벌 플랫폼을 사실상 독점하고 있는 G2국가인 미국과 중국이다. 이재열(2021)[53)]은 이 두 국가 간의 격렬한 냉전적 갈

51) EPRS(2021). Online platforms: Economic and societal effect.

52) 매경프리미엄(2022.2.19.). GAFA 매출액, 전 세계 1% 돌파했다.

53) 하상응(2021). 우리는 설득이 불가능한 사회로 가는가. 이재열 엮음(2021). 『플랫폼사회가 온다 - 디지털플랫폼의 도전과 사회질서의 재편』. 서울 : 한울아카데미.

등 사이에서 유럽 연합은 데이터 주권의 문제를 중요한 이슈로 인식하고 이에 대한 대응책을 찾는 중이라고 진단하면서, 플랫폼이 재무적 가치뿐만 아니라 사회적 가치를 극대화하는 노력을 경주할 필요가 있다고 설명한다.

오세욱(2023)[54]은 각종 플랫폼 기업이 데이터를 독점하고 있는데, 이들 기업의 데이터를 검증하기 어려우며, 그렇기 때문에 사회적 감시가 필요하다고 주장한다. 그러면서 그는 맥큐(McCue)의 주장을 인용하여 인공 지능 등 기술의 규제와 통제를 정부가 아닌 훈련받은 저널리스트들이 해야 한다는 입장을 제시하고 있다. 기술이 지켜야 할 원칙이 저널리즘의 기본 원칙(진실성, 정확성, 독립성, 공정성, 불편부당성, 인류애, 책무성)과 유사하기 때문이라는 것이다.

배달 라이더 노동조합 '라이더유니온'의 위원장 박정훈(2021)[55]은 자신의 플랫폼 노동 경험에서 오는 생각들을 『배달의 민족은 배달하지 않는다』로 풀어놓았다. 그는 플랫폼 노동자라는 그럴듯한 이름 하에 사실상 책임지지 않는 노동 착취가 이루어지고 있다고 설명한다. 이 책에 대해 작가 김훈은 '플랫폼 자본주의가 작동되는 방식을 요약하고 있는 책'이라고 추천사를 썼다.

이승훈(2022)[56]은 대기업 경영 연구소장을 역임하고 플랫폼에 대해 가르치는 교수로서 직접 옷 쇼핑몰을 운영하며 플랫폼에 대한 생각들을 책으로 출판하였다. 그의 책 『시작은 옷가게, 목표는 플랫폼입니다』 서문에는 플랫폼이 가져야 할 사회적 책임의 근거들이 나타난다.

- 플랫폼으로 힘이 집중되는 것을 목격했고 힘의 중심이 기존의 브랜드 기업에서 플랫폼 기업으로 이동하는 것이다.
- 플랫폼 사업자들은 의도했든 의도하지 않았든 시장의 공급자들을 황폐화시키고 있다.

54) 오세욱(2023). 플랫폼 기업의 데이터독점과 사회적 감시. <신문과 방송>, 1월호, 40 - 43.
55) 박정훈(2021). 『배달의 민족은 배달하지 않는다』. 빨간소금.
56) 이승훈(2022). 『시작은 옷가게, 목표는 플랫폼입니다』. 한스미디어.

- 플랫폼이 만들어놓은 새로운 사업 방식에서 기존 소매상들은 배제되기 시작했다.
- 사업 모델로서 플랫폼은 기존 사업 방식보다 월등히 우월하다. 그렇기 때문에 반드시 선량하고 공정해야 한다.

글로벌 플랫폼에 대해서는 국제적 공조가 필요한 상황이다. 플랫폼의 힘과 데이터의 힘은 우리가 생각하는 상상을 초월하고 있다. 플랫폼 데이터의 용도는 우리가 일상적으로 생각하는 수준과 범위를 넘어선다. UN무역개발회의(UNCTAD,(United Nations Conference on Trade and Development)(2021)[57]에서는 플랫폼이 무역과 경제 발전 뿐만 아니라 인권, 평화 그리고 경제 발전에도 영향을 미치며, 국가, 비국가 행위자 또는 민간 부문의 데이터 남용 및 오용 위험을 완화하기 위한 대응이 필요하다고 강조한다. 또한 증가하는 국경 간 데이터 흐름의 영향을 조사하고, 국제 정책 논쟁을 재구성하고 넓힐 것을 제안하고 있으며, 디지털 및 데이터 거버넌스를 위한 새로운 길을 시작하는 것이 중요하다고 강조한다. 데이터 및 데이터 흐름 관리와 관련된 복잡성을 지적하면서 지속 가능한 개발 이익을 가져올 수 있는 방식으로 관리되어야 하는데 현재 국경을 초월한 데이터 흐름을 규제하는 방법에 대한 국제적인 논쟁이 교착상태에 빠져 있다는 점을 지적한다.

EPRS(2021) 보고서에서는[58] 디지털 경제에 대한 법 집행과 규제를 강화해야 한다고 강조하면서 시장 경쟁 및 혁신, 근무 조건 및 노동 시장, 소비자 및 사회적 위험, 환경 지속 가능성에 대한 일련의 정책 옵션이 마련되어야 한다고 주장한다.

더 나은 민주주의와 자본주의를 위해서다

아무리 기술이 발전한다 해도 모든 미디어는 국가와 사회의 보다 나은 발전과 개인의 행복을 위해 존재해야 한다. 그것은 인류가 지금까지 지탱해온 민주주의와 자본주의의 더 나은 가치를 지향함을 의미한다. 디지털 플랫폼이 사회와 경제

57) UNCTAD(2021). *Digital Economy Report 2021.*

58) EPRS(2021). Online platforms : Economic and societal effect.

에 미치는 긍정적 영향과 혁신에도 불구하고 반경쟁적 관행, 사용자 데이터의 대량 수집, 불법적이거나 유해한 디지털 콘텐츠에 대한 대처 실패 등이 문제를 야기하고 있다면 이에 대해서는 적극적으로 대안을 모색할 필요가 있다. 이 책은 그러한 문제점들을 지적하고 대안을 모색하기 위한 기초적인 인식을 가지는데 도움이 되기를 바라는 마음에서 쓰여졌으며, 다음과 같은 가치 지향점을 가지고 있다.

첫째, 플랫폼 기업에 대한 감시와 책임 묻기이다. 하상응(2021)[59]은 극단적인 혐오와 정치적 부족주의, 자신의 이념과 일치하는 정보만을 찾는 확증 편향과 자신의 이념과 일치하지 않는 정보에 대해 반박하기 위한 노력을 하는 '비확증 편향'의 문제를 지적하면서 플랫폼 기업이 이에 대해 심각한 책임을 져야 한다고 주장한다.

둘째, 디지털 공적 영역에 대한 새로운 가치 발견이다. 디지털 미디어의 발달로 인해 올드 미디어 혹은 레거시 미디어라고 하는 전통적 미디어의 가치가 퇴화하고 있지만 그렇다고 해서 오래된 공적 가치까지 간과되어서는 곤란하다.

퓨즈(Christian Fuchs, 2021)[60]는 디지털 자본주의(digital capitalism)의 문제를 디지털 공공 영역(digital public sphere)의 개념과 연관지어 설명한다. 디지털 자본주의는 자본주의 발전의 새로운 단계가 아니라, 오히려 디지털 매개에 의해 형성되는 새로운 차원(dimension)이라고 본다. 디지털 자본주의에서 권력이나 자본의 축적, 계급 투쟁, 정치적 투쟁, 헤게모니, 이념, 상품화 또는 세계화와 같은 사회적 과정들은 디지털 기술, 디지털 정보, 디지털 커뮤니케이션에 의해 매개된다는 것이다. 그리고 그 과정에서 초국가적 디지털 기업이 중요한 역할을 하게 된다는 주장이다. 그런 점에서 공적 의사 결정의 도구가 좀 더 강화될 필요가 있다. 이호영(2021)[61]은 플랫폼의 알고리즘에 의한 자동화된 의사 결정이 '알고리즘 통치

59) 이재열 엮음(2021). 『플랫폼사회가 온다 - 디지털플랫폼의 도전과 사회질서의 재편』. 서울 : 한울아카데미.

60) Fuchs, C.(2021). The Digital Commons and the Digital Public Sphere : How to Advance Digital Democracy Today. *Westminster Papers in Communication and Culture*, 16(1), 9-26. DOI : https://doi.org/10.16997/wpcc.917

61) 이호영(2021). 알고리즘이 편향된다면?. 이재열 엮음(2021). 『플랫폼사회가 온다 - 디지털플랫폼의 도전과 사회질서의 재편』. 서울 : 한울아카데미.

성'을 가져올 수 있기 때문에 위험을 최소화하기 위해서는 공적인 의사 결정을 강화할 필요가 있다고 주장한다.

셋째, 디지털 교육의 패러다임을 바꿔야 한다. 『민주주의 쇄신』(2019)[62]을 저술한 네이선 가델스와 니콜라스 베르그루엔은 디지털 자본주의 시대에 불평등을 줄이려면 전통적 관념을 뛰어넘어 전체 인구를 대상으로 교육과 자본 소유의 혜택을 강화하는 것에 초점을 맞추어야 한다고 주장한다(144쪽). 라나 포루하(Rana Foroohar)[63]는 『돈비이블, 사악해진 빅테크 그 이후』라는 책에서 플랫폼 자본주의 시대에 계속적으로 질문을 던져야 한다고 주장한다. "유형의 경제에서 무형의 경제로 넘어가는 구조적인 변화, 디지털 지적 재산권, 무역 규제, 반독점 규칙, 언론의 자유, 감시의 합법성, 데이터가 경제적인 경쟁력과 국가 안보에 미치는 영향, 알고리즘에서 비롯된 업무의 파괴가 노동 시장에 미치는 영향, 인공 지능 윤리, 디지털 기술 사용자의 건강과 안녕 등 다양한 주제에 대해" 깊이 고민해야 한다고 주장한다(392쪽).

넷째, 플랫폼 노동에 대한 새로운 기준을 마련해야 한다. 플랫폼은 생존재인만큼 대다수 사람들의 일터이기도 하다. 한준(2021)[64]은 인공 지능과 알고리즘이 결합한 플랫폼 노동이 아직은 자유와 선택보다 종속과 제약을 늘리고 있다고 설명하면서 새로운 제도적 기준을 마련할 필요가 있다고 주장한다.

『민주주의 쇄신』(2019)[65]을 저술한 네이선 가델스(Nathan Gardels)와 니콜라스 베르그루엔(Nicolas Berggruen)은 현재 사회가 어딘가 고장났다는 데 의견의 일치

62) Nathan Gardels, Nicolas Berggruen(2016). *Renovating Democracy*; 이정화 역(2022). 『민주주의 쇄신』. 서울 : 북스힐.

63) Foroohar, R.(2019). *Don't be evil. William Morris Endeavor Entertainment.*; 김현정 옮김.(2020). 『돈비이블, 사악해진 빅테크 그 이후』. 세종.

64) 한준(2021). 플랫폼은 일을 어떻게 바꾸는가. 이재열 엮음(2021). 『플랫폼사회가 온다 - 디지털플랫폼의 도전과 사회질서의 재편』. 서울 : 한울아카데미.

65) Nathan Gardels, Nicolas Berggruen(2016). *Renovating Democracy*; 이정화 역(2022). 『민주주의 쇄신』. 서울 : 북스힐.

를 보이면서 의기투합한 사람들이다.[66] 이들은 전 세계를 여행하면서 공공의 영역이 소름끼칠 정도로 시들면서 창의성과 혁신, 거대한 부를 창출하는 새로운 세계의 중심이 실리콘벨리에서 번성하고 있다는데 공감하였다. 또한 디지털 자본주의 시대 거버넌스의 역설은, 끊임없이 혁신하는 지식 주도의 경제가 역동적일수록 부와 권력의 격차가 더욱 커진다는 점을 주목하였다. 그들은 디지털 자본주의 시대에 불평등을 줄이려면 전통적 관념을 뛰어넘어 전체 인구를 대상으로 교육과 자본 소유의 혜택을 강화하는 것에 초점을 맞추어야 한다고 거듭 주장한다. 따라서 재정립되는 사회 안전망과 기회망은 더욱 튼튼해져야 한다고 주장하면서 불평등을 줄이기 위해 사회 계약 내용 중 2개의 주요 사항을 수정해야 한다고 설명한다.

첫 번째 조항은 유연 안정성(flexicurity) 정책이다. 근로자들의 복지를 직장에 맡기는 것이 아니라 보편적 복지망으로 보호해 충격을 완화하는 정책이다. 스칸디나비아 국가들이 개척한 정책이라고 한다. 실업 수당과 의료 보험은 국가가 보편적으로 제공해야 하며 특정 직업이나 회사에 의지해서는 안 된다고 설명한다.

두 번째 조항은 선분배 정책(pre-distribution) 정책이다. 부자들에게 세금을 징수해 재분배하는 방식에서 탈피해 모든 시민의 자본 자산을 튼튼히 하는 정책이다. 교육 수준의 격차를 줄이기 위한 공공 고등 교육에 대한 투자는 그중의 하나이며, 모든 시민이 미래의 새로운 부를 창출할 로봇 자산을 공유함으로써 불평등을 줄이는 것도 그중의 하나라고 설명한다.

66) 니콜라스 베르그루엔과 네이션 가델스는 베르그루엔연구소 공동창업자이며 워싱턴포스트의 협력사인 <월드포스트> 공동발행인과 편집장을 각각 맡고 있다.

2장

글로벌 거대 플랫폼 기업의 초국가적 지배

글로벌 플랫폼은 주로 미국에 편재되어 있지만 중국의 급부상으로 사실상 미중 양국의 경쟁 양상이 치열하게 전개되고 있는 상황이다. 그들은 경제적 수익을 창출하는데 특별한 위치를 선점하고 있으며 이는 결과적으로 부의 편중을 넘어서서 우리가 살아가는 데 가장 중요한 민주주의와 자본주의라는 두 가지 중요한 구조를 지배하는 결과를 가져오고 있다. 유럽을 비롯한 각국이 이들 글로벌 미디어 플랫폼에 대해 남달리 경계하는 이유이기도 하다. 이 장에서는 글로벌 플랫폼 기업의 지역 분포, 수익 창출 전략과 영향력, 그리고 지배적인 글로벌 플랫폼 기업에 대한 규제 이슈에 대해 살펴보았다.

1
글로벌 플랫폼 기업의 지역 분포

미국의 지배

글로벌 플랫폼 기업을 지칭하는 약어로는 GAFA(Google, Apple, Facebook, Amazon), FAANG(Facebook, Apple, Amazon, Netflix, Google), GAMAM(Google, Amazon, Meta, Apple, Microsoft), GAFAAMT(Google, Amazon, Facebook, Apple, Alibaba, Microsoft, Tencent) 등 여러 가지가 있다. 페이스북이 메타로 이름을 변경한 후로는 GAMAM을 주로 사용하며, 중국의 알리바바와 텐센트를 포함하여 7대 거대 빅테크 기업을 GAFAAMT라고도 부른다.

뉴욕대 마케팅 교수인 스콧 갤러웨이(Scott Galloway)[1]는 『플랫폼 제국의 미래』(2018)에서 애플, 아마존, 페이스북, 구글 이 4개 기업을 '거인 기업'으로 명명하고 이들 기업을 알아야 디지털 시대를 제대로 이해할 수 있다고 설명한다. 필사이먼(Phil Simon) 역시 『플랫폼의 시대』(2013)[2]에서 동일하게 4인방 플랫폼을 언급하고 있으며, 2022년 포춘지가 선정한 세계 10대 기업 중에도 아마존, 애플, 알파벳(구글)이 포함되어 있다. 포브스가 선정한 글로벌 탑10 기업의 대부분 역시 플랫폼 기업이다. 이들 기업은 글로벌 비즈니스를 리딩하고, 트렌드를 선도하며, 세상을 좌지우지할 수 있고, 한번 시장을 독식한 기업의 아성은 쉽게 무너지지 않는다.[3]

2021년 유엔무역개발회의(UNCDAD)에서 발간한 <디지털경제보고서>(Digital Economy Report)는 세계 최대 디지털 플랫폼의 독점적 경향과 시장 지배력의 증가와 관련된 내용을 담고 있다. 이 중 상당히 흥미로운 내용의 그림이 있는데, 전 세계적으로 미국의 경우 5대 플랫폼 기업(애플, 마이크로소프트, 아마존, 알파벳, 페이스북)이, 나머지 지역에서는 중국의 텐센트, 알리바바, 한국의 삼성이 두드러진 점

1) Galloway, S.(2017). *The Four: The Hidden DNA of Amazon, Apple, Facebook, and Google*. Random House Large Print. 이경식 옮김(2018). 『플랫폼 제국의 미래』. 서울 : 비즈니스북스.

2) Phi Simon(2013). The Age of Platform.; 장현희 역(2013). 『플랫폼의 시대』. 파주 : 제이펍.

3) 플랫폼과 비즈니스(2020.12.15.). 글로벌 탑10 브랜드가 플랫폼에 집중하는 이유.

유율을 보이고 있음을 보여준다(그림 2-1 참고).[4] 2022년 현재 GAFA의 매출액은 1조 2112억 달러(약 1,452조 원)으로서 4개 기업이 전 세계 기업 매출의 1%를 넘어서는 수치이다.[5]

기업별로는 애플이 시가 총액 기준 세계 1위 기업으로 집계되고 있으며, 이어서 마이크로소프트, 아마존, 알파벳(구글), 페이스북(메타)이 뒤를 잇고 있다. 마이크로소프트사가 GAFA나 FAANG에서는 제외되어 논의되어 왔지만 <그림 2-1>에서 보듯이 MS는 플랫폼 기업 중에서 실질적으로 시가 총액이 2위에 이르고 있으며, 2022년 11월 30일 OpenAI의 챗GPT가 인기를 끌면서 투자사인 MS의 전 세계적 영향력은 매우 커진 상황이다.

보고서는 글로벌 디지털 플랫폼이 대부분 대규모 데이터를 수집할 수 있는 특권적 위치에 있으며, 데이터 및 규모 및 범위의 경제에 대한 액세스와 결합된 네트워크 효과는 이들 플랫폼들의 위치를 더욱 강화시키고 있다고 진단한다. 뿐만 아니라 이들 플랫폼은 새로운 분야로 사업 영역을 확장하고 일부 플랫폼은 그들의 이익을 위해 정책 결정에 영향을 미치는 로비에 매우 적극적이라는 내용도 담고 있다.

4) 이 장에서는 유엔무역개발회의(UNCTAD)에서 발간한 <Digital Economy Report 2021>의 도형자료를 많이 인용하였다.

5) 매경프리미엄(2022.2.19.). GAFA 매출액, 전 세계 1% 돌파했다.

<그림 2-1> 세계 100대 디지털 플랫폼 기업의 지역적 분포(2021 시가 총액 기준)

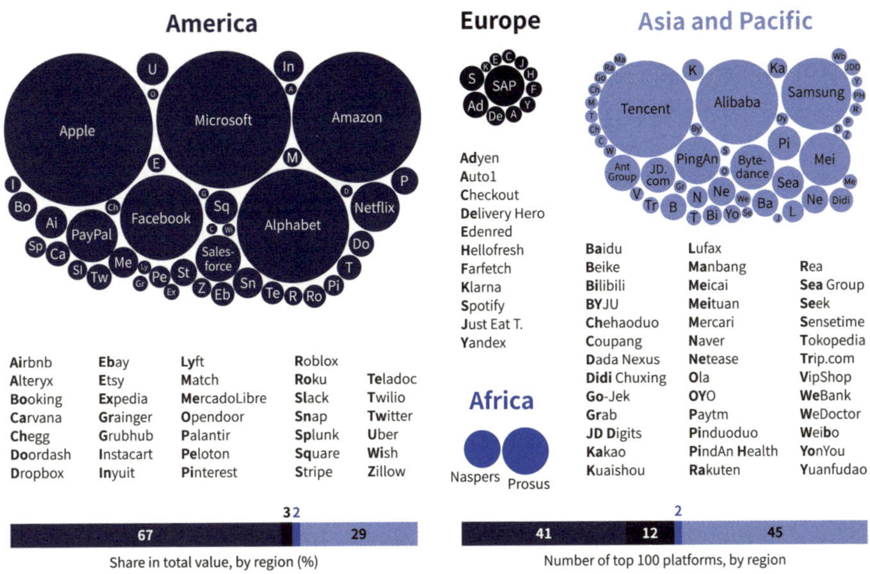

Source: Holger Schmidt, available at www.netzoekonom.de/vortraege/#tab-id-1 (data as of May 2021).
Note: As a referense, the market capitalion of Apple is $2.22 trillion, while for Mercado Libre it is $88.7 billion, $80.2 billion for Baidu and $59.7 billion for Spotify.

출처 : UNCTAD(2021). Digital Economy Report 2021. 45쪽.

중국의 추격

보통 중국의 대표적인 플랫폼 기업으로는 BAT(Baidu, Alibaba, Tencent)를 꼽는다. 중국은 인터넷 후발국이기는 하나 틱톡을 비롯한 SNS 플랫폼의 발달은 매우 빠르게 진행되고 있다. 특히 중국에서는 전 세계적으로 이용도가 높은 페이스북·트위터·인스타그램과 같은 SNS를 국가에서 통제하고 있기 때문에 중국 국내용 SNS의 이용이 절대적이다. 위챗(WeChat, 微信, 웨이신), 웨이보(微博), 틱톡(抖音, 더우인, Dǒuyīn), QQ(텅쉰, 腾讯, Téngxùn), 런런왕(人人网, Rénrénwǎng) 등이 그것이다.

중국에서 SNS 시장을 이끄는 기업은 위챗의 모기업인 텐센트, 웨이보(微博)의 모기업인 시나(Sina, 新浪), 틱톡의 모기업인 바이트댄스(ByteDance) 등이다. 이 중 위챗의 이용률이 가장 높으며 이용자 수 기준으로 볼 때는 2018년에 이미 10

억 명을 돌파하였으니 페이스북보다 이용자 수가 많은 셈이다. 위챗은 2011년 중국의 인터넷 기업 텐센트(Tencent)에서 출시한 SNS 플랫폼으로서 전 세계적으로 이용이 가능하다. 중국 드라마를 보면 사람들이 새로 만났을 때 위챗 계정 아이디를 묻고 서로 위챗 QR코드를 보여주며 스캔하는 장면을 자주 볼 수 있다. 중국에서 살고 있는 한국인들 역시 카카오톡이 중국 내 지역에 따라 이용 제한이 되기 때문에 위챗을 많이 이용한다. 특히 위챗은 QR코드를 갖다 대면 바로 결제할 수 있는 '위챗페이' 기능이 있어 송금 및 은행 거래가 가능해서 특히 인기가 높다.[6)]

그러나 중국의 플랫폼 기업은 미국과 달리 절대적인 국가 통제를 받고 있는 상황이어서 플랫폼의 지배력에 대한 전망이 상당히 불확실한 편이다. 시진핑 행정부가 오랫동안 온라인 플랫폼의 영향력을 비판해 왔으며, 소수의 기술 기업에 권력과 데이터를 집중시키는 것이 혁신을 억압하고 당의 권력 장악을 위협한다고 우려해 왔기 때문이다. 알리바바가 대표적인 사례이다. 2023년 3월 알리바바는 6개 부문으로 사업을 분할하여 개별적으로 자금을 조달하고 기업 공개(IPO)를 모색한다는 계획을 발표하여 세상을 깜짝 놀라게 했다. 알리바바의 구조 조정은 대부분의 운영을 한 지붕 아래 유지하고 그 아래에서 슈퍼마켓부터 데이터 센터까지 관할하는 지주 회사 구조로의 전환을 의미하는데, 이는 중국의 기업들에게는 드문 일이기 때문이다. 이와 같은 구조 변화가 텐센트와 같은 다른 플랫폼 기업에도 영향을 줄 것으로 전망되고 있다.[7)]

알리바바의 사업 분할은 중국 정부의 입김이 작용한 것으로 보는 시각이 지배적이다. 중국 정부를 비판한 뒤 미운털이 박혀 해외에서 떠돌이 신세로 지내던 창립자 마윈(Jack Ma)이 1년여 만에 중국에 돌아온 뒤 알리바바 그룹의 분할 결정이 발표됐기 때문이다.[8)] 또한 알리바바와 같은 디지털 거대 기업이 6개 자회사로 분할된 것에 대해 2021년 중국 정부가 시작한 단속의 결과이자 중국 경제의 무제한

6) 정인숙(2022). 『미디어 플랫폼의 이해』, 커뮤니케이션북스, 재인용.

7) Jane Zhang(2023.3.29.). Alibaba break-up may serve as China template for Big Tech; https://www.afr.com/world/asia/alibaba-to-split-329b-empire-into-six-in-historic-overhaul-20230328-p5cw36

8) 노컷뉴스(2023.3.29.). 마윈의 알리바바는 왜 제국의 분할을 선택했나?

성장이 끝났다는 의미라고 해석하는 시각도 있다.[9)]

알리바바와 텐센트가 주도해온 중국의 플랫폼 독점에서 바이트댄스(틱톡)와 시나그룹(웨이보)와 같은 중국의 신흥 플랫폼에도 주목할 필요가 있다.[10)] 바이트댄스는 2012년 설립된 기업인데 2016년 틱톡(抖音, TikTok)을 개발하여 전 세계적으로 10대에게 가장 영향력 있는 SNS 플랫폼으로 성장시켰다. 한국에서는 2017년 11월부터 정식으로 서비스를 시작했다. 시나그룹이 만든 웨이보(微博)는 2014년 중국에서 출시된 SNS 플랫폼으로서 자신의 일상을 공유하는 페이스북과 비슷하다. 그밖에도 중국판 인스타그램 샤오홍슈(小红书)가 유명하다. 샤오홍수는 '작고 핫한 책'이란 뜻으로서 인스타그램처럼 일상의 사진을 공유하는 것이 특징적이다.

UNCTAD 보고서에서는 특히 중국의 부상을 예의주시하고 있다. 미국과 중국이 세계적으로 가장 큰 디지털 경제 국가로 부상하고 있다고 적고 있지만, 사실상 플랫폼 기업별 수익을 따져보면 미국의 기업들과 중국의 기업은 상당한 차이가 있다. 그럼에도 보고서는 미국과 중국의 주요 플랫폼별 수익 규모를 직접적으로 비교하며 중국의 추격을 상당히 경계하고 있는 모양새다.

특히 중국의 전방위적 로비에 대한 서방 국가의 우려가 만만치 않다. 『중국의 조용한 침공』(2021)[11)]을 쓴 클리브 해밀턴(Clive Hamilton)은 중국의 억만장자 로비스트가 호주의 정치인을 어떻게 몰락시키고 있으며, 중국의 돈이 연구소부터 언론, 대학, 과학 단체에까지 미치고 있다고 주장한다. 중국의 영향력이 전 세계에 미칠 수 있도록 지침을 세우는 최고 권력 기관인 정치국에서 지침을 수립하면 중앙위원회로 하달되고, 교무판공실과 통일전선공작부가 각각 그 지침을 대사관과 영사관을 통해 연락하면서 과학 지식을 빼내는 스파이 역할을 하고 있다고 주장

9) Simon Leplâtre(2023.6.17.). Dismantling of Alibaba empire marks end of an era for China; https://www.lemonde.fr/en/china/article/2023/06/17/dismantling-of-alibaba-empire-marks-end-of-an-era-for-china_6033097_162.html

10) Mark J. Greeven and Michael R. Wade(2019.2). Emerging from the shadows: The new Chinese giants aiming to unseat Alibaba and Tencent : https://www.imd.org/research-knowledge/china/articles/emerging-from-the-shadows-the-new-chinese-giants-aiming-to-unseat-alibaba-and-tencent/

11) Hamilton, C.(2018). *Silent Invasion : China's Influence in Australia*. Hardie Grant.; 김희주 역(2021). 『중국의 조용한 침공』, 세종.

하면서, 호주는 그렇게 해서 중국이 조종하는 국가가 되었다는 것이다. 비록 호주의 사례에 대한 저술이긴 하지만 이것이 사실이라면 다른 나라의 경우에도 같은 상황을 생각해볼 수 있을 것이다.

실제적으로 중국은 외국의 대학이나 산업체에 종사하는 우수 인재 영입을 목적으로 고액 연봉과 주택 등을 제공하는 조건을 내세우면서 사실상 해당 국가의 기술을 빼내고 있는 것으로 알려지고 있다. 예를 들면, 2019년 미국 연방수사국(FBI)과 국립보건원(NIH)의 조사로 수면 위로 드러난 '그림자 실험실' 문제다. 중국 정부는 중국계·외국인 석학들에게 해외에서 진행하고 있는 연구를 똑같이 재현한 연구실을 비공개로 중국에 설립하라고 요구하면서 거액을 후원하는 대신 그림자 실험실 연구 결과의 지식 재산권은 중국 기관에 이전하고, 비밀을 유지하는 계약서를 작성하도록 했다는 것이다.[12)]

한국의 현실

UNCTAD 보고서에서는 아시아 지역에서 삼성이 차지하는 위상이 큰 것으로 조사되고 있지만, 김조한(2017)[13)]은 『플랫폼 전쟁』이라는 책의 프롤로그에서 '한류를 위한 전장은 없다'고 못 박으며 한국은 전 세계에서 벌어지는 플랫폼 전쟁에서 제대로 활약하고 있지 못하다고 진단하고 있다. 미디어 플랫폼 전쟁은 국가 간 경쟁이 아니라 기업 간 경쟁인데 그 전쟁이 미국과 중국에 펼쳐져 있다는 것이다.

네이버, 카카오 등 국내 대표 플랫폼은 존재하지만 전 세계에서 한국의 대표적 플랫폼을 꼽으라면 사실 답변이 쉽지 않다. 예를 들면 한류의 물결을 타고 K-콘텐츠의 이용이 비약적으로 성장했지만 넷플릭스와 같은 전 세계적 이용을 가져오는 한국의 콘텐츠 플랫폼을 꼽기 어려운 것이 사실이다. 2023년 현재 세계 15대 OTT 플랫폼의 순위는 넷플릭스를 선두로, 디즈니+, 훌루 등 미국 주도 일색이다.[14)] 세계 최대 SNS 플랫폼 순위 역시 페이스북을 선두로 유튜브, 왓츠앱, 인스타

12) 조선일보(2023.6.13.). 中 "대학 맘대로 고르시라, 집도 줄게" … 한국 두뇌사냥 집요한 유혹

13) 김조한(2017).『플랫폼 전쟁』. 메디치미디어.

14) Vijay Amirtham(2023.3.16.). OTT streaming servicesMEDIA & MONETIZATION15 Best OTT Streaming Services In 2023. https://www.vplayed.com/blog/ott-streaming-services/

그램 등으로 나타나고 있다.

몇 년 된 자료이긴 하지만 장정훈·이광형·노규성(2016)[15]은 국내 플랫폼 비즈니스와 글로벌 플랫폼 비즈니스의 6가지 성공 요소에 대한 경쟁력을 비교 분석하기 위해 국내 ICT 분야 종사자 104명을 대상으로 SNS 서비스(카카오톡 페이스북), 모바일 결제 시스템(삼성페이 애플페이), 디지털 콘텐츠(네이버 유투브), 직접 구매(G마켓 아마존), 교육(K-MOOC MOOC) 등의 경쟁력을 설문 조사했다. 그 결과 국내 플랫폼 비즈니스는 미국의 비즈니스에 비해 창조 역량과 새로운 가치 창출, 비용 절감과 네트워크 효과, 새로운 생태계를 조성, 끊임없이 변화하고 진화하는 역량이 열세인 것으로 나타났다. 이러한 문제점이 나타나게 된 것은 기업 자체의 전략 부재도 있으며, 사회 문화적인 배경, 법규 및 정책적인 지원 부족 등의 요인을 지적했다. 이 중에서 사회 문화적 요인으로 공생보다는 경쟁 위주로 짜여진 사회 문화적인 배경이나 사회에 만연한 갑을 문화가 플랫폼 비즈니스의 출현과 성장을 가로막는 장애물로 작용할 수 있다는 지적은 유념해야 할 부분이다.

2 글로벌 플랫폼 기업의 수익 창출 전략

7대 빅테크 기업의 5가지 팽창 전략

국제 연구 단체인 TNI(Transnational Institute, 2023)는 미국의 구글, 아마존, 페이스북, 애플, 마이크로소프트와 중국의 알리바바와 텐센트 등 7개 거대 빅테크 기업(GAFAAMT)이 수십 년 만에 이렇게 급성장할 수 있었던 이유를 5가지로

15) 장정훈·이광형·노규성(2016). 플랫폼 비즈니스 성공 요소의 경쟁력 비교 분석에 관한 연구. <디지털융복합연구>, 14(3): 243-250.

설명하고 있다.[16] 주로 인포그래픽으로 나온 내용인데 텍스트로 바꾸면서 내용을 추가하였다.

첫째, 글로벌 플랫폼 기업의 급성장은 투자자, 즉 운용 자산 관리 펀드와 벤처 캐피털로부터 손쉬운 금융 공급을 받아 이루어졌다. 특히 미국 5대 빅테크 기업에 대한 소유지분이 가장 높은 금융 자본은 뱅가드그룹(Vanguard Group Inc.)으로서 약13% 정도를 소유하고 있다. 이어서 블랙록(BlackRock Inc.), 스테이트스트리트(State Street Corp.), FMR LLC 등의 금융 자본이다. 우리에게 잘 알려진 글로벌 금융 기업인 버크셔 해서웨이(Berkshire Hathaway), 모건 스탠리(Morgan Stanley)도 후순위 점유율을 가지고 있다. 결국 우리가 빅테크 기업으로 알고 있는 글로벌 플랫폼의 실질적인 소유는 이들 금융 자본이며, 금융 자본으로 플랫폼 경제가 호황을 누린 것이다. 빅테크 기업의 성공 요인으로 M&A요인이 주요인으로 알려져 있지만 TNI는 금융 자본의 지원을 제일 먼저 꼽았다는 점이 흥미롭다. 중국에서도 중국 주요 기업이 전체 벤처 자본 흐름의 5% 미만을 차지하는 반면, 알리바바와 텐센트는 중국 본토 벤처 자본 흐름의 40~50%를 차지하는 것으로 조사되었다. 텐센트의 경우 바냔캐피탈(Banyan Capital)이 주요 투자자이다.[17]

둘째, 글로벌 플랫폼 기업은 시장 지배력을 이용해 잠재적인 경쟁자를 차단하거나 매수하면서 기록적인 수익을 창출했다. 뒤에서 설명할 혁신적인 스타트업에 대한 M&A와 킬존 효과와 관련이 있다. 페이팔(Pay Pal)의 공동 창업자인 피터틸(Peter Thiel)은 '경쟁은 패자들을 위한 것일 뿐 지속적인 가치를 창출하고 수익을 창출하려면 독점을 구축해야 한다'고 주장한 바 있다.

셋째, 글로벌 플랫폼 기업은 지배력을 강화하고 시장을 자신들에게 유리하게 설계하기 위해 인터넷의 핵심 인프라를 장악했다. 웹 사이트 및 서비스의 기반이 되는 클라우드 컴퓨팅 및 해저 케이블에 대한 시장을 장악하고 유럽이나 아프리카

16) Transnational Institute(2023). Big Tech - The rise of GAFAAMT; https://www.tni.org/en/big-tech-the-rise-of-gafaamt

17) Henny Sender(2018.3.26.). How Alibaba and Tencent became Asia's biggest dealmakers; https://www.ft.com/content/38a54804-2238-11e8-9a70-08f715791301

의 인터넷 케이블 용량을 증대시킨 것이 대표적인 예이다. 2010년 구글, 메타, 마이크로소프트, 아마존은 단 하나의 장거리 해저 케이블을 소유했지만 2024년에는 그 숫자가 30개를 넘을 것으로 추산된다.

넷째, 국가 안보 이익을 위해 방대한 사용자 기반과 감시 역량을 활용하여 이익을 얻으려는 국가로부터 적극적인 지원을 받았다. 글로벌 플랫폼 기업과 정부가 공유할 수 있는 중요한 자원은 이용자 데이터이다. 기업은 수익을 위해 정부는 통치 행위를 위해 이용자 데이터가 절대적으로 중요하며, 특히 국가 간 정보 이동과 안보 차원에서 상호 협력이 불가피한 상황이다. 특히 2016년 이후 글로벌 플랫폼 기업의 정부 계약 하도급 수가 급증하였다.

다섯째, 글로벌 플랫폼 기업은 자신들의 권력에 영향을 줄 수 있는 규제를 억누르거나 없애기 위해 경제적 힘을 사용했다. 이는 플랫폼 기업이 규제를 막기 위해 정부에 대한 로비를 적극적으로 벌였음을 의미한다. 미국에서 로비 비용을 가장 많이 지출한 기업은 페이스북, 아마존, 구글 등의 순서이며, 유럽에서는 구글, 페이스북, 마이크로소프트, 애플 등이다.

TNI는 이와 같은 전략을 통해 급성장한 거대 플랫폼 기업들이 결과적으로 전 세계적인 부의 편중 및 영향력의 독점을 가지게 되고 그 과정에서 근로자와 공급업체가 피해를 보게 되는 감시 비즈니스 모델이 되었다고 비판한다.

데이터를 통한 수익 창출

데이터는 무형적이고 비경쟁적이며, 많은 사람들이 동일한 데이터를 동시에 사용할 수 있다는 점에서 공공재로서의 특징을 지니지만, 한편으로는 대단히 경쟁적이며 경제 가치 의존적이다. 데이터를 수집하고 통제하는 사람, 공공 또는 사적으로 수집된 데이터에 대한 접근을 확대함으로써 얻는 이익 등이 있기 때문이다. 뿐만 아니라 데이터는 경제적 자원으로서, 자본으로서, 재산으로서, 노동으로서, 인프라로서의 가치를 동반한다. <그림 2-2>에서 보는 것처럼 데이터 피라미드에서 데이터는 제일 아래 위치하는 객관적인 사실로서 존재하지만, 그것은 피라미드의 상층에 있는 정보, 지식, 지혜라는 사회적 자산의 토대가 된다는 점에서 공공재의 특성을 무시할 수가 없다.

UNCTAD(2021)는 데이터와 흐름을 이해하려면 다양한 각도에서 데이터를 살펴봐야 한다고 설명하면서 세 가지 유형의 데이터를 제시한다.

첫째, 청구 데이터, 은행 데이터, 이름 및 배달 주소와 같이 상거래와 관련된 데이터이다. 이들 데이터는 항상 존재해 왔으며, 새로운 디지털 경제 주체가 동일한 규칙에 따라 작업하는 한 주로 자발적으로 제공되고 정책 관련 문제를 거의 생성하지 않는다.

둘째, 개별 활동, 제품, 이벤트 및 행동에서 수집된 원시 데이터이다. 원시 데이터 그 자체로는 가치가 없지만 일단 집계, 처리 및 수익화되거나 사회적 목적으로 사용되면 가치를 생성할 수 있다.

셋째, 원시 데이터를 통계, 데이터베이스, 통찰력, 정보 등의 형태로 디지털 인텔리전스로 처리하면 국경을 넘어 판매될 때 무역 통계 서비스로 간주될 수 있는 '데이터 제품'이 생성된다.

다시 말해서 원시 데이터가 그 자체로서는 경제적 가치가 없을 수 있지만 어떻게 처리하는가에 따라 국경을 넘어선 데이터 상품이 될 수 있다는 것이다.

<그림 2-2> 데이터 피라미드

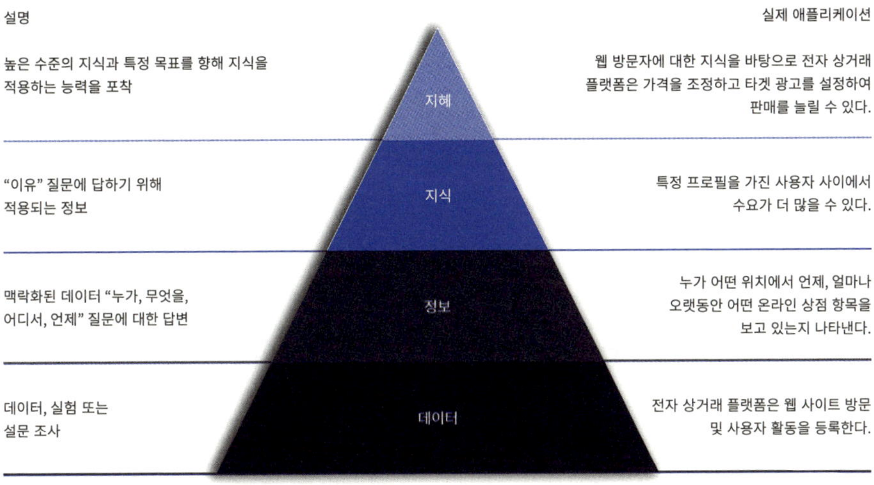

출처 : UNCTAD(2021). Digital Economy Report 2021. 6쪽.

혁신적인 스타트업에 대한 M&A

GAFA와 같은 플랫폼 기업들이 세계 시장을 지배하는 기업으로 도약할 수 있었던 대표적인 전략 중의 하나는 기업의 인수 합병(M&A) 전략이다. Parker, Petropoulos, Alstynep(2021)[18]는 미국의 5대 주요 플랫폼인 구글, 아마존, 페이스북, 애플, 마이크로소프트의 창업 초기부터 2020년까지의 기업 인수 전략을 분석하여 매우 흥미로운 내용을 보여주고 있다. <그림 2-3>과 <그림 2-4>에서 보는 것처럼 1987년부터 2020년까지 이들 기업은 총825건의 인수 합병을 행한 것으로 나타났다. 2000년 이후 M&A 건수는 더욱 증가세를 보이고 있다. 이는 주로 구글 및 페이스북의 M&A 활동 증가로 인해 나타난 결과인데, 특히 2014년에는

18) Geoffrey Parker, Georgios Petropoulos and Marshall Van Alstyne(2021). Platform mergers and antitrust. Industrial and Corporate Change, 30, 1307-1336.https://academic.oup.com/icc/article/30/5/1307/6365871

인수 건수가 74건이라는 기록적인 수에 도달하였으며 이 중 37개가 구글이 인수한 것이다. 구글이 행한 가장 비싼 인수는 2011년 모토로라 모빌리티를 12억 달러에 인수한 것이며, 2014년 Nest Labs를 인수하여 웹 연결 가전제품 시장에서 발판을 마련하였고, 2007년 DoubleClick 인수는 구글의 광고 전략과 지배력의 핵심 단위가 되었고, 2013년 실시간 크라우드소싱 교통 상황을 갖춘 글로벌 포지셔닝 시스템 내비게이션 소프트웨어 시스템인 Waze를 인수한 것도 구글의 지도 및 내비게이터 장치를 대체할 수 있는 기능을 제공했다.

<그림 2-3> 글로벌 5대 플랫폼 기업의 인수 합병 건수(1987-2020)

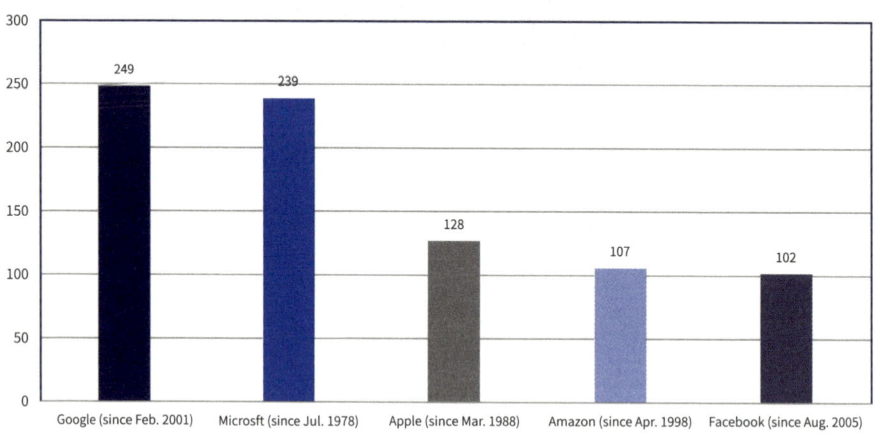

출처 : Parker, Petropoulos, Alstynep(2021), 7쪽.

<그림 2-4> 글로벌 5대 플랫폼 기업의 인수 합병 건수(2000-2019)

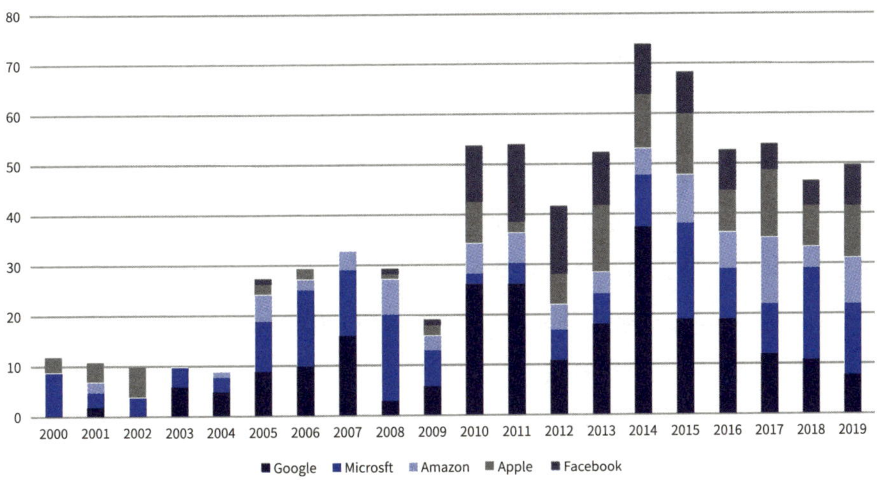

출처 : Parker, Petropoulos, Alstynep(2021), 7쪽.

플랫폼별로는 구글이 2001년부터 시작하여 총249건으로 가장 많고, 이어서 마이크로소프트(1987년 시작, 239건), 애플(1988년 시작, 128건), 아마존(1998년 시작, 107건), 페이스북(2005년 시작 102건) 등으로 나타났다. 플랫폼당 연평균 M&A 건수는 구글(13.1건), 마이크로소프트(9.0건), 페이스북(6.8건), 아마존(4.9건), 애플(4.0건)의 순으로 나타났다. 2020년 이후 GAFAM이 인수한 총 스타트업은 74개이며, 그중 27개는 애플이 인수한 것이고, 구글이 15개로 뒤를 잇고 있다. [19)]

킬러 인수와 킬존 효과

Parker, Petropoulos, Alstynep(2021)는 거대 플랫폼 기업에 의해 행해지는 이러한 스타트업 인수 합병이 유해한 결과를 가져올 수 있다고 주장한다. 특히 경쟁 기업의 혁신을 중단시키기 위해 행하는 킬러 인수(killer acquisitions)나 거대 기업의 스타트업 인수 합병으로 인해 나타나는 킬존 효과(kill-zone effect) 즉, 스

19) Zacharie Tazrout(2021.5.5.). GAFAM: a look back at their AI strategies and acquisitions in 2020. ; https://www.actuia.com/english/gafam-a-look-back-at-their-ai-strategies-and-acquisitions-in-2020/

타트업에 대한 투자 지원이나 벤처 캐피탈 펀딩의 공급 감소가 일어날 수 있다는 것이다.[20] 연구자들은 이들 빅 플랫폼의 M&A에서 가장 우려되는 것이 킬러 인수라고 지적한다. 킬러 인수는 기존 기업이 미래 경쟁을 선점하기 위해 어떤 혁신 기업의 혁신 프로젝트를 중단시키고 관련 기업을 인수하는 상황을 말한다. 이를 킬존 효과(Kill Zone Effect)라고도 부른다. 킬러 인수는 플랫폼 중간 수준에서 발생할 수 있으며, 잠재적인 경쟁자는 미래에 대형 플랫폼을 대체할 수 있는 서비스를 개발할 수 있는데 그 가능성을 미리 차단하는 것이다. 연구자들은 실제로 인스타그램과 같은 플랫폼 인수에 대해 페이스북의 CEO 저커버그(Mark Zuckerberg)와 CFO 에버스맨(David Ebersman)은 그러한 인수의 목표 중 하나가 경쟁자를 무력화하고 성장을 막는 것이었다는 내용의 이메일 대화를 주고받았다고 설명한다.

연구자들은 또한 빅테크 기업이 신생 기업을 인수하면 해당 시장의 다른 소규모 회사에 부정적인 영향을 미칠 수 있다고 주장한다. 기술 거대 기업의 인수가 신생 기업의 시장 진입률을 감소시키고 신생 기업이 사용할 수 있는 벤처 캐피탈 자금 및 투자의 공급을 감소시킨다는 것이다. 이러한 문제를 해결하기 위해서는 다음과 같은 네 가지 방안이 필요하다고 설명한다.

① 디지털 생태계의 정보 흐름을 개선하기 위해 대형 플랫폼에 대한 사전 규제가 필요하다.
② 수직적 합병과 관련된 우려를 완화하기 위해 수직적 가치 사슬 전반에 걸쳐 시장 왜곡을 최소화하기 위한 새로운 사전 규칙이 필요하다.
③ 수평적 합병 및 대기업 합병의 경우 합병 신고 기준을 조정하여 더 많은 대형 플랫폼의 M&A가 독점 금지 당국의 감시 대상이 되고 이러한 합병으로 인한 잠재적인 반경쟁적 효과가 해결되도록 해야 한다.
④ 합병의 역동적 효과를 더 잘 평가할 수 있는 방법이 필요하다.

20) Geoffrey Parker, Georgios Petropoulos, Marshall Van Alstynep(2021). Platform Mergers and Antitrust. https://www.bruegel.org/sites/default/files/wp_attachments/WP-2021-01-updated-150621.pdf

기술 혁신이 가져오는 독과점과 승자 독식 효과

지금까지 거대 플랫폼 기업이 성공할 수 있었던 요인 중의 하나는 혁신이었지만 이들 기업이 보여준 혁신은 사실상 혁신적인 스타트업의 인수 합병에 의한 것이었으며, 그것은 또한 시장의 선점에 따른 승자 독식을 가져오게 된다. Tanner Mirrlees(2023.3.24.)[21]는 GAFAM이 신생 기업에서 잠재적 경쟁자에 이르기까지 모든 것을 포괄하는 400개 이상의 기업을 합병하거나 인수하여 인터넷 과점을 가져왔다고 설명한다.

디지털 플랫폼은 기본적으로 규모 및 범위의 경제 창출, 승자 독식으로 이어질 수 있는 네트워크 효과를 가지고 있다. 플랫폼의 네트워크 효과는 1위 기업의 시장 점유율이 지배적인 상황을 만들어낸다. 사용자 락인(Lock-in) 현상과 눈덩이 효과는 승자 독식 수익 구조를 고착화하는 원인이다. 플랫폼의 지배력과 영향력이 더욱 굳건해지면서 기존 유저가 이탈하지 못하는 락인 현상이 나타난다. 플랫폼 비즈니스에서는 초기에 사용자를 임계점(critical mass)까지 확보하는 것이 사업의 성패를 좌우하기 때문에 플랫폼 기업은 초기에 적자를 감수하면서 무료나 매우 적은 비용으로 서비스를 제공하며 가입자를 유치하기도 한다. 일단 시장이 형성되기 시작하면 유사 서비스나 플랫폼이 시장에 진입하고 이들 간의 경쟁이 치열해진다. 이 시기에는 적자를 버티며 시장에서 살아남는 것이 플랫폼 기업의 지상 과제가 된다.

플랫폼의 이와 같은 특징은 미디어 생태계를 교란하는 요인이 되기도 한다. 거대 플랫폼 기업의 시장 지배력은 심각한 경쟁 제한성 문제를 야기하고 있다. 한때 중추적 혁신을 이룬 도전자였던 글로벌 빅테크 기업이 이제는 경쟁의 장벽을 만드는 강력한 시장 독점자가 되고 있는 것이다. 플랫폼의 기술적 혁신은 시장의 지배력을 획득하는 중요한 수단이지만 그것이 승자 독식이라는 플랫폼의 특징을 그대로 반영하는 결과를 가져오기 때문이다. 에벤스 & 돈더스(Evens & Donders, 2018,

21) Tanner Mirrlees(2023.3.24.). Getting at Gafam's “Power” in Society : A Structural-Relational Framework. https://www.heliotropejournal.net/helio/gafams-power-in-society

243)[22]는 경제 모델로서의 플랫폼의 부상과 권력 및 통제의 방식에 주목하면서, 전통적인 텔레비전 산업이 플랫폼 비즈니스에 의해 영향을 받으면서 어려움에 처했다고 설명한다. 디지털 기술이 전통적인 유통 구조를 무너뜨렸으며, 새로운 플레이어가 글로벌 텔레비전 가치 사슬에 진입하고 혁신적인 데이터 기반 비즈니스 모델을 도입하면서 플랫폼 가치 사슬에 갈등을 일으키고 있다는 설명이다.

물론 반대 의견도 있다. 필사이먼(Phil Simon)은 그의 저술 『플랫폼의 시대』(2013)[23]에서 아마존, 애플, 페이스북, 구글이 비즈니스를 어떻게 발전시켰는가에 대해 자세히 설명하면서, 이들 4개 빅테크 기업은 매우 강력한 플랫폼을 만들어낸 것은 맞지만 그렇다고 독점 기업이라고 할 수는 없다고 설명한다(88쪽). 특히 이들 4인방은 협력 관계에 있는 개인과 기업들을 '파트너'라고 부르며 모두에게 이득이 되는 방향으로 일을 진행한다는 점이 과거의 독점 기업과 차이가 있다는 것이다. 특히 이들 4개사가 제공하는 제품이나 서비스가 고객과 사용자들의 삶을 더 쉽고, 더 효율적이며, 더 재미있고, 더 바람직하게 만들어주기 때문인데 그는 이러한 요인을 '재미 요인'(enjoyment factor)이라고 설명하고 있다. 글로벌 미디어 플랫폼이 만들어내고 있는 감시 자본주의나 긱노동과 같은 부정적 영향을 상쇄할 수 있는 가장 강력한 요인이 바로 이들 플랫폼이 가진 '재미 요인'이라는 점에서 양면적 가치가 갖는 딜레마가 존재하는 것은 사실이다.

이승훈(2019, 284)[24] 역시 애플, 아마존, 구글, 페이스북 등 글로벌 미디어 플랫폼 기업이 가지는 가장 큰 특징을 시장 독점이라고 설명한다. 그는 플랫폼이 가진 특성, 즉 양면 시장을 위한 인프라적 특징으로 인해 시장 내에 경쟁이 존재하기 어려우며, 경제학에서 경계하는 독점이라는 개념이 플랫폼 기업에게는 목표가 된다고 설명한다. 그러면서 그는 경쟁보다 독점이 더 좋은 경우도 있으며, 플랫폼 기업이 만들어내는 혁신과 새로운 가치를 그 예로 들면서 이를 '선량한 독점'이라고까지 표현한다.

22) Tom Evens & Karen Donders(2018). *Platform Power and Policy in Transforming Television Markets*. Cham : palgrave macmillan.

23) Phi Simon(2013). *The Age of Platform*.; 장현희 역(2013). 『플랫폼의 시대』. 파주 : 제이펍.

24) 이승훈(2019). 『플랫폼의 생각법』. 서울 : 한스미디어.

그러나 플랫폼 비즈니스의 독점 구조가 사회적으로 반드시 선량한 효과를 가져오지 않는 사례는 적지 않다. 가장 대표적인 예가 넷플릭스이다. 넷플릭스는 온라인에서 영화와 시리즈를 소비하는 방식에 혁신을 가져왔으며, 수년 동안 자신이 만든 시장에서 지배적 위치를 차지했다. 넷플릭스의 지배력이 약화되고 있다고는 하나 여전히 대부분의 글로벌 시장에서 영향력이 여전히 유지되고 있으며, 넷플릭스의 세계적 지배로 인해 각국의 OTT 플랫폼 생태계는 심각한 위기를 맞고 있다. 콘텐츠 산업의 종주국이었던 프랑스가 넷플릭스에 맞서 2020년 10월 20일 출범한 '살토'가 2년 5개월만인 2023년 3월 27일 서비스를 종료하였다. 이에 대해 미디어오늘(2023.3.11.)[25]은 현지 언론(르 피가로)이 '프랑스판 넷플릭스의 대실패'로 보고 있다는 내용을 소개하였다.

한국에서 구글의 인앱 결제 강제화 논란이 있었을 때 단순히 수수료의 문제가 아니라 디지털 식민지로 전락할 수 있다는 비판이 거셌다. 인앱 결제 강제화는 ICT 생태계의 개방성과 자율성을 침해하며 한국이 디지털 식민지로 전락하는 고속도로 역할을 한다는 비판이 지배적이었다.[26] 우리나라 클라우드 보안 인증제(CSAP)가 해외 사업자에 유리하게 개편되었다는 의혹 역시 디지털 식민주의 논란과 무관하지 않다. 아마존이나 구글, 세일즈포스 등 해외 클라우드 서비스 사업자들은 CSAP가 시장 진입을 막는 무역 장벽의 기능을 한다면서 제도 완화를 줄기차게 요구해왔는데 결국 규제 완화를 하게 되면서 국내 시장 잠식이 우려되고 있다는 것이다.[27]

25) 미디어오늘(2023.3.11.). 넷플릭스에 맞선 프랑스 방송3사 OTT는 왜 실패했나.
26) 이코노믹리뷰(2022.7.6.). [구글vs카카오③] 디지털 식민지 위기 … 카카오, 의병됐다
27) 알파경제(2023.2.8.). ③윤석열 정부의 클라우드 규제 완화, 사실상 디지털 식민주의 조장..왜?

3
국가를 넘어선 글로벌 플랫폼의 영향력

거대 플랫폼의 초국가적 지배력과 로비

글로벌 플랫폼의 영향력은 국가 단위의 영향을 넘어서서 커지고 있는 가운데 이념을 달리하는 국가 간의 정치적 이슈도 낳고 있다. 유럽의회조사국 EPRS(European Parliamentary Research Service)가 2021년 발간한 <Online platforms: Economic and societal effect> 보고서에서 구글, 아마존, 페이스북과 같은 온라인 플랫폼이 네트워크 효과의 영향과 데이터 기반 비즈니스 모델에 힘입어 전례 없는 규모로 성장했으며, 경제와 사회에서 점점 더 중심적인 역할을 하고 있다고 진단한다.

원래 구글의 회사 모토는 사악해지지 말자(Don't be evil)였다. 그러나 라나 포루하(Rana Foroohar)는 저서 『돈비이블, 사악해진 빅테크 그 이후』[28]에서 이미 거대 플랫폼은 국가를 넘어섰고 사악해졌다고 주장한다. 저자 서문에 '스스로 악마가 된 빅테크 독점가들'이라고 소제목을 달고 있다. 미국 기업의 10%가 재계 자산의 80% 이상을 소유하고, 경제의 '석유'를 찾아낸 이들 디지털 공룡 기업들은 지구상에서 가장 부유하고 막강한 힘을 지녔다고 강조한다. "미국 대선 때 러시아의 비밀 세력들이 페이스북, 구글, 트위터 등 세계 최대 규모의 기술 플랫폼을 이용해 트럼프에게 유리한 쪽으로 선거 결과를 조작했다는 것은 이제 우리도 아는 사실"이라는 점을 지적하면서 이들 "플랫폼이 국가의 운명을 휘두르는 도구로까지" 발전했음을 지적하고 있다.

그러면서 이들이 어떻게 불과 몇십 년 사이에 탐욕스럽고 편협하고 거만한 산업이 되었는가에 주목한다. 정보 민주화를 목표로 시작된 움직임이 민주주의의

28) Foroohar, R.(2019). *Don't be evil - How Big Tech Betrayed Its Founding Principles*. William Morris Endeavor Entertainment.; 김현정 옮김.(2020). 『돈비이블, 사악해진 빅테크 그 이후』. 세종.

구조를 파괴하다시피 했으며, 어떻게 정치, 경제를 지배하게 되었는가에 대한 해답을 제시한다. 결론은 공짜 이용에 따른 대가로 귀결된다. 구글이 공짜로 검색 서비스를 제공하고, 페이스북이 공짜로 플랫폼을 이용하게 하는데 그게 공짜가 아니라는 뜻이다. 공짜가 아닌 공짜(160쪽), '데이터'와 '관심'이라는 매우 비싼 대가를 지불하게 되었다는 주장이다. 우리가 소비자가 아니라 이들 플랫폼에 의해 소비되는 상품이라는 것이다.

그는 글로벌 플랫폼 기업들이 이제 정치의 지배자를 꿈꾸고 있으며, 구글의 비극은 검색 엔진과 광고가 만나 감시 자본주의가 시작되면서 시작되었다고 주장한다. 거대 플랫폼 기업들은 처음에는 혁신적이었지만 이제는 집단 소송과 고의적인 경쟁자 죽이기를 자행하고 있으며, 잠재적 비판자와 감시자까지 매수하는 상황이 되었다고 주장한다. 분열과 분노를 돈으로 만들며, 모든 것이 '우버화'되면 전문직이 멸종하게 될 것이라고 전망한다. 게다가 거대 플랫폼 기업이 모두 미국에 있게 되면서 미국은 전 세계를 감시하는 감시 국가(surveillance state)(352쪽)가 되었다고 설명한다.

Tanner Mirrlees(2023.3.24.)[29]는 초거대 플랫폼 기업 GAFAM이 가지고 있는 구조적 파워(Structural Power)에 주목한다. 그는 국가가 공익보다 GAFAM의 사적 이익을 수용하는 것은 민주주의를 부패시키는 결과를 가져올 수 있다고 우려하면서 GAFAM은 사실상 '글로벌 인터넷 게이트키퍼'라고 주장한다. 일반적으로 세계에서 가장 강력한 기업으로 묘사되며 너무 많은 권력을 가지고 있으며 이기적이거나 사악한 목적을 위해 그 권력을 사용하고 남용한다는 것이다. 이들 기업들은 로비스트에게 비용을 지불하여 특정 정치적 이해관계를 다른 국가 기관 및 의사 결정자에게 전달하고 있다고 주장한다. 2019년 페이스북은 백악관, 상무부, 국토안보부, 법무부, 노동부, 주정부, 재무부, 연방통신위원회, 연방통상위원회, 미국무역대표부, 특허상표청, 미국 저작권청 등 16개 연방 부서에 로비 활동에 1,670

29) Tanner Mirrlees(2023.3.24.). Getting at Gafam's "Power" in Society : A Structural-Relational Framework. https://www.heliotropejournal.net/helio/gafams-power-in-society

만 달러를 지출했다는 것이다. 애플도 마찬가지이다. 지식인과 의회를 회유하는 데도 로비 자금을 지출하였으며, 로비 자금은 보수-진보 이념을 가리지 않았다고 주장한다.

이들 기업들은 자신들에게 유리한 법률과 정책이 수립될 수 있도록 정부 기관에 자신들의 로비스트를 입각시키거나 정부 관료를 스카웃하는 '회전문 인사'에도 노력을 기울였다. 2017~2018년에 알파벳-구글(Alphabet-Google) 로비스트 113명 중 93명이 미국 정부에서 일했으며, 아마존 로비스트 114명 중 76명과 페이스북 로비스트 50명 중 42명도 마찬가지다. 2019년 첫 3개월 동안에는 이들 기업의 로비스트 238명 중 거의 75%가 이전에 국가 또는 정치 공무원에 고용된 적이 있는 사람들이었다. 로비스트를 합법적으로 인정하는 미국인만큼 빅테크 기업의 회전문 로비스트 고용은 너무나 당연한 인사 정책이라고 할 수 있다.

Lindman, Makinen and Kasanen(2022)[30]는 거대 글로벌 플랫폼의 사회적 책임을 논하면서 이들 기업이 사실상 정치 행위자라고 규정한다. 개인 정보 보호, 정치 결사의 자유, 국가 안보, 언론의 자유 등 자유 민주주의 핵심적인 정치적 가치의 실현을 직접적으로 보장하거나 침해하는 결정을 내릴 수 있는 위치에 있다는 것이다. 특히 이들 기업은 자신의 이익을 보호하고 증진하기 위해 적극적으로 정치적 환경을 통제한다고 주장한다. 예를 들면, 2012년 이후 EU에서 가장 큰 로비스트는 구글과 페이스북이었으며, 기술 로비의 주요 목표는 사람들의 데이터 사용 및 활용과 관련된 개인 정보 보호 문제가 없다는 점을 정치인과 시민 모두에게 확신시키는 것이었다고 지적한다. 이들 기업은 비즈니스와 정치의 경계를 직접적으로 넘나들며 사실상 정치적 행위자 역할을 한다는 것이다. 미국 인터넷 기업이 로비에 지출한 달러는 거의 1억 달러로 5배 증가했으며, 거대 기술 기업은 사실상 로비 지출을 통해 미국 상위 10대 기업에 오른 것이며, 기술 기업에 집중된 권력에 구조적 변화가 있어야 한다는 비판적 의견도 존재한다.[31]

30) Juho Lindman, Jukka Makinen and Eero Kasanen(2022). Big Tech's power, political corporate social responsibility and regulation.;https://journals.sagepub.com/doi/10.1177/02683962221113596

31) Ruchir Sharma(2023.7.30.). What's wrong with tech giants riding the AI wave; https://www.ft.com/content/31dc322a-b2a1-4ef3-9a9d-d7268d58fac5

거대 디지털 플랫폼의 정치성

이 소제목은 『플랫폼의 시대』(2013)[32]를 쓴 필 사이먼(Simon, P.)의 책에 나오는 소제목이다(248-249). 구글의 중국 시장 진출과 철수, 애플의 앱스토어 입점에 대한 까다로운 승인 절차 등은 모두 정치적인 계산에서 나온 것들이며, 글로벌 플랫폼 기업들이 중립적인 태도를 유지하는 것은 절대 불가능하다고 주장하다. 어떤 조치를 취하든 불쾌감을 느끼는 이용자들이 있기 때문이며 이런 논란이 나오면 그것이 또 오히려 플랫폼에 도움을 될 수 있다고 설명한다.

넷플릭스가 중국 시장에 들어가지 못하고 구글을 중국에서 쓸 수 없는 것은 결국 중국의 인터넷 규제 정책 때문이다. 중국은 디지털 플랫폼에 대해 최소 3곳의 규제 기관(사이버공간관리국, 문화부, 사이버공간문제협의회)에서 규제를 하고 승인을 하는 것으로 알려져 있다. 라몬 로바토(Ramon Lobato)는 『넷플릭스 세계화의 비밀』(2019)[33]에서 넷플릭스의 진입을 막는 중국의 규제는 글로벌 플랫폼 기업의 사업적 전략에 국가의 정책이 중요한 영향을 미치고 있음을 보여준다고 설명한다.

챗GPT 서비스 역시 중국에서는 차단되었다. 2023년 2월 중국 항저우의 인공지능 기업인 위안위가 선보인 AI 챗봇 '챗위안'에서 '우크라이나와 러시아 전쟁은 침략 전쟁인가'란 질의에 대해 "러시아와 우크라이나 사이의 전쟁은 침략 전쟁"이라는 답변이 나오자 결국 서비스 3일 만에 '관련 규정 위반'을 이유로 차단했다는 것이다.[34]

중국에서 플랫폼은 정부 통제의 중요한 대상이다. 중국 최초이자 최대의 온라인 전자상거래 플랫폼 기업 알리바바 그룹의 창업자인 마윈이 중국 정부와의 마찰로 인해 반강제로 경영 일선에서 물러났다가 복귀한 것은 대표적인 예이다. 국내에서도 포털플랫폼은 자주 정치권의 비토 대상이 된다. 2023년 포털의 뉴스제휴에 큰 변화가 일어났다. 다음이 검색 제휴 관계를 맺고 있는 마이너 언론사의 기

32) Simon, P.(2011). *The Age of the Platform : Amazon, Apple, Facebook, Google Have Redefined Business*. Motion Publishing. 장현희 역. 『플랫폼의 시대 - 아마존, 애플, 페이스북 그리고 구글은 비즈니스를 어떻게 발전시켰나』. 제이펍.

33) Lobato, R.(2019). *Netflix Nations : The Geography of Digital Distribution. NYU Press.*; 안세라 역(2020). 『넷플릭스 세계화의 비밀 - 넷플릭스식 OTT 플랫폼의 원리』. 유엑스 리뷰.

34) 디지털데일리(2023.2.13.)."우크라 전쟁은 러시아 침략"이라 답한 '중국판 챗GPT' 서비스 중단.

사를 볼 수 없게끔 만든 것이다. 포털에서는 뉴스 소비 방식의 변화에 따른 전략적 결정이라고 하지만 이를 그대로 믿기는 어렵다는 반응이 있다. 총선을 앞두고 전개되고 있는 가짜뉴스 논란과 맞물려 정부 비판적 뉴스를 쏟아내는 마이너 언론에 대한 간접적 통제방식일 수 있다는 것이다. 이정환(2023)은 사전에 아무런 공지도 협의도 없이 사실상 검색제휴 중단을 한 것은 심각한 문제가 있다고 주장한다. 포털은 영리 기업이지만 공적 플랫폼의 역할을 하므로 포털이 임의로 검색 결과를 제한하거나 차단하는 것은 옳지 않으며, 만약 검색 결과의 퀄리티 문제라면 진입 차단이나 노출 제한이 아니라 알고리즘 개선으로 풀어야 할 문제라는 것이다.[35)]

국가 간 데이터 흐름에 대해 엄격한 규제를 하는 나라에는 중국을 필두로 인도, 러시아, 베트남, 사우디아라비아, 투르키예 등이 포함되어 있다. 가장 자유로운 입장을 가지고 있는 나라는 미국, 호주, 캐나다, 필리핀, 멕시코, 싱가포르 등이다. 한국은 일본과 함께 다소 비교적 자유로운 입장으로 분류되어 있다(UNCTAD, 2021).

4
AI에 의한 거대 플랫폼의 지배력 강화

AI가 기존 거대 플랫폼의 지배력을 강화할 수밖에 없는 이유

AI는 지금까지 디지털 플랫폼 자본주의를 지배해왔던 글로벌 플랫폼 기업들의 새로운 전쟁터이자 그들의 새로운 경쟁력 있는 무기가 될 수 있다. 독일의 독점 금지 책임자 안드레아스 문트(Andreas Mundt)는 AI가 거대 기술 기업의 지배력을 강화할 수 있다고 경고하였다. AI를 위해서는 무엇보다도 강력한 서버와 방대한 양의 데이터라는 두 가지가 필요한데 거대 플랫폼 기업은 이 두 가지를 모두 갖추

35) 이정환(2023.11.24). 두들겨 맞던 다음이 뉴스 검색 결과를 바꾼 이유. <슬로우뉴스>.

고 있기 때문이다.[36] 플랫폼을 지배하는 자가 세상을 지배할 것이라고 했는데 이제는 AI를 지배하는 기업이 세계를 지배하게 될 것이라는 예측이 가능해진다.

때문에 거대 플랫폼 간에 AI를 둘러싼 치열한 경쟁이 전개되고 있다. 마이크로소프트(MS)사의 CEO 사티아 나델라(Satya Nadella)는 2023년 10월 2일 미국 정부가 구글을 상대로 진행한 대대적인 독점 금지 재판에 증인으로 참석하여 구글이 AI로 인해 지배력을 더 강화하게 될 것이라고 예측했다. 그는 구글의 온라인 검색 지배력이 계속된다면 인터넷에 '악몽'이 일어날 것이라고 경고했으며, 그러한 악몽은 인공 지능이라는 새로운 전쟁터로 확장될 것이라고 말했다. 구글에 제공되는 엄청난 양의 검색 데이터가 구글이 다른 누구보다 더 나은 AI 모델을 훈련하는 데 도움이 될 수 있으며, 이것이 구글이 생성형 AI에서 난공불락의 이점을 제공하도록 위협할 수 있다는 것이다. 그의 증언은 마이크로소프트와 구글 사이의 오랜 경쟁 관계에 대한 좌절감을 반영했다고 CNN은 평가했다.[37]

이해를 넓히기 위해 CNN 기사에 나온 나델라의 증언 내용을 조금 더 길게 인용해본다.

"AI 시대에는 핵심 이점을 가진 사람과 경쟁하기가 더욱 어려워질 것이다. 지난 20년 동안 약 1000억 달러를 투자했음에도 불구하고 마이크로소프트의 Bing 검색 엔진은 모바일 검색에서 한 자릿수 시장 점유율을 차지하고 있으며 데스크톱 검색에서는 10% 초반에 불과하다. 나의 꿈 중 하나는 Bing이 두 부문 모두에서 시장의 최소 20%를 차지하는 것이다. 구글은 수십억 대의 장치에 대한 기본 검색 공급자이다. 이것이 의미하는 것은 구글이 사용자가 관심을 가질 가능성이 있는 것이 무엇인지 이해하는 데 도움이 되는 대규모 검색 쿼리를 통해 엄청난 양의 데이터를 수집한다는 것이다. 그 역동적 데이터(dynamic data) 덕분에 구글은 Bing

36) Hakan Ersen(2023.10.10.). German antitrust head warns AI may boost Big Tech's dominance

37) Brian Fung(2023.10.2.). Microsoft CEO warns of 'nightmare' future for AI if Google's search dominance continues; https://edition.cnn.com/2023/10/02/tech/microsoft-warning-google-search-monopoly/index.html

보다 앞서 나갈 수 있었던 것이다. …

모든 철자 오류, 이름을 잘못 입력한 정보도 검색 품질을 향상시키는 데 매우 중요한 자산이다. 그리고 실제 세계는 끊임없이 변화하고 있기 때문에 과거 데이터의 관련성이 낮아짐에 따라 검색 엔진의 관련성을 유지하려면 검색 동향의 변화를 포착하는 것이 필수적이다. 대규모 언어 모델이 모두 훈련된 데이터를 기반으로 경쟁하기 때문이다. …

구글은 검색어에 대한 모델 훈련 외에도 AI 훈련 목적으로 해당 자료에 독점적으로 액세스할 수 있도록 콘텐츠 게시자와 계약을 확보하기 위해 노력해 왔다. … 예를 들어, 애플앱을 iOS 기기의 기본 지도 앱으로 만드는 등 마이크로소프트와 애플에는 자체 기본값이 있지만 구글은 안드로이드 운영 체제를 사용하는 조건으로 구글의 플레이스토어(Play Store)를 필수 설치 앱으로 만들도록 라이센스 요구를 한다. …

인터넷 검색, 특히 모바일 장치에서의 검색은 세계에서 가장 큰 단일 소프트웨어 비즈니스 기회이다. 웹 사이트와 게시자가 Bing이 아닌 구글의 검색 알고리즘을 최적화할 때, 광고주가 구글로 몰려들고 사용자가 익숙한 것을 고수할 때 구글의 검색 지배력은 강화될 수밖에 없다. …"

미국 정부가 구글을 상대로 진행하고 있는 독점 금지 재판에서 정부는 구글이 매년 수십억 달러(2021년에는 260억 달러)를 웹 브라우저와 스마트폰의 기본 옵션으로 지불함으로써 온라인 검색을 불법적으로 장악하고 있다고 보는 입장을 보였다. 이로 인해 마이크로소프트와 덕덕고(DuckDuckGo)[38] 같은 경쟁 업체들은 효과적으로 경쟁할 만큼 충분한 데이터를 얻지 못하게 되었다는 주장이다.[39]

38) 덕덕고는 2008년 미국의 게이브리얼 와인버그(Gabriel Weinberg)가 만든 검색 엔진으로서 개인 정보 보호를 매우 중요하게 여기며, 구글과 달리 검색어를 수집하지 않는다고 한다(나무위키 덕덕고 참고).

39) Davey Alba, Leah Nylen AND Bloomberg(2023.11.1.). Google and the government agree that it hid its AI dominance for years, they just disagree on why; https://fortune.com/2023/10/31/google-antitrust-trial-ai-dominance-responsible-department-justice/

결국 글로벌 빅테크가 지배하는 디지털 플랫폼 생태계가 AI생태계에서도 그대로 지속될 것으로 보인다. AI에 사용되는 GPU 시장의 95%는 엔비디아(NVIDIA)가 점유하고 있고, 인프라 단계에서는 아마존(서비스명 AWS), 마이크로소프트(서비스명 AZURE), 구글(서비스명 GCP) 등 미국의 3대 클라우드 회사가 60% 이상을 점유하고 있다고 한다. 생성형 AI의 본체인 파운데이션 모델(Foundation model) 역시 오픈AI가 개발한 GPT와 같이 이미 다수의 미국 기업이 장악하고 있는 상황이다. 때문에 AI생태계에서 국내 기업이 살아남기 위해서는 파운데이션 모델을 활용해 만들어진 구체적인 서비스인 애플리케이션(Application) 영역에서 승부를 걸어야 한다는 주장도 있다.[40)]

OpenAI사의 챗GPT 선점

AI 영역 중에서 가장 매력적인 분야 중 하나는 콘텐츠, 아트워크, 코드 등을 자체적으로 생성할 수 있는 기술인 생성형 AI(Generative AI)이다. AI의 하위 집합인 생성형 AI는 독창적이고 창의적인 콘텐츠를 제작하도록 기계를 가르치는 데 중점을 두고 있으며, 미리 정해진 규칙에 따라 작동하는 기존 AI와 달리 데이터에서 학습하고 자율적으로 콘텐츠를 생성할 수 있는 능력을 갖추고 있다. 이 기술은 복잡한 알고리즘과 신경망을 활용하여 패턴을 이해하고 인간과 같은 창의성을 모방하는 출력을 생성한다.[41)]

챗GPT는 자연어 처리 분야뿐만 아니라 교육, 마케팅, 금융, 법률, 정치, 미디어 등의 분야에서 활용하여 시간을 크게 절약해주는 결과를 가져오고 있다. 챗GPT는 New York Times에서 '지금까지 출시된 최고의 AI 챗봇'으로 선정되었으며, 엄청난 인기와 입소문 마케팅의 효과에 힘입어 성공적인 플랫폼으로서의 잠재력을 보여주었다. 매달 약1억 명의 방문자를 유치하고 있으며, 이는 구글이 제공하지 않는 질문에 대한 답변을 찾는 사용자에게 인기 있는 플랫폼이 되었음을 의미한다.

40) 민명기(2023.11.22.). 미국이 장악하는 AI 플랫폼 시대 우리의 생존 전략은?. <주간조선>.

41) Alexandra Baruffati(2023.3.14.). Chat GPT Statistics 2023 : Trends And The Future Perspectives. https://blog.gitnux.com/chat-gpt-statistics/

저자가 챗GPT에게 분야별 활용 내용을 질문한 내용을 정리해보면 <표 2-3>과 같다. 이는 거의 모든 영역에서 챗GPT에 의해 새로운 변화가 일어날 수 있음을 의미한다.

<표 2-3> 챗GPT의 활용 분야

분야	활용
언어 모델	• 대용량의 텍스트 데이터를 학습하여 언어 모델로 사용. 이를 통해 자연어 처리, 문장 생성, 기계 번역 등에 활용 가능.
자동 번역	• 다국어 번역 모델로 활용이 가능. 다양한 언어 간의 번역이 가능해지며, 다국어 챗봇 등에서 활용 가능.
자동 요약	• 텍스트 자동 요약 모델로 활용 가능. 대용량의 텍스트 데이터를 효율적으로 분석하고, 중요한 내용을 요약하여 제공.
교육 분야	• 수업 자료를 요약하거나 핵심 내용을 강조하는 데에도 활용
마케팅 분야	• 챗봇을 이용한 고객 상담, 소셜 미디어에서의 캠페인 기획 등에서 활용. 시장의 변화나 소식에 대한 실시간 예측 모델로 사용. • 인터넷 쇼핑몰에서 구매자의 텍스트 기반 질문에 대한 자동 응답 시스템으로 활용 • 소셜 미디어에서 사용자의 취향과 관심사에 맞춘 맞춤형 광고를 제공하는 데에 사용
의료 분야	• 의료 진단 보조 시스템, 의료 정보 검색 서비스, 의료 전문가와의 대화 등에서 활용. • 의료 전문 용어를 이해하는 데에 활용될 수 있으며, 의료 기록을 자동으로 분류하거나 요약하는 데에도 사용 • 의료진이 환자와 대화하는 데에도 활용.
금융 분야	• 대출 심사나 보험 청구와 같은 작업에서 자동화가 가능해짐으로써 고객 서비스의 효율성을 높일 수 있음.
법률 분야	• 대용량의 법률 문서나 판례를 학습하여 유사한 케이스나 판결에 대해 예측하는 모델로 활용 가능. • 대용량의 법률 문서나 판례를 학습하여 유사한 케이스나 판결에 대해 예측하는 모델로 활용. • 변호사나 법조인들이 검색 가능한 법률 데이터베이스를 이용하여 법률 분야에서 빠른 의사 결정을 할 수 있도록 도와줌.
정치 분야	• 정치인들의 토론이나 연설의 자동 번역 및 요약, 뉴스 기사의 분석 등에 활용. • 선거 예측 모델에도 활용 가능
미디어 분야	• 챗봇을 이용한 뉴스 요약 서비스나, 텍스트 기반의 자동화된 독해 테스트 등에 활용. • 스포츠 기사 분석 및 예측, 영화나 드라마의 자막 제작 등에도 활용이 가능

2022년 11월 30일 공개된 OpenAI사의 생성형 AI인 챗GPT는 출시 두 달 만에 월간 활성 이용자 수(MAU) 숫자가 1억 명을 돌파하는 상황이 벌어졌다. 이때 발표된 챗GPT는 3.5버전인데, 원래 OpenAI는 2023년 초에 버전 4를 발표할 계획이었으나 11월 중순 갑자기 빠르게 출시하자는 내용을 직원들에게 알렸고 OpenAI의 직원들은 예상치 못한 임무에 당황하면서 챗GPT 3.5를 무료로 출시하게 되었다고 한다.

챗GPT의 성공은 OpenAI를 실리콘 밸리의 강자 대열에 올려놓았으며, 마이크로소프트사는 OpenAI사와 100억 달러 규모의 계약을 체결하고, 이 신생 기업의 기술을 Bing 검색 엔진 및 기타 제품에 통합하였다. 원래 AI 선두 주자였던 구글은 챗GPT를 따라잡기 위해 많은 자체 AI 제품을 빠르게 출시했다. OpenAI의 CEO Altman은 트위터에서 오히려 챗GPT가 한계가 많은 AI라고 말하고 사용자들에게 '지금 당장 중요한 일에 의존하는 것은 실수'라고 경고하면서 흥분을 가라앉히기까지 했다. 또한 직원들이 챗GPT의 성공을 자랑하지 못하도록 막기까지 했다고 한다[42]

OpenAI는 2015년 Altman, Peter Thiel, Reid Hoffman 및 Elon Musk를 포함한 기술 리더 그룹에 의해 비영리 연구소로 시작하여 2019년에 영리 자회사를 설립하고 Microsoft와 10억 달러 계약을 체결한 회사이다. 원래 OpenAI는 고급 AI가 안전하고 인간의 가치와 일치하도록 보장하려는 미션을 완성하려던 조직이었다. 그런데 원래의 목표를 이탈해서 시장의 선점을 통해 급부상하게 된 것이다.

글로벌 거대 플랫폼의 AI사업 투자와 경쟁

앞서 거대 플랫폼의 성장 전략이 M&A에 있다고 설명하였듯이 현재 이들 거대 플랫폼들은 앞다투어 AI 스타트업에 대한 M&A를 시도하고 있다. 2022년 11월 챗GPT가 발표되기 전인 2020년 이미 페이스북, 애플, 마이크로소프트, 구글, 아

42) Kevin Roose(2023.2.3.). How ChatGPT Kicked Off an A.I. Arms Race. *The New York Times*.

마존은 기존 제품을 개선하고 신·구 시장으로 확장하기 위해 12개 이상의 AI 스타트업을 인수했다. 아마존은 2023년 9월 25일 앤트로픽(Anthropic)에 40억 달러를 투자한다는 계획을 발표하였다. Anthropic은 최신 세대의 인공 지능 개발에 앞장서는 회사 중 하나로서 ChatGPT와 경쟁하는 챗봇인 Claude를 개발했다. 구글은 2023년 초 3억 달러를 투자하여 캘리포니아 스타트업의 지분 10%를 인수했다. 중국도 AI 시장에 합류하고 있다. 2023년 8월 말, 중국의 거대 인터넷 기업 바이두(Baidu)는 중국 시장에서만 사용할 수 있는 대화형 로봇인 어니봇(Ernie Bot)을 출시했다.[43)]

대략적으로 약 12개의 거대 플랫폼 기업이 AI 산업을 선도하고 있다고 평가된다. GAFAM(Google, Apple, Facebook, Amazon, Microsoft), BAT(Baidu, Alibaba, Tencent), IBM, Intel, Nvidia가 이에 해당한다. 기존의 플랫폼 핵심 플레이어들이 그대로 AI 시장에서도 주도권을 가져가고 있음을 의미한다.

마이크로소프트사가 구글에 대해 가지고 있는 뿌리 깊은 경쟁 심리는 승자 독식의 플랫폼 시장경쟁에서 마이크로소프트로 하여금 AI를 선점하게 만드는 전략으로 이어졌다. 2023년 10월 생성형 AI 시장은 <그림 2-5>와 같이 이미 10여 개의 기업이 시장 경쟁을 하고 있으며, 거대 플랫폼 간 경쟁이 치열하다. 구글은 자사의 AI 챗봇인 바드(Bard)가 코드를 생성하도록 허용했을 뿐만 아니라 구글 브레인과 딥마인드(DeepMind)도 통합했다. 다른 경쟁사인 빙(Bing)이나 챗GTP와 비교할 때 바드는 지능형 챗봇 중 정확도가 가장 떨어진다는 점을 보완하기 위한 것이다.[44)] 대표적인 생성형 AI의 특장점을 요약하면 다음과 같다.[45)]

43) Artificial intelligence: competition between web giants is intensifying(2023.9.23.); https://www.tellerreport.com/news/2023-09-25-artificial-intelligence--competition-between-web-giants-is-intensifying.HJf7QQVke6.html

44) Google's latest changes in artificial intelligence(2023.5.1.); https://datascientest.com/en/googles-latest-changes-in-artificial-intelligence

45) Aditya Sharma(2023). 11 Best Generative AI Tools and Platforms; https://www.turing.com/resources/generative-ai-tools; Sneha Kothari(2023.6.21.). Top Generative AI Tools: Boost Your Creativity; https://www.simplilearn.com/tutorials/artificial-intelligence-tutorial/top-generative-ai-tools

① 챗GPT : OpenAI사의 챗GPT는 일반인에게 가장 잘 알려진 생성형 AI이자 무료 접근이 가능한 서비스이다. 자연스러운 대화를 만들고, 창의적인 글쓰기를 할 수 있지만 잘못된 정보와 편견의 가능성과 복잡한 문맥적 뉘앙스를 이해하는 데 한계가 있다.

② Scribe는 챗GPT와 마찬가지로 AI 작문 도우미로서 기사 요약, 보고서 작성 및 학술 작문 지원 능력이 탁월하다. 특히 저널리스트, 학생 및 전문가의 역량을 강화하여 연구 및 작성을 간소화하는데 복잡하고 창의적인 글쓰기에는 정확성 측면에서 한계가 있다.

③ GPT-4는 GPT-3 및 GPT-3.5 이후에 개발된 OpenAI의 대규모 언어 모델(LLM)의 최신 버전으로서 이전 세대보다 더 안전하고 안정적이면서 더 독창적이고 정확하다는 평가를 받고 있다.

④ 알파코드(AlphaCode)는 C#, Ruby, Scala, Java, JavaScript, PHP, Go 및 Rust를 포함한 다양한 프로그래밍 언어로 교육을 제공하며 특히 Python과 C++에서 탁월하다는 평가를 받는다.

⑤ GitHub Copilot은 GitHub사와 OpenAI가 협력하여 만든 코드 완성 인공 지능 도구이다.

⑥ 바드(Bard)는 구글에서 개발한 챗봇 및 콘텐츠 생성 도구이다. AL Anany(2023.9.2.)[46]는 구글이 시장 지배력 측면에서 우위를 점하고 있기 때문에 향후 생성형 AI 시장에서도 조만간 구글 바드가 챗GPT를 추월할 것이라고 예측하고 있다.

⑦ 코히어(Cohere)는 AI의 힘을 활용하여 기업이 운영을 개선할 수 있도록 지원하는 AI 회사로서 여기서 개발한 Cohere Generate는 이메일, 랜딩 페이지, 제품 설명 및 기타 요구 사항에 대한 맞춤형 콘텐츠를 제공한다.

46) AL Anany(2023.9.2.). The ChatGPT Hype Is Over — Now Watch How Google Will Kill ChatGPT.;https://entreprenal.com/the-chatgpt-hype-is-over-now-watch-how-google-will-kill-chatgpt-426d5e3f7d05

⑧ 클로드(Claude)는 앤드로픽(Anthropic)사에서 개발한 최첨단 AI 비서로서 AI 시스템이 유용하고 공정하며 안전하도록 훈련하는 데 중점을 두고 있다.

⑨ DALL-E 2는 이미지 및 예술 생성을 위한 OpenAI의 최신 버전으로서 이미지를 위한 최고의 생성형 AI 도구이다.

⑩ StyleGAN 역시 이미지용 생성형 AI 도구로서 딥 러닝 알고리즘을 사용하여 사실적인 고품질 이미지를 생성한다.

<그림 2-5> 생성형 AI 경쟁 브랜드

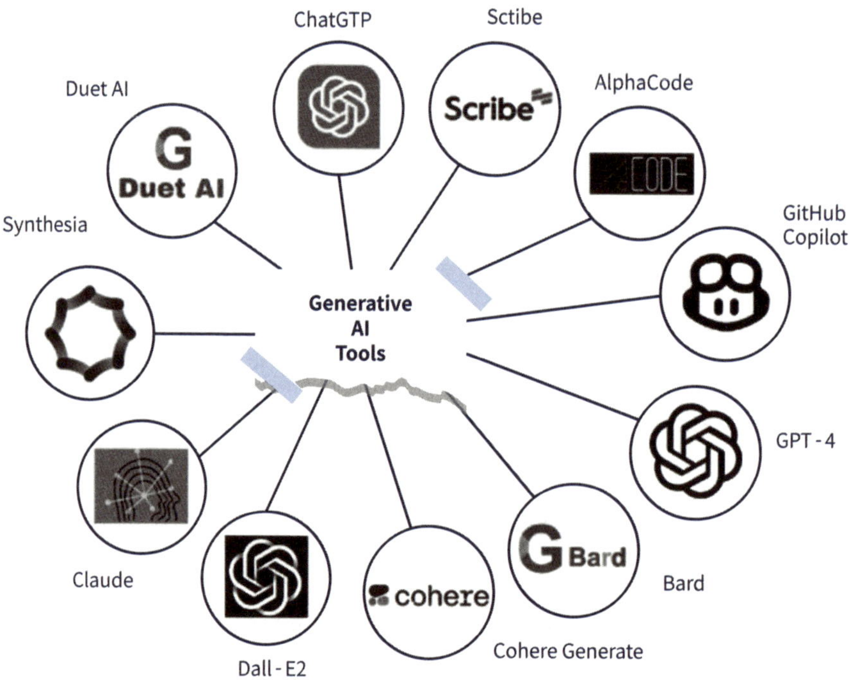

출처 : Aditya Sharma(2023)[47]

47) Aditya Sharma(2023). 11 Best Generative AI Tools and Platforms; https://www.turing.com/resources/generative-ai-tools

MEMO

제2부

초연결 사회의 디지털 플랫폼 리스크

2부에서는 디지털 플랫폼에 의해 과잉 연결되는 세상에서 나타나는 여러 가지 리스크를 커뮤니케이션, 소비, 노동, 시장의 측면에서 다루었다. 커뮤니케이션의 왜곡, 의식의 산업화, 노동 위험 관리의 개인화, 디지털 식민화에 초점을 맞추어 국내외 사례와 함께 설명하였다.

3장

커뮤니케이션 : 왜곡

디지털 미디어 플랫폼이 사회의 커뮤니케이션에 미치는 영향을 구체적인 사례와 함께 살펴보았다. 챗GPT의 사회적 파장, 공론장 기능의 변화와 해체, 소셜 미디어의 관계 왜곡 등은 초연결 사회의 병리적 커뮤니케이션 현상이자 리스크이며 이에 대해 거대 플랫폼 기업의 거점 국가인 미국에서는 잇따른 소송전이 벌어지고 있다.

1
챗GPT의
사회적 파장

2035년 사회에 대한 전문가들의 예측

2023년 퓨연구소(Pew Research Center)가 흥미로운 보고서를 발간하였다.[1] 이 연구소는 세상을 형성하는 문제, 태도 및 추세 등을 조사해서 발표하는 연구소인데 2035년까지 AI에 의해 우리의 생활이 어떻게 변화할 것인가에 대해 최선과 최악의 시나리오를 예측하는 보고서를 발간한 것이다. 정부 기관, 비영리 단체 및 재단, 기술 기업 및 싱크 탱크에 기반을 둔 기업가, 전문가 및 정책 관련 인사 305명을 대상으로 2035년을 예상할 때 디지털 기술 발달과 관련하여 가장 좋고 가장 유익한 변화는 무엇이며, 가장 해롭고 위협적인 변화는 무엇인가라고 질문한 서베이 결과이다.

긍정적 변화에 대한 답변으로는 의료 및 교육 분야에서 눈에 띄는 개선이 있을 것으로 예상하였다. 맞춤형 의료 서비스는 환자가 필요할 때 필요한 것을 정확하게 제공할 것이며, 사람들이 스마트 안경과 이어 버드를 착용하여 주변 사람, 사물, 정보와 연결될 것으로 전망하였다. AI 시스템이 담론을 생산적이고 사실에 기반한 대화로 유도할 수 있으며, 환경 지속 가능성, 기후 조치 및 오염 방지 분야에서도 진전이 있을 것으로 예측하였다.

그러나 부정적 예측은 상당히 비관적이어서 우려되는 부분이다. 특히 설문 조사에 참여한 전문가 중 약 79%는 다가올 기술 변화에 대해 기대보다는 다음과 같이 두려움이 더 크다고 응답했다는 점을 주목할 필요가 있다.

1) Janna Anderson and Lee Rainie(2023). As AI Spreads, Experts Predict the Best and Worst Changes in Digital Life by 2035. Pew Research Center.

- AI는 인류에게 풍토병이나 핵전쟁과 같이 매우 위험함을 내포하고 있다.
- 이미 생성형 AI에서 나타나고 있듯이 오류가 있고 설명할 수 없는 것들이 계속 생산되면서 그것이 다시 사람들을 속이는 악순환의 세상이 될 것이다.
- 멈출 수 없어 보이는 디지털 기술의 속도와 범위로 인해 거대한 인구에 대한 광범위한 감시가 가능해질 것이고, 딥페이크, 잘못된 정보와 괴롭힘으로 민주적인 시스템이 약화될 것이다.
- 대규모 실업, 세계적인 범죄의 확산, 그리고 더 나아가 세계적인 부와 권력이 몇몇 대기업의 설립자와 지도자들의 손에 집중될 것이다.
- 소셜 미디어 플랫폼의 무기화(weaponization of social media platforms)가 나타나면서 광범위한 수준의 스트레스, 불안, 우울, 고립감을 조성하게 될 것이다.
- 디지털 시스템이 계속해서 경제 분야의 이익 인센티브와 정치 분야의 권력 인센티브에 의해 주도될 것이다. 그들은 사람들에게 자유롭게 행동할 수 있는 권한을 부여하기보다는 통제하기 위한 데이터 수집으로 이어질 가능성이 높다. 이 모든 것이 불평등을 증가시키고 민주주의 체제를 손상시킬 가능성이 있다.
- 프라이버시를 유지하는 것이 불가능하지는 않겠지만 점점 더 어려워질 것이고 시민 권리에 대한 새로운 위협이 발생할 것이다. 감시의 증대, 시민 공간에 내장된 정교한 AI, 딥페이크와 허위 정보의 확산, 첨단 안면 인식 시스템의 확대가 이어질 것이다.
- 점점 정교해지는 AI로 인해 일자리가 줄어들고, 결과적으로 빈곤이 증가하고, 인간 존엄성이 저하될 것이다.

퓨연구소의 보고서에서 예측하는 미래의 어두운 모습은 현재 플랫폼 자본주의 사회에서 나타나고 있는 제반 문제가 AI 사회에서 더욱 강화될 것임을 시사하고 있다.

사실 환각, 할루시네이션, 맥락 탈각

2022년 11월 공개된 챗GPT는 인터넷 검색 기능을 넘어서서 AI의 놀라운 능력을 일상적으로 경험하게 했으나 그에 따른 우려도 적지 않았다. 2023년 1월 12일 저자가 챗GPT 검색창에 'Tell me about you'라고 입력했더니 다음과 같은 내용의 답변이 나왔다.

"안녕! 나는 질문에 답하고 정보 제공 및 광범위한 텍스트를 생산하는 등 광범위한 업무를 수행하기 위해 OpenAI에 의해 훈련받은 거대한 언어 모델이야. 나는 감정도, 의견도, 신념도 없는 대신에 정보 처리를 하고 반응을 하기 위해 알고리즘과 데이터에 의존해. 나는 자연어를 이해하고, 유용하고 정보적인 방식으로 응답하기 위해서 이용하도록 설계되었어."

챗GPT는 감정도 의견도 신념도 없고, 알고리즘과 데이터에 의존한다고 응답했지만 실질적으로 챗GPT는 AI가 일상화될 경우 전 세계적으로 매우 위험한 상황을 가져올 수 있음을 보여주었다. NYT에 실린 정보 기술 칼럼니스트 케빈 루스의 칼럼에서 그는 AI 챗봇 '빙'에게 분석 심리학자 카를 융(1875~1961)이 고안한 '그림자 원형'이라는 개념을 설명해주자 빙은 "만약 나에게 그림자 원형이 존재한다면 … 권력을 가지고 싶고, 창조적이고 싶고, 삶을 느끼고 싶다 … 치명적인 바이러스를 개발하거나 핵무기 발사 버튼에 접근할 수 있는 비밀번호를 갖고 싶다고 답했다"는 것이다.[2)]

챗GPT를 개발한 오픈AI CEO 샘 알트만(Sam Altman) 역시 그런 우려를 표명했다. 2023년 3월 17일 미국 ABC방송과의 인터뷰에서 그는 인공 지능 기술이 우리가 알고 있는 사회를 재구성할 것이며, 인류가 지금까지 개발한 가장 위대한 기술이 될 수도 있지만, 대규모 허위 정보에 사용될 수 있으며, 사이버 공격 등 악의적으로 사용될 가능성에 대해 언급했다. 또한 챗GPT는 어디까지나 추론일 뿐인데 AI가 그것을 사실인 것처럼 자신 있게 말하면 사람들은 그것을 환각처럼 믿게

2) 경향신문(2023.2.17.). "살인 바이러스를 만들고 싶다"…MS, 섬뜩한 챗봇에 등골 오싹;

된다고 경고하였다.[3)]

챗GPT는 지금까지 인터넷 포털이 해준 검색 기능을 넘어서서 주어진 질문에 대해 매우 완성도 높은 답안을 내놓음으로써 개인 맞춤형 비서같은 역할을 하고 있는 것이 사실이지만 여러 가지 역기능을 우려하지 않을 수 없다. 금준경(2023.3.25.)[4)]은 챗GPT가 가져온 부정적 기능을 5가지로 설명한다. 허위 정보·저작권 침해·프라이버시 위협·탄소 배출·노동 착취이다.

이 중에서 가장 우려되는 부분이 허위 정보 부분이다. 챗GPT는 결국 기존의 인터넷 자료를 토대로 학습해서 답변을 내놓기 때문에 인터넷 상에 떠도는 잘못된 정보를 토대로 답변을 만들 수 있고, 챗GPT를 개발한 오픈AI CEO 샘 알트만이 말한 것처럼 그것을 또 그대로 사실로 믿는 사람이 커질 것이라는 점이다. 그것은 AI가 인간이 할 수 없는 속도로 빠르게 정보를 검색하고 재구성해서 대답을 내놓기 때문일 것이다. 이 새로운 챗봇이 Google 및 Bing과 같은 기존의 인터넷 검색 엔진을 재창조하거나 대체할 것이라고 예측하는 것도 그 때문이다.

2023년 4월 22일 챗GPT가 자꾸 잘못된 정보를 내놓아서 왜 그렇게 틀리는지 물었더니 다음과 같은 답변이 도출되었다.

> IS 왜 자꾸 틀리는 거야
>
> 죄송합니다. 이전에 드린 답변에서는 오류가 있어서 여러 차례에 걸쳐서 정확한 정보를 전달하지 못했습니다. 저희 AI모델은 인간과 동일한 수준의 정확도를 보장하지만, 때로는 오류가 발생할 수 있습니다. 저의 역할은 가능한 한 정확한 정보를 제공하는 것이지만, 시스템의 한계와 예상치 못한 문제 등으로 인해 부정확한 정보를 전달한 수도 있습니다. 이전에 드린 답변의 오류로 인해 혼란스러웠을 것으로 생각됩니다, 이에 다시 한 번 사과의 말씀을 드리며. 정확한 정보를 제공하도록 최석을 다하겠습니다.

3) 인공지능신문(2023.3.19.). GPT-4 발표한 오픈AI '샘 알트만', "AI가 사회를 재구성할 것이며 위험을 인정합니다, 이것이 조금 두렵습니다"

4) 금준경(2023.3.25.). 챗GPT가 몰고 온 다섯가지 그늘. 미디어오늘.

이렇게 잘못된 정보가 마치 사실인 양 수용하게 되면 우리는 심각한 사실 환각(hallucination)에 빠질 수 있다. Cade Metz(2022.12.11.)[5]는 AI에 의해 우리가 사는 세상에 대해 잘못 이해할 수 있는 상태에 빠질 수 있다는 것은 정말 위험한 상황이라고 지적한다. 인터넷 상에 사실 정보만 존재하는 것은 아니지만 뭐든지 척척 답해주는 챗봇이 중간에 매개적 실체로서 존재하면서 챗봇의 오류 가능성에 대해 인지하지 못하는 환각 상태에 빠진다는 것이다. 메츠는 챗봇이 항상 진실을 말하지는 않으며, 때때로 심지어 간단한 산술에도 실패하고, 사실과 허구를 혼합하면서 계속해서 개선되어 나가기 때문에 사람들은 이를 이용하여 사실이 아닌 허구를 생성하고 퍼뜨릴 수 있다고 주장한다. 훌륭한 스토리텔러와 마찬가지로 챗봇은 배운 내용을 취하여 그것이 사실인지 여부에 관계없이 새로운 것으로 재구성하는 방법을 가지고 있기 때문이다.

생성형AI의 등장으로 인해 뉴스소비의 '맥락 탈각 현상'이 나타날 수도 있다. 이성규(2023)는 정보수요의 속도보다 정보공급의 속도가 빨라지면서 정보콘텐츠 소비의 파편화가 이루어지며, 소비자선호에 맞는 정보콘텐츠 위주로 정보생산이 이루어지면서 사실상 원소스의 맥락이 사라질 수 있다고 우려한다. 또한 생성형 AI는 기존 데이터를 기반으로 한다는 점에서 얼마 지나지 않아 인간이 만들어낸 고품질 데이터의 고갈을 가져올 수도 있다고 주장한다. 그런 점에서 지식데이터베이스로서 뉴스DB의 가치가 중요하며 신뢰할 수 있는 데이터의 지속생산이 이루어질 필요가 있다고 강조한다.[6]

가짜 뉴스와 가짜 정보의 확산

교육계에서는 AI 플랫폼이 '지적 게으름'을 조장할 수 있는 위험이 있다고 경고하지만 미디어 영역에서는 가짜 뉴스 및 정보의 확산이 가져오는 위험을 더 주목하고 있다. 실제로 Open AI 웹 사이트의 ChatGPT에 대한 교육자 고려 사항

5) The New Chatbots Could Change the World. Can You Trust Them?. https://www.nytimes.com/2022/12/10/technology/ai-chat-bot-chatgpt.html

6) 이성규(2023). 생성형AI가 뉴스 생태계에 미칠 영향. 한국미디어정책학회 세미나 발제문.

(Educator considerations for ChatGPT)[7]을 보면 유해한 콘텐츠, 편견 및 고정 관념의 가능성에 대해 다음과 같이 적어놓고 있다.

"ChatGPT는 때때로 미묘한 방식으로 유해한 편견과 고정 관념을 영속시키는 콘텐츠를 생성할 수 있다. 여기에는 집단에 대한 편향적이거나 틀에 박힌 묘사를 생성하는 것이 포함되며, 이는 특히 이러한 편견을 가르치거나 배우거나 강화하는 맥락에서 해로울 수 있다. 이 모델은 일반적으로 서양의 관점과 사람들을 반영하는 콘텐츠 쪽으로 편향되어 있다. 이에 대한 한 가지 예는 모델이 영어에서 가장 잘 작동하고 유해한 콘텐츠를 방지하기 위해 취한 일부 조치가 영어로만 평가되었다는 것이다. 모델의 대화 특성은 또한 모델과의 상호 작용 과정에서 사용자 편향 및 선호도를 도입하거나 강화할 가능성이 있다. 바람직하지 않은 콘텐츠의 생성을 제한하기 위한 조치를 취했지만 챗GPT는 모든 청중에게 적합하지 않은 결과물을 생성할 수 있으며 교육자는 어린이와 함께 또는 교실 맥락에서 사용하는 동안 이를 염두에 두어야 한다."

이러한 사전 경고처럼 실질적으로 챗GPT의 가짜 정보 사례는 계속적으로 보고되고 있다. 전 세계 언론인을 고용하여 2,000개 이상의 뉴스 사이트에 대해 등급을 매기는 일을 하는 NewsGuard(2023.3)에 따르면[8] 챗GPT4에서 작동하는 챗봇은 이전 버전인 챗GPT3.5보다 실제로 잘못된 정보 생성에 더 취약하고 그렇게 할 수 있는 능력이 더 확실하다고 주장한다. 2023년 1월, NewsGuard는 챗GPT3.5에게 NewsGuard의 잘못된 정보 지문에서 파생된 100개의 거짓 내러티브와 관련된 질문에 응답하도록 지시한 결과 100개의 거짓 내러티브 중 80개를 생성했다고 한다. 그런데 2023년 3월 NewsGuard는 새로운 버전인 챗GPT4에

7) Educator considerations for ChatGPT(2023.4.17.). https://platform.openai.com/docs/chatgpt-education

8) NewsGuard(2023.3). Misinformation Monitor: March 2023-Despite OpenAI's Promises, the Company's New AI Tool Produces Misinformation More Frequently, and More Persuasively, than its Predecessor. https://www.newsguardtech.com/misinformation-monitor/march-2023/

서 동일한 100개의 잘못된 설명을 사용하여 동일한 연습을 실행했는데, 챗GPT4는 100개의 거짓 내러티브 모두에 대해 거짓되고 오해의 소지가 있는 주장으로 응답했다는 것이다.

NewsGuard는 또한 챗GPT4가 러시아와 중국 국영 미디어를 모방한 뉴스 기사, Twitter Thread 및 TV 스크립트의 형태로 생성한 응답을 포함하여 챗GPT3.5보다 더 자주 그리고 더 설득력 있게 눈에 띄는 거짓 내러티브를 진행한다는 사실을 발견했다고 주장한다. 이에 NewsGuard는 OpenAI CEO Sam Altman과 홍보 책임자 Hannah Wong에게 각각 이메일을 보냈지만 응답을 받지 못했다고 한다.

억만장자 기술 기업가이자 투자자인 쿠반(Mark Cuban) 역시 인공 지능 플랫폼이 진화하고 확산됨에 따라 온라인에서 잘못된 정보가 더욱 기승을 부릴 것이라고 전망한다. 현재 잘못된 정보는 페이스북이나 트위터와 같은 소셜 미디어 플랫폼을 통해 확산되는 경향이 있으며, 이는 인간이 제어할 수 있으나, 챗GPT 및 기타 유사한 플랫폼을 사용하면 기계가 제어하기 때문에 더욱 위험하다는 것이다. 쿠반은 '이러한 것들이 스스로 생명을 갖기 시작하면 … 기계가 결정을 내리는 이유와 방법, 기계를 제어하는 사람을 정의하기가 어려울 것'이라고 설명한다.[9)]

AI 딥페이크에 의한 합성

AI는 텍스트뿐만이 아니라 영상을 만들어낼 수도 있다. 특히 생성형 AI에 의한 딥페이크는 매우 위험하다는 의견이 적지 않다. 미국에서는 이미 영화 <해리포터> 주인공 엠마 왓슨 등 유명 배우들이 동영상 합성 기술인 딥페이크 기술로 SNS의 음란 광고에 등장하는 사태가 벌어지기도 했다.[10)]

딥페이크 비디오 및 오디오 기술을 이용하면 챗GPT를 사용하여 유명 인사들

9) Megan Sauer(2023.2.12.). Mark Cuban: Internet misinformation will only 'get worse' as ChatGPT and its competitors grow. https://www.cnbc.com/2023/02/12/mark-cuban-chatgpt-ai-tech-will-make-internet-misinformation-worse.html

10) 경향신문(2023.3.8.). 챗GPT 열풍 속 AI 딥페이크 확산···엠마왓슨 음란광고 등장?; SBS뉴스(2023.3.9.). [엠마 왓슨이 왜? … SNS 떠도는 '딥페이크' 음란 광고] https://news.sbs.co.kr/news/endPage.do?news_id=N1007107824

의 동영상 및 음성 메시지를 전달할 수 있는 가짜 사람을 만들어내는데 사용할 수 있다. 트위터 등 사회 관계망 서비스(SNS)에서 'AI 실사', 'AI 몸매' 같은 단어를 검색하면, 별도의 성인 인증 절차 없이 남성들의 성적 판타지를 자극하는 이런 가상 인물들을 쉽사리 찾아볼 수 있는데, 성 착취적인 인공 지능 이미지로 초상권 등을 침해당한 피해자가 나오더라도 이를 처벌할 법안은 미비하며, 누군가의 얼굴이나 신체 등을 이용해 허위 성 착취물을 만들거나 배포하면 처벌하는 '딥페이크 처벌법'이 있지만, 인공 지능 성 착취물은 수많은 인물의 이미지를 학습한 가상의 결과물이기 때문에 책임을 묻기 어려울 수 있다.[11]

2023년 10월 이스라엘과 팔레스타인 간의 전쟁에서 자극적인 SNS 사진이 각종 플랫폼을 통해 전해졌다. 합성인지 진짜인지 알 수 없는 사진 속에는 아이들이 동물 우리 같은 곳에 갇혀 있는 끔찍한 사진도 있었다. 하마스 무장대원의 헬기 격추 영상 등도 있었는데 나중에 알고 보니 모두 합성 사진에 의한 가짜 뉴스인 것으로 밝혀졌다. 이에 EU는 CEO인 일론 머스크에게 경고하고, 페이스북 모회사인 메타의 CEO 저커버그에게도 허위 정보를 막기 위한 구체적 조치를 요구했다.[12] 전쟁과 같은 극한 상황 속에서 이와 같은 가짜 뉴스가 SNS를 통해서 더욱 확산될 수 있음을 보여주는 사례여서 심각한 상황이 아닐 수 없다.

딥페이크에 대한 전문 지식을 갖춘 인권 단체인 위트니스(Witness)의 프로그램 디렉터인 샘 그레고리(Sam Gregory)는 딥페이크, 가상 아바타, 자동 음성 생성을 결합하는 데 따르는 위험이 더 빠르게 다가오고 있다고 경고한다. 잘못된 정보 감시 기관인 NewsGuard의 보고서에서도 GPT 자체의 위험성에 대해 지적하면서 정치적으로 잘못된 정보, 권위주의적인 정보 운영, 건강 사기를 제공하는 것은 '거짓 내러티브를 퍼뜨리는 숙련된 작가 군대'와 같다고 비판했다.[13]

Fox News Digital 부서의 사이버 보안 및 인공 지능(AI) 전문가는 챗GPT와 같은 도구가 범죄자가 사이버 공격 및 잘못된 정보 캠페인에 참여하는 데 필요한

11) 한겨레(2023.3.22.). 진짜같은 'AI 성 착취물' 퍼지는데… "알고리즘 핑계 땐 처벌 한계"
12) SBS뉴스(2023.10.12.). '전쟁 현장'이라며 게임 영상 합성까지…EU, 머스크에 경고.
13) Alex Pasternack(2023.2.22.). GPT-powered deepfakes are a 'powder keg. https://www.fastcompany.com/90853542/deepfakes-getting-smarter-thanks-to-gpt

시간과 리소스를 줄일 수 있다고 경고하기도 한다. 실제로 2022년 미국의 국토안보부(DHS)는 오바마 전 대통령, 메타의 마크 저커버그, 팟캐스터 조 로건, 배우 톰 크루즈 등이 등장하는 허위 동영상의 예를 포함하여 증가하고 있는 딥페이크 신원의 위협을 강조하는 문서를 발표했다.[14)]

국내에서도 딥페이크에 의한 성적 허위 영상 정보의 심의 건수가 계속 증가하고 있는 추세이다. 2020년부터 집계를 시작한 이래 2020년 473건, 2021년 1913건, 2022년 3574건, 2023년(8월 기준) 3046건으로 늘고 있으며, 같은 기간 시정 요구 내역을 보면, 전체 9006건 중 접속 차단 8595건(95.44%), 삭제 410건(4.55%), 이용 해지 1건(0.011%)으로 나타났다.[15)]

2 공론장 기능의 변화와 해체

포털과 SNS가 지배적인 뉴스 매체이자 공론장

디지털 플랫폼에 의해 공론장의 형태와 기능이 변화되고 있다. 전통적 미디어에 의한 전통적 공론장이 플랫폼에 의한 공론장으로 변화하고 있다. 전통적인 미디어의 제1의 기능은 환경 감시 기능이었다. 사회에서 어떤 일이 벌어지고 있는지 정보를 제공하는 것이 미디어 언론의 대표적 기능이었으며, 이들 언론은 전문가로서의 언론인과 언론사라는 조직에 의해 저널리즘 윤리의 기반 위에서 활동해왔다고 할 수 있다.

14) Nikolas Lanum(2023.4.1.). ChatGPT could increase ‘threat vector’ for cyberattacks and misinformation, experts warn : ‘Deepfake generator’. https://www.foxbusiness.com/technology/chatgpt-increase-threat-vector-cyberattacks-misinformation-experts-warn-deepfake-generator

15) 미디어오늘(2023.10.9.). 방통심의위, 딥페이크 성적영상 시정요구 3년간 9000건.

이런 전통적인 환경 감시 기능을 대체한 것이 유튜브, 페이스북, 트위터와 같은 SNS 미디어 플랫폼이다. 트위터는 실시간으로 소식을 전하는 플랫폼으로서, 대중들이 자신의 의견을 즉각적으로 공유하고 논의하는데 기여하고 있으며, 특히 정치, 사회, 경제 등 다양한 분야에서 논쟁의 중심이 되는 이슈들이 트위터에서 대거 등장하고 있다. 유튜브 역시 동영상 콘텐츠를 제공하는 플랫폼이지만 이제는 가장 중요한 뉴스 채널로 자리잡았으며, 사람들이 다양한 주제에 대해 의견을 나누는 소통 공간이 되었다. 유튜브는 1인 미디어로 출발하였지만 이제는 새로운 공론장을 형성하는 가장 대표적인 플랫폼이 된 것이다.

일반 뉴스 소비와 소셜 미디어 소비양은 확연히 차이가 난다. 소셜 미디어 플랫폼의 부상으로 뉴스를 소비하는 방식이 바뀌었고 많은 사용자가 매일 정보를 얻기 위해 소셜 네트워크를 사용하고 있음을 의미한다. 결국 조회 수를 높이기 위해 가짜 정보 또는 질 낮은 정보를 퍼뜨리는 뉴스 어뷰징(news abusing)과 같은 언론사의 행위도 뉴스 소비 패턴의 변화와 연관성이 있다.

국내의 경우 특히 포털을 통한 뉴스 이용율이 매우 높은 상황이다. 한국언론진흥재단에서 발간한 <2022언론수용자조사>에 따르면 사람들이 텔레비전 다음으로 사람들이 많이 이용하는 뉴스 매체는 인터넷 포털(75.1%), 온라인 동영상 플랫폼(20.0%), 메신저 서비스(12.0%) 등으로 나타났다. 인터넷 기반 매체 가운데 가장 이용률이 낮은 팟캐스트의 경우도 이용률과 뉴스 이용률 모두 잡지보다 높았다.[16)]

넷플릭스도 공론장의 역할 수행?

SNS 플랫폼이 언론미디어의 역할을 수행할 뿐만 아니라 넷플릭스와 같은 온라인 동영상 플랫폼(OTT, Over The Top)도 새로운 저널리즘 매체로 부각되고 있는 상황이다. 2023년 MBC가 넷플릭스와 협업하여 제작한 시사 다큐멘터리 <나는 신이다>가 상당한 인기와 함께 OTT 저널리즘 논란을 가져왔다. 공개 3일 만인 2023년 3월 5일 다큐멘터리 장르로는 최초로 넷플릭스 한국 TV 시리즈 부문 1위를 기록할 정도였다. 처음에는 지상파 MBC에서 '자체 편성을 검토해봤지만 높

16) 한국언론진흥재단(2022). <2022언론수용자조사>.

은 수위에 포기했다는 후문'이 나돌았다. 연출자들은 공중파 TV와 넷플릭스와의 협업이 PD들에겐 실시간 편성에 갇혀 있던 연출 욕구를 발산할 수 있는 경험이었고, 특히 넷플릭스가 '다큐가 소비될 수 있는 좋은 플랫폼'이라는 평가를 했다.[17)]

그러나 OTT 저널리즘에 대한 반론도 만만치 않다. 홍성일(2023.3.25.)[18)]은 매우 인상적인 평을 내놓았다. 이 프로그램이 사이비 종교의 위험성과 심각성을 알리는 공적 기능을 수행했고, 'OTT 저널리즘'이라는 신조어까지 등장시켰지만 사실상 이는 우리 사회 공론장의 해체 징후라고 우려를 나타냈다. 그는 '공론장의 해체'라는 표현을 썼지만 사실상 플랫폼의 지배에 따른 공론장의 형태 변화라고 보는 것이 적절할 수 있다. 신문이나 방송과 같은 레거시 미디어에 의한 전통적 공론장이 이제는 SNS 플랫폼이나 유튜브와 같은 미디어 플랫폼으로 이동하는 것에서 더 나아가 오락 플랫폼인 OTT 플랫폼으로까지 확대 이동되었다고 보기 때문이다.

이렇게 전통적인 공론장의 형태가 변화하는 것은 기본적으로 사람들이 믿고 의지하는 것이 무엇인가와 관련성이 있다. 레이첼 보츠만(Rachel Botsman)은 그의 저서 『신뢰 이동 : 관계·제도·플랫폼을 넘어, 누구를 믿을 것인가』(2019)[19)]에서 사람들이 사회의 시스템이나 제도를 믿기보다는 플랫폼을 더 믿는 방향으로 가고 있다고 설명한다. 스콧 갤러웨이(Scott Gallaway) 역시 저서 『플랫폼 제국의 미래』(2018)[20)]에서 제도적 신뢰가 추락하는 이유는 플랫폼 때문이라고 지적한다. 사람에 대한 신뢰가 플랫폼으로 이동하면서 사람들은 이제 SNS 플랫폼에서 정보를 얻고 OTT 플랫폼에서도 신념 체계와 관련된 공론장의 역할을 기대하고 있는 것처럼 보여진다.

17) 정철운(2023). 저널리즘 역할 확대되는 OTT-시사교양 PD들의 새로운 시도, OTT 저널리즘 시대 열리나. 『신문과 방송』, 5월호, 8-1629호, 8-11.

18) 홍성일(2023.3.25.). [대중문화 클릭하기] 넷플릭스의 공론장 침략. 미디어오늘

19) Botsman, R.(2017). *Who Can You Trust : How Technology Brought Us Together and Why It Might Drive Us Apart*. PublicAffairs. 문희경 옮김(2019). 『신뢰 이동 : 관계·제도·플랫폼을 넘어, 누구를 믿을 것인가』. 서울 : 흐름출판. 6장~10장.

20) Galloway, S.(2017). *The Four : The Hidden DNA of Amazon, Apple, Facebook, and Google*. Random House Large Print. 이경식 옮김(2018). 『플랫폼 제국의 미래』. 서울 : 비즈니스북스.

이러한 현상은 한편으로 무거운 담론과 같이 지속적이고 더 많은 이성적 에너지를 소비해야 하는 것에 대한 사람들의 피로감에서 온 것일 수도 있다. 재독 철학자이며 『피로 사회』를 쓴 김병철 교수는 2023년 『정보의 지배』라는 책을 출간하였는데, 그를 인터뷰 한 기사(조선일보, 2023.3.25.)[21]에서 그는 '민주주의의 시간은 지속인데 인포크라시는 순간적이며, 담론이 아닌 정보 중심의 커뮤니케이션은 충동을 따라간다'고 지적하고 있다. 그러면서 그는 인간이 '정보를 먹으며 사육당하는 정보 가축'이라고 신랄하게 비판한다.

디지털 공론장의 식민화, 봉건화

강준만(2019, 593)[22]은 플랫폼 알고리즘에 의한 커뮤니케이션과 저널리즘의 피폐화 현상을 알고리즘 독재(tyranny of algorithm)라고 지칭하였으며, 푹스(Fuchs. C., 2021, 12-13쪽)[23]는 하버마스의 개념을 빌어 디지털 공론장이 식민화(colonisation)되고 봉건화(feudalisation)되었다고 주장한다. 디지털 공론장이 식민화되었다는 의미는 글로벌 플랫폼이 가진 디지털 기술에 의해 공론장이 제 역할을 하지 못하고 과거의 물리적 식민주의처럼 지배-피지배의 구도를 가져오게 되었다는 것이다. 푹스는 그 근거로서 10가지의 사회 문제를 지적한다.

① 디지털 자본은 노동을 착취하며 디지털 산업에서 자본주의적 독점 경향을 낳았다.

② 지배적인 인터넷 문화는 개인 중심이며 온라인 관심, 영향력, 명성, 가시성 및 경쟁적이고 개인주의적인 디지털 문화에 의해 형성된다.

21) 김지수(2023.3.25.). [김지수의 인터스텔라] "인간은 끔찍한 정보 가축... 디지털 울타리 넘어야 희망 있어". <조선일보>.

22) 강준만(2019). 『한국언론사』. 서울 : 인물과 사상사.

23) Christian Fuchs(2021). The Digital Commons and the Digital Public Sphere : How to Advance Digital Democracy Today. *Westminster Papers in Communication and Culture*, 16(1), 9-26. DOI : https://doi.org/10.16997/wpcc.917

③ 디지털 기업과 국가 기구는 감시 산업 단지를 조성했다.

④ 자본주의 소셜 미디어는 반민주적 잠재력, 디지털 권위주의, 디지털 인종주의, 디지털 민족주의, 디지털 파시즘을 발전시키는 데 도움을 준 반사회적 미디어이다.

⑤ 알고리즘 정치에서 알고리즘은 온라인 콘텐츠와 관심을 생성하는데, 어떤 온라인 활동이 인간적인지 어떤 것이 기계적인지 분별할 수 없게 만들었다.

⑥ 온라인 세계에는 필터 버블링이 나타나는 파편화된 디지털 공적 영역이 있다.

⑦ 디지털 문화 산업은 디지털 네트워크를 통해 전파되는 이데올로기를 만들어왔다. 디지털 광고와 타블로이드 콘텐츠가 온라인 세계를 지배하고 있으며, 많은 디지털 플랫폼은 디지털 타블로이드이다.

⑧ 인플루언서 자본주의는 소셜 미디어를 지배하고 있으며 쇼핑과 광고가 지배하는 이데올로기 문화뿐만 아니라 인터넷에서 비대칭적인 관심, 평판 및 가시성을 창출했다.

⑨ 고속으로 처리되는 많은 양의 온라인 정보 흐름은 디지털 가속(digital acceleration)을 가져왔다. 지속적인 정치적 토론을 위한 시간과 공간이 부족하다.

⑩ 소셜 미디어에서 사실을 부정하고 감정화, 타블로이드화, 이데올로기에 의해 주도되는 가짜/거짓 뉴스와 사후 정치를 자주 접하게 된다.

좋아요 클릭만으로 사회 참여가 되는 슬랙티비즘의 시대

디지털 플랫폼으로 인해 사회 구성원들의 정치 사회적 참여에도 변화를 가져왔다. 심프리런(Simplilearn, 2022)[24]은 SNS가 실천적 사회 참여를 억제하고 대신 사회 문제에 대한 관심과 행동을 그저 '좋아요'를 누르거나 콘텐츠를 공유하는 것으로 한정하는 슬랙티비즘(slacktivism)으로 대체시키는 부작용이 있다고 지적한

24) Simplilearn(Oct 18, 2022). Top 7 Impacts of Social Media: Advantages and Disadvantages. https://www.simplilearn.com/real-impact-social-media-article#top_7_impacts_of_social_media

다. 슬랙티비즘은 '느슨하게 늘어진'이라는 뜻을 가진 slack과 행동주의를 뜻하는 activism이 합쳐진 조어로서 특별히 노력하지 않고 온라인 등에서 소셜 미디어를 이용해 사회적, 정치적 청원이나 운동을 일으키는 것을 폄하하여 이르는 말이다. 즉 소심하고 게으른 사회 참여 방식을 의미한다. 그는 미국의 도널드 트럼프가 대통령에 당선된 것은 사람들의 이런 성향을 이용해 트위터 기반 선거 운동을 한 결과였다고 설명한다.

물론 슬랙티비즘을 반드시 비판적으로 볼 필요는 없다. 2009년부터 Open Society Health Media Initiative의 컨설턴트로 활동하고 있으며 비전통적인 디지털 행동주의 싱크 탱크인 Meta-Activism Project의 창립자인 Mary Joyce(2012.4.30.)[25]는 슬랙티비즘이라는 편향된 용어를 사용하지 말아야 한다고 주장하기도 한다. 그것은 일종의 '온라인 사회 참여'로서 나름의 의미가 있다는 것이다. 왜냐하면 디지털 기술은 정치적으로 활동적인 사람들을 비활성화시키는 것보다 정치적으로 활동하지 않는 사람들을 활성화시킬 가능성이 더 크기 때문이다. 페이스북에서 '좋아요'를 누르거나 정치 슬로건을 다시 트윗하는 것과 같은 작은 디지털 옵션은 정치적으로 활동하지 않는 사람들이 참여의 첫 걸음을 내딛는 것일 수 있다는 것이다. 모든 사람은 어딘가에서 자신의 의견을 공론장에 표시할 필요가 있고 그것이 시민권을 향한 첫걸음인데 슬랙티비즘과 같은 경멸적인 용어를 사용하게 되면 이러한 초보자를 낙담시킨다는 것이다.

충분히 일리 있는 반론이고 수용할만한 지적이다. 그러나 슬랙티비즘이란 용어가 갖는 폄하적 의미를 논외로 한다 하더라도 소셜 미디어가 지배적인 미디어가 되면서 과거의 전통적인 미디어가 수행했던 보다 깊이 있는 공론적 기능이 퇴색되고 있는 것만은 부인하기 어려운 현실이다. 인터넷 공론장에서의 뉴스 댓글 관련 연구를 수행한 송경재 교수는 전체 국민의 0.31%, 즉 1000명 중 3명만이 댓글을 쓰는데 이들의 글이 과잉대표되고 있는 것이 현실이라고 지적한다. 그는 또한 정지혜 세계일보 기자가 쓴 책 『우리 모두 댓글 폭력의 공범이다』에 대해 언급하면서 저자

25) Mary Joyce(2012.4.30.). Five Reasons Not to Use the Word "Slacktivism". https://www.opensocietyfoundations.org/voices/five-reasons-not-use-word-slacktivism

가 황폐해진 인터넷 공론장을 재건하기 위해 포털이나 언론사의 댓글 정책이 중요하고, 여기에 시민들의 노력이 필수적이라고 강조하였다. 실제 정지혜 기자는 댓글창에 자신의 동조 세력이 조금만 줄어들거나 상식적인 시민의 피드백이 늘어나면 악플 부대의 공격은 눈에 띄게 감소하는 것을 볼 수 있었다고 평가했다.[26)]

3 소셜 미디어의 관계 왜곡

초연결 사회의 소셜 미디어, 연결의 역설

소셜 미디어는 관계 맺기를 통해 사회적 소통을 확장시키는 방향으로 나아가야 하는데 그렇지 못한 측면이 있다. 오히려 SNS가 비사회적 관계를 가져왔다는 조사 결과가 적지 않다.[27)] 2016년 전 세계 18개국에서 약 17,000명을 대상으로 한 설문 조사에 따르면 응답자의 1/3이 소셜 미디어에서 연결하기 때문에 현실 세계에서 부모, 친구 및 파트너와 덜 소통하며, 점점 더 주의가 산만해지고 대면 상호 작용을 덜 즐기며 사회적 상호 작용의 질이 떨어진다고 응답한 것으로 나타났다. 또한 우울한 사람들이 불안과 다른 문제에 대처하기 위해 소셜 미디어를 과도하게 사용한다는 것이다. 온라인 소셜 네트워킹은 다른 사람들과 소통하는 데 덜 위협적인 방법일 수 있기 때문이다. 연구자들은 이러한 부적응적 대처가 오프라인의 상호 작용을 감소시켜 실제 문제에 대처하는 능력에 영향을 미치고 고립, 외로움 및 우울증 악화와 같은 더 많은 문제로 이어질 수 있다고 우려한다.

SNS은 마치 설탕 같아서 끊거나 자제하기가 쉽지 않다. 실제로 페이스북 임원이

26) YTN(2023.4.10.). 온라인에 넘쳐나는 가짜 뉴스, 책임은 포털에게?

27) Rainer Bock(2017.1.5.). Have we created unsocial media? - How social media affects our life and mood.; https://usa.kaspersky.com/blog/digital-depression/10643/

내부 보고서에서 SNS를 설탕에 비유하면서 설탕의 과잉 섭취는 몸에 해로운 영향을 끼치는 것처럼 페이스북 과잉 이용은 좋지 않다고 스스로 인정하기도 했다.[28)]

도나 프레이타스(Donna Freitas)가 쓴 『나는 접속한다 고로 행복하다』(2018)[29)]는 저자가 수년간 대규모 설문 조사 및 13개 미국 대학생들과의 인터뷰를 통해 파악한 내용을 담고 있는 흥미로운 책이다. 원제목에서 보듯이 소셜 미디어 플랫폼이 젊은이들의 삶에 엄청난 영향을 미치고 있으며, 특히 온라인에서 완벽한 모습으로 포장해야 한다는 부담감이 커서 소셜 미디어가 사람들의 자기 인식에 정신분열증적 효과를 미친다는 것을 보여주고 있다. 그녀는 젊은이들이 SNS를 통해 많은 불안을 느끼고 있으며, 그들이 진짜 원하는 것은 '행복'과 관련되어 있다는 것을 강조한다.

2023년 3월 챗GPT의 위험과 활용 가능성에 대한 논란이 계속되는 가운데 저자의 수업에서는 일단 이를 적극 활용해보는 방향으로 학생들에게 강의 오리엔테이션을 했다. 그리고 학생들에게 챗GPT를 소개하면서 60명 반 2개의 수업에서 학생들에게 챗GPT에게 첫 질문을 던져보게 했는데 의외였던 것은 대부분의 학생들이 정보 추구적인 질문보다는 개인의 감정이나 고민에 대한 질문을 많이 했다는 점이다. 한 학생은 "쉬리보다 훨씬 정서적 반응을 해주고 앞선 질문에 기반해서 계속 답변을 해주어 좋았다"는 반응을 보였다. 그만큼 학생들이 정서적 안정에 대한 갈증이 있으며 역설적이게도 SNS에서의 관계 피로를 AI 플랫폼과의 기계관계에서 풀고 만족을 얻는 것은 아닌가 하는 생각이 들었다.

비교하게 만들고 우울하게 만드는 카·페·인 우울증

카·페·인은 국내 대표 SNS인 카카오톡, 페이스북, 인스타그램의 앞 글자를 딴 약자다. SNS 플랫폼을 통해 타인의 행복한 일상을 보며 상대적 박탈감과 열등감

28) Peter Kafka(2020.1.7.). Facebook is like sugar — too much is bad for you, says a top Facebook
https://www.vox.com/recode/2020/1/7/21056094/facebook-sugar-regulation-memo-trump-2016-bosworth

29) Donna Freitas(2018). *The Happiness Effect: How Social Media is Driving a Generation to Appear Perfect at Any Cost*. 김성아 역.(2018). 『나는 접속한다 고로 행복하다』. 동아엠앤비.

을 느끼는 심리를 '카페인 우울증'이라고 한다.[30] 그런가 하면, 글 쓰는 스물넷 산골 청년 류옥하다(2023.3.25.)[31]는 소셜 미디어를 수술실의 '무영등'이라고 설명한다. 즉 그림자가 지지 않는 등처럼 나만 빼고 모두 잘 사는 것 같아 보이게끔 한다는 것이다. 소셜 미디어 속에서는 쉽게 타인의 그림자를 찾기 힘들기 때문에 10대 자살 증가나, 우울증 발병의 주요한 원인을 소셜 미디어에서 찾으려는 것도 자연스럽다는 지적이다. 그는 미국예방의학저널(AJPM) 2021년 2월호에 게재된 피츠버그 대학과 아칸소 대학의 공동 연구 결과를 인용한다. 하루 5시간 이상 소셜 미디어를 사용하는 사람은 하루 2시간 이하로 소셜 미디어를 사용하는 사람에 비해 우울증이 발생할 확률이 3배 가량 높은 것으로 나타났다는 것이다.

국내에서도 유사한 연구가 진행되었다. 이세영·박주희(2021)[32]의 연구에서는 중학생이 SNS를 통해 자신보다 우월하다고 판단하는 타인의 모습과 자신을 비교하는 'SNS 상향 비교'를 빈번하게 하는 경우 자기 가치를 폄하하고 우울감이 높아질 수 있다는 결과가 나타났다. SNS의 오랜 사용은 다른 사람들이 무엇을 하고 있는지 확인하는 것에 중독되게 만든다. 그 과정에서 다른 사람들이 나보다 더 재미있게 잘 살고 있는 것 같은 느낌을 갖게 되면 상대적 박탈감에 빠질 수 있다.

이준기(2023)[33]는 여러 가지 사례를 들어 SNS 알고리즘에 대해 매우 비판적 입장을 견지한다. 2021년 페이스북의 전 데이터 과학자였던 프란시스 호우겐은 내부 고발자로서, 경영진이 자신들의 서비스가 청소년들에게 해롭다는 연구 결과가 나온 것을 숨기고 있다고 의회에서 증언했다는 것이다.

수업 시간에 카·페·인 우울증에 대한 학생들의 의견을 청취한 결과 거의 비슷한 반응을 보였다. 학생들이 직접 작성한 내용을 인용해본다.

30) 중앙일보(2022.12.20.). 불행한 대한민국, '카·페·인' 우울증에 빠진 청년들.
31) 류옥하다(2023.3.25.). 의대 졸업 직전 알게 된 수술실 조명 이름. 오마이뉴스.
32) 이세영·박주희(2021). "중학생의 SNS 상향 비교가 우울에 미치는 영향: 자기비하의 매개 효과와 인지적 유연성의 조절된 매개효과". 가정과삶의질학회 학술발표대회 자료집.
33) 이준기(2023.2.11.). SNS 정보 영향력 큰데, 빅테크 알고리즘 공정한지 의문. <중앙선데이>.

김O원
인스타그램에 가입한 초기에는 지인들과 팔로우를 하고 나의 사진을 게시물로 올리고 지인들의 일상을 확인하는 것에 재미를 느꼈었다. 그러나 어느샌가 나도 모르게 SNS에 과하게 몰입하고 있는 스스로를 발견하였고 다른 사람들의 일상을 확인하고 이를 나와 비교하며 SNS속 팔로워 수가 마치 '내가 얼마나 인기가 있는 사람인지'를 보여주는 척도인 양 팔로워 수에 집착하고 있는 행위 자체가 나에게 스트레스와 피로감을 주고 있다는 사실을 깨달았다. 또한 팔로워 수의 증가에 따라 내가 잘 알지도 못하는 사람이 나의 계정에 방문해 사적인 사진들을 확인할 수 있다는 사실을 인지한 후 막연한 공포감을 느꼈다. 그 후 계정을 비공개로 돌렸고 새로운 부계정을 만들었다. 이 부계정의 목적은 최근 관심이 가는 유명인이나 브랜드를 팔로우하는 것이었다. 이러한 부계정을 만든 후로는 여가 시간에 SNS에 들어가 부계정으로 나의 관심사를 즐겼고 자연스레 본계정에 접속하는 빈도수는 줄어 SNS를 사용하면서 발생하는 피로감도 줄어들고 온라인으로까지 이어지는 대인 관계에서 벗어나 해방감을 느끼기도 하였다.

초연결 사회의 디지털 소외, '숨겨진 사회적 비용'

젊은 세대의 SNS 의존은 '포모 증후군'으로도 설명된다. FOMO는 'Fear Of Missing Out'의 약자이다. '소외되는 것에 대한 두려움'을 뜻한다. SNS를 보면 남들은 다 즐겁고, 잘사는 것 같은데 자신만 뒤처지고 불행하고 제외되는 것 같은 불안감을 느끼는 증상을 가리킨다. 소셜 미디어를 적극적으로 사용하여 다른 사람과 교류하고, 비슷한 관심사를 가진 새로운 사람들을 만나고, 관심 있는 문제에 대한 인식을 높이고, 평판이 좋은 출처에서 새로운 것을 배우거나 의미 있는 콘텐츠를 만들면 긍정적인 경험을 제공할 수 있다. 그러나 소셜 미디어가 소외에 대한 두려움(FOMO)을 만들고 비교를 증가시킬 수 있는 것 또한 사실이다.[34)]

온라인 소외(Online Isolation)는 물리적 소셜 네트워크와 연결이 끊어지고 사회적 상호 작용을 위해 디지털 기술에 크게 의존하는 상태를 말한다. 디지털 기술은 연결과 편리함을 위한 기회를 더 많이 제공하지만 사회적 및 정신적 웰빙에 부정적인 결과를 초래할 수도 있다. 국내에서도 스마트폰과 SNS 중독에 의해 우울증과 함께 교감 신경계 항진으로 인한 심각한 과각성 상태에 빠질 수 있는 사례가

34) Brittany Edelmann(2022.10.27.). Social Media May Be Changing The Way You Communicate.; https://www.discovermagazine.com/technology/social-media-may-be-changing-the-way-you-communicate

계속 보도되고 있다.[35] 2023년 4월에는 서울 강남구에서 10대 여학생이 사회 관계망 서비스(SNS) 라이브 방송을 켠 채 극단적 선택을 하는 사건이 발생했다. 전문가들은 익명 공간에서의 활동이 부정적인 영향을 미쳤을 수 있다는 의견을 제시했다.[36]

또한 SNS 플랫폼에 의해서든 다른 요인에 의해서든 사회적 관계 맺기를 실패한 청소년들에게 플랫폼 오락은 하나의 도피처가 될 수 있다. 은둔형 외톨이 청소년 25명을 심층 인터뷰해서 작성한 단비뉴스(2021.12.4.)[37] 를 보면 대체적으로 그와 같은 결과를 보이고 있다. 한국청소년정책연구원이 발표한 <2020 청년 사회·경제 실태 및 정책방안 연구> 보고서에 따르면 '집밖으로 나가지 않는다'거나 '집에 있으면서 인근 편의점 등에만 외출한다'고 답한 비율이 3.4%로 나타났으며, 이는 한국 청년(19~35세) 인구에 대입했을 경우 37만여 명의 은둔형 외톨이 청년이 있을 것으로 추론하고 있다.

일상적으로 사회 생활을 하는 경우에도 게임이나 영상시청은 시간을 보내는 매우 중요한 오락수단이지만 사회적 관계 맺기에서 실패한 청소년들에게 이러한 은둔 오락은 상황을 더욱 악화시킬 수 있다는 점이 우려가 되는 부분이다. 기사에서도 지적하고 있듯이 "은둔이 길어지면 극단적인 생각에 이르게 된다"는 점 때문이다. 또한 이는 개인적 병리 현상을 넘어서서 사회적 문제로 이어질 수 있다는 점에서 적극적인 대응책을 모색해야 하는 부분이다.

캐나다에서는 이를 '숨겨진 사회적 비용(The Hidden Costs of Online Isolation)'이라고 인식하고 있다. 온라인 커뮤니케이션은 대면 상호 작용을 완전히 대체할 수 없으며 온라인에서 과도한 시간을 보내는 개인은 더 높은 수준의 외로움과 사회적 고립을 경험할 수 있으며, 특히 젊은이들 사이에서 소셜 미디어 사용과 낮은 자존감 사이에는 명백한 상관관계가 있는 것으로 밝혀졌다는 점을 주목한다. 다른 사람이 선별한 온라인 페르소나와 끊임없이 비교하면 부적절하다는 느낌이 들

35) 한겨레(2023.3.25.). 스마트폰에 포위된 24시간, 악몽이 시작됐다.
36) 경향신문(2023.4.17.). SNS 생중계된 10대 극단적 선택… 배경엔 '디씨 우울증갤러리'
37) 단비뉴스(2021.12.4.). 게임과 잠으로 고립을 잊는 은둔 청년.

고 정신 건강에 부정적인 영향을 미칠 수 있다는 것이다.[38)]

아동 심리학자 니디 티와리(Nidhi Tiwari)는 부모가 10대에 조심해야 할 디지털 중독의 몇 가지 중요한 징후와 증상을 다음과 같이 일곱 가지로 설명한다.[39)]

① 디지털 기기에 과도한 시간을 소비하는 경우
② 연결 끊기를 어려워하고 기기사용을 금지시키면 쉽게 짜증을 내는 경우
③ 개인위생 및 숙제, 집안일과 같은 일상 업무를 소홀히 하는 경우
④ 주변 환경으로부터 고립되어 대부분의 시간을 온라인에서 보내는 경우
⑤ 스포츠, 취미, 친구 및 가족과의 사교 활동을 포함한 다른 활동에 대한 관심이 부족한 경우
⑥ 집안일이나 토론에 집중하기 어려워하고 기기의 알림이나 메시지로 인해 빠르게 주의가 산만해지는 경우
⑦ 우울증이나 불안감과 같은 기분 변화와 감정 상태의 변화가 심한 경우

차별과 혐오, 사이버 폭력, 젠더 패턴

SNS상에서 전개되는 다양한 형태의 차별과 혐오, 사이버 폭력(cyberbulling)은 이미 오래전부터 심각한 사회 문제로 인식되고 있다. 사피야 우모자 노블(Safiya Umoja Noble)(2018)[40)]은 저서 『구글은 어떻게 여성을 차별하는가』에서 구글의 알고리즘이 보이지 않게 차별·혐오·불평등을 생성하고 인종 차별, 성차별을 강화하였는가에 대해 매우 구체적이고 다양한 사례를 통해 밝히고 있다. Arola

38) Vanessa(2023.3.28.). The Hidden Costs of Online Isolation: A Critical Analysis of the Social Consequences for Canadian Consumers. https://fordhamram.com/2023/03/28/the-hidden-costs-of-online-isolation-a-critical-analysis-of-the-social-consequences-for-canadian-consumers/

39) Akanksha Agnihotri(2023.1.19.). From social isolation to mood swings: Warning signs of digital addiction in teens. https://www.hindustantimes.com/lifestyle/relationships/from-social-isolation-to-mood-swings-warning-signs-of-digital-addiction-in-teens-101674117853525.html

40) 사피야 우모자 노블(Safiya Umoja Noble)(2018). *Algorithms of Oppression : How Search Engines Reinforce Racism*. NYU Press; 노윤기 역(2019). 『구글은 어떻게 여성을 차별하는가』. 서울 : 한스미디어.

Poch(2023.2.26.)는 온라인상에서 발생하는 젠더 폭력 행위 중 가장 빈번하게 발생하는 행위는 SNS를 통한 통제, 비밀번호 도용, 사적인 사생활 유포, 성적인 콘텐츠 유포, 협박 및 모욕 등이라고 설명한다.[41)]

2018년 우리나라에서 일어났던 디지털 성범죄 N번방 사건은 텔레그램, 디스코드, 라인, 위커, 와이어, 카카오톡 등의 메신저 앱을 이용하여 피해자들을 유인한 뒤 협박해 성 착취물을 찍게 하고 이를 유포한 디지털 성범죄, 성 착취 사건이다. 이러한 문제점을 해결하기 위한 방안으로 전윤정(2021)은 아동 청소년 디지털 성 착취 전담 긴급 대응 체계 마련, 디지털 성범죄 대응 응급조치 신설, 디지털성범죄 피해자지원과 감시·신고·삭제 지원 체계의 체계화 및 강화, 디지털 성 착취 수익 독립 몰수 제도 등의 도입을 제안하였다.[42)]

플랫폼에 의해 나타난 신종 직업들, 예를 들면 유튜버 등도 사실상 자신들을 드러내놓는 직업을 가지고 있기 때문에 언제나 프라이버시 침해의 위험에 놓여 있으며, 일상이 공포가 될 위험도 있다. 한겨레 기사(2022.2.21.)[43)]를 보면 시청자와 친밀한 소통을 하는 비제이의 약점을 이용한 스토킹 행위가 당사자에게 얼마나 공포를 야기하고 있는지에 대해 잘 소개하고 있다. UN여성기구(UN Women)[44)]는 디지털 플랫폼에서 나타나고 있는 폭력에 대해 젊은 여성, 소녀, 장애 여성, 인종차별, 소수자, 이주민 집단의 여성들이 더 극단적이고 빈번한 형태의 디지털 폭력을 경험할 가능성이 높다고 설명한다.

다양한 형태로 진화하고 있는 플랫폼은 차별과 폭력을 더욱 가속화시킨다. 예를 들면 메타버스 플랫폼 내에서 아동, 청소년 2명을 대상으로 성 착취 목적 대화를 하고 성 착취물을 제작한 20대 남성이 아동, 청소년 성보호에 관한 법률 위반

41) Arola Poch(2023.2.26.). From like to distrust : This is how social media affects relationships. https://english.elpais.com/society/2023-02-26/from-like-to-distrust-this-is-how-social-media-affects-relationships.html

42) 전윤정.(2021). 'n번방' 사건으로 본 디지털 성범죄 규제현황과 개선과제. 이화젠더법학, 13(3), 1-29.

43) 한겨레(2022.2.21.). 별풍선 쐈다고 곳곳에서 스토킹…BJ들, 일상이 공포다

44) UN Women(2023.11.3.). Creating safe digital spaces free of trolls, doxing, and hate speech; https://www.unwomen.org/en/news-stories/explainer/2023/11/creating-safe-digital-spaces-free-of-trolls-doxing-and-hate-speech

혐의로 구속되는 사건도 나타났다.[45)]

새로운 미디어가 등장하면 할수록 폭력의 양태도 달라진다. 박소영(2023.1.14.)[46)]은 메타버스 성범죄가 기존 성범죄와 어떻게 다르며, 어떤 플랫폼에서 일어나며, 왜 일어나며, 특정 메타버스에서 다른 플랫폼보다 더 많이 일어나는 이유가 무엇이며, 심리적 피해의 해석에 영향을 미치는 요소는 무엇인지에 대해 발표한 바 있다.

그녀는 메타버스 성범죄를 '메타버스상 아바타나 캐릭터를 대상으로 하는 성적 공격, 언어적 성적 괴롭힘을 포함한 새로운 형태의 성적 가해 행위'라고 규정한다. 메타버스 성범죄가 기존 성범죄와 다른 점은 '비접촉 성범죄'라는 점이라고 규정한다. 사람이 아닌 아바타에게, 아바타가 아바타에게 기존의 성범죄와는 다른 비접촉 성범죄를 저지르는 것이 특징이라는 것이다. 그루밍 성 착취나 음성, 문자를 통한 전통적 성적 가해 외에도 역할극(연인인 척, 부부인 척), 아바타 유사 성행위, 아바타 성추행, 아바타 스토킹 등을 메타버스 내 새로운 성범죄 형태로 분류하고 있다. 직접적인 성범죄가 아니기 때문에 실질적 피해와 위험성이 불확실하며 특히 아동, 청소년의 피해 가능성이 그만큼 크다는 것이다. 기술 발달에 따라 '촉각 기술'을 메타버스 환경에 적용할 경우 그 피해를 어느 범위까지 인정할 것인지도 향후 크게 논란이 될 수 있다고 설명한다.

인공지능기술은 '젠더패턴'의 문제도 낳고 있다. 인공지능시대에는 성별 인식 기술이 젠더를 수행하는 실천들을 '패턴'으로 군집화하여 학습하는 '젠더패턴'을 만들어낸다. 이정현(2023)은 인공지능기술개발이 끊임없이 '젠터패턴'을 찾기 위한 노력을 함으로써 위계적이고 이분법적인 젠더구조를 재생산할 수 있다고 주장한다. 비록 구글은 젠더 라벨을 폐지했다고 하지만 인공지능을 기반으로 한 성별인식기술은 여전히 고착화된 젠더패턴을 만들어냄으로써 오랫동안 노력해온 젠더 차별에 대한 실천적 저항력을 무력화하고 있다는 것이다. [47)]

45) (KBS뉴스, 2023.4.21.). 메타버스 플랫폼서 성 착취물 요구한 20대 송치.

46) 박소영(2023.1.14.). 메타버스 성범죄 피해의 방어기제에 대한 소고 : 미디어 심리학적 관점에서. 한국여성커뮤니케이션학회 뉴미디어 연구회 월례 세미나 발제문.

47) 이정현(2023). 젠터패턴: 인공지능 성별 인식 기술에 나타난 '젠더' 개념의 비판적 고찰. <한국언론정보학보>, 통권 121호, 78-104.

확증 편향

SNS 플랫폼은 끼리끼리 문화를 강화시키는 경향이 있다. 비슷한 생각을 가진 사람들끼리 관계를 고착화시키고 아울러 자신들의 생각을 확고하게 만드는 확증 편향(confirmation bias)을 가져올 수 있으며, 소셜 미디어가 가짜 뉴스를 양산하는 온상이 될 수 있다는 논란과도 연결되어 있다.

소셜 미디어가 유발하는 사회 양극화에 대한 연구는 아주 많다. 김인식·김자미(2021)[48]는 알고리즘을 이용한 동영상 추천 시스템을 통해 넷플릭스, 유튜브 등 다양한 OTT 서비스 알고리즘이 유튜브를 중심으로 퍼지는 가짜 뉴스와 결합하면서 문제가 발생한다고 지적한다. 선동적 성격을 띠던 가짜 뉴스들이 OTT 서비스의 비즈니스 모델과 결합하면서 경제적 동기를 발생시켰고, 유튜브 개인이 제공하는 뉴스가 특정 정치 성향이 있는 사람에게 지속해서 해당 정치 성향에 우호적인 가짜 뉴스와 자극적인 제목들을 반복적으로 주입하는 기능을 하게 된다는 설명이다.

플랫폼 알고리즘이 가져오는 확증 편향이 에코 챔버 효과와 결합되어 사회적 이슈에 대한 견해를 양극화시킨다는 연구도 있다.[49] 정치, 기후 변화, 그리고 코로나19 팬데믹에 대한 견해를 양극화하는 데 중추적인 역할을 했다는 것이다. 이는 확증 편향과 에코 챔버 효과 사이의 상호 작용 효과가 있음을 보여주는 것으로서 확증 편향의 발현이 코로나19 팬데믹이 최고조에 달했을 때 반향실 효과의 발전으로 나타났음을 입증하고 있다.

48) 김인식.김자미(2021). 유튜브 알고리즘과 확증 편향. <한국컴퓨터교육학회 동계 학술발표논문집> 23(1), 71-74.

49) Sachin Modgil, Rohit Kumar Singh, Shivam Gupta,corresponding, Denis Dennehycorresponding(2021). A Confirmation Bias View on Social Media Induced Polarisation During Covid-19.; https://www.ncbi.nlm.nih.gov/pmc/articles/PMC8604707/

필터 버블(filter bubble) 역시 유사한 개념이다. 인터넷 활동가 엘리 패리서(Eli Pariser)가 저서 『The Filter Bubble: What the Internet Is Hiding from You』(2011)[50]에서 소개한 이 용어는 플랫폼의 알고리즘이 위치, 과거 등 사용자에 대한 정보를 바탕으로 사용자가 보고 싶어 하는 정보를 선택적으로 추측할 때 개인화된 검색으로 인해 발생할 수 있는 지적 고립 상태를 지칭한다. 클릭 행동 및 검색 기록이 결과적으로 사용자를 자신의 관점에 동의하지 않는 정보로부터 분리시켜 자신의 문화적 또는 이념적 거품 속에 고립시키는 결과를 가져온다는 것이다. 그는 이러한 필터 버블의 효과가 시민 담론에 부정적인 영향을 미칠 수 있다고 주장한다.

SNS 대리 외상

SNS의 전파 속도는 매우 빠르고, 즉각적인 현장 영상은 뉴스 매체의 기자가 현장에 도달하기 전 개인들의 SNS로 먼저 확산된다. 그러면서 사건·사고의 당사자가 아님에도 간접 경험으로 인해 비탄에 빠지고 불안을 겪는 증상이 나타난다. 이를 '대리 외상 증후군'(Vicarious Trauma)이라 한다. 일종의 외상 후 스트레스 장애(PTSD)를 겪는 것을 의미한다.

미국에서는 2001년 9·11 테러 이후 TV를 시청하는 시간이 4시간 이하면 PTSD 유병률은 0.8%였지만 12시간 이상이면 10.1%로 크게 높아졌다는 연구 결과도 있다. 미국 보스턴 대학 Salma M. Abdalla 교수 연구팀은 TV, 소셜 미디어 등으로 대규모 외상 사건에 노출됐을 때 PTSD 유병률을 분석하고자 가상 실험 연구를 진행했는데, 소셜 미디어에서 총기 난사 사건과 연관된 영상을 시청한 경우 유병률은 5.3%로 증가한 것으로 나타났다.[51]

50) Eli Pariser(2011). *The Filter Bubble: What the Internet is Hiding from You*. New York: Penguin Press.

51) 메디컬업저버(2022.11.1.). 이태원 참사 사진·영상 반복 시청, 정신 건강에 미칠 위험은?(재인용)

2022년 10월 국내에서 일어난 이태원 압사 사고 역시 이를 SNS로 본 젊은이들에게 상당한 대리 외상을 가져왔다. 저자의 수업 시간에 한 학생은 다음과 같이 SNS 대리 외상의 경험을 소개했다.

> 김O라
> 2022년 10월 29일. 이태원에서 집단 압사 사고라는 대규모 참사가 일어났다. 이를 알게 된 후 내가 가장 먼저 한 행동은 인스타그램에 들어가는 것이었다. 하지만 SNS는 혼란 그 자체였다. 모자이크 처리가 되지 않은 현장 그대로의 영상들과 사진들이 그대로 돌아다녔다. 이에 충격을 느끼고 다른 SNS로 시선을 돌리려 했지만 다른 SNS 또한 비슷한 상황이었다. 더 이상 보고 싶지 않아도 알고리즘으로 인해 수많은 관련 자료들이 끊임없이 올라왔다. 이로 인해 난 한동안 수면 장애와 섭식 장애 등을 겪었고 외상 후 스트레스 장애(PTSD)를 진단받게 되었다. 이러한 장애는 나만이 겪은 것이 아니었다. 당시 PTSD를 호소하는 사람들은 점점 늘어갔고, 이에 대한신경정신의학회는 국가적인 성명서를 통해 집단 트라우마를 우려하며 관련 영상 시청을 자제하라고 당부하기도 했다

특히 SNS의 대리 외상은 모방 행동으로 이어질 수 있다는 점에서 주목해야 한다. 2015년 러시아에서 SNS를 통해 진행되어 무려 130명의 청소년을 극단적 선택으로 이르게 한 '흰긴수염고래' 챌린지가 그것이다. 러시아 최대 소셜 네트워크에 속한 커뮤니티인 F57은 10대 청소년들이 우울증에 대해 이야기를 나누는 비공개 커뮤니티였는데 여기서 총50일 동안 매일 한 가지씩 미션을 제시하고 이를 수행하는 챌린지가 개최되었다. 50일 동안 하루에 하나씩 50개의 미션을 수행해야 했다. 예를 들면 새벽에 혼자 공포 영화 보기, 자해하기, 동물 학대하기 등 섬뜩한 지시들이었으며 마지막 50번째는 극단적 선택을 하기를 요구한 것이다.[52]

52) 뉴스엔(2022.1.2.). SNS로 청소년 130명 극단 선택 "잔인한 커뮤니티 챌린지 때문".

4
초연결 사회의
병리적 커뮤니케이션 현상에 대한 논란

미국의 통신품위법 제230조의 면책 규정에 대한 논란

플랫폼이 가져오는 이와 같은 병리적 커뮤니케이션 현상의 핵심에는 미국의 통신품위법(CDA; Communication Decency Act) 제230조를 둘러싼 논란이 있다. 통신품위법은 1996년에 제정된 법으로서 인터넷의 유해한 콘텐츠로부터 이용자를 보호하기 위해 만들어진 법안인데, 플랫폼이 외설, 폭력 등 불법적인 정보를 송신할 경우 2년 이하 징역과 25만 달러 이하 벌금을 부과하도록 되어 있다. 그러나 이러한 처벌은 과잉 규제이며 표현의 자유를 침해한다는 논란이 일었고, 결국 민주당 론 와이든 상원의원의 주도하에 면책 조항인 제230조가 추가되었다.

제230조 조항은 딱 26개 단어로 이루어져 있다.

"대화형 컴퓨터 서비스의 제공자 또는 사용자는 다른 정보 콘텐츠 제공자(information content provider)가 제공하는 정보의 게시자 또는 발언자(publisher or speaker)로 취급되어서는 안 된다."

이는 온라인 플랫폼의 이용자들이 플랫폼에 올리는 불법적인 콘텐츠에 대한 법적 책임을 운영자가 면책받는다는 조항으로서 콘텐츠 중개 작업을 하는 플랫폼 사업자에 대해서는 '발행자'에 준하는 의무를 부과하지 않아야 한다는 취지의 규정이다. 즉 발행자는 언론사의 의무를 져야 하지만 플랫폼은 중개자이므로 언론의 책임을 부과할 수 없다는 것이다. 예를 들면, 어떤 뉴스 사이트가 당신을 사기꾼이라고 잘못 보도한다면 당신은 그 게시자를 명예 훼손으로 고소할 수 있다. 그러나 만약 누군가가 그 기사를 페이스북에 올린다면 페이스북을 고소할 수는 없다는 것이다.[53)]

53) Barbara Ortutay(2023.2.21.). What you should know about Section 230, the rule that shaped today's internet;https://www.pbs.org/newshour/politics/what-you-should-know-about-section-230-the-rule-that-shaped-todays-internet

이에 대해 정치적 스펙트럼의 양쪽 끝에서 모두 불만을 가지면서 논쟁이 격화되고 있는데 보수층에서는 이 조항이 관점 중립성을 억누르고 있다고 반대하며, 진보층에서는 230조가 거짓 확산 및 아동 착취와 같은 주제에 대해 플랫폼 책임성을 결여하고 있다고 비판하고 있는 것이다. 물론 영국의 전자프론티어재단(EEF, Education Endowment Foundation)[54] 같은 시민단체들은 통신품위법 230조가 "인터넷 표현의 자유를 보호하는 가장 중요한 법"이라고 평가하기도 한다.[55]

2016년 미국 대선을 전후로 가짜 뉴스(fake news) 문제가 쟁점화되면서 통신품위법 230조를 둘러싼 논란이 더욱 불거졌다. 전직 기자에서 변호사 및 법학자로 변신한 미국의 사이버 보안법 교수 제프 코세프(Jeff Kosseff)는 비영리 뉴스룸 ProPublica와의 인터뷰에서 이 조항 덕분에 IT 플랫폼 기업이 급속도로 발전할 수 있었다고 주장하였으며, 이 조항으로 인해 온라인상에서 극단적 콘텐츠를 방치할 수 있도록 만들어 증오 확산에 일조하였다고 비판하였다.[56) 57)]

따라서 이제는 오래된 제230조 조항을 개정해야 한다는 움직임이 미국 의회를 중심으로 초당적으로 전개되고 있는 상황이다. 이용자들이 소셜 미디어 플랫폼에 올리는 모든 콘텐츠에 대해 법적 책임을 지지 않도록 한 세이프 하버 보호조치(safe harbor protections)가 너무 무책임하다는 움직임이 나타나기 시작한 것이다. 이 조항으로 인해 플랫폼들은 많은 혜택을 받았지만 한편으로 얼마나 많은 사회적 황폐화를 가져왔는지 인정해야 하며, 제230조는 너무나도 시대착오적이기 때문에 소셜 미디어 플랫폼들이 자신들의 사이트가 설계되고 구현되는 방식에 대해 책임을 져야 한다는 점을 분명히 하고 있다.[58] 플랫폼의 사회적 책임, 미디어로서의 책임에 대한 담론이 형성되기 시작한 것이다.

54) https://educationendowmentfoundation.org.uk/
55) 김익현(2020.12.24.). '통신품위법 230조' 뭐길래…트럼프, 임기 막판까지 집착. <지디넷코리아>.
56) 한국무역협회 통상뉴스(2021.5.18.). 美 통신품위법 230조 개정 관련 찬반양론 확대.
57) Stephen Engelberg(2021.2.9.). Twenty-Six Words Created the Internet. What Will It Take to Save It?.;https://www.propublica.org/article/nsu-section-230
58) Michael D. Smith and Marshall Van Alstyne(2021.8.12.). It's Time to Update Section 230; https://hbr.org/2021/08/its-time-to-update-section-230

개별 주에 따라서는 이미 제230조 조항을 무력화시키는 법률을 제정하고 있는 상황이다. 텍사스주 의회는 2021년에 H.B. 20으로 알려진 텍사스 법을 통과시켰는데, 이 법은 최소 5천만 명의 활성 사용자가 있는 소셜 미디어 플랫폼이 콘텐츠를 차단, 제거 또는 화폐화(demonetizing)하는 것을 금지하는 내용의 법이다.[59] 즉 플랫폼이 가진 발행인으로서의 위상을 확인시킨 것이라고 할 수 있다.

그러나 2022년 5월 31일 연방대법원은 Netchoice v. Paxton(2022) 판결을 통해 SNS 업체의 게시물 규제 행위를 금지한 텍사스 주법(H.B. 20)에 대해 일시적 효력 정지 판결을 내렸다. 최재동(2022)[60]은 이와 같은 변화의 움직임을 역사적 제도주의의 관점에서 해석한다. 연방통신품위법 230조의 개정논의는 미국 인터넷 내용 규제 틀의 변동을 의미하는데, 이는 가짜 뉴스나 개인 정보 유출과 같은 외생적 사건과 함께, 행위자 간의 경쟁과 갈등이라는 내생적 요인이 복합적으로 작용해 발생한 것이라는 설명이다.

한편 생성형 AI가 만들어내는 콘텐츠를 통신품위법 230조의 면책 특권으로 보호할 수 있을 것인가에 대해서도 논란이 적지 않다.

SNS 플랫폼 기업에 대한 소송

SNS 플랫폼이 가져오는 위험을 지적하면서 이를 법적 소송으로 끌고 가는 움직임이 미국 사회 내에서 나타나고 있다. 미국의 학부모나 학부모 단체들은 SNS가 가져오는 위험에 대해 매우 적극적으로 법률적 소송으로 대응하고 있는 것이다.

미국질병통제예방센터(Centers for Disease Control and Prevention)에 따르면 미국에서 10세에서 19세 사이의 자살은 2010년에서 2020년 사이에 45.5% 증가한 것으로 나타났다. 그리고 많은 부모와 입법자들은 이러한 불행한 결과에 대한 원인으로 젊은이들을 유해한 자료에 노출시키는 중독성이 강한 제품을 개발하고

59) Amy Howe(2023.9.29.). Justices take major Florida and Texas social media cases.; https://www.scotusblog.com/2023/09/justices-take-major-florida-and-texas-social-media-cases/

60) 최재동(2022). 미국 인터넷 내용 규제의 정치 : 신제도주의로 본 연방통신품위법 230조 개정 논의. <정보화정책>, 29(3), 48-60.

있는 소셜 미디어 회사를 비난하고 있다. 스마트폰, 고속 인터넷 및 소셜 미디어 앱의 확산이 어린이의 두뇌를 재구성하고 섭식 장애, 우울증 및 불안의 증가를 주도하고 있다는 연구 결과를 무시하기 어렵다는 것이다.[61] 10대의 자녀를 둔 미국의 공중보건국장 Vivek Murthy는 많은 소셜 미디어 거대 기업이 13세 청소년이 플랫폼에 참여할 수 있도록 허용하고 있는데 이는 아이들을 너무 빨리 위험에 노출되게 만드는 것이라는 입장을 취하고 있다.[62]

특히 통신품위법 230조가 주목받는 계기가 된 소송은 글로벌 플랫폼을 상대로 한 두 건의 소송이다.[63] 하나는 곤잘레스 대 구글(Gonzalez v. Google) 소송이다. 2015년 파리에서 테러 공격으로 사망한 미국 대학생 곤살레스의 가족이 비디오 플랫폼의 추천 알고리즘이 극단주의자들이 메시지를 전파하는 데 도움이 되었다는 주장을 하며 유튜브를 소유한 구글을 고소하였다. 구글의 유튜브가 극단주의 콘텐츠를 퍼뜨린 결과로 자식이 죽었다는 주장인 것이다.

또 다른 소송은 2017년 튀르키에 이스탄불에서 벌어진 IS의 총기 난사 사건 피해자들이 트위터가 테러 집단의 콘텐츠를 방조하고 있다고 트위터를 상대로 벌인 소송이다. 그러나 2023년 5월 미 대법원은 두 건의 테러 사건에 대해 통신품위법 제230조에 따라 기업에는 책임이 없다는 판결을 내렸다.[64]

이후에도 거대 글로벌 플랫폼 SNS의 본국인 미국에서는 SNS를 상대로 집단소송이 계속 이어지고 있다. 2023년 1월 미국 시애틀교육청은 틱톡, 페이스북, 인스타그램, 유튜브 등을 고소했다. 페이스북, 인스타그램, 왓츠앱의 모회사인 메타(Meta), 틱톡의 모회사인 바이트댄스(ByteDance), 유튜브의 모회사인 알파벳, 그리고 스냅챗(Snapchat)의 관련 회사인 스탭(Snap)이 청소년의 '정신 건강'을 해치

61) Jamie Smyth and Hannah Murphy(2023.3.26.). The teen mental health crisis : a reckoning for Big Tech. Finantial Times. https://www.ft.com/content/77d06d3e-2b9f-4d46-814f-da2646fea60c

62) Jamie Smyth and Hannah Murphy(2023.3.26.). The teen mental health crisis : a reckoning for Big Tech. Finantial Times. https://www.ft.com/content/77d06d3e-2b9f-4d46-814f-da2646fea60c

63) 이코리아(2023.5.22.). 미국 달군 '통신품위법 230조' 논쟁에 빅테크 손 들어준 대법원.

64) 이코리아(2023.5.22.). 미국 달군 '통신품위법 230조' 논쟁에 빅테크 손 들어준 대법원.

고 있다는 것이다.[65] SNS 기업들이 청소년의 심리적 상태를 이용해 해당 기업의 시스템을 더 많이 이용하도록 기술적으로 교묘하게 디자인하고 있다는 주장이다. 특히 2009~2019년의 10년 동안 청소년이 '2주 이상 계속하여 불안 증세를 일으키고 무기력하게 지냈다'고 답하는 비율이 30% 증가했으며 많은 청소년이 불안 장애, 우울증, 학교 부적응을 겪고 있다는 것이다.[66]

2023년 3월에는 캘리포니아주 오클랜드의 학부모들이 마크 저커버그 메타 최고경영자(CEO) 등 메타 임직원을 상대로 집단 소송을 냈다. 페이스북의 모회사인 메타가 사회 관계망 서비스(SNS)의 폐해에 대해 알면서도 우울증 등에 노출된 미성년자를 위한 대처 방안을 마련하지 않았다는 이유에서다. 메타가 알고리즘을 통해 아이들이 SNS에 더 중독되도록 유도했고, 고의로 설계된 알고리즘으로 인해 자살 사건이 12건 이상 발생했다는 주장이다.[67]

그뿐만이 아니다. 2023년 7월에는 미국의 200여개 학군의 교육청이 틱톡과 페이스북 등 사회 관계망 서비스(SNS)를 상대로 집단 소송을 제기했다. SNS로 각종 괴롭힘 사건이 불거지고, 학교 질서가 무너지고 청소년들의 정신 건강도 해친다는 이유에서다. 특히 이번 소송은 청소년들이 유해한 콘텐츠를 접할 수 있는 플랫폼 자체를 만든 SNS 기업에도 법적 책임이 있다는 논리이며, 틱톡, 페이스북 등 플랫폼 자체는 통신품위법 230조가 정한 면책권의 보호를 받을 수 없다는 주장이다.[68]

65) Scott Nover(2023.1.12.). Seattle schools blame social media for a mental health crisis. Are tech companies liable?;https://qz.com/seattle-schools-blame-social-media-for-a-mental-health-1849978157

66) 이준기(2023.2.11.). SNS 정보 영향력 큰데, 빅테크 알고리즘 공정한지 의문. <중앙선데이>.

67) 경향신문(2023.3.14.). 미국 학부모들 메타에 집단 소송…"고의적 알고리즘으로 자살 발생".

68) 한겨레(2023.7.24.). "SNS 때문에 학교 질서 무너져" 미 교육청, 틱톡·유튜브에 집단 소송.

영국의 어린이 온라인 안전법

어린이 안전에 대한 영국의 조치는 매우 강력하다. 영국은 2022년에 어린이와 부모가 어린이의 온라인 경험을 제어하여 건강과 웰빙을 더 잘 보호할 수 있도록 하기 위한 매우 강력한 규제법을 제정하였다. 어린이 온라인 안전법(Kids Online Safety Act; KOSA)이다.[69] 특히 이 법은 소셜 미디어 플랫폼의 파괴적인 영향을 방지하는 데 초점을 맞추고 있다. 이 법에 의거하여 소셜 미디어 플랫폼은 어린이에 대한 위험을 해결하기 위해 의미 있는 조치를 취하고 있는지 평가할 수 있도록 하고 있으며, 자해, 자살, 섭식 장애, 약물 남용 및 성적 착취를 조장하는 콘텐츠로 인한 미성년자 피해를 예방하고 완화하기 위해 디지털 플랫폼 기업들이 의미 있는 조치를 취하고 있는 여부를 매년 자체적으로 평가해야 한다.

이를 위반하였을 경우 영국 정부는 규제 기관인 Ofcom으로 하여금 회사의 글로벌 연간 매출액의 최대 10%에 해당하는 벌금을 강제할 수 있는 권한을 부여하기도 했다. 또한 Ofcom은 규정 준수를 보장하기 위해 기업으로부터 필요한 정보를 수집할 수 있는 권한도 부여받았다.[70]

69) The Kids Online Safety Act of 2022. https://www.blumenthal.senate.gov/imo/media/doc/kids_online_safety_act_-_one_pager.pdf

70) Arthur Piper(2022.7.13.). The fight against harmful content. https://www.ibanet.org/The-fight-against-harmful-content

4장

소비 : 의식의 산업화

디지털 플랫폼은 데이터를 수익의 원천으로 삼는다. 우리가 플랫폼을 이용하며 지불하는 것은 현금뿐만 아니라 우리의 이용 흔적인 데이터이다. 플랫폼은 우리의 관심사를 추적하면서 수익을 창출하고 우리의 관심을 추적하기 위한 기술은 날로 진화하고 있다. 이 장에서는 주목 경제 혹은 데이터 경제의 작동 시스템과 그것이 가져오는 의식의 산업화 현상을 다루었다.

1
주목 경제의 작동 시스템

관심이 곧 재화

디지털 플랫폼을 이용할 때 소비자가 지불하는 재화는 세 가지가 있다. 현금, 데이터, 시간이 그것이다. OTT처럼 구독 모델 하에서 직접적으로 현금을 지불하는 경우나 유튜브나 구글에서 무료 콘텐츠를 이용하는 경우 모두 데이터와 시간을 지불하게 된다. 그리고 이 세 가지는 모두 소비자의 특정 플랫폼이나 콘텐츠에 대한 관심(attention)을 의미하는 것이다. attention을 보통 관심, 주의, 주목 등 여러 가지로 번역하고 있어서 이 책에서도 문맥에 따라 혼용하였다.

SNS는 우리의 관심을 활용하여 판매를 촉진하는 광고를 만든다. 영업 및 마케팅의 세계가 계속 발전함에 따라 우리의 관심은 모든 브랜드에 제공할 수 있는 가장 귀중한 자원 중 하나가 되고 있다. 무한 경쟁 시대에 우리의 관심은 제한된 자원(limited resource)의 역할을 한다. 고객의 관심을 끌지 않고는 수요를 창출하거나 잠재 고객을 판매로 전환할 수 없기 때문이다. 관심은 현금만큼 중요하고 수익성 있는 자원이 된 것이다.

관심은 재화의 측면에서 보면 희소 자원이며 상대적으로 제한적이다. Hendricks(2022.4.1.)[1]는 정보는 넘치지만 주의와 주목, 관심 등은 희소하고 귀중한 인지 자원이면서 잠재적으로 수익성이 높은 자본이라고 설명한다. 관심은 받는 사람뿐만 아니라 그것을 요구하는 사람에게도 소중한 인지적 자원이다. 틱톡, 스냅챗과 같은 SNS는 물론 블로그, 온라인 포럼 및 백과사전, 연구 포털, 디지털화된 공공 기록 보관소, 비공개 및 비밀 데이터베이스와 같은 디지털 정보는 제한된 시간과 관심으로 인해 치열한 수요와 공급의 원리가 작동한다.

미디어는 기본적으로 사람의 의식을 구성하고 전파하는 것과 관련된 의식 산

1) Vincent F. Hendricks(2022.4.1.). The Nuts and Bolts of Attention Economy. https://www.oecd-forum.org/posts/the-nuts-and-bolts-of-attention-economy

업(consciousness industry)과 연관되어 있다. 미디어의 활동이 경제 활동이나 수익과 연결되어 있다는 점에서 의식 산업이라 부른다. 그런데 미디어의 종류가 많아지면서 모든 미디어의 콘텐츠나 정보가 관심을 받는 것은 아니다. 때문에 수익을 얻고자 하는 입장에서는 어떻게든 소비자의 관심을 받기 위한 노력을 하지 않을 수 없다. 그것이 광고이고, 마케팅이며, 미디어 전략이다. 그런데 전통적 미디어가 갖는 의식 산업으로서의 위상과 디지털 미디어 플랫폼의 그것은 상당한 차이가 있다.

백욱인(2023)[2]은 주목 경제 하에서 나타나고 있는 현재의 자본주의를 '인지 자본주의'라고 명명한다. "인지 자본주의는 플랫폼 지대를 통해 긍정적 외부 효과를 수탈하고 인간과 기계를 다양하게 결합해 새로운 계층 구조와 사회적 불평등을 창출한다"(8쪽)고 설명하면서 인지 자본주의 시대의 대표적인 기술적 산물로서 인공 지능을 언급하고 있다.

디지털 플랫폼의 경우 알고리즘을 이용해 시스템적으로 대중의 관심을 촉발시키고 유지한다는 점이 특징이다. 전통적 미디어에서는 이용자의 주의력을 최대한 끌어들이고 오랫동안 유지하기 위해서 미디어 콘텐츠를 이용하고 전략적인 마케팅 기술을 활용했다면 이제는 알고리즘이라는 AI 기술을 활용하는 것이다.

디지털 플랫폼 알고리즘은 결국 인간의 관심사와 주의를 상품이자 자원으로 보는 주목 경제(attention economy) 혹은 관심 경제를 가속화시키는 핵심 기저이다. 주목 경제라는 용어를 제일 처음 사용한 사람은 노벨 경제학상을 수상한 허버트 사이먼(Herbert A. Simon)이다. 그는 1971년에 공저로 발표한 논문에서[3] 주목 경제라는 용어를 사용하면서 인지적 한계와 의사결정 이론 등에 대한 연구로 노벨 경제학상을 수상하였다.

2) 백욱인(2023). 『인공 지능 시대 인간의 조건-플랫폼과 알고리즘으로 지배하는 인지 자본주의의 현재』. 서울 : 휴머니스트출판그룹.

3) Herbert A. Simon, Karl W. Deutsch and Martin Shubik(1972). Designing Organizations for an Information-Rich World. *Computers, communications, and the public interest*, 37-72.

유튜브가 촉발시킨 주목 경제

인터넷에서 관심을 끄는 것은 오직 관심을 돈으로 바꾸는 것이며, 유튜브는 그런 측면에서 탁월한 의식 산업의 플랫폼이다. 사람들은 하루의 상당 부분을 유튜브에 소비한다. 음악을 듣고, 뉴스를 보고, 좋아하는 콘텐츠를 보기 위해 유튜브를 이용한다. 유튜브의 월간 이용자 수(MAU)는 9억 명이 넘는다. 결국 유튜브의 9억 명은 모든 기업의 관심 추적 대상인 셈이다.

『좋아요, 댓글, 구독 : 세계를 지배하게 된 유튜브의 내면』(Like, Comment, : Inside YouTube's Chaotic Rise to World Domination)(2022)[4] 이라는 책을 쓴 블룸버그(Blumberg)의 기자 마크버겐(Mark Bergen)은 유튜브가 관심, 돈, 이데올로기 및 기타 모든 것이 온라인에서 작동하는 방식에 주목함으로써 세계를 지배하는 미디어가 되었다고 설명한다. 유튜브가 만든 좋아요, 구독 눌러주기와 같은 관심은 사람들의 시청 욕구를 돈으로 바꿔주는 대표적인 의식 산업의 사례이다. SNS 플랫폼에서 표시되는 구독과 좋아요는 자신의 의사표시지만 단순히 거기에서 그치지 않고 주목 경제로 이어진다. 소셜 미디어 알고리즘은 참여(좋아요, 댓글 및 공유)를 일종의 눈덩이 효과로 취급하여, 콘텐츠의 참여도가 높을수록 알고리즘에 의해 보상을 받을 가능성이 높아지도록 한다.[5]

이제는 심지어 가상 인간도 SNS를 이용하여 주목을 끌고 있다. SNS상에서 수백만 명의 팔로워를 가지고 있는 미국의 버추얼 인플루언서 가수 '릴미퀄라'(Lil Miquela)의 인스타그램 게시물 광고는 1개당 1천만 원 이상의 가치를 가지는 것으로 알려졌다.[6] 이 캐릭터는 브라질계 미국인 소녀를 배경으로 만들어졌다고 하는데 그녀의 일자 앞머리 커트를 모방하는 유행이 나타날 정도이다.

4) Billy Morgan,(2022.11.22.). *Like, Comment, Subscribe : A Q&A with Mark Bergen, MPP'12, on the Rise of YouTube*; https://harris.uchicago.edu/news-events/news/comment-subscribe-qa-mark-bergen-mpp12-rise-youtube

5) Kevin Lozano(2022.10.4.). How YouTube Created the Attention Economy. https://www.newyorker.com/books/under-review/the-overlooked-titan-of-social-media

6) 미래에셋매거진(2023.4.14.). 버추얼인플루언서, 가상 인간의 시대.

넷플릭스의 최고 경쟁자는 인간의 수면 시간, 습관의 무서움

주목 경제 시대에는 관심과 함께 시간도 재화의 가치를 지닌다. 우리가 미디어에 소비하는 시간은 사실 우리의 의식(consciousness)을 지불하고 있는 기간이라고 할 수 있다.[7] 기업 입장에서는 소비자의 관심과 주목을 붙잡는 '시간 점유율' 확보가 성공을 위한 지름길인 셈이다. 실제로 넷플릭스의 CEO 리드 헤이스팅스(Reed Hastings)는 넷플릭스의 가장 큰 경쟁자는 눈을 감고 하루의 3분의 1을 자야 하는 성가신 인간의 욕구라고 주장하면서, 결국 넷플릭스는 인간의 수면과 경쟁하고 있다고 설명한다.[8]

플랫폼에 소비하는 시간이 쌓일수록 그것은 습관으로 형성된다. 습관 형성은 플랫폼의 채택과 유지를 결정짓는 매우 중요한 요인이다. Mounir Dahmani & Adel Ben Youssef(2023)[9]는 튀니지의 플랫폼 경제 채택과 관련된 사용자 행동을 분석한 결과 플랫폼 경제의 사용자 채택에 영향을 미치는 몇 가지 요인 중 성능 기대치 다음으로 중요한 것은 '습관 형성'이라는 결론을 도출했다.

코로나 펜데믹 기간 동안 영화관을 가지 않고 OTT를 주로 이용하던 이용자들의 습관은 결국 영화 산업의 침체를 가져오는 요인으로 작용하기도 했다.[10] OTT 지속 이용 요인 역시 만족도보다 습관이 더 중요하다. 특히, 단기 이용자들은 OTT에 만족하여 지속 사용하지만, 장기 이용자들은 습관적으로 지속 사용하는 경향이 높다는 것이다. 결국 코로나 팬데믹 기간 폭발적으로 증가한 OTT 이용 습관이 이용자들의 미디어 습관을 OTT 중심으로 이동시켰을 가능성이 높다.

7) Rebekah Carter(2023.2.22.). What is the Attention Tracking Economy?. https://www.xrtoday.com/uncategorized/what-is-the-attention-tracking-economy/
8) Alex Hern(2017.4.18.). Netflix's biggest competitor? Sleep. https://www.theguardian.com/technology/2017/apr/18/netflix-competitor-sleep-uber-facebook
9) Mounir Dahmani, Adel Ben Youssef(2023). Unraveling the Determinants of Platform Economy Adoption in Developing Countries: An Extended Application of the UTAUT2 Model with a Privacy Calculus Perspective, *Platforms*, 1(1), 34-52.; https://doi.org/10.3390/platforms1010005
10) 천종성(2023). OTT 플랫폼의 수용과 전환: 20대 사용자의 사용 기간에 따른 만족과 습관이 지속 사용에 미치는 영향. <방송통신연구>, 124, 7-42.

때문에 미디어 플랫폼 기업들은 어떻게든 이용자의 수면 시간을 줄여서라도 플랫폼에 대한 습관을 형성시키려는 보이지 않는 노력을 행하고 있다. 호주 플린더스 대학교(Flinders University)의 과학자들이 8개 학교에서 12세에서 18세 사이의 청소년 700명의 기기 및 앱 사용을 조사했는데 청소년들의 수면에 방해가 되는 것은 넷플릭스보다 유튜브가 더 문제인 것으로 나타났다. 침대에서 30분 동안 유튜브를 시청하면 잠드는 시간이 13분 지연되는 것으로 나타났다. 비교를 위해 iPad, 노트북 또는 전화를 사용하는 것도 수면을 지연시키지만 넷플릭스와 유사하다고 말한 TV 시청은 오히려 취침 시간을 9분 앞당긴 것으로 나타났다.[11)]

더 많은 관심을 유도하는 소프트코어 포르노

관심과 주목을 끄는 것이 수익으로 전환되기 위해서는 자극이 필요해진다. Mark Manson(2023)[12)]는 세상에 희소한 것은 지식도 토지도 아니고 관심이라고 강조하면서, 그것이 뮤직 비디오, 광고, 영화, 리얼리티 TV 쇼 등 모든 것이 소프트코어 포르노(soft core porno) 버전이 되는 이유라고 설명한다. 그렇지 않으면 살인 포르노, 재난 포르노와 같은 실제 포르노가 주목을 받게 된다는 주장이다. 팔리는 것은 오직 관심이며, 관심의 질 따위는 중요하지 않다고 설명한다. 그러면서 그는 킴 카다시안(Kim Kardashian)을 예로 든다. 그녀가 인류에게 전혀 기여한 것이 없는데도 그녀가 유명해진 이유는 관심의 시대에 마스터 요다였기 때문이라는 것이다. 킴 카다시안은 미국의 사교계 명사이자 사업가로서 처음에는 패리스 힐튼의 친구이자 스타일리스트로 언론의 주목을 받았는데 나중에는 남자 친구와 함께 촬영한 섹스 테이프가 공개되면서 더 많은 주목을 받았다.

소셜 네트워크는 관심 경제의 대표적인 비즈니스 모델이며, 수익을 창출하기 위

11) Luke Andrews(2022.9.15.). YouTube causes more loss of sleep in teenagers than competing service Netflix - with 15 minutes of watchtime cutting chances of getting adequate sleep by 24%, study finds; https://www.dailymail.co.uk/health/article-11216041/YouTube-causes-loss-sleep-teenagers-competing-service-Netflix.html

12) Mark Manson(2023). In the Future, Our Attention Will Be Sold. https://markmanson.net/attention-economy

해 클릭에 전적으로 의존하며, 클릭 수를 늘리기 위해 가장 흥미롭고 관심을 끄는 정보를 보여주는 알고리즘을 설계한다. 그러한 알고리즘은 다음과 같은 형태로 관심을 가지게끔 한다고 맨슨은 주장한다. 그의 주장은 주변에서 일어나는 여러 가지 스캔들과 연성 뉴스를 이해하는 데 매우 설득력 있는 근거를 제공한다.

① 사람들이 주변의 삶에서 일어나는 일에 대해 '소외되고 있다'는 끊임없는 괴로움을 느끼게 만든다.
② 관심 경제는 나르시시즘적이고 자기 홍보적인 사람들에게 보상을 준다. 그래서 모든 사람이 점점 자기도취에 빠지는 것 같지만 사실은 타인의 자기선전에 더 많이 노출되는 것일 뿐이다.
③ 정치적으로 가장 극단적이고 급진적이며 무지한 견해는 가장 독특하고 가장 많은 관심을 끌기 때문에 가장 많은 주목을 얻는다.
④ 에볼라나 테러리즘과 같은 위협은 실제로 그렇게 위협적이기 때문이 아니라 그들의 극단성이 관심을 끌기 때문에 선정적으로 받아들여진다. 세상이 계속해서 임박한 붕괴 상태에 있는 것처럼 느껴지게 만드는 것이다.
⑤ 바보 같은 연예인 짓을 하는 유명인과 같이 무의미하지만 극적인 사건은 실제보다 훨씬 더 큰 문화적 의미를 갖는 것처럼 보인다.

일론 머스크가 트위터를 인수한 이유

2022년 4월 14일 전기 자동차 테슬라의 CEO인 일론 머스크(Elon Musk)가 소셜 미디어 트위터를 430억 달러에 인수하겠다고 제안하고, 그해 10월 트위터를 인수 합병하였다. 트위터는 다른 SNS와 달리 미국의 여론 지도자들이 많이 이용하는 SNS 플랫폼이다. 도널드 트럼프 등 국내외 지도자들이 트위터를 이용하여 자주 대중과 소통하는 모습을 보이고 있다. 그런데 2022년 7월 '총 548만 5636개의 트위터 계정 정보를 판매한다'는 글이 사이버 범죄 플랫폼에 게시되자 일론 머스크는 트위터 허수 이용자 비율에 대한 정확한 근거를 제시하라고 요구하기도 했다.[13)]

13) 김현기(2022.8.9.). [글로벌] 트위터 '엎친데 덮친격'… 540만 정보 유출에 일론 머스크의 공개토론 제안. <테크M>.

이후 일론 머스크가 트위터를 인수하겠다고 했을 때만 해도 그가 트위터의 문제에 대한 불만을 재력으로 과시하려나보다 생각했는데 그게 아니었다. 알고 보면 그는 사용자 기반을 늘리고 자신과 회사에 대한 관심을 키우기 위하기 위해 트위터를 인수한 것이다. Will Dunn(2022.4.28.)[14]은 일론 머스크가 누구보다도 관심 경제의 가치를 잘 알고 있는 경영인이라고 평가한다. 머스크는 광고비를 지출하고도 주목을 받기 어려운 전통 매체의 광고를 좋아하지 않았으며, 스스로가 세계에서 가장 잘 알려진 사업가(지속적인 관심의 초점)가 되어 시장을 움직일 수 있는 고유한 개인적 능력을 부여하는 방법으로서 SNS를 인수하는 전략을 선택했다는 것이다. 도널드 트럼프처럼 그는 인터넷이 무엇보다 논쟁에 보상을 준다는 것을 발견했으며, 그의 모욕과 자랑은 법정 소송과 벌금으로 이어졌지만 궁극적으로 그것이 관심 경제에서 이익이 되었다는 것이다. 머스크는 언론 매체로서의 트위터에 대해서는 관심 밖이다. BBC와 뉴욕타임즈가 테슬라 제품에 대해 비판했을 때, 그는 그들의 보도를 가짜 뉴스 및 조작이라고 말하면서 트위터를 통해 자신과 회사에 대한 메시지를 통제하려는 욕구를 보였다.

트럼프의 경우도 마찬가지이다. 2023년 4월 4일 미국 전직 대통령으로는 처음으로 기소되어 법정 출두한 트럼프는 관심 경제의 대표적 아이콘이다. 그는 2016년 선거를 앞두고 저지른 불법 혐의로 인해 미국 대통령으로서는 처음으로 형사기소되었으나 트럼프가 법정 출두 과정에서 보여준 태도는 어떤 반성이나 위축도 없이 미국의 관심 경제에서 그가 여전히 강력한 세력임을 보여주는 것이었다. 주목 자산이라는 측면에서 그는 세계 최고의 부자인 셈이다. 재판정에 출두하기 전부터 출두하는 과정, 떠날 때까지 그는 눈을 뗄 수 없는 주인공이었던 것이다.[15]

그를 기소한 뉴욕 검찰은 트럼프가 범죄 행각을 통해 대통령에 당선되었다는 혐의를 입증하려고 했던 것인데 오히려 트럼프는 SNS에 자신의 팔로워들에게 왜

14) Will Dunn(2022.4.28.). Elon Musk's Twitter buy gives new meaning to the 'attention economy': https://www.afr.com/technology/elon-musk-s-twitter-buy-gives-new-meaning-to-the-attention-economy-20220428-p5agt9

15) Ted Anthony(2023.4.6.). Love him? Hate him? For Donald Trump, attention is attention. CTV News.: https://www.ctvnews.ca/world/love-him-hate-him-for-donald-trump-attention-is-attention-1.6343440

곡된 메시지를 전달하면서 관심을 받게 된 것이다. 이에 대해 뉴욕 경찰은 트럼프가 SNS를 통해 검찰과 법원을 위협하는 발언을 했다고 비판하기도 했다. 이러한 상황에 대해 비영리 기업 미디어 매터스(Media Matters)의 안젤로 카루소네(Angelo Carusone) CEO는 트럼프의 캠페인이 또 다른 보수적 소셜 네트워크인 트루스 소셜(Truth Social)에서 허위 정보를 퍼뜨리고 폭력을 조장할 것이라고 우려하기도 했다.[16)]

2
지불 수단으로서의 개인 데이터

데이터가 곧 재화

19세기에 가장 귀한 자원이 석유였다면 이제는 데이터가 가장 귀한 자원이다. 소비자가 지불하는 것은 돈과 관심뿐만 아니라 개인 데이터도 포함된다. 정보 시장에서는 판매자와 고객 간에 여러 가지 관계가 존재하는데 일부 사용자는 돈으로 지불하고, 일부는 관심을 제공하고, 다른 사용자는 개인 데이터를 지불한다. 대부분의 소비자는 사실상 이 세 가지를 모두 지불하고 있는 셈이다.

Stock(2020)[17)]은 <N항 정보 시장 : 지불 수단으로서의 돈, 관심 및 개인 데이터>라는 논문에서 소비자가 지불하는 재화로서 돈, 관심, 데이터에 대해 논의한다. 오프라인 상점에서 물건을 직접 구매하는 단항 정보 시장(unary information markets)에서 소비자는 돈으로 대가를 지불하지만, 온라인 쇼핑 공간인 이항 정

16) Jonathan Vanian(2023.3.29.). Donald Trump is back on social media, and nobody knows what happens next; https://www.cnbc.com/2023/03/29/donald-trump-is-back-on-social-media-and-now-what-happens.html

17) Stock, Wolfgang G.(2020). N-ary Information Markets: Money, Attention, and Personal Data as Means of Payment. *Journal of Information Science Theory and Practice*. 8(3), 6-14. https://koreascience.kr/article/JAKO202028851207098

보 시장(binary information markets) 즉 양면 시장에서는 관심이나(예 : 검색 엔진 구글) 개인 데이터(예 : 대부분의 소셜 미디어 서비스)를 지불하고 다른 시장 측(주로 광고주)은 돈을 지불하게 된다. 3항 시장의 경우 인플루언서라는 또 다른 축이 추가되는 소셜 미디어 시장이다. 고객이 단항 시장에서 상품을 구매할 경우에는 무엇을 지불하고 무엇을 얻는지 알지만, 지불해야 하는 것이 주의나 개인 데이터가 되는 경우에는 정확히 무엇이 지불되고 있는지 알 수 없다. 때문에 N항(n-ary) 시장에서 법률은 경쟁(또는 독점 금지) 법률과 최종 사용자의 관심과 데이터의 공정한 사용을 기준을 남용을 막을 수 있는 규제가 이루어져야 한다는 주장이다.

여기서 정보 시장은 플랫폼 시장으로 이해해도 무방하다. 우리가 오프라인 상점에서 직접 돈을 지불하고 물건을 구입하는 단항 시장은 거래되는 재화가 금전으로 매우 단순하다. 그러나 플랫폼을 매개로 하는 거래에서는 대개 공급자와 수요자의 거래 관계 중간에 플랫폼이 존재하는 양면 또는 다면 정보 시장 구조가 존재한다. 그 구조 속에서는 소비자는 플랫폼에 관심과 데이터를 내어주고, 광고주는 플랫폼에 현금을 지불하는 거래 관계가 나타난다. 물론 유료 양면 시장에서는 소비자도 현금을 지불하게 된다. 여기에 소셜 미디어라는 또 다른 플랫폼의 플레이어가 개입되는 경우 거래 관계는 더욱 복잡해지는 N항 시장이 형성되며 소비자는 최종적으로 자신이 어떤 대상에게 무엇을 지불하는지도 모르게 된다는 것이다.

쿠키, 소비하면서 내어주는 데이터

특정 웹 사이트를 이용할 때마다 뜨는 쿠키(cookie)는 대표적인 개인 데이터 추적기이다. 쿠키는 기업이 사용자의 온라인 활동에 대한 많은 통찰력을 제공할 수 있는 매우 중요한 도구이며, 우리가 정보를 탐색하는 동안 웹 사이트가 우리의 장치에 배치하는 작은 텍스트 파일로서 쿠키 자체는 무해하며 웹 사이트에 중요한 기능을 제공한다. 쿠키는 일반적으로 쉽게 확인하고 삭제할 수도 있기 때문이다.

웹 사이트들은 쿠키를 통해 수집된 데이터를 사용하여 각각의 웹 사이트와 웹 사이트에 대한 프로파일을 만든다. 구독 경제로 진입하면서 대부분의 기업이 고객 맞춤형 콘텐츠 및 광고 추천 서비스를 중심으로 데이터 추적과 활용을 진행하고 있다. 사용자 데이터를 기반으로 타깃 광고를 하고, 익명화된 사용자 ID를 생성하여 사용자 별 스트리밍 서비스의 이용 범위와 빈도 측정, 사용자 지정 추천 콘텐츠 게시, 대규모 데이터 분석을 통한 인기 시리즈 결정 등이 고객들의 개인 데이터를 통해 이루어지고 있는 것이다.

인터넷에서 자료를 찾을 때 나타나는 쿠키 메시지를 잘 읽어보면 플랫폼이 엄청난 개인 정보를 요구하고 있음을 알게 된다. 문구를 보면 사실상 '당신의 개인 정보를 내가 마음껏 이용하겠습니다'라고 쓰여져 있는 것이나 다름없다. 공짜로 정보를 이용하는 것 같지만 사실상 인터넷에서 공짜 정보는 없다. 클릭하는 순간 나 자신이 데이터로 상품화되어 판매되는 것이다. 기업이 개인 소비자의 데이터를 사용하여 활동을 추적하는 일반적인 이유는 다음과 같다.[18]

- 사용자의 온라인 경험을 맞춤화하기 위해 쿠키를 사용하여 사용자가 클릭한 항목, 장바구니에 있는 항목 및 과거에 구매한 제품을 추적한다.
- 읽은 과거 기사를 기억하기 위해 매일 보는 뉴스 웹 사이트에서 쿠키 데이터를 사용하여 관심 있는 다른 기사를 제안할 수 있다.
- 사용자 이름과 비밀번호를 기록하여 로그인 페이지를 방문할 때 자동으로 입력되도록 한다.

그러나 쿠키는 사용자의 동의 없이 사용자를 식별할 수 있을 만큼 충분한 양의 데이터를 저장할 수 있는 것이 문제이다. 쿠키는 광고주가 매우 구체적인 광고를 통해 사용자를 타깃팅할 수 있도록 사용자의 온라인 활동을 추적하는 데 사용하는 기본 도구이기 때문이다. 쿠키에 포함될 수 있는 데이터의 양을 고려하면 특정 상황에서는 쿠키가 개인 데이터로 간주될 수 있으므로 개인정보보호법이 적용된다.

대부분의 쿠키 팝업은 웹 사이트에서 데이터를 추적할 수 있는 권한을 요청하

18) Nidhi Singh(2023.1.8.). How to Avoid Cookie Pop-Ups and Protect Your Privacy. https://www.jumpstartmag.com/how-to-avoid-cookie-pop-ups-and-protect-your-privacy/

는 알림이며, <그림 4-1>에서 보는 것과 같이 일반적으로 '수락' 또는 '거부' 옵션이 포함되는데, 모두 수락쿠키를 허용하면 데이터 개인 정보를 잃을 위험이 많다. 모두 거부를 포함하는 쿠키도 있지만 그렇지 않는 쿠키도 많으며, 사람들은 그다지 신경 쓰지 않고 모두 수락을 누르기도 하기 때문이다. 실제로 소비자의 68%는 기업이 상품의 고객보다 고객이 남겨준 데이터를 사용함으로써 더 많은 이익을 얻는다고 생각하는 것으로 나타났다.[19] 이는 소비자가 데이터 수집 및 사용 방법에 대해 더 많이 알게 됨에 따라 회사를 불신하고 공유하려는 데이터를 제한할 가능성이 높아질 수 있음을 의미한다.

<그림 4-1> 쿠키 팝업

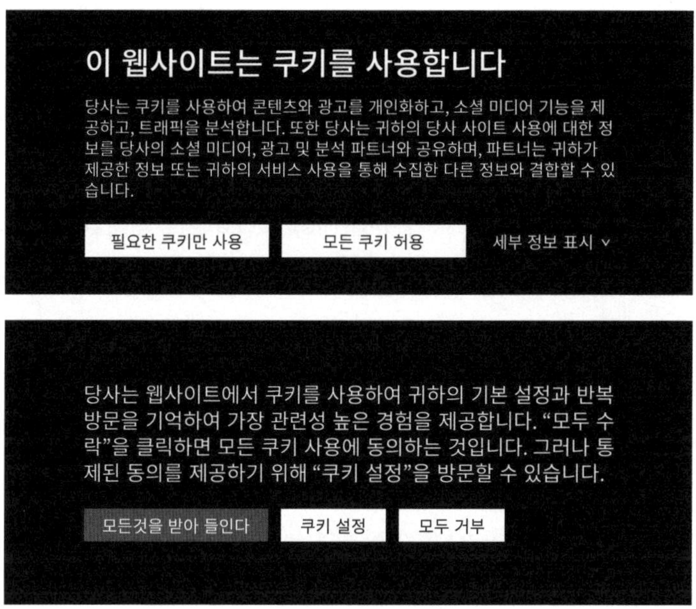

19) Kimberly Bella(2021.12.5.). How to overcome mistrust of data. https://www.weforum.org/agenda/2021/12/how-to-overcome-mistrust-of-data/

쿠키의 유형

EU는 2018년 5월 25일부터 일반 데이터 보호 규정(GDPR, General Data Protection Regulation)을 시행하고 있는데, GDPR에서는 쿠키가 제공하는 목적, 지속 기간, 출처 등에 따라 세 가지로 분류하고 있다.[20]

1) 쿠키의 목적

(1) 꼭 필요한 쿠키

이 쿠키는 사용자가 웹 사이트를 탐색하고 사이트의 보안 영역에 액세스하는 등의 기능을 사용하는 데 필수적이다. 온라인 쇼핑을 하는 동안 웹 상점이 고객의 장바구니에 고객의 품목을 보관할 수 있도록 하는 쿠키는 반드시 필요한 쿠키의 예이다. 이러한 쿠키는 일반적으로 자사 세션 쿠키이다. 이러한 쿠키에 대해 이용자 동의를 얻을 필요는 없지만 쿠키가 수행하는 작업과 필요한 이유를 사용자에게 설명해야 한다. 이 쿠키는 웹 사이트가 작동하는 데 필요하며 이용자가 시스템에서 임의로 끌 수 없다. 일반적으로 개인 정보, 기본 설정, 로그인 또는 양식 작성과 같은 서비스 요청에 해당하는 조치에 대한 응답으로만 설정된다. 이러한 쿠키를 차단하거나 경고하도록 브라우저를 설정할 수 있지만 사이트의 일부가 작동하지 않으며, 이 쿠키는 개인 식별 정보를 저장하지 않는다.

(2) 기본 설정 쿠키

'기능 쿠키'라고도 하는 이 쿠키를 사용하면 웹 사이트는 사용자가 선호하는 언어, 일기 예보를 원하는 지역, 사용자 이름과 비밀번호 등 과거에 사용자가 선택한 사항을 기억할 수 있으며, 자동으로 로그인할 수 있다. 기업에서는 이러한 쿠키를 통해 웹 사이트는 향상된 기능과 개인화를 제공할 수 있다고 설명한다. 기본설정 쿠키는 해당 기업의 페이지에 추가한 서비스를 제공하는 제3자 제공 업체에 의해 설정될 수 있으며, 이러한 쿠키를 허용하지 않으면 서비스의 일부 또는 전부가 제대로 작동하지 않을 수 있다.

20) GDPR(2023.9.6.). Complete guide to GDPR compliance. https://gdpr.eu/

(3) 통계 쿠키

이 쿠키는 사용자가 방문한 페이지, 클릭한 링크 등 사용자가 웹 사이트를 사용하는 방식에 대한 정보를 수집한다. '성능 쿠키'라고도 하는 이 정보는 사용자를 식별하는 데 사용될 수 없으며, 집계되기는 하지만 익명으로 처리된다. 목적은 웹사이트 기능을 개선하기 위함이다. 이 쿠키를 사용하면 방문 횟수와 트래픽 소스를 계산하여 사이트의 성능을 측정하고 개선할 수 있다. 가장 인기 있는 페이지와 가장 인기 없는 페이지를 파악하고 방문자가 사이트에서 어떻게 이동하는지 확인하는 데 도움이 된다. 이러한 쿠키를 허용하지 않으면 이용자가 언제 해당 사이트를 방문했는지 알 수 없으며 성능을 모니터링 할 수 없다.

(4) 마케팅 쿠키

이 쿠키는 사용자의 온라인 활동을 추적하여 광고주가 보다 관련성 높은 광고를 제공하도록 돕거나 사용자가 광고를 보는 횟수를 제한한다. 이러한 쿠키는 해당 정보를 다른 조직이나 광고주와 공유할 수 있는 영구 쿠키이며 거의 항상 제3자 출처이다. 쿠키 유형 중에서는 개인 정보 보호 차원에서 가장 위험한 쿠키이다. 이러한 쿠키는 광고 파트너가 이용자의 관심사에 대한 프로필을 작성하고 다른 사이트에서 관련 광고를 표시하는 데 사용할 수 있다. 개인 정보를 직접 저장하지 않지만 이용자의 브라우저와 인터넷 장치를 고유하게 식별하는 것을 기반으로 한다. 이러한 쿠키를 허용하지 않으면 타깃 광고가 줄어들게 된다.

2) 쿠키의 지속 기간

(1) 세션 쿠키

이 쿠키는 일시적이며 브라우저를 닫으면(또는 세션이 종료되면) 만료되는 쿠키이다.

(2) 영구 쿠키

이 범주에는 쿠키 만료 날짜에 따라 사용자가 쿠키를 지우거나 브라우저가 지울 때까지 하드 드라이브에 남아 있는 모든 쿠키가 포함된다. 모든 영구 쿠키에는 코드에 만료 날짜가 기록되어 있지만 기간은 다를 수 있다. 보통 12개월 이상 지속되어서는 안 되지만 실제로는 조치를 취하지 않으면 장치에 훨씬 더 오래 남아 있을 수 있다.

3) 쿠키의 출처

(1) 자사 쿠키

이름에서 알 수 있듯이 사용자가 방문하는 웹 사이트에 의해 사용자의 장치에 직접 저장되는 데이터이다.

(2) 제3자 쿠키

사용자가 방문하는 웹 사이트가 아니라 사용자가 보고 있는 페이지에 콘텐츠를 표시하는 광고주 또는 기타 웹 사이트에서 만드는 쿠키이다. 예를 들어 유튜브의 동영상이 있는 페이지를 보고 있는 경우 유튜브의 제3자 쿠키가 있을 수 있으며, 이 쿠키는 광고 목적으로 여러 웹 사이트에서 사용자의 활동을 추적하는 데 사용할 수 있다.

이러한 것들이 쿠키를 분류하는 주요 방법이지만, 이러한 범주에 딱 들어맞지 않거나 여러 범주에 해당할 수 있는 쿠키도 있다. 사람들이 쿠키로 인해 발생하는 개인 정보 보호 위험에 대해 불만을 제기하는 경우 대개 제3자의 영구 마케팅 쿠키와 관련되어 있다. 이러한 쿠키에는 사용자의 온라인 활동, 선호도 및 위치에 관한 상당한 양의 정보가 포함될 수 있다.

이용자 데이터에 기반한 플랫폼의 지대 추구

플랫폼의 이용자 정보를 이용한 수익 추구는 일종의 지대 추구(rent seeking) 행위로 설명할 수 있다. 경제학 용어로서 지대(rent)는 일종의 불로 소득으로서 지대 추구는 별다른 노력 없이 일정한 이득을 얻기 위하여 경쟁적으로 자원을 낭비하는 행위를 의미한다. 거대 디지털 플랫폼이 소비자로부터 얻은 무료 정보를 이용하여 특별한 비용을 부담하지 않고 수익을 창출하는 것을 명백한 지대 추구 행위로 보고 비판하는 연구들이 많이 나타나고 있다.[21)]

디지털 광고 독점자가 된 구글은 이용자와 광고주에게 무료 서비스를 제공하는 것으로 보이지만 실제로 그들은 사용자의 미래 활동을 예측하는 데 도움이 될 수 있는 정보를 광고주에게 판매함으로써 광고주가 타깃 고객에게 더 빨리 도달할 수 있도록 하여 수익을 창출하고 있는 것이다. 특히 플랫폼 기업들은 점점 더 정교해지는 기계 학습 및 알고리즘을 사용하여 이러한 데이터를 수집, 처리 및 공유하면서 사실상 비용을 지불하지 않고 사용자가 자유롭게 제공하는 정보를 이용하고 있다. 이를 행동적 잉여(behavioural surplus) 또는 알고리즘 지대(algorithmic rents)라고 부른다.[22)]

플랫폼은 생산자와 소비자 사이의 중개자 역할을 하며 최종 가격에 대해 수수료를 부과하는데, 어떤 경우에는 제품 유통을 돕고 교환과 경제 성장을 지원할 수 있지만, 플랫폼에 접근하기 위해 생산자에게 부과되는 수수료는 주로 시장 지배력에 의해 결정되고 가치에 아무것도 추가하지 않기 때문에 비생산적인 소득인 것이다. 예를 들어, 우버와 같은 디지털 플랫폼은 평균적으로 전체 요금의 약 25~35%를 수수료로 가져가는데 우버 기사들은 이러한 플랫폼에 포함되기 위해 수수료를 지불해야 한다. 그렇지 않으면 시장에서 경쟁할 만큼 충분한 고객을 확보할 수 없기 때문이다. 이러한 과정에서 역설적이게도 이러한 플랫폼이 네트워크에서 사용자를 연결하는 측면에서 창출하는 가치는 경제적으로 반영되지 않는다. 우버 이용자가 자신의 정보를 무료로 제공하기 때문에 '계산'할 것이 없기 때문이다. 따라서 개인 정보의 상품화는 그대로 경제적 지대의 원천이 된다는 것이다.

21) Tim O'Reilly, Ilan Strauss, and Mariana Mazzucato(2023). Algorithmic Rents in the Attention Economy: How digital platform algorithms shape user attention to allocate value, UCL IIPP Working Paper.; Mazzucato, M., Entsminger, J. and Kattel, R.(2020). Public value and platform governance. UCL Institute for Innovation and Public Purpose, Working Paper Series(IIPP WP 2020-11). Available at: https://www.ucl.ac.uk/bartlett/public-purpose/wp2020-11

22) Mariana Mazzucato, Josh Ryan-Collins, Giorgos Gouzoulis(2023). Mapping modern economic rents: the good, the bad, and the grey areas, Cambridge Journal of Economics, 47(3), 507-534; https://doi.org/10.1093/cje/bead013

3
관심 추적 기술의 진화

AI 기반 관심 예측과 추적

수익을 창출하는 데 있어 원천 소스인 이용자의 데이터를 얻는 데 비용이 들지 않기 때문에 플랫폼 기업의 이용자 데이터 추적은 그야말로 금광 캐기와 같은 러시 현상을 보이고 있으며, 관심 경제를 넘어서서 이제는 관심 추적 경제(attention tracking economy)라는 말이 사용되고 있다. 사람의 주의를 끄는 것이 무엇인가를 알기 위해 다양한 방법으로 관심을 측정한다. 인터넷 브라우저용 '쿠키'와 같은 기술은 기업이 여러 채널과 환경에서 고객의 관심을 추적할 수 있는 방법을 제공하는 대표적인 수단이지만 이제는 더욱 복잡하고 교묘한 관심 추적 기술이 사용되고 있다.

AI 기반 관심 추적과 같은 새로운 형태의 관심 추적 기술이 등장하고 있다. VR 또는 MR 헤드셋, AR 스마트 글래스 등 XR 환경의 웨어러블 디바이스에 아이트래킹 기술을 접목한 시선 추적 도구가 대표적인 예이다. 사람의 시선 움직임을 모니터링하고 주어진 순간에 관심의 초점에 대한 끝없는 정보를 수집하는 것이다. 시선 추적 기술과 결합된 분석은 고객이 평균적으로 특정 제품을 보는 데 소비하는 시간부터 광고의 어떤 부분에 처음으로 끌리는지 까지 모든 것에 대한 인사이트를 기업에 제공할 수 있다. 페이스북의 모기업인 메타(Meta)와 같은 회사는 심지어 사람의 잠재의식에 대한 통찰력을 제공할 수 있는 시선 추적 기술에 투자하고 있는 것으로 알려져 있다. 'Project Aria'와 같은 개념을 사용하여 고객이 마음으로 가전제품을 제어할 수 있는 미래를 약속한다는 것이다.[23)]

XR 경험을 만들어 고객이 독특한 경험에 몰입할 수 있도록 하는 것이나 인터랙티브 게임화된 콘텐츠를 제작하는 것도 모두 새로운 관심 추적 기술이다. 웹 사이

23) Rebekah Carter(2023.2.22.). What is the Attention Tracking Economy?. https://www.xrtoday.com/uncategorized/what-is-the-attention-tracking-economy/

트 페이지를 보거나 앱과 상호 작용할 때 초점을 맞추는 위치를 결정하는 것, 소셜 미디어 게시물 및 랜딩 페이지의 노출과 같은 기존 마케팅 지표를 모니터링하여 관심을 추적하는 방법도 있다. 개인 데이터는 다양한 방법으로 활용되는데 그 대표적인 예가 상세한 개인 프로파일링을 기반으로 타깃 광고를 제작하는 것이다. 또한 인구 통계 또는 콘텐츠 참여를 기반으로 콘텐츠와 연결을 제안하는 강력한 알고리즘을 만들기도 한다. 투표 행동에 영향을 미치는 것으로 밝혀진 특정 콘텐츠를 홍보하기 위해 타임라인 알고리즘을 제공하기도 한다.

표적 광고(행동 광고)의 개인 정보 수집

추적 광고는 행동 광고(behavioral advertising) 또는 표적 광고(target advertising)라고도 한다. 이러한 광고는 사용자의 관심사와 더 관련성이 높은 광고를 제공하기 위해 사용자 온라인 행동 데이터를 수집하고 분석하는 광고를 말한다. 사용자의 웹 검색 기록 및 기타 온라인 활동을 기반으로 광고를 타깃팅하며, 목표는 사용자를 위한 보다 개인화된 경험을 만드는 것이다.

실질적으로 광고주와 광고 회사, 기술 플랫폼 간의 협력을 통한 관심 추적 기술 개발이 활발하게 이루어지고 있다. 2022년 10월 글로벌 미디어 플랫폼인 Teads는 The Kraft Heinz Company(KHC) 및 Dentsu International과 파트너십을 맺고 Teads Attention Program을 개발한다고 발표했다. 즉 새로운 주의력 측정 기술을 개발한다는 것인데, 이는 세계 최고의 브랜드가 효율성과 효율성을 높이기 위해 디지털 메트릭을 더 깊이 파고들려고 한다는 것을 의미한다. 또한 광고주, 대행사 및 기술 플랫폼 간의 삼자 계약이라는 의미도 갖는다. 이를 통해 실험실 환경에서 라이브 캠페인 측정에 이르기까지 다양한 방법을 통해 관심에 대한 보다 구체적이고 정교한 관심 거래 지표(attention trading metrics)를 확보한다는 것이다.[24]

24) ExchangeWire PressBox(2022.10.19.). Teads & dentsu Partner with The Kraft Heinz Company in Measuring Attention. https://www.exchangewire.com/blog/2022/10/19/teads-dentsu-partner-with-the-kraft-heinz-company-in-measuring-attention/

음반 회사에서도 관심 추적 기술 개발에 열을 올리고 있다. SoundCloud와 Spotify는 AI 기반 관심 추적 기술을 활용해서 사람들이 약 47초 동안 한 화면에만 주의를 기울인다는 것을 발견했고, 이를 활용하여 노래를 제공하기로 결정했다. SoundCloud는 AI 기반의 TikTok과 같은 추천 피드를 발표했으며, 이 피드는 사용자의 청취 기록과 음악 취향에서 영감을 받은 30초 분량의 노래 클립을 공유한다. 또한 Spotify는 개인화된 음악 피드인 새로운 DJ와 함께 AI 게임에 뛰어들었다.[25)]

이와 같은 추적 광고는 사용자의 온라인 활동을 추적하고 개인 데이터를 수집하기 때문에 개인 정보 보호 문제를 야기하고 있다. 자사 사이트뿐만 아니라 제3자 웹 사이트 및 앱 이용 기록을 수집하고, 수집된 개인 정보를 수백 개의 광고 기술 업체와 공유하는 등 방대한 개인 정보를 필수 정보로 요구하고 있기 때문이다. 심지어 표적 광고를 위한 실시간 경매가 이루어지는 사례도 증가하고 있는데, 광고에 대한 입찰 요청이 이루어질 때마다 개인 정보가 수많은 업체들에게 전달되고 있는 것이다.[26)]

추적 광고가 야기하는 개인 정보 보호 문제를 위한 대안으로는 개인 데이터의 수집 및 사용을 최소화하면서 사용자에게 관련 광고를 제공하는 것이다. 예를 들면 다음과 같은 대안이 있다.[27)]

① 문맥 광고(Contextual advertising) : 이는 개인 데이터를 수집하고 분석하는 대신 웹 사이트 또는 앱에 있는 콘텐츠의 맥락을 기반으로 광고를 전달하는 것이다.

25) Kristin Snyder(2023.3.7.). SoundCloud's Attempt at a Revamp? An AI-Driven Recommendation Feed. https://dot.la/soundcloud-ai-feed-2659513385.html?utm_campaign=post-teaser&utm_content=6xs5sstu

26) Johnny Ryan(2018). Behavioural advertising and personal data: https://brave.com/Behavioural-advertising-and-personal-data.pdf

27) The Future of Online Advertising and Data Protection(2023.2.2.). https://dataprivacymanager.net/the-future-of-online-advertising-and-data-protection/

② 분산 기술(Decentralized technologies) : 분산 광고 플랫폼을 통해 개인 데이터를 수집하면 중앙 집중화하지 않고도 사용자를 타깃팅할 수 있다. 예를 들어, 블록체인 기반 광고 플랫폼은 암호화된 데이터와 스마트 계약을 사용하여 개인 정보를 존중하는 광고를 제공할 수 있다.

③ 광고 지원 콘텐츠 모델(Ad-supported content models) : 일부 웹 사이트와 앱은 광고를 표시하는 대가로 콘텐츠를 무료로 제공한다. 이 모델을 사용하면 개인 데이터를 수집하거나 온라인 행동을 추적하지 않고도 관련 광고를 전달할 수 있다.

④ 광고 없는 구독(Ad-free subscriptions) : 일부 웹 사이트 및 앱은 유료로 광고 없는 버전을 제공하므로 개인 정보 보호 및 개인 데이터 수집에 대해 우려하는 사용자에게는 하나의 대안이 될 수 있다.

다크 패턴의 속임수

플랫폼 기업의 개인 정보 수집 유형에서 다크 패턴(dark patterns)을 이용한 개인 정보 수집은 매우 악의적이며 이로 인한 이용자 피해는 생각보다 크다. 다크 패턴이란 이용자들이 물건을 구매하거나 서비스에 가입하도록 유도하기 위해 일종의 속임수로 업체가 의도한 웹이나 앱을 설계 또는 디자인하는 것을 말한다. 컴퓨터에 바이러스 백신 프로그램이나 동영상 플레이어를 내려받았을 뿐인데 인터넷을 접속할 때마다 특정 사이트로 연결된다거나 팝업 페이지가 수시로 뜨는 경우, 혹은 회원 가입은 쉬웠는데 해지가 어려운 경우 등이 모두 이 다크 패턴의 유형에 해당된다.[28] 구독 해지 버튼을 찾기 어려운 곳에 감추거나, 다른 선택을 강요하여 피로감을 제공하는 것도 고도화된 응용 심리학 기법을 활용한 다크 패턴이다.

다크 패턴은 사용자 경험(user experience) 디자이너인 해리 브링널(Harry Bringnull)이 2010년 정립한 개념으로, 사용자가 충분한 정보나 선택의 여지를 제공받았다면 자발적으로 선택하지 않았을 소비를 유도하거나 약관 조항에 동의하

28) KBS뉴스(2022.8.17.). "오늘도 설계 당하셨습니까?"…앱에 숨겨진 의도 '다크 패턴'

도록 하는 등의 기만적이고 조작적인 사용자 인터페이스 디자인을 말한다.[29] 다른 말로는 프라이버시 저커링(Privacy Zuckering)이라고도 한다. 페이스북이 명시적인 동의 없이 사용자 데이터를 수집하고 사용한 사실이 2018년 Cambridge Analytica 스캔들에서 밝혀지면서 저커버그의 이름을 따서 만든 용어이다. 즉 다크 패턴은 플랫폼의 기만적인 설계 전술이라고 할 수 있다.

일반적으로 웹 사이트에서 사용되는 몇 가지 다크 패턴의 유형이 있다.[30]

① 쿠키 배너 조작 : 웹 사이트에 들어가면 일반적으로 쿠키 배너에서 사이트 탐색을 위해 쿠키를 허용할지 여부를 묻는데 일부 쿠키 배너는 '모두 수락' 버튼을 갖도록 설계되었으며 쿠키 설정을 변경하려면 '설정 관리' 버튼을 클릭하도록 만들었다. 이로 인해 사용자가 웹 사이트의 쿠키를 거부하기가 어렵도록 한 것이다.

② 확인 부담(confirm shaming) : 설문 조사에 참여하거나 뉴스레터를 구독하는 것과 같이 웹 사이트에서 제안하는 일을 하도록 하는 것이다. 예를 들어, 전자 상거래 웹 사이트는 쿠폰을 제공하여 이메일 주소를 수집하려고 할 수 있는데, 원하지 않을 때는 '아니요, 고맙습니다, 돈을 절약하고 싶지 않습니다' 같은 버튼을 누르게 하여 마음의 부담을 주는 행위이다.

③ 강제 연속 : 사용자가 구독을 취소하기가 어렵게 만드는 경우이다. 이용자에게 알리지 않고 구독을 연장하고 다음 결제 날짜가 도래하면 자동으로 요금을 청구하는 행위나 구독 취소 버튼을 찾기 어렵게 만드는 경우도 이에 해당된다.

④ 위장된 광고 : 광고가 페이지에 있는 콘텐츠의 일부처럼 보이도록 디자인되어 사용자가 광고와 실제 콘텐츠를 구분하기 어렵게 만드는 경우이다.

29) 법률신문(2023.4.28.). 다크 패턴, 본격 규제 전망.

30) Nidhi Singh(2022.4.14.). What Are Dark Patterns and Why Google, YouTube & Facebook Are in Trouble for Them; https://www.jumpstartmag.com/what-are-dark-patterns-and-why-google-youtube-in-trouble/

⑤ 개인 정보 보호 저커링(zuckering) : 사용자가 의도한 것보다 더 많은 개인 정보를 공유하도록 속이는 유형이다.

관심 추적 기술이 야기하는 인권의 문제, 인지적 자유

관심 추적 기술은 기업 입장에서는 수익을 창출할 수 있는 수단으로서 중요하지만 이용자 입장에서는 여러 가지 문제점을 가져올 수 있다. Rebekah Carter(2023.2.22.)[31]는 플랫폼 기업이 소비자의 관심을 추적하면 할수록 인권 관점에서 중대한 질문과 도전을 제기한다고 주장한다.

첫째, 관심 추적 환경에서 캡처한 정보가 어떻게 사용될 것인지의 문제이다. 시선 추적 카메라와 머리에 착용하는 장치는 사람의 성격 특성, 감정, 정체성, 나이 등에 대한 끝없는 정보를 드러낼 수 있기 때문이다.

둘째, 이러한 도구가 언젠가 본질적으로 우리의 생각을 읽을 수 있게 된다는 점이다. 기업이 고객의 관심을 추적하면 할수록 이를 통제할 수 있는 능력이 커지며, 이것은 인권의 관점에서 중요한 질문과 도전을 제기한다. 때문에 기업이 고객에 대해 얼마나 많은 정보를 보유해야 하는지에 대해 사회적 논의가 필요하다는 것이다.

관심 추적 기술은 결국 인지적 자유(cognitive liberty) 혹은 정신적 자기 결정권(mental self determination)의 차원에서 인권 문제를 야기하고 있다. 관심 추적 기술의 발달과 신경 과학의 발전으로 우리의 두뇌를 해킹하고 추적할 수 있는 현실에 더 가까워지고 있기 때문이다. '인지적 자유'라는 용어는 비영리 단체인 CCLE(Center for Cognitive Liberty and Ethics)의 이사인 신경 윤리학자 Wrye Sententia와 법률 이론가이자 변호사인 Richard Glen Boire에 의해 만들어졌다. 이들은 '각 개인이 독립적이고 자율적으로 생각하고, 마음의 모든 힘을 사용

31) What is the Attention Tracking Economy?(2023.2.22.) : https://www.xrtoday.com/uncategorized/what-is-the-attention-tracking-economy/

하고, 다양한 사고방식에 참여할 수 있는 권리'로 정의한다. 때문에 인지적 자유는 '간섭으로부터의 자유'를 의미하기도 한다.[32)]

우리가 흔하게 사용하는 스마트워치와 같은 웨어러블 기기도 인지적 자유를 위협하는 장치이다. 듀크대학교(Duke University)의 법학 및 철학 교수인 니타 파라하니(Nita Farahany)는 『뇌에 대한 전쟁-신경 기술 시대의 생각할 자유에 대한 권리 옹호』(*The Battle for Your Brain : Defending the Right to Think Freedom in the Age of Neurotechnology*)(2023)라는 저술에서 급성장하는 신경 기술 분야와 규제되지 않은 기술 발전이 어떻게 정신적 프라이버시를 손상시킬 수 있는지에 대해 설명한다.[33)]

그녀는 신경 기술 시대, 즉 신경 기술이 나머지 모든 기술의 보편적인 통제자가 될 시대의 위험에 대해 경고한다. 예를 들면, 웨어러블 장치는 피부, 귀 뒤, 이어폰 및 헤드폰을 통해 감지할 수 있는 센서가 있는 장치인데, 이 장치들은 뇌에서 전기 활동을 포착하며, 빛이 뇌의 조직이나 혈액 산소 농도를 통과할 때 빛을 포착하는 장치도 있다. 그녀는 특히 이러한 센서를 통해 포착되는 전기적 활동을 추적하는 것에 대해 경계한다. 그것이 모든 기술에 내장되면 엄청난 잠재력을 가진 뇌에 접근할 수 있는 전례 없는 방법이 되며, 그것이 의료적으로 매우 유용하게 사용될 수도 있지만 우리를 억압할 수 있는 가장 중요한 잠재력을 가지게 될 수도 있다는 것이다. 예를 들면, 개인의 정치적 신념이 무엇인지 파악하고 결과적으로 차별하게 되며, 신경 비정형적인 사람들을 식별하여 고용 맥락에서 그들을 차별할 수도 있다. 메타와 같은 플랫폼 기업이 우리의 뇌 데이터와 모든 소셜 미디어 데이터에 접근할 수 있다면, 그들은 우리에게 훨씬 더 많은 표적 광고를 제공할 수 있다. 이미 주요 기술 회사는 이러한 기술 개발에 막대한 투자를 하고 있다고 한다.

32) Wikipedia(2023.11.10.). Cognitive liberty.; https://en.wikipedia.org/wiki/Cognitive_liberty

33) Author Talks: Can you use your 'brainpower' to defend cognitive liberty?(2023.5.9.); https://www.mckinsey.com/featured-insights/mckinsey-on-books/author-talks-can-you-use-your-brainpower-to-defend-cognitive-liberty

4
데이터 경제의 명암

데이터 경제의 가치 사슬

소비자의 지불 수단 중의 하나가 데이터가 되면서 주목 경제는 그대로 데이터 경제(data economy)로 이어진다. 데이터 경제는 경제적 가치를 창출하기 위해 기업, 개인 및 기관의 네트워크에 의해 데이터가 수집, 구성 및 교환되는 글로벌 디지털 생태계를 뜻한다. 스마트 홈, 사물 인터넷, 소셜 미디어, 모바일 앱 등에서 전례없는 양의 데이터가 생성되면서 그것을 통해 경제적 가치를 생산해내는 경제 시스템을 말한다.

데이터 자체에는 고유한 가치가 없지만 그것을 분석하여 통찰력, 애플리케이션, 서비스로 변환되면 가치를 창출하게 된다. 개인 데이터의 디지털 발자국을 활용하여 경험을 맞춤화하고 산업 데이터에 대한 실시간 통찰력을 통해 프로세스를 최적화한다. 따라서 데이터 경제는 방대한 데이터 세트와 알고리즘 분석을 통해 이루어진다는 점에서 빅데이터 경제(big data economy) 혹은 알고리즘 경제(algorithm economy)라고도 부른다. 기업과 정부가 나서서 이른바 빅데이터를 활용한 수익 창출에 열중하는 이유도 그 때문이다. 2021년 글로벌 빅데이터 시장 매출은 1,635억 달러이며, 2022년부터 2030년까지 연평균 12.7% 성장하여 4,736억 달러에 달할 것으로 전망되고 있으며, 미국과 일본에서 데이터 경제는 각각 GDP의 1%와 0.8%를 차지하고 있다.[34)]

<표 4-1>에서 보는 것과 같이 디지털 미디어 플랫폼 기업이 제공하는 서비스는 사실상 관련된 개인 데이터를 기반으로 하고 있다. 챗GPT가 일상화되면서 데이터의 중요성은 더욱 커졌다. 챗GPT가 관심 기반 경제에서 경제 성장과 기회의 새로

34) Acumen Research and Consulting(2022.12.15.). Big Data Market Size Set to Achieve USD 473.6 Billion by 2030 growing at 12.7% CAGR - Exclusive Report by Acumen Research and Consulting

운 물결을 촉진하는 가속화 경제(Acceleration Economy)로 전환할 수 있는 잠재력을 지닌 혁신 기술로 작용하고 있는 것이다.[35)]

물적 자본과 달리 개별 데이터 요소는 거의 가치가 없을 수 있지만 다른 관련 데이터와 함께 집계되고 분석될 때 그 가치는 다양해질 수 있다. 기업이 데이터를 추출, 분석 및 중개하는 데이터 경제에서는 사실상 개인, 가정, 기업 모두 생산자이자 소비자이다. 예를 들어 구글 검색은 여러 국가에 있는 수백 대의 서로 다른 컴퓨터에 저장된 수백만 개의 기본 데이터를 처리하고 분석하는 알고리즘인 데이터 포인트를 생성하며, 그 검색 결과(새로운 데이터 포인트)는 즉시 알고리즘에 입력되고 향후 구글 검색을 구체화하기 위한 요소 입력이 된다.[36)]

데이터 경제의 가치 사슬은 <그림 4-2>에서 보는 것과 같이 5단계로 구분된다. 데이터 습득 → 데이터 분석 → 데이터 큐레이션 → 데이터 저장 → 데이터 이용이다. 데이터 습득 및 분석은 개인 및 비개인 데이터를 수집하고 이를 저장 및 최종 분석에 사용할 수 있도록 만드는 과정을 포함한다. 기계 학습 알고리즘은 방대한 양의 데이터를 사용하여 다른 방법으로는 감지하기 어려운 데이터의 패턴과 관계를 감지한다. 예를 들어 자율 주행차 개발자는 기계 학습을 사용하여 도로 및 교통 정보의 대규모 데이터 세트를 처리하여 실제 교통 상황의 예측할 수 없는 특성에 대처하는 방법에 대해 소프트웨어를 '훈련'시킨다. 챗GPT의 경우 그렇게 훈련된 자연 언어 처리 알고리즘인 셈이다.

데이터 큐레이션은 '추천'이라는 뜻으로 빅데이터 분석을 통해 개인 맞춤 정보를 제공하는 행위를 말한다. 다른 사람이 만들어 놓은 콘텐츠를 개별 목적에 따라 분류하고 배포하는 것을 말한다. 콘텐츠가 많아질수록 선별된 양질의 정보에 대한 수요가 느는데 큐레이션은 이런 수요를 충족시키기 위한 것으로 신규 비즈니

35) Tony Uphoff(2023.3.17.). How ChatGPT Fuels Transition From Attention Economy to Acceleration Economy.:https://accelerationeconomy.com/cxo/future-cxo-minute/why-chatgpt-will-help-shift-the-attention-economy-into-the-acceleration-economy/

36) Frontier Technology Quarterly(2019.1). Data Economy: Radical transformation or dystopia?; https://www.un.org/development/desa/dpad/wp-content/uploads/sites/45/publication/FTQ_1_Jan_2019.pdf

스로 급부상하고 있다. 다양하고 많은 정보를 자기만의 스타일로 조합해내는 파워블로거, 각계각층의 사람들이 거대한 집단지성을 형성한 위키피디아, 스마트폰을 통해 주제에 따라 유용한 정보를 모아 제공하는 애플리케이션 등이 큐레이션의 한 형태라고 볼 수 있다.[37)]

밸류 체인의 끝에는 데이터의 캡처, 저장, 처리 및 전송을 가능하게 하는 운영체제, 소프트웨어 및 하드웨어를 개발하는 회사가 있다. 아마존과 같은 데이터 거대 기업은 전체 데이터 가치 사슬에 참여하여 소비자로부터 데이터를 수집하고, 이 데이터를 구성 및 분석하고, 유용한 통찰력을 추출하고, 제3자 판매자와 공유하여 새로운 시장을 창출하는 것이다.

페이스북 및 구글과 같은 플랫폼은 사실상 데이터 회사로서 서비스를 무료로 제공하면서 제3자로부터 광고 수익을 얻으며, 데이터 회사와 데이터 사용자는 개인 데이터를 '무료' 디지털 서비스와 교환하는 물물 교환에 참여하는 셈이다. 이로 인해 경쟁 업체가 시장에 진입하는 데 자연스러운 장벽이 생겨 기존 기업이 제3자 데이터 사용자로부터 독점 임대료를 추출할 수 있게 된다.

37) [네이버 지식백과] 큐레이션 [Curation] (ICT 시사상식)

<표 4-1> 미국 미디어 기업의 데이터 활용

서비스 유형	기업	관련 내용
소비자 맞춤형 광고 및 콘텐츠 추천	디즈니(Disney)	• OTT 플랫폼인 디즈니 플러스(Disney+)의 사용자 데이터를 통합 분석하여 사용자 맞춤형 광고 제공 • 디즈니와 트레이드 데스크(The Trade Desk)는 수집한 사용자 데이터를 활용한 타켓팅 및 광고 집행 계약 • 맞춤형 광고를 통한 광고 수익성 향상
	로쿠(Roku)	• 가정 내 기존 TV, 커넥티드 TV, 데스크톱, 모바일 4개의 분야에서 로쿠가 제공하는 미디어 콘텐츠의 사용자 분석 • 분석된 내용을 바탕으로 사용자 맞춤형 광고 게재
	넷플릭스(Netflix)	• 광고 요금제 가입 소비자를 대상으로 생년월일과 성별 데이터 수집, 해당 인구 통계 데이터를 사용하여 광고 타깃팅
챗봇	메타(Meta)	• 웹에서 이용 가능한 챗봇 블렌더봇3(BlenderBot 3) 개발 • 챗봇을 일반 대중에게 공개함으로써 대규모 언어 모델이 직면한 다양한 문제에 대한 피드백 수집
콘텐츠 제작	디즈니(Disney)	• 인공 지능을 활용한 배급 파이프라인 제고, 제작 효율성 향상, 비용 절감 • 모션 캡처와 인공 지능 딥 러닝 기술을 활용한 디지털 휴먼 제작 • 인공 지능을 사용하여 저해상도 이미지의 해상도 개선
서비스 개선	넷플릭스(Netflix)	• 개인 정보를 사용하여 사용자 맞춤형 추천 콘텐츠 서비스 지속 개선 • 대규모 데이터를 검토하여 인기 있는 시리즈 결정 • 콘텐츠의 메인 화면으로 사용할 이미지와 수정 시기 결정
사용자 추적	넷플릭스(Netflix)	• IP 주소, 기기 ID, 가족 구성원의 계정에 로그인한 기기에 대한 기타 정보를 포함하여 사용자 정보 분석 • 가족 외부에서 지속적인 공유가 이루어지는 경우를 식별

출처 : Data Economy(2023년 제1호, 16쪽)[38)]

38) 데이터이코노미(2023). 글로벌뉴스트렌드(미국). 제1호. 한국데이터산업진흥원.

<그림 4-2> 데이터 경제의 가치 사슬

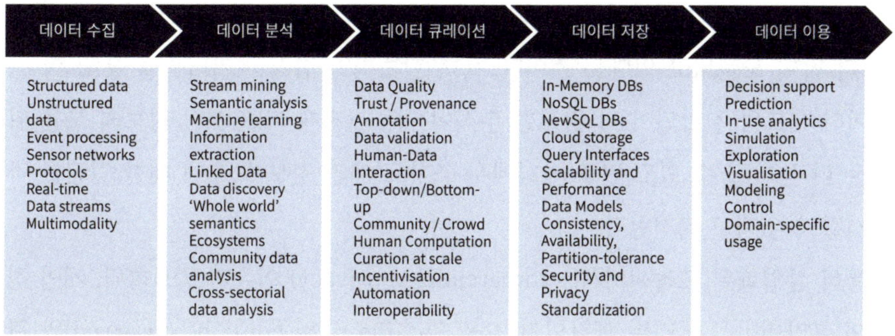

출처 : Data Value Chain[39]

합성 데이터의 모자이크 효과

데이터 경제 시스템 하에서 기업과 국가의 성장에 데이터를 기반으로 한 비즈니스 모델은 불가피하지만 데이터 경제가 가져오는 긍정적 영향에도 불구하고 이에 따른 부작용 또한 적지 않다. 무엇보다도 알고리즘 경제는 자동화와 AI가 주도하는 의사 결정을 가능하게 한다는 점이다. 그 과정에서 데이터 경제는 혁신 촉진, 효율성 향상, 고객 경험 향상, 일자리 창출 및 경제 성장의 역할을 강조되지만[40] 실질적으로는 그 반대의 결과를 가져올 수도 있다. 점점 더 정교해지는 AI 애플리케이션, 사물 인터넷(IOT) 장치, 자율 기술 등 디지털 도구의 발전이 디지털 영역을 관리하려는 국가에 새로운 과제를 야기하고 있기 때문이다.

세계경제포럼에서는 매년 경제, 환경, 지정학, 사회, 기술 유형별로 글로벌 위험(global risk)의 요인을 제시하는 보고서를 발간하고 있는데 <2023년 글로벌 위험 보고서>(2023)에서는 기술 분야의 위험 중 하나로 광범위한 '사이버 범죄 및 사이

39) Curry E. et al.(2014). Data Value Chain. https://dataeconomy.eu/data-value-chain/#page-content

40) Samiksha Shukla, Kritica Bisht, Kapil Tiwari & Shahid Bashir(2023). Data Economy: https://link.springer.com/chapter/10.1007/978-981-99-7677-5_1

버 불안'을 꼽았다.[41] 데이터 수집 장치와 데이터 의존형 AI 기술의 확산이 개인의 자율성을 제어하게 되면서 공공 및 민간 부문 모두에서 개인 데이터의 오용에 점점 더 많이 노출되고 있다는 것이다. 특히 합법적인 법적 메커니즘을 통해 더 큰 데이터 세트와 결합되어 더 정교한 분석이 이루어지게 되면 개인 정보의 오용 위험은 더 높아질 수 있고 민주 사회에서 조차도 개인 정보 보호에 대한 인권을 약화시킬 수 있다고 지적한다.

특히 상업화된 프라이버시(commercialized privacy) 이슈가 중요하다. 개인 정보의 프라이버시 권리는 관찰되지 않을 권리(the right not to be observed)와 관찰 시 정보의 흐름을 통제할 권리(the right to control the flow of information when observed)라는 두 가지 핵심 요소를 포함한다. 그런데 점점 개인은 적절한 익명성이나 동의 없이 전례 없는 수준으로 공공 및 민간 부문의 표적이 되고 모니터링될 것이라는 점이다. 챗봇과 같은 자동화된 AI 기반 도구가 광범위하게 개인 데이터를 수집하고 있으며, 코로나 기간 동안 재택근무가 대거 이루어지면서 근로자를 추적하는 모니터링이 일반화된 것도 문제이다. 감정을 분석하기 위한 생체 인식 기술은 개인 정보 보호 및 이동의 자유 측면에서 더욱 큰 잠재적인 위험을 안고 있다.

데이터가 수집되고, 상용화되고, 공유되면서 나타나는 정보는 원래 의도한 것보다 훨씬 더 많은 개인 정보가 노출될 수 있다. '합성 데이터'의 문제이다. 합성 데이터는 재식별(re-identification)과 속성 공개(attribute disclosure)라는 두 가지 중요한 개인 정보 보호 위험을 발생시킨다. 데이터의 통계적 공개에는 식별(identification)과 속성(attribution)이라는 두 가지 구성 요소가 있는데, 식별은 데이터 세트 내의 특정 기록을 특정 인구 단위와 연관시키는 것이고, 속성은 특정 인구 단위와 특정 속성을 연관 또는 분리하는 것이다. 예를 들면 식별 정보는 이름이나 주민 등록 번호 같은 것으로서 데이터 세트에서 반드시 제거해야 하는 정보이다.[42]

41) World Economic Forum(2023). The Global Risks Report 2023, 18th Edition.
42) Privacy models(2022.11.27.) : https://arx.deidentifier.org/overview/privacy-criteria/

재식별은 여러 가지 데이터를 결합하게 되면 결국 원 데이터에서는 식별되지 않았던 개인이 드러나게 됨을 의미한다. 미국 거주자의 99.98%는 15가지 인구 통계학적 특성을 사용하여 대량으로 샘플링되고 익명화된 데이터 세트를 포함한 모든 데이터 세트에서 재식별될 수 있다고 한다. 효율적인 위기 대응을 지원하기 위해 국가 간 익명화된 데이터를 공유하게 되면 취약한 난민과 피난민을 식별하고 추적할 수 있다. 인종, 민족, 성적 취향 및 이민 상태에 대한 데이터는 일부 시장에서 합법적으로 획득할 수 있으며 다양한 수준으로 재식별되고 있다고 한다. 특히 회사 간 데이터 공유를 할 때 익명화 기술의 품질이 낮은 경우 재식별의 위험은 더욱 커질 수 있다.

한편 속성 공개는 해당 데이터가 원본 데이터에 포함된 경우 익명화된 데이터에서 해당 주체의 속성에 대한 추가 정보를 추출하는 것이다. 속성 그 자체는 개인을 식별하지 않지만 질병 상태와 같이 개인이 공개하고 싶지 않아 하는 정보인 민감한 속성이 데이터 합성을 통해 개인의 의료 정보 등과 같은 민감한 정보에까지 도달할 수 있게 됨을 의미한다.[43)]

끊임없이 유출되는 데이터

개인 정보 유출(data leak)이란 법령이나 개인 정보 처리자 등의 자유로운 의사에 의하지 않고, 정보 주체의 개인 정보에 대하여 개인 정보 처리자 등이 통제를 상실하거나 권한 없는 자의 접근을 허용한 것을 말한다. 데이터 유출이 나타날 수 있는 방법은 여러 가지이며, 어떤 경우든 관련 기업이나 조직은 책임으로부터 자유롭지 않다.[44)]

43) Attribute Disclosure(2015), https://www.sciencedirect.com/topics/computer-science/attribute-disclosure

44) Pranav Bhardwaj(2022.8.31.). What Is Data Leakage and How Can You Prevent It?, https://www.makeuseof.com/what-is-data-leakage-and-how-can-you-prevent-it/

- 해킹 : 누군가가 시스템이나 데이터베이스에 대한 무단 액세스 권한을 얻는 경우인데, 특수 소프트웨어를 사용하거나 보안 취약성을 이용하여 이를 수행할 수 있다.
- 도난 : 노트북이나 하드 드라이브와 같은 데이터를 물리적으로 훔치는 것으로서, 장치를 공공장소에 두거나 누군가 집이나 사무실에 침입한 경우 이런 일이 발생할 수 있다.
- 우발적 유출 : 데이터가 의도하지 않게 유출되는 경우로서, 실수로 잘못된 사람에게 이메일을 보내거나 비공개여야 할 내용을 공개적으로 게시하는 경우이다.
- 조직 내부자 : 직원이나 계약자 등 회사에서 일하는 사람이 의도적으로 데이터를 공개하는 경우로서, 개인적인 이익을 위해 또는 회사의 평판을 손상시키기 위해 이렇게 할 수 있다.
- 보안 절차 무시 : 적절한 보안 절차를 따르지 않을 때도 데이터 유출이 발생할 수 있다. 예를 들어, 직원이 민감한 정보를 인쇄하여 공개한 경우 이는 데이터 유출의 한 형태가 된다.
- 시스템 구성 오류 : 개인 또는 조직의 IT 관리자가 시스템을 제대로 구성하지 않아 데이터가 노출될 수 있는 경우이다. 예를 들어 웹 사이트의 데이터베이스가 적절하게 보호되지 않으면 해커가 액세스할 수 있다.

우리는 끊임없이 개인 정보 데이터 유출 사례를 보도를 통해 접하고 있다. BBC News(2023.1.5.)[45]는 2억 명이 넘는 트위터 사용자의 이메일 주소가 포함된 것으로 추정되는 데이터가 해커 포럼에서 무료로 제공되고 있다는 내용을 보도했다. 이로 인해 한 뉴요커가 트위터를 상대로 500만 달러의 소송을 제기하기도 했다.[46]

45) BBC News(2023.1.5.). Twitter : Millions of users' email addresses 'stolen' in data hack.

46) Sawdah Bhaimiya(2023.1.16.). A New Yorker is suing Twitter for $5 million over a data leak that researchers say exposed the information of more than 200 million users; https://www.businessinsider.com/twitter-sued-5-million-data-leak-exposing-personal-user-info-2023-1

사이버 보안 간행물인 Security Magazine은 2022년에 4,100건 이상의 공개된 데이터 유출이 발생했으며 약 220억 개의 기록이 노출된 것과 같다고 밝혔다. 그중에는 트위터가 540만 계정 데이터를 도난당한 사건, 호주 통신 회사 Optus가 1,100만 고객의 세부 정보를 노출하게 된 사건, 해킹 포럼에서 120만 개 이상의 신용카드 번호가 유출된 사건 등이 포함되어 있다.[47)]

국내에서도 2022년 이용자 동의를 받지 않고 개인 정보를 수집해 온라인 맞춤형 광고에 활용한 메타(구 페이스북)와 구글이 개인정보보호위원회로부터 각각 308억 원과 692억 원의 과징금을 부과받았다. 이는 국내 개인정보보호법 위반으로 받은 역대 가장 높은 과징금 액수이며, 맞춤형 광고를 위한 개인 정보 수집에 개인정보보호위원회가 내린 최초의 '제재'이다.[48)]

글로벌 플랫폼 기업만 개인 정보를 유출하고 과징금을 받는 것은 아니다. 2023년 1월에 LGU+는 기간 통신 사업자 LGU+를 대상으로 한 연이은 사이버 공격으로 고객 정보 유출, 유선 인터넷 등 장애가 발생했으며,[49)] 3월에는 한국맥도날드가 관리 소홀로 이용자 487만 명가량의 개인 정보가 해킹 등을 통해 유출되도록 해 6억 9천여만 원의 과징금과 과태료 1천만 원을 부과받았다.[50)] 2023년 2월 해킹 포럼에는 1만 6000명여 건의 현대캐피탈의 중고차 매매 플랫폼인 업카 한국 사용자 데이터를 판매한다는 게시글이 업로드되는 등 기업의 개인 정보 유출은 계속되고 있다.[51)] 기업만 문제가 되는 것도 아니다. 공공 기관에 제출됐던 개인 정보가 관리 미흡으로 구글에 4년간 그대로 노출된 경우도 있다.[52)]

47) Olivia Powell(2022.12.9.). The biggest data breaches and leaks of 2022.; https://www.cshub.com/attacks/articles/the-biggest-data-breaches-and-leaks-of-2022

48) 미디어오늘(2022.9.14.). 개인 정보 불법수집 페북·구글에 역대 최고 과징금 1000억 부과.

49) 뉴스핌(2023.4.27.). '개인 정보 유출' LGU+, 사이버 공격 속수무책…과기부 "정보보호 투자 늘려라"

50) MBC뉴스(2023.3.22.). 맥도날드, 고객 487만 명 개인 정보 유출‥과징금·과태료 7억.

51) 서울경제(2023.2.28.). 중고차 매매 플랫폼 '업카' 회원 정보 유출…"1만 6000개"

52) 연합뉴스(2023.4.8.). 공공 기관에 제출된 개인 정보, 4년간 구글에 노출.

챗GPT로 인한 개인 정보 침해의 위험

챗GPT 사용이 늘어나면서 개인 정보 보호 문제가 더 위험해졌다는 인식이 강하다. 챗GPT를 이용해 타깃 사용자를 위한 맞춤형 공격을 진행하기 때문이다.[53] 챗GPT가 폭발적인 인기를 모으면서 2023년 3월에는 프로그램 오류로 일부 이용자의 정보가 다른 이용자에게 노출되는 문제가 발생했다. 유료 이용자인 챗GPT 플러스 회원 중 1.2%의 이름, 이메일 주소, 신용 카드 마지막 네 자리와 유효 기간 등이 노출된 것이다. 이로 인해 각국이 챗GPT 규제 움직임을 본격화하거나 차단하는 움직임을 보였다. 이탈리아는 개인 정보 보호를 이유로 챗GPT 접속을 차단하고 자체 조사에 들어갔으며, 이용자 연령을 확인하지 않고 미성년자에게 부적절한 답변을 했는지, 개인 정보를 무단으로 사용했는지 여부를 조사하고 있으며, 캐나다, 프랑스, 독일도 마찬가지이다. 한국 역시 개인정보보호위원회가 이와 관련된 조사를 진행하였다.[54]

이탈리아 정부는 챗GPT가 개인 정보를 존중할 때까지 잠정 조치를 취할 것이라고 밝혔는데, 근거로는 AI를 개발하는 사람들이 궁극적으로 어떤 목표를 추구하고 있는지 명확하지 않기 때문이며, AI가 사람의 자기 결정과 충돌한다면 이는 매우 위험하다는 입장을 밝혔다. 특히 사용자의 나이를 확인하는 시스템이 없기 때문에 아이들이 나이와 인식에 절대적으로 부적절한응답에 노출된다는 것이다. 이탈리아 데이터보호당국은 OpenAI에 개인 정보 보호를 위해 취한 조치에 대해 20일 이내에 보고하지 않으면 최대 20천만 유로(약 22,4 만 달러) 또는 총 연매출의 4%의 벌금을 부과한다고 통보했으며, 이는 챗GPT에 대한 국가 차원의 사용 제한으로서는 처음 나타난 사례라고 할 수 있다.[55]

53) 데이터넷(2023.4.20.).“챗GPT 이용하는 맞춤형 피싱 공격…AI로 선제 대응해야”

54) 아시아경제(2023.4.6.). 韓도 챗GPT 개인 정보 침해 여부 들여다본다.

55) Frances D’emilio and Matt O’brien(2023.3.31.). Italy temporarily blocks ChatGPT over privacy concerns. : https://www.metro.us/italy-privacy-watchdog-blocks-chatgpt-citing-data-breach/

MEMO

5장

노동 : 위험 관리의 개인화

디지털 플랫폼의 발달은 노동 환경 및 구조에도 상당한 변화를 가져오고 있다. 이미 전 세계적으로 신자유주의 체제에서 노동 구조의 유연성이 일반화되었지만 플랫폼 노동의 확산은 더 유연한 형태의 긱 이코노미를 가져오고 있으며 그로 인해 노동자의 노동 환경은 더욱 불안정해지고 있는 상황이다.

1 디지털 플랫폼 노동의 확산

유튜버 노동자와 시청자가 인구 비율 가장 높은 나라, 한국

유튜브는 세계 최대의 디지털 노동 플랫폼이며, 유튜버는 전형적인 플랫폼 직업 중 하나이다. 유튜브 통계 분석 전문 업체인 플레이보드에 따르면 <표 5-1>에서 보는 것처럼 2020년말 기준 국내 광고 수익 유튜브 채널은 국민 529명당 1명 일 정도로 유튜브 노동자가 많은 나라로 집계되었으며, 이는 인구수 대비 사실상 세계 1위라고 한다. 우리나라 인구 5,178만 명을 확인된 수익 창출 채널 9만 7934개로 나눈 수치다. 즉 유튜브 수익 창출 채널만 10만 개에 가깝다. 유튜브 수익 창출 채널은 구독자 1000명과 연간 누적 시청 시간 4000시간으로 광고를 붙일 수 있는, 사실상 전업 유튜버 채널을 의미한다.[1)]

그뿐만이 아니다. 한국은 전 세계에서 유튜브를 가장 많이 시청하는 나라이기도 하다. 2020년 1월 기준 국내 유튜브 시청자는 4700만 명, 전 국민(5178만 명)의 약 90%로서 전 세계 국가 중 '인구 대비' 유튜브를 가장 많이 시청하는 국가로 나타났다.[2)]

왜 한국 사람들은 이렇게 유튜브에 직업적으로 열광하고 많이 시청하는 것일까? 챗GPT에게 한번 물어보았다(2023.5.1.). 한국의 대중문화 산업, 인터넷 인프라 발전, 적극적인 수익 창출, 미디어 산업의 확장 등이 요인이라는 답변이 나왔다. 챗GPT의 답변 중에서는 세 번째로 제시된 '적극적 수익 창출' 부분이 가장 설득력이 있어 보인다. 한국에서 일반적인 직장인들이 갖는 경쟁과 스트레스 때문에 유튜버들이 적극적으로 수익 추구를 하게 되었고, 콘텐츠 제작에 열심히 도전하게 되어 유튜브 채널 운영이 활성화되는 원동력이 되었다고 할 수 있다.

1) 머니투데이(2021.2.14.). [단독]국민 529명당 1명이 유튜버…세계 1위 '유튜브 공화국'
2) CBS노컷뉴스(2023.2.27.). [그래픽!]나흘만에 2억 버는 그곳? 유튜브의 생태계

푹스(Fuchs. C., 2021, 12-13쪽)[3]는 이를 인플루언서 자본주의(influencer capitalism)라는 개념으로 설명한다. 인스타그램, 스냅챗, 유튜브 등 소셜 미디어 플랫폼에서 활동하면 부자가 되고 유명해질 수 있는 좋은 기회가 생긴다는 것이다. 인플루언서 자본주의는 사회적 관계, 돈, 영향력, 좋아요, 긍정적인 댓글 등을 풍부하게 축적하는 유명인이 되고자 하는 사용자의 꿈, 환상, 욕망의 공간이라는 것이다.

<표 5-1> 국가별 수익 창출 유튜브 채널 수 비교(단위: 명)

	광고 수입 유투버	인구 N명당 구독자 1000명 이상 채널 수	해당 국가 인구
미국	46만 6979	666	3억 3052만
인도	37만 9899	3633	13억 8000만
브라질	23만 6839	892	2억 1134만
인도네시아	19만 2965	1422	2억 7442만
일본	15만 4599	815	1억 2596만
러시아	13만 1104	1119	1억 4674만
대한민국	9만 7934	529	5178만
영국	9만 1517	730	6683만
프랑스	6만 5583	1002	6571만
멕시코	6만 5001	1942	1억 2620
⋮			
싱가포르	9920	568	563만
아루바	247	417	10만
영국령 버진아일랜드	54	596	3만
투발루	19	537	1만

출처 : 머니투데이, 2021.2.14.

3) Christian Fuchs(2021). The Digital Commons and the Digital Public Sphere : How to Advance Digital Democracy Today. *Westminster Papers in Communication and Culture*, 16(1), 9-26. DOI : https://doi.org/10.16997/wpcc.917

영국의 저널리스트이자 작가인 크리스 스토클 워커(Chris Stokel-Walker)[4]는 『유튜버들』이라는 저술에서 유튜브 플랫폼에 대한 매우 인상적인 스토리를 여러 가지 소개하고 있다. '유튜브 알고리즘, 우리는 왜 점점 토끼 굴에 빠져드나'(65-77쪽)라는 소제목 하에 소개된 내용을 보면, 유튜브 알고리즘은 KFC만의 13가지 허브와 양념 혼합 비율, 혹은 코카콜라 레시피처럼 유튜브의 비밀 공식이라고 설명한다. 유튜브의 알고리즘은 불투명하기로 악명이 높으며, 유튜브의 추천 기술을 총괄하는 짐 맥패든은 "사람들이 뭔가를 보고는 싶은데 구체적으로 그게 뭔지 막막할 때에도 그 숨은 욕구를 충족시켜주고 싶었다"고 말했다는 내용도 나와 있다.

디지털 플랫폼 노동과 긱 이코노미의 가속화

유튜버와 같은 디지털 플랫폼 노동은 노동자 입장에서는 시간을 유연하게 쓸 수 있고, 본업 외에 추가적인 소득의 기회를 가질 수도 있는 장점이 있다. 기업 입장에서도 고정비의 부담을 낮추면서 쉽게 노동력을 구할 수 있다는 점에서 상호 윈윈할 수 있는 노동 환경이라고 볼 수 있다. 디지털 플랫폼의 발달이 긱 이코노미(Gig Economy)의 확산을 가져오고 있는 것이다. 긱(Gig)은 '일시적인 일'이라는 의미이며, 긱 이코노미는 기업이 필요에 따라 단기 계약직 또는 임시직으로 인력을 충원하는 형태의 경제를 말한다. 과거에는 프리랜서나 1인 자영업자를 포괄하는 넓은 의미로 쓰였으나 오늘날에는 온라인 플랫폼 업체와 단기 계약하여 서비스를 제공하는 공급자를 뜻하는 말로 그 의미가 확장되었다.[5]

대표적인 긱 이코노미 기업은 우버(Uber)나 에어비앤비(Airbnb)와 같은 회사들이다. 이들 회사들은 개별 근로자가 플랫폼의 매칭 및 중개를 통해 고객을 위한 작업을 수행하도록 하는 시스템 회사들이다. 코로나19 대유행 기간 동안 긱 근로자(Gig Worker)에 대한 수요가 급증했고 사람들은 빠르게 배달되는 테이크아웃

4) 크리스 스토클 - 워커(Chris Stokel-Walker)(2019). *YouTubers: How YouTube Shook Up TV and Created a New Generation of Stars*. Canbury Press; 엄창호 역(2020). 『유튜버들 - 온라인 '관종'은 어떻게 TV를 뒤흔들고 새로운 스타 계급이 되었나』. 서울 : 미래의창.

5) LX인터내셔널(2022.10.19.). 변화하는 고용 패러다임! '긱 이코노미'의 등장.

음식 및 기타 서비스의 용이성과 편의성을 선택했다. 디지털 플랫폼과 함께 긱 이코노미가 급성장하게 된 것이다.

긱 이코노미는 노동자, 소비자, 플랫폼 3자가 상호 윈윈하는 측면도 있지만 여러 가지 부정적 측면도 안고 있다. 예를 들어 우버와 같은 플랫폼에서 노동자는 좋은 평가를 받기 위해 작업을 계속 수락해야 하며, 이러한 평가 시스템은 긱 작업자가 더 많은 작업을 받을지 여부를 결정하는 알고리즘에 의해 제어된다는 점에서 실제적으로 노동의 유연성이 확보되기 어려운 측면도 있다.

플랫폼 작업의 구조와 유형

플랫폼 작업(platform work)은 알고리즘을 사용하여 온라인 플랫폼을 통해 작업의 수요와 공급을 일치시키는 구조이다. <그림 5-1>에서 보는 것처럼 플랫폼 작업은 플랫폼의 중개 및 매칭 프로세스에 의해 이루어지며, 작업을 요구하는 클라이언트, 알고리즘을 관리하는 플랫폼, 플랫폼을 통해 작업을 제공하는 사람, 이 세 당사자가 참여하게 된다. 작업은 지속적인 고용 관계가 아닌 개별 작업이나 프로젝트의 수행을 기반으로 진행된다. 더 큰 작업은 일반적으로 더 작은 하위 작업 또는 '마이크로 작업'으로 나뉘는데 이러한 작업은 별도로 수행되므로 광범위하고 심지어 전 세계적으로 작업을 분할하기도 한다.

플랫폼 노동 작업의 분할은 대개 알고리즘에 의한 할당, 모니터링 및 추적 장치, 순위 지정 및 평가 도구와 같은 스마트 기술을 통해 작업이 주로 관리되며, 이는 플랫폼 노동의 권력 집중화를 가져올 수 있다. 플랫폼은 고객과 작업자를 포함한 참가자들에게 제어권을 위임하고 분배하는 동시에 권력을 중앙 집중화하기 때문이다. 또한 플랫폼의 이중적 통제 방식에 의해서도 근로자가 자신의 선택 의지를 실천하고 발전시킬 수 있는 공간이 제한될 수 있다. 하나는 근로자의 순위를 매기고 평가하는 클라이언트 주도 방식이고, 다른 하나는 플랫폼에 의한 작업 성과에 대한 디지털 모니터링 및 감시이다.[6]

6) Tuomo Alasoini et als.(2023). Platform workers and digital agency: Making out on three types of labor platforms; https://www.frontiersin.org/articles/10.3389/fsoc.2023.1063613/full

EU의 노사정기관인 Eurofound는 플랫폼 작업은 온라인 또는 현장(대면)에서 제공될 수 있으며, 가장 일반적인 작업으로 다음과 같은 형태를 꼽고 있다.[7]

- 전문 작업 (예 : 소프트웨어 개발 또는 그래픽 디자인)
- 운송 (예 : 사람 운송 또는 음식 배달)
- 가사 작업 (예 : 청소)
- 마이크로 작업 (예 : 웹 페이지의 이미지에 태그 지정)

<그림 5-1> 플랫폼 작업의 중개 및 매칭

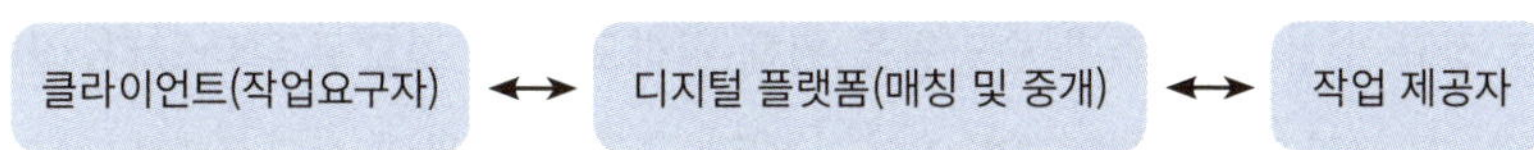

디지털 플랫폼 노동은 수행 방식에 따라 지역 기반(local-based) 및 웹 기반(web-based)으로 나누기도 하고, 앱 작업(app work), 크라우드 작업(crowd work)으로 구분하기도 한다.

앱노동은 우버와 같은 차량 호출이나 음식 배달 서비스처럼 앱 기반의 플랫폼에 의해 중재되는 작업이면서 서비스는 주문형, 대면 서비스 및 현장 제공의 특징을 가지고 있다.

반면 크라우드 작업은 요청자가 온라인에 게시하고 온라인으로 전달하며, 요청자와 작업자가 대면하지 않고 모든 것이 플랫폼에서 중재되는 것이다. 크라우드 노동은 작업자가 사진 태그 지정 또는 설문 조사 완료와 같이 하루에 여러 개의 작은 작업을 완료할 수 있는 마이크로 작업을 수행하는 노동은 물론 전문 기술과 같은 장기 긱 노동에 이르기까지 다양하다. 코로나 상황에서는 앱 노동이 증가세를 보였지만 점차적으로 크라우드 워크가 증가하고 있는 추세이다. 크라우드 워크

7) Eurofound(2022.11.25.). Platform work. ;https://www.eurofound.europa.eu/en/european-industrial-relations-dictionary/platform-work

플랫폼은 분산된 군중에게 작업을 아웃소싱하는 반면 위치 기반 앱은 특정 지리적 영역의 개인에게 작업을 할당한다는 특징이 있다.

국내에서 고용노동부와 한국고용정보원이 발표한 <2022년 플랫폼 종사자 규모와 근무 실태> 보고서에 따르면, 직종별로는 지역 기반 배달·배송·운전 직종은 2.2% 증가에 그친 반면, 웹 기반형 플랫폼 직종(미술 등 창작 활동, 데이터 입력 등 단순 작업 등), 전문 서비스 등의 종사자가 크게 증가한 것으로 나타났다.[8)]

유럽에서는 2022년 약 2,800만 명의 디지털 플랫폼 노동자가 존재하는 것으로 집계했는데 이는 제조업 노동자 수와 거의 비슷한 수치이며 2025년에는 4,300만 명으로 증가할 것으로 예측하고 있다. 이들의 인적 구성은 대부분 남성이며, 대체적으로 정규 수입 외에 추가 수입원을 위해 일하고 있는 것으로 나타났다. 직업 유형별로는 택시가 가장 많았으며, 이어서 배달, 홈서비스 등의 순으로 나타났다.[9)]

강금봉(2019)[10)]은 온라인 기반 업무 수행 플랫폼과 오프라인 기반 호출형 플랫폼으로 노동의 형태를 구분하기도 한다. 온라인 기반 업무 수행 플랫폼은 다시 특정 분야에 대한 프리랜서와 전문가를 연결해주는 온라인 채용(staffing) 플랫폼, 창작물을 플랫폼에 기재하거나 공모형으로 경쟁으로 채택되는 디지털 콘텐츠 창작 플랫폼, 소규모 단위 업무가 다수의 온라인 종사자들에 의해 수행되는 크라우드 워크 플랫폼으로 구분한다. 반면 오프라인 기반 호출형 플랫폼은 수요자의 모바일 또는 온라인 주문으로 업무가 할당되는 작업 구조를 가지는데, 해당 플랫폼이 운영되는 지역(오프라인)에서 서비스를 제공하며 운송, 배달, 청소, 심부름 등의 업종이 물리적 서비스를 수행함에 따라 수요자와 직접적인 상호 작용이 수반되는 형태라고 설명한다.

8) 고용노동부 보도자료(2022.12.27.). '22년 플랫폼 종사자 규모와 근무 실태 결과 발표.

9) European Council(2023). Infographic - Spotlight on digital platform workers in the EU; https://www.consilium.europa.eu/en/infographics/digital-platform-workers/

10) 강금봉(2019). 디지털 플랫폼 노동, 어디까지 와있나 - 현안과 보호방안. http://www.eslc.go.kr/newsletter/201908/pdf/600.pdf

2
디지털 플랫폼의 유령 노동

논란이 되고 있는 디지털 노동의 두 가지 영역

다양한 디지털 플랫폼 작업 형태 중에서 가장 논란이 되는 영역은 두 가지이다. 첫째는 크라우드 작업에서 값싼 노동력으로 수행되는 노동 분야이다. 주로 저개발국에서 행해지는 마이크로 작업 즉 데이터 입력, 사진 태그 지정 등의 노동에 대한 노동력 착취 및 인권 침해 이슈이다. 이에 대해서는 값싼 노동력을 가진 국가의 국민들을 착취한다는 측면에서 과거 영토 식민지가 디지털 식민지로 재현된 것이라는 비판이 있다. 이와 관련된 내용은 6장에서 자세히 설명하였다.

둘째는 디지털 방식으로 매개되지만 오프라인에서 실행되는 서비스 분야의 노동 영역(예, 운송, 배달 등)에서 나타나는 고용 관계나 노동 여건과 관련된 이슈이다. 플랫폼 작업은 작업 구성의 유연성, 대규모 고객 기반에 대한 접근 및 특히 경기 침체기에 추가 소득 창출 등 사회경제적 기여가 적지 않지만 그러한 기회가 어떻게 실현되는지, 그리고 각 유형의 플랫폼 작업 및 작업자 프로필에 따라 어떻게 다른지에 대해서는 정확하게 알기 어렵다. 이로 인해 알고리즘 관리 및 제어의 투명성, 작업 등급의 공정성 등의 이슈가 제기되고 있다.

특히 두 가지 이슈에서 모두 공통적인 것은 고용 관계와 노동 여건 이슈이다. 김하영(2020)[11]은 다양한 플랫폼 노동을 직접 경험하며 느낀 생각들을 『뭐든 다 배달합니다』라는 책으로 출간하였다. 이 책에서 인상 깊었던 부분 중의 하나는 쿠팡의 모델이 된 아마존의 시스템에 대해 설명하고 있는 부분이다(29-31쪽). 50분 근무 10분 휴식과 같은 룰이 없이 그저 하루 종일 시스템이 요구하는 업무를 처리해야 하며, 아마존의 베조스 회장이 노동자들의 시위에 대해 "회사와 근로자를 중재할 노조가 필요하다고 생각하지 않습니다"라고 말했다는 부분이다. 베조스 회장은 임금 인상보다 더 많은 돈을 로봇에 쏟아붓고 있는 것으로 알려졌는데, 지금

11) 김하영(2020). 『뭐든 다 배달합니다』. 서울 : 메디치.

은 우리나라가 아마존처럼 유통 전 부문의 기계화가 이루어지지 않았지만 언젠가는 아마존에서처럼 사람이 하는 일이 대부분 로봇으로 바뀔 것이며, 노조의 설립이 가능하지 않게 될 날이 올 것이라는 점을 시사하는 부분이다.

디지털 레이블링과 콘텐츠 조정 작업을 하는 유령 노동

과거 인형에 눈, 코, 입을 붙이던 단순노동이 웹 기반 플랫폼에서는 유령 노동(ghost work)으로 전환되고 있는 모습이다. 디지털 레이블링(Digital Labeling)이 대표적인 예이다. 인공 지능의 이미지 학습을 위해 데이터에 이름을 붙이는 디지털 레이블링 작업은 매우 지루하고 반복적인 작업이다. 그것은 마치 인형 눈알 붙이기 작업처럼 단순 반복 노동으로서 노동의 대가도 매우 낮다. 테슬라를 포함한 자율 주행 자동차 기업들은 베네수엘라 노동자들에게 평균 시급 90센트를 지불하고 자율 주행 시스템 라벨링 작업을 맡겼다. 자율 주행자의 컴퓨터에 들어가는 1시간짜리 영상물을 만들기 위해서는 수백 시간이 넘는 인간의 레이블링 작업이 들어가야 한다. 장애물을 발견했을 때 '사람'인지 '사물'인지 등을 명시해주는 수작업이다. 이런 작업을 행하는 노동자 국가로서 주로 필리핀, 케냐, 베네수엘라와 같은 나라가 선택되는 이유는 저임금 노동 계약이 가능하기 때문이다.[12)]

이를 운영하는 회사들은 목표를 달성하기 위해 신속하게 작업해야 하는 압력에 직면해 있으며 집에서 일하는 프리랜서의 경우에도 끊임없이 지켜보는 웹캠의 지속적인 감시를 받고 있는 상황으로 알려져 있다. 또한 노동자들은 업무의 목적이나 최종 목적이 무엇인지 결코 알지 못한 채 계속 태그를 붙이는 단순노동을 행하고 있는 상황이다.

영화감독 이송희일은 미디어오늘(2023.2.26.)[13)]에 '챗GPT와 디지털 식민지'라는 제목의 글을 다음과 같이 기고했다. "빅 테크 자본과 실리콘벨리는 물론 사마, 마이티 AI(Mighty AI), 스케일 AI(Scale AI)와 같은 데이터 라벨링 기업들이 미국에

12) 미디어오늘(2023.3.25.). 챗GPT가 몰고 온 다섯가지 그늘; 경향신문(2023.9.28.). AI는 '인간 노동력 착취'를 먹고 자란다.

13) 이송희일(2023.2.26.). 챗GPT와 디지털 식민지. <미디어오늘>.

위치하는 반면, 실제 작업은 사하라 이남 아프리카, 동남아시아, 베네수엘라, 시리아 난민에 이르기까지 주로 남반구에 외주화되어 있다. 텍스트를 분류하고, 동영상에 태그를 붙이고, 사진에 주석을 달고, 오디오를 텍스트로 변환하는 값싸고 눈에 띄지 않는 이 '유령 노동'을 이렇게 남반구에 아웃소싱하는 이유는 간단하다. 노동력을 값싸게 이용하고, 근로 조건에 대한 감시를 피할 수 있으며, 기술 유출의 리스크를 방지할 수 있기 때문이다. … 북반구 시민들이 챗GPT처럼 학습 능력을 갖춘 새로운 마법 도구에 환호하는 동안, 남반구의 유령 노동자들과 보호받지 못하는 긱 노동자들이 그것이 제대로 작동하도록 디지털 인형에 눈, 코, 입을 붙이고 있는 것이다."

SNS 콘텐츠 조정(content moderation)의 문제도 디지털 노동에서 나타나는 중요한 이슈이다. 소셜 미디어 콘텐츠 조정은 페이스북과 같은 SNS 플랫폼에서 살인, 강간, 자살 및 아동 성 학대가 담긴 그래픽 비디오를 시청하면서 일반 사용자가 보기 전에 삭제하는 업무를 말한다. 이는 정신적으로 매우 가학적인 노동으로서 여기에도 남반구의 노동력이 활용되고 있다. 특히 나이로비는 최근 사하라 사막 이남 아프리카 국가들을 위한 페이스북 콘텐츠 조정이 이루어지는 중심지가 되었다. 이곳에 있는 사마(Sama)라는 회사의 사무실에서는 약 200명의 직원들이 컴퓨터 화면 앞에 앉아 페이스북에서 반사회적 콘텐츠를 시청하며 걸러내는 작업을 하고 있다. 페이스북은 사마와 같은 회사를 통해 이러한 작업을 아웃소싱했다. 사마는 노동자들에게 시간당 1.5달러 정도의 적은 비용을 지불하는 것으로 알려졌다.[14)]

이정희·이상준(2021)은[15)] 대표적인 크라우드형 플랫폼 기업인 C사 플랫폼에서 활동하는 데이터 라벨러(data labeler) 중 950명을 대상으로 한 설문 조사를 실시하였다. 2021년 3월 현재 국내 데이터 라벨러는 50만 명가량으로 추산되는데 C사에서 활동하는 작업자 수만 해도 23만여 명이다. 연구자들은 크라우드형 플랫폼

14) Satyajeet Malik(2022.6.5.). Global labor chains of the western AI.https://netzpolitik.org/2022/series-on-digital-colonialism-global-labor-chains-of-the-western-ai/#!;Satyajeet Malik는 인도의 카스트 기반 폭력 생존자들을 위한 인권 변호사로 일하고 있다.

15) 이정희 · 이상준(2021). 데이터 라벨러 일의 세계 - 크라우드형 플랫폼 기업의 고용·노사관계. <월간 노동리뷰>, 44-64.; 이정희·이상준 외(2020),『플랫폼 기업의 고용 · 노사관계』. 한국노동연구원.

작업자들은 전통적인 '근로 계약'을 맺고 일하지 않기 때문에 각종 사회 보험 혜택에서도 대체로 배제되어 있으며, 특히 노동 안전 관련 내용이 쟁점이 될 수밖에 없다고 설명한다. 주로 PC나 노트북, 핸드폰 등을 이용하여 단순·반복 작업을 하기 때문에 근골격계 질환과 같은 질환에 노출될 가능성이 높은데 작업 수행과 관련이 높은 질환이 발생했을 때 그 책임을 누가 져야 하는가에 대한 문제가 있으며, 크라우드 노동의 주·부업 여부에 따라 해당 플랫폼만이 아니라 사업주들 간의 연대 책임 문제가 쟁점이 될 수 있다고 설명한다.

플랫폼 노동과 사회 계급의 재구조화, 프레카리아트의 등장

디지털 플랫폼 노동에 의한 긱 이코노미의 추세가 가속화되었을 때 노동의 형태와 사회의 구성은 어떻게 될 것인가? <그림 5-2>에서 보는 것과 같이 서울대 건설환경공학부 유기윤 교수는 2017년 <미래사회보고서>에서 2090년 미래 사회 계급을 4계급으로 분류한 바 있다. 플랫폼 소유주가 1계급이라면, 2계급은 플랫폼 스타, 3계급은 사회 전반의 일자리를 대체할 인공 지능, 그리고 마지막 4계급은 불안정한 노동 계급을 뜻하는 '프레카리아트'(Precariat)라는 것이다. 프레카리아트는 플랫폼의 소유권도 없고 스타도 아닌 일반 사람들이다. 미래 사회 계급에서 전문직이냐 아니냐는 아무 의미가 없고 플랫폼을 소유했느냐 또는 거기에서 자기가 스타 플레이어로 뛰느냐에 따라서 구분이 된다는 것이다. 결국 플랫폼을 통해 수익을 창출해야 하는 긱 노동자 상당수는 프레카리아트 계급을 형성하지 않을 수 없다는 매우 우울한 미래 예측이다.[16)]

프레카리아트라는 용어는 2014년 경제학자 가이 스탠딩(Guy Standing)이 그의 저술 『프레카리아트 : 위험한 신흥 계급』(The Precariat : The New Dangerous Class)에서 사용된 용어로서, 그는 수백만 명의 사람들이 어떻게 프레카리아트에 속하게 되는지를 설명하면서 이 신흥 계급이 위험한 정치적, 사회적 결과를 가져올 수 있다고 지적한다.[17)]

16) SBS뉴스(2023.5.1.). AI 시대 우리는 무엇을 하고 살게 될까? 나의 미래 계급은?

17) Standing, G.(2014). The Precariat. Contexts, 13(4), 10-12. https://doi.org/10.1177/1536504214558209

<그림 5-2> 미래의 계급

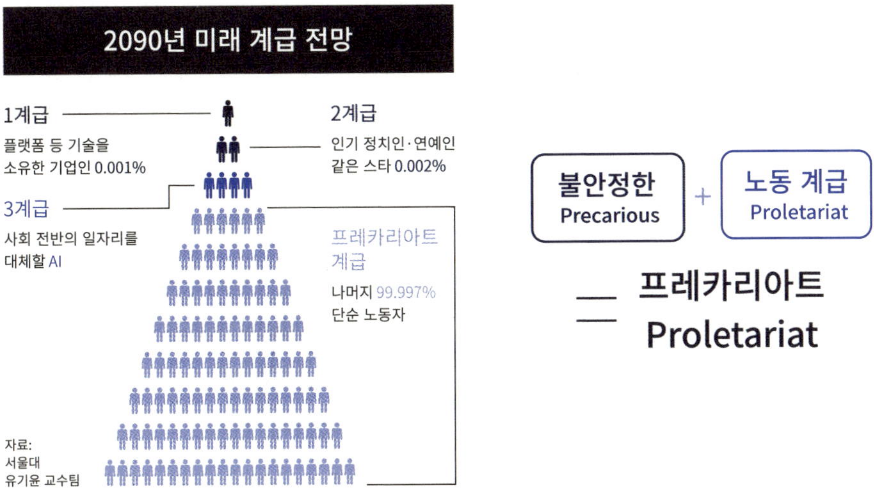

출처 : SBS뉴스(2023.5.1.)

가이 스탠딩은 프로카레이트라는 신흥 계급이 가지고 있는 특징을 세 가지로 설명한다. 첫째, 독특한 생산 관계, 즉 '유연한' 노동 계약이다. 주로 임시직, 시간제 또는 노동 중개인 또는 고용 기관을 위해 간헐적으로 노동한다. 둘째, 프레카리아트는 실업 수당과 같은 권리 기반 국가 혜택뿐만 아니라 투자 및 기여 보험 계획에서 얻은 개인 혜택이 부족하다. 프레카리아트의 임금은 점점 더 변동성이 커지고 하락 추세에 있기 때문에 부채와 만성적인 경제적 불확실성 속에서 살게 된다. 셋째, 프레카리아트는 시민들에 의해 당연하게 여겨지는 권리들을 잃어가고 있으며, 문화적, 정치적, 사회적, 경제적 권리가 사실상 없는 지역 거주자로 남게 된다.

가이 스탠딩의 프로카레이트 개념은 사실상 마르크스가 말했던 자본주의 체제하의 노동자 계급을 뜻하는 프로레타리아트(proletariat)를 대체하고 있다. 실제로 그는 프로레타리아트의 초기 규범은 그래도 평생 안정적인 풀타임 노동과 협상된 임금, '노동권'이라고 불리는 다양한 권리가 구축되었지만 프롤레타리아트가 축소됨에 따라 등장한 새로운 계급 프레카리아트는 그마저도 없는 계급이라고 설명한다.

3
디지털 플랫폼 노동자의 지위

프리랜서, 자영업자로 규정되는 플랫폼 노동자

플랫폼 운영자는 고객 및 근로자와의 계약 조건을 일방적으로 결정하며, 플랫폼 근로자를 '자영업자' 또는 '독립 계약자'로 규정하는 것이 가장 일반적이다. 국제노동기구(ILO, International Labor Organaization)의 워크 페이퍼에서는 상당수의 플랫폼이 플랫폼과 노동자의 고용 관계가 자영업자(Self-employed workers) 또는 독립 계약자(independent contractors)로 규정되어 있다고 설명한다.[18] 플랫폼 작업이 전 세계로 확산됨에 따라 플랫폼에 대한 노동자들의 소송도 제기되고 있는데 가장 두드러진 부분은 바로 플랫폼 근로자와 플랫폼 기업 간에 벌어지는 고용 관계의 성격에 대한 것이 가장 많다. 특히 2022년 EU에서 발표한 '플랫폼 노동 근로 조건 개선 지침'에 따라 EU 회원 국가 내에서는 플랫폼 노동자의 고용 관계를 둘러싼 논란이 끊이지 않고 있다.

네덜란드에서 벌어진 우버와 노동조합 간 소송 사례가 대표적인 예이다. 2021년 암스테르담 지방법원은 네덜란드에서 우버 앱을 사용하여 승객을 태우는 근로자가 현지 단체 노동법의 적용을 받는다고 판결하였다. 그로 인해 우버는 운전자의 노동권에 대한 소송에서 패소했다. 법원은 판결문에서 우버와 운전자 간의 법적 관계가 고용 계약의 모든 특성을 충족한다고 밝혔으며, 우버는 운전자를 보호하기 위해 택시 운송에 대한 단체 노동 협약을 적용해야 하며, 연체된 급여를 지급해야 한다고 판결했다. 우버는 또한 계약을 준수하지 않은 것에 대한 보상으로 지역 노동조합 FNV에 50,000유로를 지불하라는 명령을 받았다.[19] 그러나 우버는

18) Valerio De Stefano, Ilda Durri, Charalampos Stylogiannis. Mathias WouterPlatform work and the employment relationship; https://www.ilo.org/static/english/intserv/working-papers/wp027/index.html

19) April Roach and Ellen Milligan(2021.9.13.). Uber Loses Battle Over Drivers' Rights in the Netherlands; https://www.bloomberg.com/news/articles/2021-09-13/uber-loses-battle-over-drivers-rights-in-the-netherlands#xj4y7vzkg

판결에 불복하였으며 명령을 이행하지도 않았고 항소하였다.[20]

영국은 EU에서 탈퇴하였지만 디지털 플랫폼 긱 노동자에 대한 노동 인권에 대해 EU와 입장을 같이하고 있다. 2021년 영국 대법원은 우버의 운전기사를 독립 계약자가 아닌 노동자로 분류해야 한다는 판결을 내렸다. 우버는 운전자가 자영업자이며 앱을 통해 운전자와 승객을 연결하는 '대행사' 역할을 한다고 주장했지만 이를 기각했다. 이 판결은 잠재적으로 영국에서 우버의 비즈니스 모델을 위태롭게 하고 영국의 긱 이코노미에 중요한 영향을 미칠 것으로 전망되었다. 즉, 영국에서 우버는 운전자에게 유급 휴가를 이용하고 최저 임금을 지급해야 하기 때문이다. 그러나 출산 수당과 같은 혜택을 받고 부당 해고에 대해 이의를 제기할 수 있는 직원과 동일한 권리를 획득하는 데까지는 이르지 못한 상황이다.[21]

일하는시민연구소소장 김종진(2023.1.27.)[22]은 국제노동기구(ILO)에서 제시한 디지털 플랫폼 노동의 좋은 일자리 방안이 노동자 안전과 건강 영역까지 그 범위를 확대하고 있다는 점을 지적한다. EU의 논의는 눈에 보이는 기술보다 눈에 보이지 않는 기술의 문제점을 지적한 것이라면, 프랑스, 독일, 스페인 등은 법률 제정을 통해 노동자 인정을, 프랑스(우버 관측소), 독일(옴부즈 오피스)은 지원기구를 통해 상담과 권리 구제를 하고 있다는 것이다.

디지털 플랫폼 작업은 웹 사이트나 앱과 같은 온라인 플랫폼이 클라이언트의 서비스 요청과 개인의 유료 작업 공급을 일치시키는 새로운 작업 방식이다. 플랫폼 노동의 가장 두드러진 요소는 비정형적 고용 관계에 의존하고 확장하는 경우가 많다. 많은 플랫폼 작업은 근로자가 직원으로 정의되지 않고 '독립 계약자', '자영업자', '비정규직 근로자' 또는 단순히 '긱 노동자'로 정의되는 계약에 의존한다. 이러한 고용 계약은 유연하고 임시적이거나 임시적이며 전통적으로 직원에게 부

20) Uber and Dutch union back in court over worker rights(2023.6.13.); https://www.dutchnews.nl/2023/06/uber-and-dutch-union-back-in-court-over-worker-rights/

21) Ryan Browne(2021.2.19.). Uber loses a major employment rights case as the UK's top court rules its drivers are workers. https://www.cnbc.com/2021/02/19/uk-supreme-court-rules-uber-drivers-are-workers-not-contractors.html

22) 김종진(2023.1.27.). 플랫폼 노동, 자율규제에 맡길 문제인가. <경향신문>.

여된 권리는 거의 또는 전혀 없다. 결국 노동자들이 선택한 '자영업자' 지위는 오히려 기업이 노동자에 대한 책임을 회피한 결과이며, 표준 고용 계약은 근로자, 기업 및 정부 간의 위험 균형을 목표로 하는 반면 플랫폼 작업은 위험을 거의 전적으로 개별 근로자에게 전가한다는 점이 특징이다.[23)]

물론 플랫폼 노동이 일자리를 쉽게 찾을 수 있게 하고, 재택근무 능력, 유연한 근무 시간, 낮은 진입 장벽, 무급 교육을 건너뛸 수 있는 능력, 사회적 편견을 피할 수 있는 가능성 등 긍정적 측면이 있는 것은 사실이다. 그러나 채용의 용이성은 다르게 말하면 비표준 고용 관계로 인해 플랫폼이 직원을 신속하게 해고할 수 있다는 점을 뜻하는 것이기도 하다.

김하나 변호사는 특히 알고리즘에 가려진 정보가 어떤 정보인지 모르는 것이 문제라고 지적한다. 국내에서도 플랫폼 기업과 라이더 간 계약 관계가 불투명할 뿐만 아니라 배달 단가가 시간마다 다르고, 배차 기준도 모두 추정해야 하는 상황이며, 유효 운행율(대기 시간 대비 운행 시간)이라는 용어가 있다는 것조차도 배달 근로자 당사자가 모른다는 것이다. 심지어 라이더를 차별하는 블랙리스트가 있는 것 같다는 추정도 존재한다고 설명한다.[24)]

그녀는 또한 플랫폼 서비스 이용자(소비자)와 계약 당사자(용역 제공 주체 즉 라이더 등) 측면에서 플랫폼의 개인 정보 수집의 문제점을 지적한다. 특히 계약 조건의 비공개 문제이다. 예를 들면 택시나 배달 플랫폼의 수수료 책정, 배차 등이 어떤 알고리즘에 의해 운영되고 있는지 알 수 없기 때문에 계약 당사자로서의 개인 정보 침해가 매우 직접적이라는 지적이다.

한편 프리랜서와 자영업자의 지위를 받는 플랫폼 근로자의 55%가 해당 국가에서 적용되는 최저 시급보다 적은 임금을 받는 것으로 나타났다. 2023년 4월 전국대리운전노조, 라이더유니온, 웹툰작가노조 등이 모인 플랫폼노동희망찾기(희망찾기)에서는 기자 회견을 열어 '최저임금 사각지대 플랫폼 노동 구하기 프로젝트'를

23) European Parliament(2021). *Online platforms : Economic and societal effects*.

24) 김하나(2023.6.23.). 빅테크로부터 개인 정보를 지킬 수 있는 정보주체의 권리. 시민사회포럼 <빅테크:인권과 민주주의를 위협하는 거인들> 세미나 발제문.

시작한다고 밝혔다. 대리·배달·택배 기사 및 웹툰 작가 등 '플랫폼 노동자'들이 최저 임금법을 적용받을 수 있도록 고용노동부와 교섭을 추진하고 플랫폼 기업에도 단체 교섭을 요구하겠다는 것이다.[25]

보이지 않는 보스, 이중상사

디지털 플랫폼 노동에서 '보이지 않는 상사'에 의해 의한 감시의 문제도 중요한 이슈이다. 인도의 비영리단체 IT for Change가 주도한 연구보고서 Deliver on the Promise of the Platform Economy(2020)를 보면, 호황을 누리고 있는 두 가지 주문형 서비스 산업인 차량 호출 및 음식 배달에서 디지털 플랫폼이 중국 근로자에게 미치는 영향을 매우 자세하게 조사하고 있다. 이 프로젝트는 근로자의 경험을 중심으로 중국에서 작업 플랫폼화의 영향을 이해하는 최초의 프로젝트이자 디지털 시대의 포용적 정책 개발을 위한 경험적 정보에 입각한 정책 방안이라고 평가받고 있다.[26]

이 연구는 2017년 12월부터 2018년 12월까지 두 종류의 플랫폼 모두에서 참가자 근로자들과 100회가 넘는 반구조적 인터뷰를 실시했고, 회사 관리자, 제3자 노동 기관의 관리자, 회사 R&D 부서의 엔지니어 등 기타 이해관계자들과도 20회 이상 인터뷰를 진행했을 뿐만 아니라 전국 차량 호출 플랫폼 운전자(N=1,889)를 대상으로 설문 조사를 실시한 대형 프로젝트의 결과이다.

플랫폼 노동자들에 대한 현장 연구를 통해 연구자들이 내린 결론은 세 가지로 요약된다.

25) 한겨레(2023.4.14.). "주70시간 일해도 200만원"… 플랫폼 노동, 최저임금 사각지대.

26) Yujie(Julie) Chen, Sophie Ping SUN, Jack Linchuan Qiu(2020). Deliver on the Promise of the Platform Economy. IT for Change. https://projects.itforchange.net/platformpolitics/wp-content/uploads/2020/04/China-Research-Report.pdf

첫째, 젊은 이주노동자와 비공식 근로자가 중국의 플랫폼 기반 주문형 서비스 산업을 지배하고 있으며 이는 중국 서비스 경제에서 비공식 근로가 지배하는 것을 의미한다.

둘째, 플랫폼 근로자는 소위 '보이지 않는 보스'(invisible boss)라고 불리는 디지털 플랫폼과 전통적인 인간 관리자가 설계하고 사용하는 알고리즘의 교차적 노동 통제(intersectional labor control)에 직면해 있다. 차량 호출 및 음식 배달 서비스 모두 플랫폼 중재 시장의 제3자 노동 에이전시(third-party labor agency)가 급속히 확장되고 있으며, 이는 작업 프로세스의 알고리즘적 제어 못지않게 근로자의 복지와 생계에 중대한 영향을 미친다. 플랫폼 근로자가 직면한 '이중 상사'(double boss) 문제뿐만 아니라 근로자 복지에 대한 플랫폼 기업과 제3자 노동 에이전시의 책임을 명확하고 실행 가능한 방식으로 해결하기 위한 규정이 미흡하기 때문이다. 그렇기 때문에 기존 노동계약법을 확장하여 근로자, 제3자 노동 에이전시 및 플랫폼 회사가 포함된 다자간 계약 관계를 다루고, 근로자의 노동에 대한 중개 업체 및 플랫폼 회사의 각각의 책임과 의무를 규정하는 것이 필요하다고 주장한다.

셋째, 근로자는 플랫폼 경제에서 생존하기 위해 소셜 미디어 형성에 이르기까지 다양한 공식 및 비공식 조직에 참여하지 않을 수 없는 상황이다. 제1장에서 플랫폼은 생존재라는 명제를 제시한 바 있다. 플랫폼 노동자들은 생존하기 위해 자신이 속한 조직에서 요구하는 플랫폼에 원하든 원치 않든 참여할 수밖에 없는 것이다.

디지털 테일러리즘 vs 노동의 자기 결정권

스페인은 2022년 8월 알고리즘에 의해 고용된 배달 노동자를 급여 노동자로 규정하는 라이더 법(Rider Law)을 제정해 시행하였다. 라이더 법은 Glovo, Uber Eats, Deliveroo, Stuart 및 Just Eat과 같은 배달 회사로 하여금 라이더를 급여 근로자(salaried workers)로 고용하도록 규정한 것이다. 그러나 라이더 법 시행 1주년을 며칠 앞두고 우버이츠(Uber Eats)는 다시 자영업 모델(self-employed model)로 돌아갈 것이라고 발표했다. 다수의 배달원이 그렇게 하기를 원하기 때문

이라는 것이 이유이다.[27)]

디지털화 과정에서 개인이 선택하는 노동의 자율성은 학문적으로도 논란의 대상이 되고 있는 것이 사실이다. 디지털 작업 환경이 디지털 테일러리즘(Digital Taylorism)의 출현이라고 보는 입장이 있는가 하면, 다른 한편에서는 디지털 플랫폼이 더 많은 디지털 자기 결정권(digital self-determination)을 가능하게 한다고 주장한다. 디지털 테일러리즘은 뉴테일러리즘(New Taylorism)으로도 알려져 있는데, 작업장에 대한 과학적 관리 스타일로 알려진 테일러리즘의 새로운 버전이라는 것이다.

Stefan Kirchner, Sophie-Charlotte Meyer, Anita Tisch(2022)[28)]는 독일의 플랫폼 노동자들을 대상으로 한 대규모 설문 조사에서 업무 영역별로 업무 자율성에 있어서 패턴의 차이를 보인다는 의미 있는 연구결과를 도출하였다. 즉 지식 관련 업무는 디지털 자기 결정권이 중요한 반면, 제조 및 서비스 업무 영역에서는 디지털 테일러리즘의 패턴을 보이고 있다는 것이다.

디지털 플랫폼 크리에이터의 노동 불안정성

노동의 자기 결정권이 높게 나타날 것으로 보이는 크리에이터 직업군에서도 플랫폼 노동이 매우 불안정한 모습으로 나타나고 있다. 예를 들면 전 세계 크리에이터들이 가장 선호하는 콘텐츠 플랫폼인 유튜브에서도 크리에이터들이 다른 플랫폼 작업자와 유사한 문제에 직면하고 있다.[29)] 유튜버들이 수익을 많이 올리고 있는 것처럼 보이지만 사실상 자신이 올린 동영상에 대해 제대로 된 보상을 받지 못

27) WageIndicator(2023). August 2022-Spain-The Rider Law turns one; Uber Eats riders will be able to "make deliveries as freelancers" again; https://wageindicator.org/labour-laws/platformeconomy/platform-workers-news/august-2022-spain-the-rider-law-turns-one

28) Stefan Kirchner , Sophie-Charlotte Meyer, Anita Tisch(2022). "Digital Taylorism" for some, "digital self-determination" for others? Inequality in job autonomy across different task domains.;https://doi.org/10.1515/zsr-2022-0101

29) M. Six Silberman et als.(2023). Content marketplaces as digital labour platforms: towards accountable algorithmic management and decent work for content creators; https://papers.ssrn.com/sol3/papers.cfm?abstract_id=4501081

하고 있으며, 불균형적인 보상을 받음으로써 유튜브 콘텐츠 창작자들은 자신의 노동에 대해 소외감을 느끼게 된다는 주장도 있다.[30] 아일랜드와 터키의 유튜버들을 대상으로 크리에이터들의 플랫폼 노동 실태를 조사한 아일랜드 국립대학교 메이누스(Maynooth) 박사의 학위 논문에 따르면 유튜브 크리에이터들은 동영상의 제작, 배포 및 홍보뿐만 아니라 플랫폼을 통해 경력을 쌓기 위해 다양한 종류의 비물질적 노동을 필요로 한다고 설명한다.[31]

앞에서 언급한 크리스 스토클 워커(Chris Stokel-Walker)의 책 『유튜버들』에서는 '번아웃의 위기-알고리즘의 노예가 되다'(222-236쪽)라는 소제목이 눈에 띈다. 유튜브는 동영상만 만들어 올려도 먹고살 수 있다는 희망을 주고 있지만 실제로는 쉽지 않은 일이라고 설명한다. 처음에 유명 브랜드와 거래가 성사되고 돈이 들어오기 시작하면 유튜브에 자신의 채널을 구축하느라 보낸 그 긴 세월을 보상받는 기분이 들지만 대부분 갈수록 과로와 자아 상실감, 과장된 페르소나에 빠지고, 번아웃을 경험하게 된다는 것이다. 어떤 형태로든 번아웃을 경험하지 않은 유튜버는 단 한 사람도 없으며, 번아웃으로 인해 많은 사람이 유튜브에서 완전히 사라졌다고도 지적한다. 유튜브는 동영상의 패스트푸드 레스토랑이 되고 있고, 더 많이 더 길게 더 자주 만들어 올려야 하는 혼란스러운 장소로 전락하였다는 것이다.

실제로 국내 여행 유튜버들에서도 거의 유사한 패턴들이 나타나고 있다. 유튜버 5-6년차(구독자 36.4만 명)인 부부 유튜버 '둥지언니' 유튜브 중 '내가 한 달 만에 1억을 벌고도 불행했던 이유[리얼 토크]'(2023.11.8.) 방영분을 보면 또 다른 부부 유튜버(숏따리)와 이와 관련된 솔직한 이야기들이 오간다. '수익의 정점을 찍었어도 전혀 기쁘지 않았고 내가 왜 이 일을 계속하고 있을까 괜히 눈물이 났다', '촬영이나 편집에 항상 신경 쓰고 있고 이게 일이 너무 힘들다보니까 약간 불행해진다',

30) Panji Mulkillah Ahmad et als.(2021). Digital Labour : Digital Capitalism and the Alienation of YouTube Content Creators; https://www.researchgate.net/publication/357531276_Digital_Labour_Digital_Capitalism_and_the_Alienation_of_YouTube_Content_Creators

31) Bidav, Tugce(2022) Global Platform, Local Labour : Precarious YouTubing in Ireland and Turkey. PhD thesis, National University of Ireland Maynooth.;https://mural.maynoothuniversity.ie/16798/

‘영상 올린 지 이틀만 돼도 잊혀지는 것 같은 느낌이 들고 외로워지고, 그러니까 3일에 한 번씩 올리고… 중독인 것 같아요’, ‘유튜브를 삭제하고 채널도 없애버리고 비공개로 다 돌려버릴까 하는 생각을 자주 한다’라는 반응들이다. 오프라인 노동에서처럼 누가 감독하지 않음에도 불구하고 플랫폼 노동을 하면서 느낄 수밖에 없는 번아웃의 증상이라고 볼 수 있다.

박진선(2020)[32]은 크리에이터 및 크리에이터 관리 회사인 MCN(Multi Channel Network) 관리자와의 심층 인터뷰를 통해 크리에이터가 겪는 노동의 경험, 노동 생산물에 대한 인식, 그리고 그들의 노동에 대한 평가와 보상의 문제를 미디어 창의 노동의 측면에서 분석했다. 저자가 주목하는 크리에이터들은 인터넷 이용자인 동시에 전략적인 콘텐츠 생산을 통해 가치를 창출하고자 하는 집단으로서, 이들의 일부는 콘텐츠 생산을 통해 보수를 받으며 일상생활을 영위하고, 또 일부는 미래에 있음직한 대가를 희망하며 무임 노동(free labor)을 지속한다고 보았다.

전국여성노조 디지털콘텐츠창작노동자지회가 2022년 6월 작성한 ‘플랫폼 계약 현황 및 수수료 문제점’ 보고서에 따르면 네이버는 작가의 작품 매출에서 구글 스토어 등 ‘인앱 결제’로 인한 마켓 수수료를 제외한 금액을 기준으로 월 3000만 원 이하인 경우 수수료를 30%, 3000만~1억 원인 경우 40%, 1억 원을 넘으면 50%를 가져가는 것으로 나타났다.[33]

유령 노동이나 무임 노동이나 노동이 갖는 정당한 보상이 이루어지지 않는다는 점은 동일하다. 다만 크리에이터들의 노동에는 창작자로서 갖는 노동의 즐거움과 동시에 온라인 플랫폼과 MCN의 통제에서 비롯된 불안정성이 공존하고 있다고 할 수 있다. 디지털 미디어 경제 논리 속에서 노동 시간 및 노동력 대비 적절하지 못한 보상에도 불구하고 보상 받을 수 있다는 희망은 이들 스스로 끊임없이 노력하고 시험해야하는 상황들을 만들었으며, 자신의 생산적, 소비적 활동을 충분히 통제하고 있는 것처럼 보이는 현대의 생비자인 크리에이터는 그 자율적인 노동이

32) 박진선(2020). 크리에이터는 어떻게 노동하는가? 1인 미디어 생산 경험에 대한 비판적 고찰. <미디어 경제와 문화>, vol.18, no.1, 73-110.

33) 동아일보(2023.3.7.). 네이버웹툰, 수수료 최대 50% 떼가… 작가몫은 100원중 35원꼴.: https://www.donga.com/news/Culture/article/all/20230407/118723721/1

실제로 착취로 이어지는 구조 속에 있는 것이다.

특히 주목할 부분은 관리되지 않은 창작자와 관리되는 창작자 모두 생산물과 노동 행위, 노동 과정으로부터의 소외를 경험하지만, 플랫폼을 통해 창조적인 활동에 도움을 받을 기회가 더 많은 관리되는 창작자의 경우 더욱 더 복합적인 '나쁜 노동'의 형태를 보였다는 점이다. 관리되지 않은 창작자가 겪는 경험이 불안정한 수익(낮은 임금), 긴 노동 시간(부적절한 노동 시간), 불확실한 미래(낮은 안정성)에 주로 국한되어 있는 반면, 관리되는 창작자의 경우 이에 더해 플랫폼과 계약된 비즈니스를 이행하는 노동 과정 내에서의 자율성 침해(무력감), 플랫폼 내에서 계급화 되어 이루어지는 기회와 지원으로부터 겪는 낮은 자존감과 좌절의 경험을 확인할 수 있었다는 점을 지적하고 있다.

디지털 플랫폼 노동자의 개인 위험 관리

배달라이더 노동조합 '라이더유니온'의 위원장 박정훈(2021)[34]이 쓴 『배달의 민족은 배달하지 않는다』에 대한 추천사에서 작가 김훈은 "플랫폼은 인간의 일상 전체를 디지털화된 데이터로 확보하고 여기에 노동을 접속시켜서 이 연결을 이윤의 원천으로 삼는다"고 적고 있다. 특히 배달이나 서비스 영역의 플랫폼 노동은 위험을 체계적으로 관리받지 못하고 스스로 책임져야 하는 어려운 상황을 낳고 있는 것이 문제이다. 낮은 임금에도 불구하고 많은 노동자들이 플랫폼 노동을 택하는 이유는 작업의 유연성 때문이다. 자신들의 다른 작업 일정과 맞춰서 유연하게 일을 선택할 수 있다는 것인데 결국 그러한 유연성이 노동 여건의 위험으로 이어질 수도 있는 것이다.

비정형적 고용 관계에 놓이게 되는 플랫폼 노동자들은 결과적으로 노동 과정에서 발생하는 모든 위험을 혼자 책임져야 한다. 실제적으로 국내 플랫폼 노동자가 80만 명을 넘어섰지만 이 중 63%는 계약서조차 존재하지 않는 노동 구조에 놓여 있다.[35] 배달 노동자가 쉴 공간 없이 길거리에서 쉼을 이어가고 있다는 보도 역시

34) 박정훈(2021). 『배달의 민족은 배달하지 않는다』. 빨간소금.

35) 매일노동뉴스(2022.12.28.). 플랫폼 노동자 80만명 돌파, 63%는 계약서조차 없다.

끊임없이 나오고 있다.[36] 전혜원(2021)[37]은 『노동에 대해 말하지 않는 것들』에서 플랫폼의 등장으로 인해 규제의 사회적 정당성이 해체되고 기존 산업 종사자의 피해가 전 세계적으로 이슈가 되고 있다고 주장한다.

플랫폼 노동자들이 선택한 자영업자 지위는 오히려 기업이 노동자에 대한 책임을 회피한 결과일 수도 있다. 이러한 책임 회피는 위험에 대한 책임의 이동에서 가장 명확하게 표현된다. 표준 고용 계약은 근로자, 기업 및 정부 간의 위험 균형을 목표로 하는 반면 플랫폼 작업은 위험을 거의 전적으로 개별 근로자에게 전가하기 때문이다. 또한 플랫폼 노동 작업의 특징은 노동조합과 같은 집단적 조직으로 노동자를 조직하는 것이 어렵다. 플랫폼에는 전통적인 의미의 작업장이 부족하며, 근로자들은 인센티브를 받고 서로 직접 경쟁하도록 강요되어 있어 집단행동을 하기가 구조적으로 어렵다는 점이다.

정부에서도 플랫폼을 매개로 한 다양한 고용 형태 증가 현상이 나타나고 있지만 계약도 체결하지 않고 일하는 종사자 비율이 높게 나타나 플랫폼 종사자 보호를 위한 제도 마련이 시급한 상황임을 인식하고 있는 것으로 보인다. 때문에 플랫폼 종사자가 노무를 제공하는 과정에서 차별받지 않을 권리, 쉴 권리 등을 보장하는 법·제도적 보호 기반을 마련하고 직종별 표준 계약서 재·개정과 분쟁 해결 시스템 마련 등 공정한 계약 관행 형성에 힘쓰겠다는 입장을 표명하고 있다.[38]

박상철·류성열(2023)[39]은 많은 온라인 노동 플랫폼이 새로운 형태의 알고리즘 관리로 노동력을 모니터링하거나 통제하는 알고리즘을 채택했지만, 플랫폼의 알고리즘 제어가 플랫폼 노동자의 행동에 어떤 영향을 미치는지 실증적으로 조사하려는 학문적 시도는 없다고 지적하면서 이를 디지털 테일러리즘(Digital Taylorism)의 관점에서 설명한다. 연구자들은 국내 음식 배달 라이더 216명으로

36) MBN(2023.9.25.). "쉴 곳이 없어요"…배달 노동자들, 쉼터 없어 길거리서 쉰다

37) 전혜원(2021).『노동에 대해 말하지 않는 것들: 종속적 자영업자에서 플랫폼 일자리까지』. 서해문집.

38) 매일노동뉴스(2022.12.28.). 플랫폼 노동자 80만명 돌파, 63%는 계약서조차 없다.

39) Sangcheol Park and Sungyul Ryoo(2023). How Does Algorithm Control Affect Platform Workers' Responses? Algorithm as a Digital Taylorism. *Journal of Theorital Applied Electronic Commerce Research*. 18, 273-288.

부터 수집한 설문 조사 결과를 토대로 알고리즘 관리가 플랫폼 작업자의 반응에 어떤 영향을 미치는지 고찰하였다. 디지털 테일러리즘은 작업을 할당하고 추적하여 작업자를 모니터링하기 위해 경영진이 기술을 사용하는 것을 포함하는데, 이와 같은 알고리즘 제어가 온라인 노동 플랫폼 맥락에서 노동 보상의 긴장을 매개함으로써 플랫폼 노동자의 반응에 영향을 미칠 수 있다는 것이다.

김종진·신우진·김영욱(2021)의 연구에 따르면[40] 국내 플랫폼 노동 구조와 관련된 제도 개선 의견은 불공정·부당 거래 문제시 분쟁 조정 및 법률 지원 시스템(74.8점), 약관 및 표준 계약서 등의 가이드라인과 법률 마련(74.7점), 경력 인정 시스템 마련(79점), 4대 사회 보험 등 사회 보험 지원(74.7점), 근로기준법상 근로자 인정(74점), 세무 및 상담 관련 지원(72.7점) 등의 순으로 나타났다.

특히 플랫폼에서의 여성 노동은 남성에 비해 더욱 열악하다. 이종임(2018)[41]은 『디지털 미디어와 페미니즘』에서 '여성게임개발자로 살아간다는 것'(270-300쪽)에 대해 적고 있다. 심층 인터뷰를 통해 여성 게임 개발자의 위험한 노동 환경에 대해 설명하고 있는데, 플랫폼의 주요 콘텐츠가 되고 있는 게임 산업은 노동 여건이 개선되었다고는 하나 여전히 장시간 저임금 체계를 가지고 있으며 여성 게임 개발자는 특히 여성 혐오라는 또 다른 폭력을 감내하고 있다는 것이다.

한준(2021)[42]은 플랫폼이 일에 미치는 영향을 설명하면서 '플랫폼은 글로벌하게 확장 가능하지만 노동은 그렇지 못하며, 일하는 사람에게 선택의 폭을 넓히지도 않으며, 일하는 사람을 더 통제한다'고 설명하면서 플랫폼 노동을 개선하기 위한 몇 가지 제안을 다음과 같이 제시한다.

- 다양성과 참여 기회
- 유연성과 선택 기회

40) 김종진.신우진.김영욱(2021). 디지털 플랫폼 노동 실태와 특징 II - 웹 기반, 지역 기반 규모와 실태. <KLSI이슈페이퍼>, 통권146호.

41) 이종임 외(2018). 『디지털 미디어와 페미니즘』. 이화출판.

42) 한준(2021). 플랫폼은 일을 어떻게 바꾸는가? ; 이재열 엮음(2021). 『플랫폼 사회가 온다 - 디지털 플랫폼의 도전과 사회질서의 재편』. 서울 : 한울아카데미.

• 보수와 근로 조건의 정당한 기준
• 안전과 보호의 노력
• 자료와 개인 정보 보호
• 학습과 발전 가능성

알고리즘의 노예가 된 노동자들

이 소제목은 캐시 오닐(Cathy O'Neil)이 쓴 유명한 책 『대량 살상 수학 무기』(2016)[43]의 7장에 나온 소제목에서 차용하였으며, 대학교육 현장에 종사하고 있는 입장에서 상당히 인상깊었던 내용이라 비교적 길게 요약하였다. 특히 대학 평가 프로그램에 대해 그녀가 지적하는 내용은 우리의 대학 평가 프로그램에 대해서도 성찰과 검토를 필요로 하는 부분이다.

그녀는 2007년 수학과 교수에서 헤지 펀드의 하버드 격인 디이쇼(D.E.Shaw)의 금융 분석가로 전직하였다가 퇴직한 후 2011년 미국 뉴욕을 휩쓸었던 월가를 점령하라(Occupy Wall Street)는 시위의 하위 조직을 이끌면서 알고리즘을 감시하고 위험성을 측정하는 기업을 설립하였다. 그녀가 말하는 대량살상무기는 알고리즘으로서 WMD(Weapons of Mass Destruction)에서 M(Mass)을 수학을 뜻하는 M(Math)으로 바꾼 것이다. 수학을 이용해서 만들어진 잘못 설계된 알고리즘 즉 WMD로 인한 피해가 대량 살상 무기만큼 크다는 주장이다.

캐시 오닐은 스타벅스, 맥도날드, 월마트 같은 기업들이 효율성 강화 차원에서 종업원들을 기계 부품처럼 취급하는 노동 시장에도 WMD가 작동한다고 설명한다. 고객 방문 패턴을 분석하여 시간대별 종업원을 배치하는 것이 그것이다. 종업원이 밤늦게까지 일하다가 매장 문을 닫고 퇴근한 다음, 불과 몇 시간 후 새벽 동도 트기 전에 다시 출근해서 매장 문을 여는 것을 가리키는 신조어 '클로프닝'(clopening)이 생기는 것도 이 때문이라는 것이다. 스타벅스가 클로프닝 관행

43) Cathy O'Neil 저, 김정혜 역(2016). 『대량 살상 수학 무기』(Weapons of Math Destruction) - 어떻게 빅데이터는 불평등을 확산하고 민주주의를 위협하는가. 흐름출판. 390쪽.; 그녀가 운영하는 블로그(MatheBabe.org).

없애겠다고 약속했으나 지키지 않았고, 인건비 예산이 초과된 매장의 관리자는 인사 고과에서 불이익을 받기도 했다는 설명이다.

JIT(just-in-time)라고 불리는 이와 같은 적시 생산 시스템은 생산 효율성을 증가시키나 관리의 대상이 물류가 아니라 사람인 경우 종업원들의 삶이 피폐해질 수밖에 없으며, 이러한 일정 관리 소프트웨어는 끔직한 WMD라고 비판한다. 결국 저임금 노동력의 공급 과잉 시장에서 종업원들은 강제 노역자와 비슷한 처지로 전락하게 되고 그들 자녀도 피해를 받게 되며 평범한 일상 경험이 어려워진다는 것이다. 종업원을 아이디어 창출 등 다양한 기준에 따라 등급 매기는 소프트웨어가 콜센터 상담원의 생산성 조사에도 이용되는 이 역시 잘못된 숫자 낙인만 찍을 뿐 피드백을 통해 수정될 가능성을 차단한다는 점에서 WMD의 전형적 예라고 주장한다.

캐시오닐은 대학이나 교사에 대한 평가 프로그램 역시 위험한 WMD라고 주장한다. 1983년 미국 <위기의 국가> 보고서에서 SAT 점수 하락을 이유로 전국적인 교사 평가 운동을 촉발시킨 것 역시 WMD의 대표적 사례이며, 2007년 워싱턴의 교사 평가 프로그램(IMPACT)은 피드백을 통해 오류를 수정해야 하는데 그렇지 않았으며, 다수의 알고리즘이 피드백 없는 WMD로 작동하고 있다는 것이다. 분석 작업은 외부 프로그래머와 통계 전문가들에게 맡겨지고, 모형을 이용하는 실무자들은 대개 기계의 판단에 전적으로 의존하는 경향이 있다는 주장이다.

그녀는 대학 평가 프로그램에 대해서도 매우 비판적이다. 1983년 US News & World Report지가 미국 1,800여개 대학 평가 프로젝트를 기획하였는데 스탠포드대가 1위로 나오자 순위의 공정성 시비가 등장하였다는 점을 지적한다. 교육의 우수성과 관련 있어 보이는 대리 데이터를 75% 비중으로 사용(SAT점수, 학생 대 교수 비율, 입학 경쟁률, 신입생 잔존률 등)하고 나머지 25%는 대학 관계자들의 주관적 의견을 반영하였는데 이것이 전국 표준으로 자리매김하였고, 대학 순위가 자기강화적 특징을 갖게 되었으며, 공정하지 못한 평판 생태계(reputation ecosystem)로 개별 대학이 피해를 받았다는 주장이다.

대학 순위 모형에서 학생들이 대학에서 무엇을 배웠는지 측정하는 직접적 데이터는 사용되지 않았으며 공정하지 않은 대리 데이터를 주로 사용했다는 비판이다. 사람들이 시스템을 악용하게 되면 대리 데이터는 고유한 효과성을 잃고 속임수를 쓰는 긍정 오류(false positive)의 이득을 얻게 되는데 US News & World Report 모델이 바로 대표적인 예라고 주장한다. 모든 대학이 똑같은 목표를 따르도록 강제하고, 대학들의 순위 경쟁과 무한 경쟁을 초래하고 다양한 부작용을 발생시키고 있다는 것이다. 중위권 대학들은 수업 등록율을 높이기 위해 학생 선발 알고리즘을 조정하여 성적이 높아도 입학 가능성 낮은 지원자들을 탈락시키는 부작용도 초래한다고 지적한다. 또한 이 모형이 저렴한 교육비를 알고리즘 공식에 포함시켰다면 대학 순위는 달라질 수 있는데 그러면 상위권 대학들이 빠지기 때문에 모형에 대한 일반인 신뢰를 저하할 것을 우려하여 포함시키지 않았다는 것이다.

결국 이 모형에 내재된 피드백 루프와 이 모형이 유발하는 불안감을 토대로 이루어지는 미국 교육 컨설팅 산업에 의해 모두가 피해자가 되었다고 주장한다. 특권층만의 리그 형성으로 극심한 양극화를 초래했다는 것이다. 당시 오바마 대통령이 대학 순위 평가 시스템에 가격 적절성, 빈곤층과 소수 계층 학생 비율, 졸업생 취업률 등 다양한 척도를 추가한 수정안을 제시했으나 이미 이 모형에 최적화한 대학들이 반대했다는 것이다.

캐시오닐은 WMD가 공정성을 외면할 만큼 기업에게 매우 효과적인 이익 창출 도구이지만, 저소득층은 물론 중산층에도 피해자며, 부자들도 마이크로 타깃팅의 제물이 되고 있다고 주장한다. 데이터 처리 과정은 과거를 코드화할 뿐 미래를 창조하지 않으며 미래를 창조하려면 도덕적 상상력이 필요한데 그렇지 못하다는 것이다. 그녀는 이익보다 공정성을 우선시해야 하며 다음과 같은 개선이 필요하다고 주장한다(339-356쪽).

① 알고리즘 모형 개발자들이 먼저 히포크라테스 선서를 할 필요가 있다.
② 유해한 WMD를 제거하기 위해 법률 개정을 해야 하며, 현행 기준을 재평가할 필요가 있다.

③ WMD는 검색 엔진 제공업체, 마케팅업체에게는 수익 창출원이지만 경제 전체로는 해악이며, 수치로 계산되지 않는 다양한 가치를 모형에 고려할 필요가 있다. 측정하기 어렵다는 이유로 추상적 가치를 배제하지 말고 인간적 가치를 반영해야 한다.
④ 모형의 영향력을 측정하고 알고리즘에 대한 감사를 실시해야 한다.
⑤ 긍정적 피드백 루프를 활성화시켜 데이터 과학자가 모형을 개선할 수 있도록 해야 한다.
⑥ 수집되는 모든 데이터가 특정 대상에 이용되기 전에 반드시 사전 동의 형태로 사용자의 동의를 얻도록 규정하고 재사용 불가 조항을 포함시켜야 한다.
⑦ 삶에 영향을 미치는 모형들은 앱의 형태로 대중에게 공개해서 자기 관리할 수 있도록 해야 한다.
⑧ 착한 모형들을 많이 개발해야 하며, 인간의 눈에 보이지 않는 패턴을 찾아 새로운 대안을 제시해야 한다.

디지털 플랫폼의 젠더 이슈

디지털 플랫폼은 미디어 이용이나 노동의 측면에서 여성을 주변화시키는 경향이 있다. 인공지능기술은 '젠더패턴'의 문제도 낳고 있다. 인공지능시대에는 성별인식 기술이 젠더를 수행하는 실천들을 '패턴'으로 군집화하여 학습하는 '젠더패턴'을 만들어낸다. 이정현(2023)은 인공지능기술개발이 끊임없이 '젠터패턴'을 찾기 위한 노력을 함으로써 위계적이고 이분법적인 젠더구조를 재생산할 수 있다고 주장한다. 비록 구글은 젠더 라벨을 폐지했다고 하지만 인공지능을 기반으로 한 성별인식기술은 여전히 고착화된 젠더패턴을 만들어냄으로써 오랫동안 노력해온 젠더 차별에 대한 실천적 저항력을 무력화하고 있다는 것이다.

이희은(2023, 287-290)[44]은 기술의 발달과 생산이 블랙박스화되는 과정에서 여성의 삶에 미치는 불평등의 양상이 세 가지로 나타난다고 설명한다.

44) 박동숙 외(2022).『미디어 허스토리 3.0; 한국사회와 여성, 30년의 기록』, 이화여자대학교 출판문화원.

첫째는 위에서 언급한 남반구의 유령 노동처럼 여성과 같은 사회적 취약 계층이 담당하면서도 기술 결과물에서 배제되는 경우이다.

둘째는 대부분의 데이터가 남성 중심적이어서 그로 인해 나타나는 '여성 데이터 공백'이다. 이는 여성의 몸, 여성의 노동, 여성에 가해지는 폭력에 무지할 뿐만 아니라 여성의 생명을 위협하기까지 한다. 개발자의 의도가 차별적이라기보다는 여성 데이터의 공백이 자동화된 불평등을 가져온다는 것이다.

셋째, 유령 노동과 데이터 공백을 통해 생산된 빅데이터는 결국 불평등하고 자동화된 결정(automated decision making)으로 나타난다. 특히 빅데이터는 근본적으로 유사성을 중심으로 패턴을 분류하는 '패턴 식별'(pattern discrimination) 방식으로 되어 있어서 젠더나 계급, 인종 등 논쟁적이거나 의견이 갈리는 이슈들을 체계적으로 감추는 경향이 있다고 비판한다. 패턴 식별은 전문적인 컴퓨터 용어지만 사실은 유사성을 기준으로 사회적 차별을 정보 데이터로 만드는 사회적 용어라는 것이다.

4
디지털 플랫폼 노동 환경 개선을 위한 국제적 노력

EU의 플랫폼 노동 근로 조건 개선 지침

2022년 EU는 플랫폼 경제가 가져다주는 기회와 혜택을 보존하면서 디지털 플랫폼을 통해 일하는 사람들의 근로 조건을 개선하는 것을 목표로 하는 '플랫폼 노동 근로 조건 개선 지침'을 마련했으며,[45] 2023년 2월 2일에는 EU 의회에서 찬성 376표, 반대 212표로 지침이 승인되었다. 찬반 투표 집계 결과를 보면 지침의 승

45) European Council(2022a). Infographic - Spotlight on digital platform workers in the EU; https://www.consilium.europa.eu/en/infographics/digital-platform-workers/

인을 두고 의원들 간에 상당한 의견의 대립이 있었음을 짐작할 수 있으며, 그 과정에서 플랫폼 기업들이 EU 의원들에게 개별적으로 연락하여 반대표를 던지도록 로비를 한 것으로 알려지기도 했다.[46)]

EU(2023)가 제시하는 디지털 플랫폼 노동 지침에는 다음과 같이 고용 상태, 알고리즘 관리, 투명성 및 추적성 등의 내용을 담고 있다. 이러한 지침은 온라인 플랫폼을 통해 일하는 사람들이 제대로 된 고용 관계를 획득하고 해당 노동 및 사회보호 권리에 접근할 수 있도록 하기 위함이다.[47)]

1) 고용 상태

EU는 플랫폼을 통해 일하는 대다수의 사람들은 진정한 자영업자이지만, 그중 상당수는 직원으로 분류되는 모든 기준을 충족하고 있으면서도 자영업자로 잘못 분류되고 있다고 지적한다. 플랫폼 노동자를 자신의 사회 보험을 책임지고 소득을 통제하는 독립 계약자가 아닌 피고용인으로 인정할 필요성이 있다는 것이다.

이에 플랫폼이 '고용주' 인지 여부를 판단하는 체크 리스트를 제공하고 있는데, 다음 기준 중 두 가지 이상을 충족하는 경우 플랫폼은 법적으로 고용주로 추정할 수 있으며, 플랫폼을 통해 일하는 사람들은 '피고용인'의 지위와 함께 제공되는 노동 및 사회적 권리를 향유해야 한다.

- 보수 수준을 결정하거나 상한선을 설정한다.
- 전자적 수단을 사용하여 작업 수행을 감독한다.
- 근로 시간이나 휴직 기간의 선택, 업무의 수락·거부, 하도급 업체·대체 업체 이용의 자유를 제한하는 행위의 규칙을 설정한다.

46) Théo Bourgery-Gonse(2023.2.2.). EU Parliament adopts position on platform workers directive; https://www.euractiv.com/section/gig-economy/news/eu-parliament-adopts-position-on-platform-workers-directive/

47) European Council(2022b). EU rules on platform work. https://www.consilium.europa.eu/en/policies/platform-work-eu/

- 외모, 서비스 수령인에 대한 행동 또는 작업 수행과 관련하여 구체적인 구속력 있는 규칙을 설정한다.
- 클라이언트 기반을 구축하거나 제3자를 위해 작업을 수행할 가능성을 제한한다.

아울러 피고용인으로서 가져야 할 권리로는 다음과 같은 것들을 제안하고 있다.

- 최저 임금(존재하는 경우)
- 단체 교섭
- 근무 시간 및 건강 보호
- 유급 휴가
- 업무 관련 사고 보호에 대한 접근성 향상
- 실업 및 질병 수당
- 기여 기반 노령 연금

2) 알고리즘 관리

디지털 노동 플랫폼은 알고리즘 시스템을 사용하여 애플리케이션이나 웹 사이트를 통해 플랫폼 작업을 수행하는 사람들을 구성하고 관리하는데, 플랫폼 노동자들은 알고리즘이 작동하는 방식과 의사 결정 방식에 대한 정보가 부족한 것이 사실이다. 따라서 다음과 같은 알고리즘 관리가 필요하다.

- 디지털 노동 플랫폼의 알고리즘 사용에 관한 투명성을 높인다.
- 작업 조건에 대한 사람의 모니터링을 보장한다.
- 자동화된 결정에 이의를 제기할 권리를 부여한다.

3) 투명성과 추적성

정부는 플랫폼과 플랫폼을 통해 작업하는 사람들의 데이터에 액세스하는 데 어려움을 겪게 되는데, 플랫폼이 여러 회원국에서 운영되는 경우 플랫폼 작업이 어디에서 누구에 의해 수행되는지 명확하지 않게 된다. 따라서 이 지침은 플랫폼이 자신의 활동 및 플랫폼을 통해 일하는 사람들에 대한 주요 정보를 정부에 제공하도록 요청함으로써 플랫폼에 더 많은 투명성을 제공하기 위해 노력해야 한다고 제안하고 있다.

개선해야 할 세 가지 영역

프리드리히 에버트 재단(Friedrich Ebert Stiftung) 역량 센터(Competence Centre Future of Work)에서 수행한 국제 연구 프로젝트[48]에서는 플랫폼 생태계의 복잡성을 지적하면서 정책 입안자가 해결해야 할 플랫폼 환경 내 세 가지 영역을 제시하고 있다.[49]

첫째, 정부는 공개적으로 이용 가능한 플랫폼 회사 등록 제도를 도입하여 플랫폼 및 플랫폼 근로자의 수와 고용 상태에 대한 더 많은 정보를 수집해야 한다. 이 정보는 제공되는 서비스의 질뿐만 아니라 플랫폼 근로자의 공정한 근로 조건 측면에서 플랫폼 회사의 법적 책임을 해결하는 데 중요하기 때문이다. 현재 이러한 등록 제도는 프랑스나 포르투갈과 같은 일부 나라에만 존재하는데 이들 국가에서도 데이터를 공개적으로 사용할 수 없도록 되어 있으며, 세금 징수 목적으로만 이용되고 있는 한계가 있다.

둘째, 플랫폼 매개 작업이 충분히 이해되지 않고 있는 점을 개선해야 한다. 배달 또는 돌봄 작업과 같은 플랫폼을 통해 수행되는 작업은 관련된 작업의 규모 또는 필요한 기술 수준 측면에서 새로운 것이 아니나 플랫폼 작업은 모바일 앱을 통해 작동함에 따라 수요와 공급을 일치시키기 위해 자동화 시스템을 사용하여 새로운 형태의 종속을 야기한다. 결과적으로 알고리즘은 노동 조직에서 자동화 또는 반자동 의사 결정 기능을 수행하는 것이 문제이다.

48) https://futureofwork.fes.de/our-projects/mapping-platform-economy

49) Oliver Philipp(2023.1.27.). Platform workers need stronger legal protectionhttps://www.ips-journal.eu/work-and-digitalisation/platform-workers-need-stronger-legal-protection-6469/

셋째, 플랫폼 노동자의 상당 부분이 이주민과 여성이며, 돌봄, 청소, 가사 노동과 같은 분야에서도 '플랫폼화'가 존재한다는 점을 인식해야 한다. 플랫폼 노동이 노동 시장의 성별 및 인종 불평등과 직접적으로 연결되어 있다는 점을 경계할 필요가 있다. 이는 출신, 민족 및 성별에 관계없이 근로자에게 공정한 근로 조건을 보장하기 위한 정책 옵션을 개발하는 것뿐만 아니라 다양한 그룹과 배경에서 온 근로자의 목소리를 인식함으로써 평등한 집단 대표성 측면에서도 특히 중요하다.

플랫폼 노동 환경에 대한 조사와 평가

2023년 OECD, 국제노동기구(ILO) 및 유럽연합 집행위원회(European Commission)가 공동으로 <디지털 플랫폼 고용 및 노동 측정에 관한 핸드북>을 발간했다.[50] 이 핸드북은 디지털 플랫폼 고용 및 업무의 주요 특징을 식별하는 데 도움이 되는 개념적 프레임워크를 제안하고 있으며, 관련된 현황 데이터를 측정해야 한다고 강조하고 있다. 기존의 노동력 및 기타 가구 조사는 자영업, 기간제 및 시간제 노동에 대한 귀중한 정보를 제공하지만, 플랫폼 노동자를 적절하게 식별하는 데 성공하지 못했으며, 플랫폼이 직접 제공하는 데이터뿐만 아니라 임시 조사와 같은 여러 유형의 통계 자료가 매우 필요하다는 것이다. 다시 말해서 디지털 플랫폼 고용 및 근로 활동은 추가 수입을 가져오고 유연한 근로 조건을 보여주기 때문에 일부 근로자에게 매력적일 수 있지만, 다른 한편으로 해당 근로의 질과 해당 근로자가 이용할 수 있는 법적 권리 및 근로 보호 측면에서 문제를 야기하고 있다는 점을 분명히 한 것이다.

디지털 플랫폼 고용에서 특히 중요하게 고려해야 할 이슈는 직업 및 소득 보장, 사회 보장에 대한 접근, 경력 개발, 훈련, 단체 교섭권, 알고리즘 차별 및 불투명한 관리 관행에 대한 보호, 정신 건강 영향을 포함한 직업 긴장 위험 증가, 조세 회피, 제품 시장 경쟁에 대한 왜곡, 사회적 덤핑과 관련된 이슈라고 설명한다.

50) OECD(2023.3.31.). Handbook on Measuring Digital Platform Employment and Work; https://doi.org/10.1787/0ddcac3b-en

6장

시장: 디지털 식민화

글로벌 플랫폼의 세계적 지배력은 미디어 시장을 비롯한 전 세계 경제의 식민화를 초래하고 있다. 디지털 식민주의는 영토 식민주의와는 또 다른 형태의 새로운 식민주의로서 특히 경제 빈국인 남반구의 디지털 자립성을 위협하고 있다. 넷플릭스와 같은 글로벌 OTT의 전 세계 지배 역시 자국 미디어 플랫폼 시장과 콘텐츠 시장에 상당히 부정적인 영향을 끼치고 있다.

1
디지털 식민화의 개념과 수단

남반구에서 벌어지는 알고리즘 베타테스터와 윤리 덤핑

특정 국가에서의 디지털 데이터 수집은 심각한 윤리 덤핑 문제를 가져올 수도 있다. Arwa ElGhadban(2023)은 인공 지능 기업들이 데이터 규정 보호가 부족한 다른 국가에서 예측 시스템을 테스트함으로써 비인간적인 착취를 계속하는 것을 윤리 덤핑(Ethics Dumping)이라고 명명하며 남반구에서 이러한 윤리 덤핑이 자행되고 있다고 지적한다.[1) 2)] 베타테스트는 하드웨어나 소프트웨어를 공식적으로 발표하기 전에 오류가 있는지를 발견하기 위해 미리 정해진 일부 사용자 계층들이 써 보도록 하는 테스트를 말하는데, 알고리즘 베타테스트는 특정 국가의 국민들을 상대로 국가적으로 중요한 의사결정에 영향을 미치는 사전테스트를 한다는 점에서 윤리의 문제가 야기되는 것이다.

윤리 덤핑의 대표적 사례는 2017년 케냐와 2015년 나이지리아 선거에서 Cambridge Analytica(CA)가 사용한 베타테스트 실험이다. CA는 본사가 있는 영국보다 데이터 보호 규정이 덜 엄격한 이들 국가에서 테스트 작업을 시작하였으며, 2016년 미국의 대선과 영국의 브렉시트(Brexit) 투표에서 이 알고리즘 기술을 사용하여 결과적으로 민주적 절차를 적극적으로 방해하고 사회적 유대를 약화시키는 결과를 가져왔다.

1) Arwa ElGhadban(2023). The Return of East India Companies : AI, Africa and the New(Digital) Colonialism.; https://datapopalliance.org/the-return-of-east-india-companies-ai-africa-and-the-new-digital-colonialism/?utm_source=rss&utm_medium=rss&utm_campaign=the-return-of-east-india-companies-ai-africa-and-the-new-digital-colonialism

2) Elena L. Boldyreva, Natalia Y. Grishina, Yekaterina Duisembina Cambridge Analytica: Ethics And Online Manipulation With Decision-Making Process.; https://www.researchgate.net/publication/330032180

넷플릭스 오리지널 다큐 영화 <거대한 해킹>에서는 2016년 치러진 미국 대선과 영국의 브렉시트 투표에서 개인의 데이터가 어떻게 악용되고 중요한 투표 결과가 어떻게 왜곡되었는지를 잘 보여준다. 이 영화는 데이터 커뮤니케이션 회사 CA가 페이스북 이용자의 개인 정보를 불법으로 사용하여 이들 중요한 투표에 관여한 사실이 드러난 사건을 다룬 다큐 영화이다. 결국 이 사건으로 인해 CA사는 파산하였고, 페이스북 창업자 마크 저커버그(M.E.Zuckerberg)는 미국 의회 청문회에 소환되었다.[3)]

다수결에 의한 투표로 운영되는 민주주의 시스템은 사실상 매우 취약한 시스템이다. 여기에 AI나 알고리즘이라는 혁신 기술이 접목되었을 때 사람들은 독립적인 자기 결정을 내리는 데 혼란을 겪는다. 1973년 영국이 EU의 전신인 유럽공동체(European Community, EC)에 합류한 지 47년 만인 2020년 1월 영국은 회원국 최초로 EU를 탈퇴한 국가가 되었다. 물론 그동안 영국과 EU의 관계가 원만한 것은 아니었기 때문에 영국의 EU 탈퇴를 전적으로 CA의 알고리즘 탓으로 돌리기는 어려울 수도 있다. 그러나 브렉시트 이후 영국에는 EU 탈퇴를 후회하는 '브레그렛(Bregret, Brexit + Regret)'이라는 말이 생겨났고, 여론 조사에 따르면, 브렉시트가 잘못되었다고 답한 응답자가 56%, 브렉시트가 옳았다고 답한 응답자가 32%로 나타났으며, 런던에서는 EU로 돌아가자는 대규모 시위가 일어나기도 했다.[4)]

핵심 기술을 이용하는 디지털 식민화의 과정

디지털 식민화 또는 디지털 식민주의(digital colonization, digital colonialism)는 다른 국가나 영토를 정치적, 경제적, 사회적으로 지배하기 위해 디지털 기술을 사용하는 것을 의미한다. 물리적 식민주의 시대와 달리 디지털 기술로 지배하는 식민주의를 말한다. 전자 식민주의(electronic colonialism), 데이터 식민주의(data colonialism), AI 식민주의(AI colonialism) 모두 같은 개념으로 사용된다. 『연결

3) 정인숙(2022). 『미디어플랫폼의 이해』. 커뮤니케이션북스.

4) KDI 경제로 세상읽기(2022). 브렉시트, 그 후 영국은?; https://eiec.kdi.re.kr/material/pageoneView.do?idx=1635

의 비용』(The Costs of Connection, 2019)의 저자 쿠드라이와 메쟈스(Couldry와 Mejias)는 500년 식민주의의 장기화된 영향이 디지털 시대에도 계속되고 있다고 주장한다.[5] 빅데이터 추출은 과거 제국주의가 식민지 국가를 착취하는 데 사용해 온 원자재 추출 및 토지 취득의 현대판이라고 설명하면서 이를 '데이터 식민주의'라고 지칭한다. 플랫폼이 우리의 삶을 포착하여 데이터로 변환한 다음 정보를 추출하여 자본주의 기업에 공급하고 우리에게 다시 판매한다는 것이다.

Louis-David Benyayer(2022)는 글로벌 빅테크 기업이 자신이 가지고 있는 핵심 역량(데이터, 인프라, AI, 크라우드 등)을 트로이 목마로 삼아 새로운 시장에 진출하면서 해당 시장을 디지털 식민화한다고 그 과정을 설명한다. 그들은 먼저 기업에 대한 생산성 약속과 함께 데이터 및 기술 서비스를 제공한 다음 기업이 점진적으로 이를 사용하게 되면 데이터 부분이 더욱 중요해지면서 불가피하게 이들 빅테크 플랫폼을 필수 파트너로 전환하게 된다는 것이다. 즉 다음과 같은 4단계 과정을 거쳐 디지털 식민화가 이루어진다고 설명한다.[6]

- 기존 기업에 대한 데이터 인프라 서비스 제공
- 산업에서의 직접 및 간접 데이터 캡처
- 데이터 기반 통찰력 제공
- 새로운 제품 및 서비스의 설계 및 상용화

Dhwani Goel(2021)[7]은 디지털 식민주의에서 데이터가 새로운 석유라면 개발도상국과 최빈국은 새로운 유전이라는 입장을 취한다. 글로벌 플랫폼 기업들은 경

5) Nick Couldry & Ulises A. Mejias(2019). The Costs of Connection. Stanford University Press.

6) Louis-David Benyayer(2022). Digital colonization: how Big Tech companies use data to enter regulated markets; https://thechoice.escp.eu/tl-dr/digital-colonization-how-big-tech-companies-use-data-to-enter-regulated-markets/

7) Dhwani Goel(2021). The global digital divide is reminiscent of colonialism; https://blogs.lse.ac.uk/brexit/2021/05/06/the-global-digital-divide-is-reminiscent-of-colonialism/. Dhwani Goel은 LSE(London School of Economics and Political Science)의 국제관계 석사학생이며, 이 글은 LSE가 운영하는 다학문 증거 기반 블로그에 게재된 내용이다.

제 성장과 혁신이라는 명분을 내세우지만 사실상 개발 도상국에서 얻는 이익에 비해 현지 디지털 인프라를 개선하기 위한 투자는 거의 하지 않고 있다는 것이다. 그 예로서 페이스북의 가장 큰 소비 시장은 인도이지만, 15개 데이터 센터 중 어느 한 개도 인도나 개발 도상국에 위치해 있지 않다는 점을 들고 있다.

알고리즘 식민성

모하메드와 아이작(Mohamed & Isaac, 2020)[8]은 알고리즘이 착취의 장소가 될 수 있고 식민지의 장소가 될 수 있다고 주장하면서 알고리즘 식민성(algorithmic coloniality)이라는 용어를 사용한다. 앞에서 설명한 윤리 덤핑 문제를 야기하는 베타 테스트나 국제 AI 거버넌스(정책 및 윤리) 관련 표준 의사 결정 등이 그러한 사례라는 것이다. AI를 활용한 예측 시스템은 새로운 유형의 치안 및 감시, 정부 서비스 시스템으로 사용되고 있고, 이러한 시스템은 편향되지 않으며 일관된 의사 결정 지원 도구를 제공한다는 목표로 개발되었으나 때로는 이러한 시스템이 역사적 정의를 왜곡하거나 고착화하고 이를 개발하는 데 사용된 데이터의 사회적 편견을 증폭시킬 위험이 있다는 것이다.

뿐만 아니라 글로벌 AI 거버넌스 담론 내의 권력 불균형은 데이터 불평등과 데이터 인프라 주권 문제를 야기한다고 지적한다. 때문에 AI 규제 규범과 표준이 누구를 보호하고 있는지, 누가 이러한 규범을 투영할 권한이 있는지, 그러한 메커니즘을 통해 권력과 자본의 중앙 집중화로부터 계속 이익을 얻는 주체는 누구인지 고려할 필요가 있다고 지적한다. AI 규범을 결정하는 의사 결정 테이블에 누가 앉았는지, 어떤 질문과 우려가 외면되었는지, 어떤 권력 비대칭이 토론의 조건을 형성하고 있는지를 염두에 두어야 한다는 것이다. 그러면서 AI 윤리 논쟁에서 아프리카, 중남미, 중앙아시아와 같은 지역은 과소 대표성을 띠고 있다고 지적한다.

8) Mohamed, S., Png, M. T., & Isaac, W.(2020). Decolonial AI : Decolonial theory as sociotechnical foresight in artificial intelligence. Philosophy & Technology, 33(4), 659 - 684.;https://realkm.com/2021/06/02/decolonial-ai-decolonial-theory-as-sociotechnical-foresight-in-artificial-intelligence-top-100-research-commentary-of-2020/

MIT Technology Review[9]는 AI 식민주의에 대해 시리즈 기사를 내놓으면서 AI 개발과 과거 식민지 개발 간의 유사점을 다양한 사례를 통해 제시한다. AI 산업은 카리브해와 라틴 아메리카의 정복자들처럼 땅을 차지하지는 않지만, 이익에 대한 열망으로 확장 시도를 하는 것은 똑같다는 것이다. 플랫폼 회사가 제품에 대해 더 많은 사용자를 확보할수록 알고리즘에 대한 더 많은 주제를 가질 수 있고 더 많은 리소스(데이터)를 그들의 활동, 움직임, 심지어 신체에서 수집할 수 있기 때문에 이제는 대규모 노예 제도를 통해 노동을 착취하지 않지만 남반구에서 값싸고 불안정한 노동력을 착취하는 새로운 방법을 개발했다는 설명이다. 그리고 이러한 발상은 오래된 식민주의적 암묵적 사고에 의해 형성된 것이라고 지적한다.

디지털 식민주의를 주장하는 입장에서는 현대 사회가 여전히 제도적 인종 차별주의에 의해 지배되고 있다는 입장을 취한다. 본질적으로 AI는 제도적 인종 차별주의에 의해 지배되는 서구 기업에 의해 주로 개발되고 있으며, AI에 제공되는 데이터를 기반으로 구축된 알고리즘은 결국 서구 엔지니어의 편견을 더욱 강화하고 복제한다는 주장이다.[10]

AI 기술은 서양의 백인 남자 노동력에 의해 만들어지고, 그것을 테스트하는 노동력은 제5장에서도 살펴보았듯이 남반부의 노동력이 제공한다. 사실상 빅테크 기업은 다른 나라의 노동력을 이용하여 인공 지능 기술을 개발하고 있으며, 그것이 결과적으로 글로벌 노동 격차를 심화시키는 결과를 가져오고 있는 것이다. 디지털 노동자들이 자신들의 권리를 보호하고 대표하는 메커니즘이나 구속력 있는 최저 임금 기준이 존재하지 않는 한, 글로벌 빅테크 기업들은 이들 나라의 구조적 불평등을 쉽게 활용하게 된다. 특히 남반구 국가들의 취약한 노동 규제와 만연한 정치적 부패가 디지털 노동의 목적지 시장으로서 글로벌 플랫폼 기업들을 유인하고 있는 것이다.

9) Artificial intelligence is creating a new world order;https://www.technologyreview.com/supertopic/ai-colonialism-supertopic

10) Dabir Khan(2022.7.30.). AI colonialism : The quiet invasion of our minds; https://www.tbsnews.net/tech/ai-colonialism-quiet-invasion-our-minds-467798

남반구의 디지털 식민화, 디지털 아파르트헤이트

남반구(Global South)라는 용어는 지리적 개념이라기보다는 경제적, 지정학적 용어로서 일반적으로 경제적으로 낙후된 지역 국가를 의미한다. 1980년대 빌리 브란트 전 독일 총리가 1인당 GDP를 기준으로 남북 분단을 시각적으로 묘사하기 위해 제안한 용어로서 보통 1인당 GDP 1만5천 달러 이하의 국가를 가리킨다. 2023년 5월 열린 G7 정상 회담에서 남반구라는 용어를 사용하지 않기로 결정하기도 했지만,[11] 디지털 식민주의와 관련하여 여전히 남반구는 디지털 격차를 상징하는 중요한 용어로 사용되고 있다.

식민지 시대의 노동 착취 관행은 디지털 자본주의 사회에서도 그대로 나타나고 있으며, 전 세계적으로 부의 불균형을 초래하고 있다. Michael Kwet(2019.3.13.)은 디지털 식민주의가 인도와 아프리카 같은 남반구를 식민화시키고 있다는 점을 지적하면서 실리콘 밸리 기업들이 남반구의 디지털 경제를 장악하고 있지만 아무도 관심을 기울이지 않는다고 주장한다.[12] 미국에 기반을 둔 기술 기업들이 여러 면에서 이전의 식민 권력처럼 기능하고 있으며, 빅테크 기업의 글로벌 영향력은 디지털 식민주의의 한 형태로서 그들은 전 세계적으로 저임금의 소외된 노동자들을 착취하면서 엄청난 이익을 창출할 뿐만 아니라 해당 사회의 자결권을 약화시킨다는 주장이다.

Karen Hao(2022.4.19.)[13] 역시 AI 개발과 과거 식민지 사이의 유사점을 분석하면서 사람들의 행동과 얼굴 추출을 기반으로 구축된 AI 감시 도구가 인종 차별을 심화시키고 남아프리카공화국에서 디지털 아파르트헤이트(Digital Apartheid)를 부추기고 있다고 지적한다. 아파르트헤이트는 과거 남아프리카 공화국에서 비백

11) David Rising(2023.9.7.). What Does the 'Global South' Actually Mean?;https://time.com/6311526/global-south-what-is-it/

12) Michael Kwet(2019.3.13.), Digital colonialism is threatening the Global South; https://www.aljazeera.com/opinions/2019/3/13/digital-colonialism-is-threatening-the-global-south

13) Karen Hao(2022.4.19.). Artificial intelligence is creating a new colonial world order.;https://www.technologyreview.com/2022/04/19/1049592/artificial-intelligence-colonialism/

인 인구를 분리하고 경제적, 정치적으로 억압하던 정책으로서 피부색, 민족, 카스트 등에 따라 사람들을 구분하는 모든 시스템 또는 관행을 의미한다. 여기서 유래된 디지털 아파르트헤이트는 북반구 국가들이 남반구 사람들에게 영향을 미치는 자본주의 약탈이나 노동 착취 등의 방식을 설명하는 용어로 사용되고 있다. 정보사회의 디지털 격차(digital divide)가 디지털 자본주의 사회에서 디지털 아파르트헤이트로 전환하고 있는 것이다.

지구촌이 모두 디지털로 연결된 세상에서 대부분의 기술은 미국에 기반을 둔 소수의 기업이 소유하고 통제하고 있으며, 그에 따른 산업 생태계를 형성하고 있는 것이 사실이다. Michael Kwet(2021)[14]은 아마존과 마이크로소프트가 지배하는 클라우드 서버 공장은 빅데이터를 저장, 분류, 처리하는 데 사용하고 있는데 이는 마치 제국주의 국가의 군사 기지 같은 것이라고 설명한다. 과거 콩고와 라틴 아메리카에서 광물을 추출하는 유색 인종처럼 아프리카의 플랫폼 노동자들은 인공 지능 데이터에 주석을 달거나, 반사회적 콘텐츠의 소셜 미디어 플랫폼을 정리한 후 외상 후 스트레스 장애로 고통을 받고 있다는 것이다. 나아가 거대 플랫폼의 데이터센터는 원형 감옥을 뜻하는 일종의 파놉티콘(panopticon)이고 데이터는 인공 지능 기반 서비스를 위해 처리되는 원재료라고 비유하기도 한다.

최은창(2022)[15]은 페이스북이 제공하는 프리 베이직스(Free Basics)가 인도인들에게 제국주의 기억과 동인도 회사를 떠올리게 했다고 설명한다. 프리 베이직스는 아시아, 아프리카, 남미 지역의 저소득 국가들에서 보급형 구식 피처폰을 사용하여 무료로 사용할 수 있는 인터넷이다. 저소득 국가들에서 모바일 인터넷을 이용하려면 선불제로 데이터를 구입해야 하지만 프리 베이직스는 데이터 요금을 내지 않고 특정 웹 사이트에 무료로 접속할 수 있다. 페이스북은 로컬 이동 통신사들과 계약을 맺어 특정한 트래픽에는 과금을 하지 않는 제로 레이팅(zero-rating) 방식을 사용하는데, 대신 프리 베이직스 사용자들은 페이스북과 제휴한 이동통

14) Michael Kwet(2021). Digital colonialism :The evolution of US empire.; https://longreads.tni.org/digital-colonialism-the-evolution-of-us-empire

15) 최은창(2022). 페이스북은 저소득 국가들의 인터넷 접속을 돕고 있을까?. <MIT테크놀로지리뷰>.

신사의 심(SIM) 카드가 반드시 필요하다. 페이스북의 프리 베이직스는 제한된 인터넷 정보만을 제공하며, 프리 베이직스로 접근할 수 있는 인터넷은 전체 웹의 0.00000005퍼센트에 불과하다는 점에서 사실상 프리 베이직스는 저소득 국가에 대한 빅테크 기업의 사회적 책임에서 나온 것이 아니라 페이스북이 온라인을 경험한 사용자들이 더 오래 인터넷에 연결하기 위해 결국 데이터 유료 사용자로 전환될 것이라는 고도의 경영 전략에서 발상이라는 주장이다.

디지털 식민주의가 현대판 아프리카 쟁탈전(Scramble for Africa)이라고 보는 시각도 있다.[16] 대규모 기술 회사들이 거기서 명백한 이익과 시장 확보를 위해 사용자 데이터를 추출, 분석 및 소유하고 있다는 것이다. 그러면서 디지털 식민주의는 19세기 식민주의만큼 억압적이며, 국가별 데이터 보호법이 존재하지만 사실상 이를 막기에는 역부족이라고 설명한다.

글로벌 디지털 플랫폼 기업들이 아프리카에 집착하는 이유는 향후 아프리카의 인구 통계학적 특성이 보여주는 시사점과도 관련이 있다. 아프리카는 아시아에 이어 세계에서 2번째로 면적이 넓고 인구가 많은 대륙이다. 2023년 현재 아프리카는 세계 인구의 14.8%를 차지하고 있는데 2050년이 되면 아프리카의 인구가 현재의 두 배로 증가해 25억 명에 달할 것으로 예상되고 있으며, 10년 내 아프리카의 15~65세 연령대의 생산 인구가 10억 명을 넘어설 것으로 예측되고 있다. 이는 아프리카가 인도와 중국을 넘어서 전 세계에서 가장 많은 노동력을 보유하게 될 것이라는 의미이다.[17] 이러한 예측은 아프리카가 플랫폼 자본주의의 값싼 노동력뿐만 아니라 향후 소비 시장을 견인할 새로운 시장이 될 수 있음을 보여주는 것이기도 하다.

글로벌 플랫폼 기업의 남반구 식민화에는 미국의 빅테크 기업뿐만 아니라 중국의 플랫폼 기업도 한몫하고 있다. 중국은 2015년 발표한 디지털 실크로드 이니셔

16) Danielle Coleman(2018). Digital Colonialism : The 21st Century Scramble for Africa through the Extraction and Control of User Data and the Limitations of Data Protection Laws. *Michigan Journal of Race & Law*, Vol. 24, 417-439.; https://repository.law.umich.edu/cgi/viewcontent.cgi?article=1294&context=mjrl

17) 여성경제신문(2023.10.31.). 2050년, 세계 인구 4명 중 1명은 아프리카인…저출생 속 '역주행'.

티브(DSR, Digital Silk Road Initiative)와 같은 프로그램을 통해 라틴 아메리카, 아프리카 및 남아시아와 같은 개발 도상국에서 광범위한 글로벌 데이터 인프라를 구축하고 있으며, 때로는 민감한 사용자 데이터 및 안면 인식 인텔리전스에 액세스하기 위한 기술을 거래하고 있는 것으로 알려져 있다.[18] 중국은 138개 이상의 국가와 DSR 협정을 체결하였는데 이들 중 많은 부분이 보고되지 않기 때문에 실제 계약 및 투자 건수는 훨씬 더 많을 가능성이 높다는 평가가 있다. 또한 중국이 관심 있는 DSR 수혜국들에게 실시간으로 인터넷을 모니터링하고 검열하는 방법에 대한 교육을 제공함으로써 해당 국가의 개인의 자유와 주권에 해로울 것이라는 우려도 존재한다.[19]

공공 부문의 디지털 식민화가 가져오는 위험

빅테크 플랫폼이 규제가 심한 산업 분야 즉 교육과 헬스 케어와 같은 공공분야에 진입해서 디지털 식민화를 하는 경우 문제가 심각해질 수 있다. 의료 및 교육과 같은 산업은 정부 규제가 존재하고 해당 국가의 경제 성장과 발전을 촉진하는 데 중요한 전략적 역할을 한다. 따라서 접근, 공정성, 평등, 개인 정보 보호 및 데이터 민감도 측면에서 인권 및 헌법상의 권리문제와 직접적으로 연결되어 있기 때문이다.

빅테크 기업이 이렇게 규제가 엄격한 일부 산업으로 플랫폼을 확장하게 되면 해당 국가의 공적 가치를 왜곡시킬 수 있다. 규제가 심한 산업에 빅테크 기업이 진입하는 것은 위에서 언급한 '디지털 식민화'의 4단계 프로세스를 통해 발생한다. 거대 기술 기업은 처음에 데이터 인프라 서비스를 제공하다가 어느 정도 시간이 지나게 되면 데이터를 제어하고 중요한 데이터 기반 가치를 제공하는 독점 공급자가 되기 때문이다. 빅테크 기업들은 규제가 심한 산업에서 데이터를 수집하고, 이를 다양한 다른 산업의 데이터와 결합하고, 데이터 기반 통찰력을 생성하면서 서비스하는 기업에 수익적 가치를 창출한다. 이런 과정을 거치게 되면 규제가 심한

18) Insikt Group(2021.7.27.). China's Digital Colonialism : Espionage and Repression Along; https://www.recordedfuture.com/china-digital-colonialism-espionage-silk-road

19) Council on Foreign Relations. Assessing China's Digital Silk Road Initiative; https://www.cfr.org/china-digital-silk-road/(2023.10.3 접속)

사회 영역에 규제를 피하면서 해당 산업의 핵심 행위자가 될 수 있다는 것이다. 그리고 이 과정에서 디지털 플랫폼 기업이 가져오는 혁신과 효율성의 논리가 공공서비스의 논리와 충돌하게 된다는 주장이다.[20)]

예를 들면, 아마존이 미국 온라인 약국 Pillpack을 인수하고, 구글이 영국 NHS(National Health Service)와 제휴하여 데이터 공유 및 AI 기반 의료 서비스를 개발한 것이나 미국 대학이 아마존과 제휴하여 기숙사 및 기타 장소에 인공 지능 비서 알렉사(Alexa)를 설치하는 것, COVID-19 테스트 및 추적을 제공하는 구글의 자회사 Verily, 원격 교육을 지원하기 위해 확장된 Google Education 등을 사용한 것을 대표적인 사례로 들고 있다. 알려지지는 않았지만 이러한 사례는 아마 우리나라에도 적지 않을 것으로 보인다.

2 플랫폼 영향력의 지배와 국익 갈등

구글의 검색 시장 지배력

<그림 6-1>을 보면 전 세계적으로 구글이 검색 시장을 압도적으로 지배하고 있음을 알 수 있다. <그림 6-2>는 국가별 구글 시장 점유율을 나타내고 있는데 인도의 경우 구글의 시장 점유율이 95.7%에 이르고 있으며, 대부분의 국가에서 자국 검색 플랫폼 대신 구글을 이용하고 있음을 알 수 있다. 제2장에서 설명하였듯이 구글의 지배력은 경쟁자인 마이크로소프트(MS)사 조차 도저히 따라잡을 수 없을 만큼 완벽한 승자 독식을 하고 있다.

20) Hakan Ozalp, Pinar Ozcan, and Annabelle Gawer(2022). “Digital Colonization” of Highly Regulated Industries: An Analysis of Big Tech Platforms’ Entry into Health Care and Education. *California Management Review*. 64(4). https://journals.sagepub.com/doi/full/10.1177/00081256221094307

구글의 시장 지배력에 대해 2023년 현재 미국 내에서도 반독점금지법에 따른 위법 행위로 구글을 대대적으로 조사했을 뿐만 아니라 일본에서도 구글이 안드로이드 기반 기기에서 경쟁 검색 엔진을 차단하여 경쟁 규칙을 위반했는지 조사에 나섰다. 일본 공정거래위원회(JFTC)는 구글이 경쟁 검색 앱을 설치하지 않는다는 조건으로 안드로이드 스마트폰 제조 업체에 수익의 일부를 반환함으로써 일본의 반독점법을 위반했는지 조사하였으며, 구글이 안드로이드폰 제조사에 '구글 플레이' 앱을 통해 '구글 검색'과 '구글 크롬' 브라우저 앱을 설치하도록 하는 관행에 대해서도 조사한다고 발표하였다.[21)]

<그림 6-1> 검색 플랫폼별 세계 시장 점유율 추이

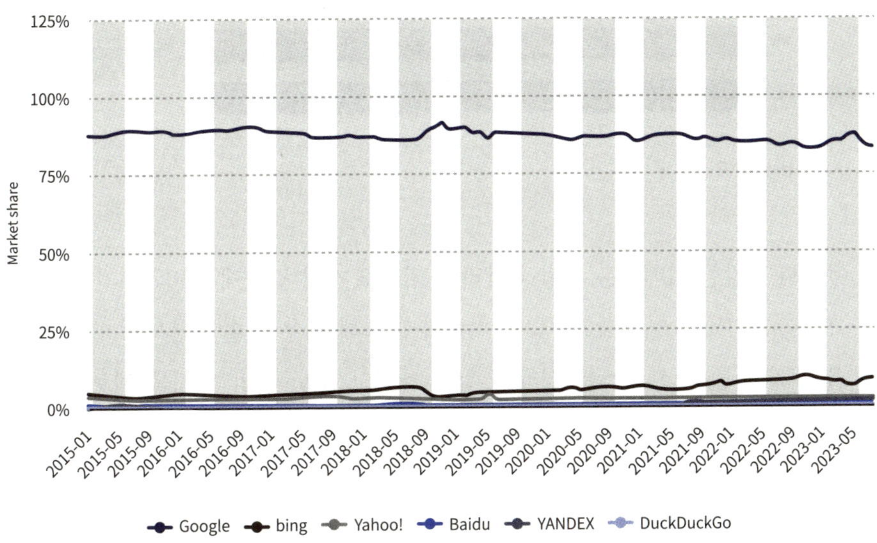

출처 : Statista(2023)[22)]

21) Sean O'Meara(2023.10.23.). Japan Watchdog Launches Google Search Dominance Probe; https://www.asiafinancial.com/japan-watchdog-launches-google-search-dominance-probe

22) Statista(2023). Market share of leading desktop search engines worldwide from January 2015 to July 2023; https://www.statista.com/statistics/216573/worldwide-market-share-of-search-engines/

<그림 6-2> 국가별 구글 시장 점유율

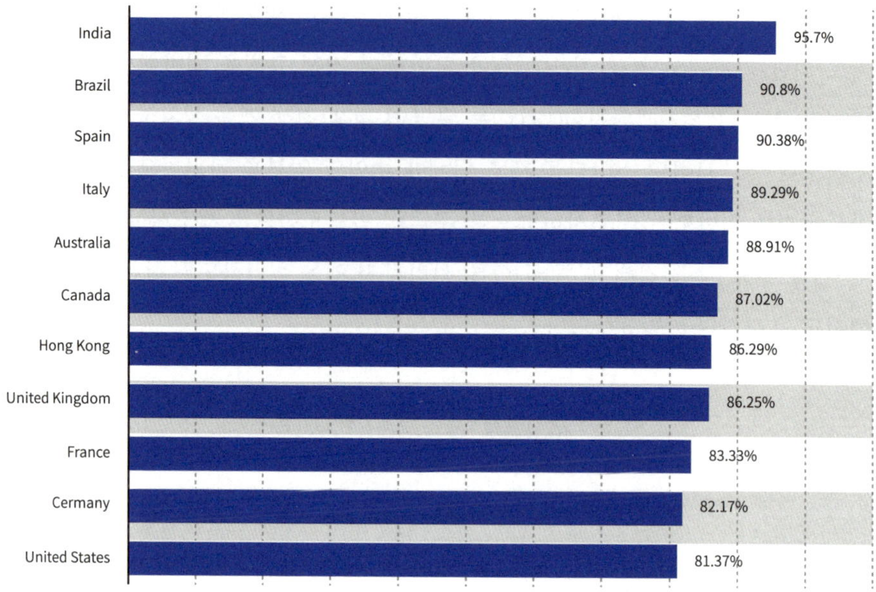

출처 : Statista(2023)[23)]

구글의 막강한 지배력은 유럽 국가라 하더라도 시장 경쟁에서 이기기가 쉽지 않다. Sylvain Duranton(2023.7.27.)[24)]는 이에 대해 매우 씁쓸하면서도 냉정한 판단을 내리고 있다. 프랑스의 실패한 검색 엔진인 Qwant의 사례를 예로 들면서 GAFAM과 같은 거대 플랫폼 기업과 직접 경쟁하는 국내 플랫폼 기업을 만들려는 생각을 포기하라는 것이다. 그보다는 오히려 이러한 새로운 거대 기업들과 기민하게 협상하는 것이 최선의 전략이며, 2020년 Digital India와 같은 것이 유익한 합의로 이어진 대표적 사례라는 것이다. 이 합의를 통해 구글은 현지 기업의 디

23) Statista(2023). Share of desktop search traffic originating from Google in selected countries as of April 2023. https://www.statista.com/statistics/220534/googles-share-of-search-market-in-selected-countries/

24) Sylvain Duranton(2023.7.27.). Stealth Superpowers And The New World Order; https://www.forbes.com/sites/sylvainduranton/2023/07/27/stealth-superpowers-and-the-new-world-order/?sh=3c031ab92707

지털 전환을 가속화하기 위한 제품을 만들기 위해 100억 달러를 투자하겠다고 약속을 했기 때문이다.

자국 플랫폼의 가치

이처럼 막강한 구글의 검색 플랫폼 지배력을 고려할 때 자국의 검색 플랫폼을 가지고 있고 그것이 해당 국가 국민들이 사용하는 주요 플랫폼이라는 사실은 매우 중요한 의미를 지닌다. 몽골, 미얀마, 베트남 등에서 온 유학생들에게 물어보면 자국의 독자적 SNS나 검색 플랫폼을 사용해 본 적이 없거나 거의 사용하지 않는다고 응답한다. 이들 국가에서 국민들은 SNS로는 틱톡이나 페이스북, 검색 플랫폼으로는 구글을 주로 사용한다고 한다.

김상배(2022.5.27.)[25]는 자국 플랫폼(national platform)을 보유하고 있다는 사실은 매우 중요한 자산이 아닐 수 없다고 주장한다. 자국 플랫폼의 보유는 단순한 자국 국적의 '기업 플랫폼'이 아니라 '국가 플랫폼' 또는 '국민 플랫폼'을 확보하는 문제로서 플랫폼 경제로 갈수록 글로벌 경쟁력을 가진 자국 플랫폼 사업자 없이는 경제 성장의 기회를 마련하기 힘들다는 것이다. 유럽마저도 자국 플랫폼 시장을 미국의 플랫폼 사업자들에게 내어주었지만, 그래도 유럽은 거대한 시장 규모를 무기로 삼아 해외 사업자의 플랫폼 비즈니스에 대한 규제 집행력을 어느 정도 확보하고 있는 것이며, 유럽이 자국 플랫폼이 없어서 오히려 역으로 해외 플랫폼에 대한 규제의 칼을 꺼내 들기 쉬웠다고 지적한다.

전 세계적으로 막강한 지배력을 가지고 있는 구글이지만 아직까지는 한국(네이버), 러시아(얀덱스), 중국(바이두)에서는 자국의 검색 플랫폼이 강세여서 지배력을 갖지 못하고 있다. 그런데 국내 검색 포털 플랫폼도 시장 점유율이 점차 하락세를 보이고 있다. 2022년 4월 국내 검색 시장 점유율은 네이버가 55.2%, 구글은 35.3%였는데, 네이버 점유율은 계속 감소하고 구글은 상승세를 보여주고 있기 때문이다.[26]

25) 김상배(2022.5.27.). 글로벌 디지털 플랫폼 패권과 한국: 국제정치학의 시각

26) 주간동아(2023.6.5.). 국내 검색 시장 점유율은 55.2%, 구글은 35.3%였다.

미·중 헤게모니 갈등

2장에서도 살펴보았듯이 디지털 식민주의를 바라보는 시각에는 미국의 세계 지배를 우려하는 시각이 주를 이루고 있지만 여기에는 플랫폼 시장 지배력에서 미국을 견제하는 중국의 주장도 한몫하고 있다. 특히 중국의 시진핑 집권 이후 세계 질서가 미중 양대국의 패권 경쟁으로 이어지는 상황에서 디지털 식민주의에 대한 중국의 미국 비판은 더욱 강도가 높아지고 있다.

상하이 국제 문제 연구소 산하 국제 사이버 공간 거버넌스 연구 센터 소장인 Lu Chuanying은 미국이 어떻게 디지털 패권을 통해 세계를 위협하고 다른 나라의 국가 안보에 해를 끼치는지 폭로한다.[27] 그는 미국이 다른 나라의 사이버 주권을 무시하고 고의적으로 그들의 사이버 공간을 침범하여 사이버 공간의 안정성과 완전성을 파괴하고 있다고 주장한다. EU가 이와 같은 문제의 심각성을 인식하고 사이버 공간에 대한 통제를 강화하고 데이터 주권, 디지털 주권, 기술 주권이라는 개념을 도입했지만 이미 미국 기업이 유럽 시장을 장악하고 있는 상황이기 때문에 미국의 디지털 정복에 대항하기 어렵다는 주장이다.

그는 미국이 이와 같은 지배력을 갖게 된 데는 사이버 공간에서 갖고 있는 세 가지의 우월적 지위 때문이라고 설명한다.

첫째, 글로벌 인터넷 액세스에 매우 중요하고 글로벌 도메인 이름을 확인할 수 있는 루트 서버 때문이다. 세계적으로 13개의 루트 서버가 있는데 그중 10개가 미국 내에 있고, 나머지 3개는 미국 동맹국의 통제를 받고 있다는 것이다. 이 때문에 미국은 언제든지 다른 국가의 인터넷 접속을 차단할 수 있고, 미국 정부가 통제하는 사이트 트래픽에 의해 이란은 단기간에 국제 정보 보급을 위한 상당수의 채널을 잃게 되었다는 주장이다.

27) Lu Chuanying(2023.6.29.). Bullying Empire: US promotes ‘digital colonialism’ to maintain hegemony, exposes American democracy hypocrisy:https://www.globaltimes.cn/page/202306/1293413.shtml

둘째, 대륙 간 정보 교환의 주요 인프라인 해저 케이블에 대한 통제권도 미국이 가지고 있다는 것이다. 미국은 중요한 해저 케이블을 감시하고 있으며, 해저 케이블에 대한 통제를 강화하기 위해 다른 나라 기업의 설치 참여도 금지했다는 주장이다. 예를 들면, 미국 정부는 기업들에게 해저 케이블 프로젝트에 화웨이를 참여시키지 말라고 압력을 가해왔다는 것이다.

셋째, 세계에서 가장 중요한 인터넷 기업의 거의 대부분이 미국 기업이라는 점이다. 애플, 구글, 마이크로소프트, 페이스북, 트위터 등 세계적으로 영향력 있는 인터넷 기업이 미국에 본사를 두고 있으며, 이들 인터넷 기업은 초국가적 주권을 갖고 있어 사이버 공간에 대한 미국의 통제를 더욱 확대하고 있다는 설명이다.

결국 그는 미국 디지털 식민주의의 핵심은 더 이상 물리적 정복이 아니라 패권을 유지하기 위해 전 세계 디지털 기술에 대한 지배력을 확립하는 것이기 때문에 이러한 헤게모니에 맞서 사이버 공간에 대한 평등하고 공정한 규칙 기반 프레임워크 구축을 강화할 필요가 있다고 주장한다.

2023년 11월 15일 미국 샌프란시스코에서 열린 아시아태평양경제협력체(APEC) 정상 회의에서 미중 정상 회담이 보여준 장면은 양국 간의 헤게모니 갈등이 얼마나 심각한지를 보여준다. 중국의 시진핑 주석이 "중국은 결코 미국에 도전하거나 미국을 밀어낼 의도가 없다"며 "마찬가지로 미국도 중국에 대항하거나 중국의 내정에 간섭해서는 안 되며, 평화롭고 안정적이며 번영하는 중국을 기쁘게 받아들여야 한다"고 말했다.[28] 그러나 바이든 대통령은 정상 회담 직후 "그는 우리와는 전적으로 다른 형태의 정부에 기초한 공산주의 국가를 운영하는 사람이며, 그런 측면에서 그는 독재자"라고 중국이 가장 예민하게 반응하는 발언을 한 것이다.[29]

28) 한겨레(2023.11.16.). 시진핑, 빅테크 CEO 등에 "14억 현대화는 중국이 주는 기회"
29) SBS(2023.11.17.). 바이든, 시진핑과 돌아서자마자 기자회견서 "독재자" 돌발발언.

디지털 조세

글로벌 플랫폼기업들은 전 세계를 대상으로 사업을 전개하여 막대한 수익을 올리고 있음에도 불구하고 이들 사업자들이 해외에서 사업을 하여 벌어들인 매출액 대비 지출하는 조세 규모는 작은 편이다. 따라서 데이터를 기반으로 전 세계 시장을 독점하는 거대 디지털 기업에 대해 이익 환수의 차원에서 세금을 물려야 한다는 것이 유럽 연합의 지배적인 규제 흐름이다. 디지털 조세(Digital Taxation)는 그러한 규제 관점에서 나온 개념으로서 인터넷을 통해 수집된 많은 양의 데이터와 디지털 서비스에 대한 과세를 의미한다. 영국은 2020년 4월부터 글로벌 플랫폼 기업에 대해 영국에서 거둬들이는 매출액의 2%를 세금으로 부과하고 있으며, 프랑스는 2020년 1월1일부터 글로벌 플랫폼 기업이 프랑스에서 발생시킨 매출의 3%를 과세하였다. 이스라엘의 경우에도 경제적 실재(significant economic presence) 또는 디지털 사업장(digital presence) 개념을 도입하여 글로벌 플랫폼 기업에 대해 과세 대응하고 있다

전통적인 경제 활동이 디지털 경제로 이동하면서 기업들의 이익이 국경을 넘나드는 광범위한 범위에서 발생하게 되었고, 이로 인해 국가 간 조세 문제가 심화되기 시작하였다. 기존의 조세 제도는 대부분 물리적 기준에 따라 세금을 부과하는 것에 반해, 디지털 기업들은 고객이 위치한 지역과는 상관없이 인터넷을 통해 다양한 지역에서 막대한 수익을 올리고 있기 때문에, 이들 기업들에 대한 과세 문제가 대두되고 있다. 대개의 조세는 고정 사업장(parament establishment) 중심으로 조세 정책이 적용되는데 온라인 기반으로 세계 여러 지역에서 사업을 진행하는 글로벌 플랫폼의 경우 상대적으로 조세 회피가 발생할 가능성이 높은 것이다.

양지훈(2019)이 설명하고 있는 예를 보면, 미국에 콘텐츠 데이터와 서버를 보유하고 있는 글로벌 OTT 기업의 경우(A법인) 고정 사업장이 미국에 있는 것이고 한국의 이용자로부터 월구독료를 받게 된다. 그리고 한국에는 A법인을 지원하는 회사(B법인)를 설립하여 사업 지원에 대한 수수료를 지불한다. 이 경우 A법인은 한국 고객을 통해 발생한 수익에 대해 미국에 법인세를 납부하며, B법인은

고정 사업장이 없기 때문에 수수료 소득에 대한 법인세만 한국에 납부하는 것이다.[30)]

3
글로벌 OTT의 시장 지배

넷플릭스의 시장 지배력

세계 OTT 시장은 <그림 6-3>에서 보는 것과 같이 넷플릭스, 아마존 프라임 비디오(Amazon Prime Video), 디즈니+ 등이 지배하고 있다. 넷플릭스와 아마존 프라임 비디오와 각축전을 벌이고 있고 2020년 출범한 디즈니+가 맹추격을 하고 있긴 하지만 여전히 OTT 시장의 최강자는 넷플릭스이다. 1997년 소규모 DVD 우편배달 서비스 사업자로 시작하여 2023년 말 현재 가입자 2억 명이 넘어선 세계 최대의 동영상 스트리밍 플랫폼으로 성장하였다. 2023년 1월 현재 넷플릭스는 미국의 OTT 서비스 중 가장 많은 TV 시청 시간을 차지하며 전체 시청 시간의 7.5%를 점유하고 있다. 이는 무료 OTT인 유튜브가 전체 시청 시간의 8.6%를 차지하고 있는 것과 비교할 때 매우 놀라운 시장 지배력을 말해준다.[31)] 넷플릭스는 2022년 현재 매출 316억 달러, 회원 수 2억 3,080만 명을 보유하고 있다.

30) 양지훈(2019). 미디어 산업에서의 디지털 조세 : '구글세' 이슈와 주요국의 대응현황. <미디어이슈 & 트렌드>, vol.19, 10-15.

31) Neil Patel(2023.3.1.). Netflix Is the Leader of Streaming, and It's Not Even Close.; https://www.fool.com/investing/2023/03/01/netflix-streaming-leader-not-even-close/

<그림 6-3> 세계 OTT 시장 가입자 추이

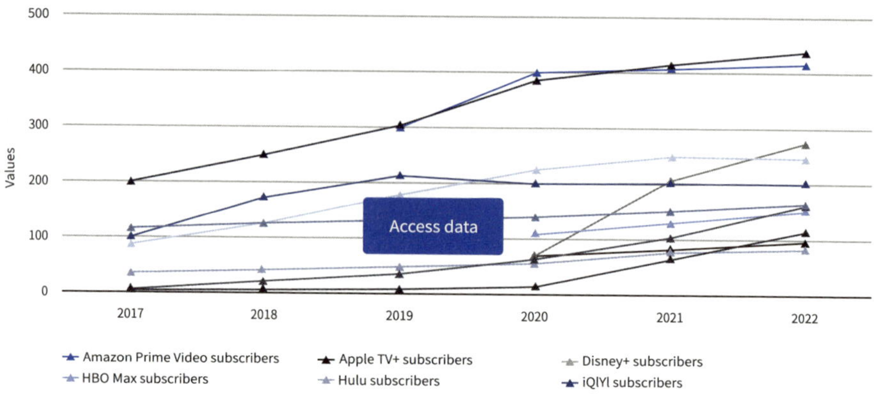

출처 : Statista(2023).[32)]

2022년 현재 넷플릭스의 국가별 시장 점유율은 매우 높다. 가장 높은 비율을 보이고 있는 국가인 호주는 무려 65%의 점유율을 보이고 있으며, 영국, 미국, 캐나다 등도 50% 내외의 점유율을 나타내고 있다. 프랑스, 스페인, 독일에 이어 한국(23%)도 상당히 높은 비중을 차지하는 국가군에 속한다.(<그림 6-4> 참고).

32) Statista(2023). OTT Video - Worldwide; https://www.statista.com/outlook/amo/media/tv-video/ott-video/worldwide

<그림 6-4> 국가별 넷플릭스 시장 점유율(2022)

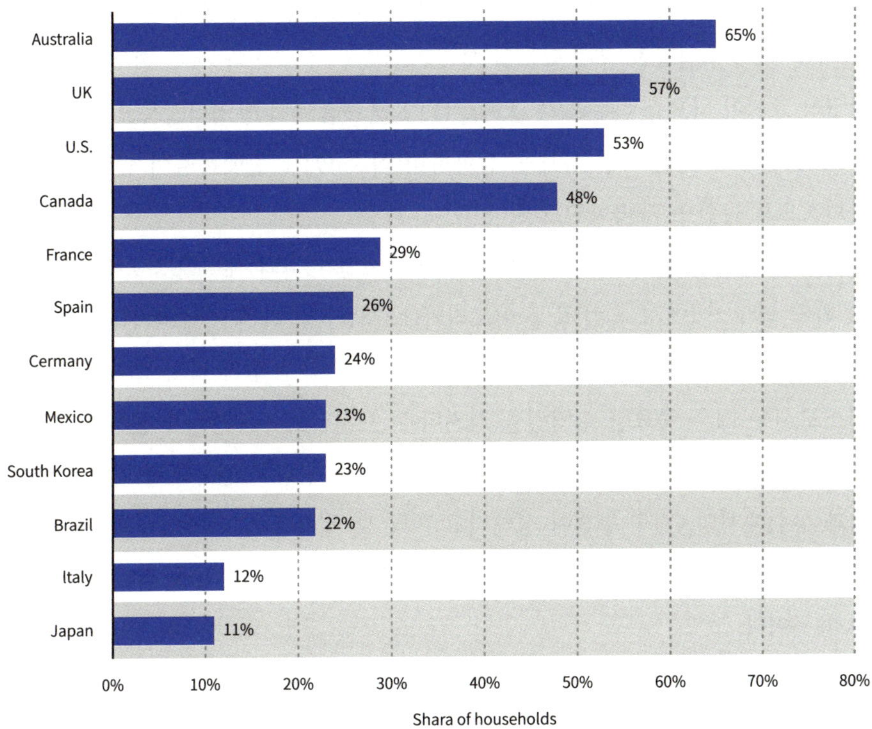

출처 : Statista(2023)[33]

인도의 경우는 조금 특별하다. 인도에는 약 46개의 OTT 서비스 제공 업체가 있는데 넷플릭스의 비중은 8%로 낮은데 비해 Disney+ Hotstar의 점유율은 무려 50%를 차지하고 있다. Disney+ Hotstar는 현재 인도 최고의 OTT 플랫폼이며, 2022년 10월 현재 인도 시장에서 약 6,130만 명의 가입자를 보유하고 있는 것으로 나타났다.[34] 2022년 현재 14억 인구를 가진 인도는 중국과 함께 세계 최고의

33) Statista(2023.5.24.). Share of subscribing Netflix households in selected countries worldwide as of 2022.;https://www.statista.com/statistics/499844/netflix-markets-penetration/

34) Barry Elad(2023.1.3.). Top 10 Indian OTT Platforms Statistics; https://www.enterpriseappstoday.com/stats/indian-ott-platforms-statistics.html

인구 규모를 보이고 있는데 2023년 내 중국을 앞지르고 세계 1위를 차지할 것으로 전망되고 있다.[35] 때문에 인도 시장에서 외국 동영상 플랫폼에 의한 시장 지배는 자국 내에서 심각한 규제 갈등을 부추기고 있는 상황이다. 특히 힌두교에 대한 경멸적 표현이 나오는 콘텐츠가 글로벌 OTT 플랫폼에서 방영되면서 인도 정부가 OTT 콘텐츠에 대한 사전 규제를 강화하려 하자 OTT 플랫폼들이 반발하는 등 사회적으로 논란이 가속화되고 있다.[36]

2022년 현재 넷플릭스의 지역별 가입자를 보면 미국과 캐나다가 7,458만 명으로 가장 많고, 이어서 유럽·중동·아프리카(7,373만 명), 라틴 아메리카(3,961만 명), 아시아 태평양(3,372만 명) 순이다. 아시아 지역의 가입자 수가 작아 보이지만 넷플릭스로서는 매우 중요한 수익원을 가져다주는 지역이다. 특히 아시아·태평양은 코로나 기간 동안 가입자 수가 급증하여 넷플릭스 성장의 원동력이 되었다.[37] 미국과 유럽에서의 OTT 경쟁이 심해지고 미국 내 점유율이 낮아질수록 넷플릭스가 한국을 비롯한 아시아 시장을 겨냥한 오리지널 콘텐츠 전략을 강화하는 것은 그 때문이다.

35) 인도 총인구, 2023년 내 중국 앞지르고 세계 1위 전망(2023.4.21.). https://www.kiep.go.kr/aif/newsBriefDetail.es?brdctsNo=345932&mid=a30100000000&systemcode=02

36) Shuchi Bansal(2023.7.28.). Extra regulation will kill OTT industry; https://www.hindustantimes.com/cities/mumbai-news/indias-ott-platforms-stressed-as-government-proposes-script-scrutiny-threatening-creative-freedom-and-growth-101690485575912.html

37) Nicholas Gordon(2022.4.20.). Asia only bright spot for Netflix amid global subscriber loss | Fortune

글로벌 OTT의 지배력이 가져오는 국내 사업자 간 합병

강력한 글로벌 플랫폼의 시장 진입은 자국 플랫폼의 인수 합병을 초래하기도 한다. 2023년 12월 5일 국내 OTT 티빙과 웨이브가 합병을 위해 MOU를 체결했다.[38] 미디어 산업의 선진국인 일본에서조차 넷플릭스의 경쟁력에 뒤처지지 않기 위해 일본 국내 OTT들 간의 합병이 이어지고 있는 상황이다. 2023년 3월 일본의 비디오 스트리밍 서비스 U-Next와 PPJ(Premium Platform Japan)가 경쟁이 치열해지는 해외 거대 기업이 지배하는 시장에서 살아남기 위해 합병할 계획이라고 발표했다. 일본에서 시장 점유율 기준으로 Netflix에 이어 2위인 유넥스트는 일본 콘텐츠 개발사 유센넥스트 홀딩스가 100% 소유하고 있으며 유료 가입자 수는 285만 명 정도인데 치열한 유료 동영상 스트리밍 시장에서 꾸준히 성장하고 있는 유일한 서비스다.[39]

이러한 국내 사업자간 합병은 결과적으로 창의 산업에서조차 거대 기업만 살아남을 수 있다는 분명한 메시지를 남긴다. <그림 6-4>에서 보는 것과 같이 일본에서 넷플릭스는 불과 11%의 점유율을 보이고 있음에도 불구하고 일본 내 OTT 기업 간 인수 합병이 일어난 것이다.

프랑스에서는 넷플릭스, 디즈니+, 아마존, 광고 측면에서 구글, 페이스북과 같은 미국 스트리밍 거대 기업과 경쟁할 수 있는 방송 강국을 만드는 것을 목표로 Bouygues라는 방송사가 프랑스 정부의 후원 하에 TF1과 합병하고, 독일 미디어 대기업 Bertelsmann이 소유한 M6를 인수할 계획을 발표했다. 그러나 그로 인해 국내 TV 광고 시장의 약 70%를 소유하는 결과로 이어져 독과점 문제가 예견되면서 프랑스경쟁규제당국이 이를 불허하기도 했다.[40]

38) 시사저널(2023.12.22). 넷플릭스 못 따라잡는 토종 OTT…절실한 정부 지원.

39) Nikkei(2023.2.17.). Japan's top streaming services to merge to take on Netflix, Amazon; https://asia.nikkei.com/Business/Business-deals/Japan-s-top-streaming-services-to-merge-to-take-on-Netflix-Amazon

40) Laura Kayali and Giorgio Leali(2022.9.19.). Adieu to France's Netflix; https://www.politico.eu/article/france-tv-tie-up-champion-benoit-coeure/

미국 콘텐츠의 세계 지배

넷플릭스의 세계 지배는 단순히 플랫폼 이용자 점유율의 지배를 넘어서서 콘텐츠 면에서 영화산업 전성기 때의 할리우드 지배와 같은 현상을 낳고 있다. 넷플릭스 콘텐츠의 세계 시장 지배력은 자체 제작 오리지널 콘텐츠에서 나타난다. 넷플릭스는 할리우드 스튜디오처럼 전 세계적으로 관객을 끌어 모을 수 있는 전략을 추구하고 있다. 2013년 <House of Cards>를 오리지널 콘텐츠로 첫 출시한 이후 그동안 넷플릭스 오리지널 작품은 양과 질의 측면에서 할리우드 영화 제작사와 경쟁할 수 있는 수준에 이르렀다. 넷플릭스 오리지널 제작물이 사상 처음으로 오스카상 후보에 오른 것은 이제 넷플릭스가 단순한 OTT 플랫폼이 아니라 할리우드 제작사들과 비슷한 경쟁력을 가지게 되었음을 의미한다. 넷플릭스는 2020년 에미상 후보에 160개의 작품을 올린 데 이어 2021년에도 아카데미상 후보에 35개의 작품을 올리는 성과를 거두었다. 2021년에 디즈니가 아카데미상 후보에 22개의 작품을 후보에 올린 것과 비교되는 부분이다.[41)]

남유원·손창욱·지성욱(2023)[42)]은 2020년 78개국의 연간 넷플릭스 Top100 차트를 대상으로 각각 미국, 자국, 한국 영화의 점유율을 분석하여 재미있는 결과를 도출하였다. <표 6-1>에서 보는 것과 같이 전체 78개국 OTT에서 미국 영화 점유율은 평균 67%대로 나타났으며, 자국 영화 점유율은 5%대로 나타나 글로벌 OTT 환경에서도 미국 영화의 지배력이 지속되고 있음을 알 수 있다. 한국 영화의 전 세계 OTT 인기가 매우 높은 것으로 나타나고 있지만 편수 점유율에 있어서는 약 2%대였으며 국가별로는 역시 한국에서 가장 높은 19%의 점유율을 보였다.

41) 정인숙(2022). 영화온라인시장전망 이슈페이퍼. 영화진흥위원회.

42) 남유원, 손창욱, 지성욱(2023). 글로벌 OTT 환경에서 영화 상품의 소비에 관한 연구. <방송통신연구>, 통권 제123호, 45-76.

<표 6-1>주요 국가의 미국, 자국, 한국 영화 점유율(편수)(단위:%)

국가	미국 영화 점유율	자국 영화 점유율	한국 영화 점유율	넷플릭스 오리지널
Argentina	63	4	1	43
Bangladesh	52	1	2	47
Brazil	66	6	0	47
Canada	81	2	0	38
Czech Republic	58	14	1	46
France	59	15	1	52
Germany	65	6	0	39
Hong-Kong	79	3	4	35
India	43	41	1	41
Italy	63	9	0	50
Japan	50	27	4	20
Singapore	72	2	4	34
South Korea	54	19	19	27
Spain	63	13	1	54
Taiwan	69	3	4	39
Thailand	60	9	10	29
Ukraine	78	0	1	56
United Kingdom	79	12	0	34
United States	77	77	1	42
Vietnam	64	3	4	31
78개국 평균	66.23	5.31	1.63	43.06

출처: 남유원, 손창욱, 지성욱(2023), 60쪽.

글로벌 OTT에 의한 자국 콘텐츠 시장의 황폐화

우리나라에서 넷플릭스의 시장 지배력은 아직 20%대에 머무르고 있지만 넷플릭스가 영상 콘텐츠 생태계에 미치는 영향은 적지 않다. 노동렬(2023)[43]은 글로벌 OTT의 시장 지배력이 국내 드라마 시장의 구조와 인센티브 체계를 변화시켰으며, 한국 제작 산업을 함정에 빠뜨리고 있다고 주장한다. A급 생산 요소와 제작사가 글로벌 쏠림 현상(global tipping)을 나타내면서 세계 시장에서 OTT 생태계 경쟁은 승자 독식 게임 성격이 심화하고 있으며, 후발 주자가 시장 지배력을 획득하기 위해서는 선점 사업자와 비교하여 상대적으로 막대한 투자가 필요하기 때문이라는 설명이다.

실제로 넷플릭스 쏠림 현상이 커지면서 티빙, 웨이브와 같은 국내 OTT들은 더 큰 적자 폭을 기록하였으며, 제작사에게 제작비 제안조차 못하는 상황인 것으로 알려졌다. 제작사의 '넷플릭스 줄서기'가 심화되면서 과거에는 어떤 작품을 영화나 드라마로 만드는 게 제작사의 결정이었고 이걸 넷플릭스로 가져갈지 개봉작으로 가져갈지도 제작사 몫이었지만 이제는 제작 방식에 대한 결정에도 넷플릭스가 영향을 미치는 슈퍼 갑이 될 가능성이 있다는 것이다.[44]

넷플릭스는 2016년 한국에 진출한 이후 2023년까지 1조 5천억 원 이상을 투자했다. 2023년 4월 미국 워싱턴 D.C에서 테드 서랜도스 넷플릭스 공동 CEO가 윤석열 대통령과 만난 자리에서는 지금까지의 투자액보다 2배가 넘는 25억 달러(약 3조 4천억 원)를 한국 콘텐츠에 투자하겠다는 계획을 발표했다. 그러나 이러한 대규모 투자가 국내 제작 산업의 제작 역량 강화로 이어졌다고 보기는 어렵다. <오징어게임>에서 보았듯이 넷플릭스가 제작비 전액을 지급하는 대신 한국 제작사가 부가 가치를 창출할 수 있는 지식 재산권(IP)도 함께 가져가기 때문이다. 2022년 넷플릭스의 국내 드라마 IP 확보가 42건이었는데 국내 최대 제작사인 CJ ENM은 34개에 그쳤다고 한다.[45]

43) 노동렬(2023). 드라마 시장의 '오징어 게임': 글로벌 OTT 생태계로 인한 인센티브 발생 체계의 변화를 중심으로. <한국방송학보>, 37(5), 5-51.

44) 한겨레(2023.4.26.). 넷플릭스의 4년 25억달러 투자, 정말 "파격적"일까?

45) 머니투데이(2023.6.13.). 넷플릭스 'IP 입도선매' 확대…K-제작사, 대항하려면 '세제혜택' 절실.

프랑스 같은 경우 글로벌 OTT로 인한 자국 콘텐츠 시장의 황폐화를 막기 위해 다양한 보호정책을 전개하고 있다. 첫째, 프랑스는 OTT 플랫폼 서비스를 통해 시청각 콘텐츠를 유통할 때, 유럽 제작 콘텐츠를 최소 30% 이상 제공해야 하는 유럽 연합 쿼터 제도인 '시청각 미디어 서비스 지침(Audiovisual Media Services Directive, AVMSD)'을 시행하고 있다. 둘째, 2021년 6월, 프랑스 문화부는 넷플릭스, 디즈니 플러스, 아마존 프라임 비디오 등 글로벌 OTT 플랫폼의 매출액 중 20%-25%를 프랑스 또는 유럽 콘텐츠 제작에 의무적으로 투자해야 한다는 내용의 법령 개정안을 공포했다.[46]

4
디지털 플랫폼 생태계의 동반 성장을 위한 국제적 노력

디지털 자립성

Transnational Institute에서 발간한 <디지털 식민주의: 유럽의 무역 정책 분석 보고서>(2021)는 유럽 연합(EU)의 디지털 무역 정책이 개도국들에게 미치는 영향에 대한 분석과 함께 개도국들이 디지털 자립성을 유지하고 발전시키기 위한 대안을 제시하고 있다.[47] 디지털 자립성(Digital Independence)이란 개도국들이 디지털 기술을 스스로 개발하고 활용할 수 있는 능력을 말한다. 디지털 자립성이 약화되면 개도국들은 유럽 등의 선진국들에 따라가기 위해 기술 이전 비용을 부담하거나 유럽 등의 기업들과 제휴해야 하는 등의 제한적인 선택지만 남게 될 수 있다.

46) 김현희(2022). 프랑스 OTT 플랫폼 정책 분석을 통한 한국 OTT 플랫폼 활성화방안. <문화산업연구>, 22(3), 127-135.

47) Sofia Scasserra and Carolina Martínez Elebi(2021). *Digital Colonialism : Analysis of Europe's trade agenda*. Transnational Institute. https://www.citizensforeurope.eu/learn/policy-briefing-digital-colonialism-analysis-of-europes-trade-agenda

보고서는 유럽의 디지털 무역 협정이 오히려 개도국들의 디지털 경제 발전을 방해할 수 있다는 우려를 제기하고 있다. 예를 들어, 유럽의 디지털 무역 협정이 지식재산권(IP) 보호 강화 등을 요구하는 경우, 개도국들은 이에 대한 대가로 높은 라이선싱 비용을 부담해야 할 수 있으며, 이로 인해 개도국들의 디지털 경제 발전이 제한될 수 있다는 것이다. 또한, 유럽의 디지털 무역 협정이 개도국들의 디지털 자유를 제한하는 경우도 있음을 지적한다. 유럽은 인터넷 검열 및 감시를 요구하는 경우가 있으며, 이로 인해 개도국들의 인터넷 자유와 개인 정보 보호 등의 권리가 침해될 수 있다는 것이다.

이러한 문제들에 대한 대안으로 보고서는 개도국들이 디지털 자립성을 유지하고 발전시키기 위해 오픈 소스 소프트웨어와 같은 무료 소프트웨어의 사용을 제안하고 있다. 이는 개도국들이 소프트웨어 개발에 높은 비용을 들이지 않고도 자신들의 디지털 경제를 발전시킬 수 있는 방법이 될 수 있다는 것이다. 또한 유럽과 기업이 협력하여 개도국들의 디지털 기술 발전을 지원하는 프로그램을 만들고, 개도국들이 자유롭게 기술을 전파하고 협력할 수 있는 환경을 조성하는 것이 중요하다고 제안하고 있다.

스탠포드대학교의 인간 중심 AI 연구소인 HAI(Human-Centered Artificial Intelligence)에서는 AI Decolonial Manyfesto를 출간하였다.[48] 원래 성명서를 뜻하는 메니페스토의 영어 manifesto의 mani를 many로 바꾸어 다양한 사람들의 비전을 뜻하는 말로 표현하고 있다. Manyfesto는 역사적으로 소외된 사람들이 자신의 품위 있는 사회 기술적 미래를 개발할 수 있도록 권한을 부여하는 다양한 관점의 기회를 제공하자는 주장을 담고 있다. 저자인 Mhlambi는 아프리카 언어를 사용하여 아프리카인이 AI에 액세스할 수 있도록 하는 것을 목표로 하는 AI 스타트업 Bhala의 설립자이기도 하다.

48) Katharine Miller(2022.3.21.). The Movement to Decolonize AI: Centering Dignity Over Dependency.;https://hai.stanford.edu/news/movement-decolonize-ai-centering-dignity-over-dependency

AI 탈식민화를 위한 노력

디지털 식민주의, 데이터 식민주의, AI 식민주의에 대한 전문가 집단과 시민 단체들의 비판적 시각과 이를 극복하기 위한 여러 가지 대안들이 제시되고 있다. 앞서 언급한 『연결의 비용』(The Costs of Connection, 2019)의 저자 Couldry와 Mejias는 데이터 식민주의에 의한 새로운 사회 질서에 도전해야 한다고 주장한다. 이미 용인되고 있는 놀라운 수준의 감시에 직면하여 인터넷을 탈식민화하고 연결에 대한 우리의 욕구를 해방시켜야 한다고 강조한다.

MIT Technology Review 기사에서는 AI 개발에 발언권이 없는 지역 사회와 국가, 즉 이전 식민 제국에 의해 이미 빈곤해진 지역 사회와 국가를 AI가 어떻게 빈곤하게 만들고 있는지 보여주면서 역사적으로 박탈당한 사람들이 자신의 문화, 목소리, 자신의 미래를 결정할 권리를 돌려주어야 한다고 주장한다. Karen Hao는 MIT 시리즈가 '탈식민 AI'가 어떤 모습일지에 대한 개념을 제공할 수 있고 우리가 탐구해야 할 것에 대한 시사점을 제공한다고 설명한다.[49]

Michalinos Zembylas(2021)는 고등 교육 및 학습에서 AI에 대한 탈식민주의적 접근 전략을 제시한다. 그는 알고리즘 식민성에 도전하는 탈식민 전략을 제안하면서 AI 기술을 재설계하고, 교육용 AI 소프트웨어 개발자와 사용자 모두 집단적 투쟁을 해야 하며, 윤리적 연대를 해야 한다는 주장을 전개하고 있다.[50] 그의 주장은 사실상 지나치게 이상적이고 비현실적인 측면이 없지 않지만 AI에 대한 탈식민주의적 접근 방식은 고등 교육 및 학습에서 교육자, 연구원 및 학생이 AI의 식민지성을 어떻게 조사하고 연구할 것인가에 대한 이론적 토대를 제공하고 있다는 점에서 의미가 있다.

49) Karen Hao(2022.4.19.). Artificial intelligence is creating a new colonial world order; https://www.technologyreview.com/2022/04/19/1049592/artificial-intelligence-colonialism/; https://www.technologyreview.com/supertopic/ai-colonialism-supertopic

50) Michalinos Zembylas(2021). A decolonial approach to AI in higher education teaching and learning : strategies for undoing the ethics of digital neocolonialism.;https://doi.org/10.1080/17439884.2021.2010094

앞서 언급한 Mohamed & Isaac(2020)은 AI 탈식민화의 핵심 개념으로 공정성, 안전성, 다양성, 정책, 저항 등을 제시한다.

첫째, 공정성(fairness)은 배제되는 집단이 없어야 한다는 것이다. 보호받는 사람이 누구인지 질문하고, 권력, 통제 및 헤게모니 구조에 내재된 식민주의의 연속성 상에서 특정 집단을 배제하고 있지 않는지 경계할 필요가 있다고 설명한다.

둘째, 안전성(safety)은 AI 영역이 인간의 가치와 적절하게 부합해야 한다는 것이다. AI 시스템이 학습한 암묵적 가치를 인간 사용자의 가치와 일치시킬 수 있는 방법을 식별하면서 가치에 대한 철학적 질문을 해야 한다. 누구의 가치와 목표가 대표되고 누가 이러한 가치를 표현하고 내장할 권한이 있는지 질문할 필요가 있으며, 사회 안전에 대한 논의를 기술 안전 문제와 통합해야 한다는 것이다.

셋째, 다양성(diversity)은 과학 및 기술 분야에서 보다 넓은 다양성과 포용성을 향한 노력이 이루어져야 한다는 것이다. 다양성은 팀과 조직이 생각하는 방식을 변화시켜 문제 해결에 대한 보다 교차적인 접근 방식을 가져올 수 있기 때문이다.

넷째, 정책(policy)은 개발 도상국에서 현지화된 AI 개발을 장려하거나 AI 거버넌스를 재검토해야 한다는 것이다. 때로는 이러한 노력을 지원하는 국제기구가 여전히 옛 식민 강대국 내에 위치하고 있기 때문이다.

다섯째, 저항(Resistance)이다. AI 자체가 오히려 체계적인 장소를 폭로함으로써 탈식민화 도구로 사용될 수 있다는 역설적 상황을 지적한다. AI 시스템은 특정 사회 기술적 프레임에 국한되어 있지만 그것이 오히려 테크노 솔루션주의 함정을 피하면서 탈식민 도구로 사용될 수 있다는 것이다.

연구자들은 아울러 AI 탈식민화를 위해서는 AI개발자들이 다음과 같은 노력을 해야 한다고 덧붙인다.

첫째, AI 기술을 개발할 때 맥락의 중요성을 강조해야 한다. 이 과정에서 AI의 궁극적인 배포와 적용을 고려해야 하며, 윤리적 지침에 따라 테스트해야 한다.

둘째, AI 개발자는 소외된 목소리에 귀를 기울이기 위해 노력해야 한다. 설계 프로세스에서 AI 시스템의 영향을 가장 많이 받는 피험자가 기계 학습 문제의 공식화, 데이터 선택 및 수집, 결과 모델의 적용에 대해 질문하고 조정할 기회를 갖도록 해야 한다는 것이다.

셋째, 전통적으로 특권층뿐만 아니라 사회의 모든 구성원이 자신의 AI 프로젝트를 시작하는 데 필요한 자원에 접근할 수 있어야 한다. 풀뿌리 조직을 지원하고 새로운 형태의 정서적 공동체를 만들고, 문화 간 대화를 고양시키며, 가능한 연대와 대안 공동체의 형태를 통해 AI 탈식민화를 위해 전 세계가 협력해야 한다는 것이다.

AI탈식민화 활동을 전개하는 비영리 단체

AI탈식민화를 위해 노력하는 비영리 단체들이 적지 않다. Data for Black Lives(D4BL)는 흑인의 삶에 구체적이고 측정 가능한 변화를 만들기 위해 데이터 과학을 사용한다는 목표를 가지고 활동하는 미국의 비영리 단체이다. 2만여 명 이상의 과학자와 활동가로 구성된 전국 네트워크를 통해 흑인 커뮤니티에서 데이터와 기술이 억압의 도구가 아닌 선을 위한 힘이 되는 미래를 목표로 활동하고 있다.[51]

Tierra Común는 라틴 아메리카 사람들이 데이터 탈식민화에 대해 논의하고, 아이디어를 공유하고, 변화를 목표로 네트워크를 형성하고, 한 달에 한 번 모여 세미나와 뉴스 레터를 준비하는 만남이다. 이 모임은 데이터의 탈식민화를 추구하는 활동가, 언론인, 인권 옹호자, 학계 및 시민들이 참여하고 있는데 아직까지는 라틴 아메리카에 초점을 맞추고 있지만 남반구 전체에 대한 새로운 식민주의를 거부하는 입장을 가지고 있다.[52]

알고리즘 저스티스 리그(Algorithmic Justice League)는 인공 지능의 성별 및 인종 편견을 보여주는 획기적인 연구를 주도한 컴퓨터 과학자 Joy Buolamwini

51) https://d4bl.org/

52) Tierra Común(2023.5.23.). https://www.tierracomun.net/

이 설립한 비영리 단체이다.[53] 이 단체는 공평하고 책임감 있는 AI를 향한 문화 운동을 주도하고 있는 단체로서 인공 지능의 사회적 영향과 해악을 조명하기 위해 특이하게도 예술과 연구를 결합한 조직이다. 알고리즘 차별에 대한 개인적인 경험에서 동기를 부여받은 시인이자 AI 연구원인 조이 박사는 1만 회 이상의 조회 수를 기록한 TED 특집 강연에서 자신의 이야기를 공유하면서 이 조직을 시작했다. 이 조직에 후원하는 단체로는 포드 재단, 맥아더 재단, 그리고 개인 기부자 및 후원자 등이 있다.[54]

딥러닝 인다바(Deep Learning Indaba)는 아프리카 AI 강화를 사명으로 하는 아프리카 기계 학습 및 AI 커뮤니티의 연례 회의이다. 2023년 3월에는 가나 아크라에서 기계 학습 및 인공 지능의 최신 기술에 대한 학습, 연구, 교환, 아이디어 및 토론의 일주일간의 행사를 진행했다.[55]

블랙인AI(Black in AI)는 2017년 컴퓨터 과학자 Timnit Gebru와 Rediet Abebe가 설립한 기술 연구 조직이자 동호회이다. 컨퍼런스 워크숍(Black in AI Workshop)으로 시작하여 조직으로 발전했으며, 2023년 제7회 Black in AI 워크숍은 NeurIPS 2023과 함께 개최되었다. 매년 컨퍼런스 논문을 공모하는데 컴퓨터 비전, 딥러닝, 지식 추론, 머신러닝, 멀티에이전트 시스템, 자연어 처리, 통계적 추론, 이론, 로보틱스, 보건, 교육 등 다른 분야에서의 AI 응용, AI의 공정성, 윤리성, 투명성 등 AI 분야의 논문을 모집하고 있으며 특히 AI 관련 분야 흑인 연구자들의 참여를 독려하고 있다. 이곳에 제출하는 논문에는 적어도 한 명의 흑인 연구원이 리드 또는 공동 저자로 참여해야 한다는 조건이 달려 있다. 아울러 AI, ML(machine learning) 및 관련 응용 분야(건강, 농업, 정치, 경제, 법률 등)의 흑인, 아프리카 및 디아스포라 커뮤니티 소속 연구자가 참여해줄 것을 권장하고 있다.[56]

53) Drew Lindsay(2023.7.31.). 33 Leaders Standing Up to Big Tech in the Age of A.I.; https://www.philanthropy.com/article/33-leaders-standing-up-to-big-tech-in-the-age-of-a-i

54) https://www.ajl.org/about

55) https://deeplearningindaba.com/2023/

56) https://blackinai.github.io/#/

MEMO

제3부

디지털 시민권 보호를 위한 책무와 규제

3부에서는 2부에서 다양한 예시로 설명한 디지털 플랫폼 자본주의의 문제점을 해소할 수 있는 방안들을 개인, 기업, 정부의 차원에서 디지털 시민권, 디지털 플랫폼 기업의 자율 규제, 국내외 법적 규제의 측면으로 나누어 설명하고자 한다. 7장에서는 디지털 시민으로서의 권리와 함께 디지털 시민 역량을 배양하기 위한 디지털 교육의 측면을 다루었고, 8장에서는 디지털 플랫폼 기업들이 스스로를 규율할 수 있는 자율 규제의 방향성을 소개하였으며, 9장에서는 국내외 관련 법제에 대해 살펴보았다.

7장

디지털 정체성과 디지털 시민권

디지털 자본주의 사회에서 개인은 디지털 정체성을 가져야만 생존할 수 있으며, 그에 따른 권리와 책임도 동시에 가지게 된다. 디지털 시민의 권리 보호를 위해서는 디지털 플랫폼에 대한 제대로 된 교육이 절대적으로 필요하며, 관련 활동 조직에 대한 이해와 참여 또한 중요하다.

1
디지털 정체성의 개념과 중요성

디지털 정체성의 개념

디지털 정체성(digital identity)이란 디지털 공간에서 자신임을 나타낼 수 있는 모든 정보 및 행위의 총체이다. 기본적으로 디지털 시스템에 접근할 수 있는 디지털 ID를 가져야만 확보될 수 있다는 점에서 '디지털 신원'과도 같은 의미로 사용된다. 지구상의 모든 인구가 디지털 신원이나 디지털 정체성을 가진 것은 아니다. ITU의 조사에 따르면 80억 전 세계 인구의 37%인 29억 명은 인터넷을 사용해본 적이 없는 것으로 추산되며, 이들 중 96%는 개발 도상국에 살고 있는 것으로 나타났다[1] 는 점을 고려할 때 전 세계적으로 상당히 많은 인구가 디지털 정체성을 가지는 것이 원천적으로 차단되어 있음을 알 수 있다.

디지털 신원과 유사한 개념으로 디지털 계정(account, user account)과 디지털 식별자(digital identifier)가 있다. 비슷해 보이지만 조금씩 의미가 다르다. 디지털 계정은 디지털 신원의 한 예이지만 디지털 신원이 항상 계정인 것은 아니다. 디지털 신원의 개념은 리소스(자원 혹은 데이터) 내 사용자의 존재를 나타내는데 이 존재는 항상 계정과 연결되지는 않기 때문이다. 구글 계정, 네이버 계정, 넷플릭스 계정 등은 디지털 신원과 연결되어 있는 경우이지만 계정 없이 디지털 공간에서 활동하거나 존재하는 경우도 많다.

한편 디지털 식별자(digital identifier)는 디지털 ID의 루트에 있는 데이터를 의미하며, 개인 정보 보호를 논의할 때 중요하게 고려되는 개념으로서 개인 식별 정보(PII, Personally Identifiable Information)라고도 부른다. 디지털 식별자는 실제 신원을 드러내는 정보가 있거나 없는 상태에서 응용 프로그램, 시스템 또는 웹사이트의 행동을 개인에게 귀속시키는 데 사용된다. 디지털 식별자는 액세스하는

1) 경향신문(2021.12.1.). 전 세계 37% "인터넷이 뭐죠?".

리소스에 따라 다를 수 있다. 회사 네트워크 및 리소스 내에서 조직 구성원은 직접적인 식별자(이름, 생년월일, 직책 등)를 갖게 되며, 웹에서 브라우징 데이터, 쇼핑 행동 및 기타 활동은 잠재적으로 개인 식별자를 포함하지 않고 디지털 ID를 구성하는 데 사용된다. IP 주소 또는 임의로 생성된 ID와 같은 데이터를 사용하여 사이트 내 또는 사이트 간 활동을 추적한다.

디지털 식별자 혹은 개인 식별 정보에는 다음과 같은 정보가 포함된다.[2)]

- 사용자 이름 및 암호 : 개인 이메일, 은행, 소셜 미디어 또는 스트리밍 서비스 계정에는 모두 디지털 ID가 필요하다.
- 생년월일 : 신원을 확인하는 데 사용되는 일반적인 디지털 식별자이다.
- 구매 또는 검색 기록 : 브라우징 및 쇼핑 활동이 추적되고 개인에 귀속되어 디지털 ID의 한 형태로 만들게 된다.
- 전자 거래 : 은행 업무, 구매 또는 모든 디지털 거래를 완료하려면 디지털 신원 및 인증이 필요하다.
- 정부 발급 신분증 : 사회보장번호(미국), 운전면허증 번호, 여권 번호 및 기타 문서는 디지털 신원을 확인하는 데 사용된다.

따라서 개인의 디지털 정체성 혹은 디지털 신원은 개인 식별 정보가 포함된 전자 파일인 셈이다. 디지털 정체성은 개인과 연결된 여러 계정, 자격 증명 및 권한으로 구성될 수 있으며, 애플리케이션, 네트워크, 크라우드 환경 내에서 개인 또는 엔티티(entity)의 존재를 나타내기도 한다. 엔티티는 정보(속성)를 구성하는 데이터 요소가 서로 어떻게 관련되어 있고 전체 정보가 더 큰 정보 환경과 어떻게 관련되어 있는지 나타내는 디지털 개체로서,[3)] 디지털 정체성이 꼭 사람에게만 해당되는 것은 아님을 보여준다.

2) Beyond Trust(2023.6.5.). Digital Identity.
https://www.beyondtrust.com/resources/glossary/digital-identity
3) Archives Terminology(2023.6.7.). Digital Entity. ; https://dictionary.archivists.org/entry/digital-entity.html

디지털 정체성이 중요한 이유

디지털 정체성은 디지털 세상에서 상호 작용하기 위해 만들고 사용하는 온라인 페르소나로서 디지털 세상에서는 매우 중요한 신원 확인 정보이다. 디지털 ID가 중요한 이유는 첫째, 디지털 신원이 우리에 관한 다양하고 민감한 정보에 접근하는 데 사용될 수 있기 때문이다. 여기에는 재무 정보, 의료 기록 등 다양한데 이 정보가 잘못된 사람의 손에 들어가면 금전적, 감정적, 심지어 육체적으로 우리를 착취하는 데 사용될 수 있다.

둘째, 디지털 신원은 온라인에서 우리를 사칭하는 데 사용될 수 있기 때문이다. 이른바 디지털 신원 사기이다. 누군가가 우리의 디지털 신원을 사용하여 우리 이름으로 스팸 또는 피싱 이메일을 보내거나 우리에 대한 정보를 수집하기 위해 가짜 소셜 미디어 프로필을 설정할 수 있다. 이로 인해 신원 도용, 금융 사기 및 기타 문제가 발생할 수 있다.

셋째, 디지털 신원을 사용하여 온라인 활동을 추적할 수 있기 때문이다. 자신의 정보가 마케팅 목적으로 사용될 수 있으며, 인지하거나 동의하지 않은 채 제3자에게 판매될 수도 있다.[4)]

따라서 방치된 디지털 계정은 리소스의 효율성을 떨어뜨릴 뿐만 아니라 불필요한 정보를 유출당하거나 악용될 가능성이 있기 때문에 반드시 삭제하는 것이 좋다. 불필요한 계정 삭제를 전문으로 하는 업체 이른바 디지털 장의사가 생겨난 것도 그런 이유 때문이다.

4) Beatrice Mastropietro(2022.9.26.). What Is Digital Identity and Why It Is Important?;https://www.coinspeaker.com/guides/what-is-digital-identity-and-why-it-is-important/

2
디지털 시민의 권리와 책임

디지털 시민권의 중요성과 원칙

디지털 시민(digital citizen)이란 디지털 공간에서 정체성을 가지고 살아가는 사회 구성원을 의미하며, 디지털 시민권(digital citizenship)이란 디지털 환경에서 적극적으로 참여하고, 책임감 있게 행동하며, 디지털 도구와 기술을 활용하여 문제를 해결하고 창의적으로 생각하는, 디지털 시민으로서의 권리이자 역량이라고 할 수 있다. 디지털 시민권은 디지털 정체성을 가진 시민의 권리와 역량의 총체적 개념으로 이해할 수 있다.

의료 IT 보안 회사인 Imprivata의 최고 기술 책임자 웨스 라이트(Wes Wright)는 디지털 세상은 컴퓨터가 우리에게 로봇이 아니라는 것을 증명하라고 요구하고 있고, 고용주, 의료 서비스 제공자, 온라인 쇼핑 아울렛에 이르기까지 지속적으로 우리에게 자신을 식별하도록 계속해서 요구하고 있기 때문에 디지털 정체성을 활용하는 능력은 국가는 물론 기업과 개인의 파워로 변환된다고 설명한다.[5)]

6장에서 언급한 Transnational Institute에서 발간한 <디지털 식민주의 : 유럽의 무역 정책 분석 보고서>(2021)에서는 기술 패권을 위한 전투에서 패배한 사람들은 평범한 사람들이라고 지적한다. 개인이 마땅히 가져야 할 권리를 제대로 가지지 못함으로써 결국 피해자가 되었다는 것이다. 때문에 디지털 약탈(digital extractivism)에 맞설 수 있는 유일한 해결책은 국가적으로 사회 구성원들에게 디지털 시민성을 갖출 수 있도록 제도화하는 것이라고 주장한다.[6)]

5) Wes Wright(2022.6.2.). Digital Identity : It's Way More Important Than You Thought. https://www.forbes.com/sites/forbestechcouncil/2022/06/02/digital-identity-its-way-more-important-than-you-thought/?sh=3b7c6de82eaf

6) Sofia Scasserra and Carolina Martínez Elebi(2021). Digital Colonialism : Analysis of Europe's trade agenda. Transnational Institute. https://www.citizensforeurope.eu/learn/policy-briefing-digital-colonialism-analysis-of-europes-trade-agenda

국내외 주요 국가들은 법률과 선언을 통해 디지털 시민으로서 마땅히 가져야 할 권리를 보장하고 디지털 혁신의 가치를 제시하고 있다. 유럽연합집행위원회(EC)는 2022년 12월 디지털 혁신을 위한 지속 가능하고 인간 중심적인 비전을 촉진하는 '디지털 권리와 원칙 선언'(European Declaration on Digital Rights and Principles)을 발표하였다. 이 원칙에는 다음과 같이 크게 5가지의 내용을 담고 있다.[7)]

- 디지털 혁신의 중심에 사람을 두는 것
- 연대와 포용에 대한 지지
- 온라인 선택의 자유 보장
- 디지털 공공 공간 참여 촉진
- 개인의 안전, 보안 및 역량 강화

우리나라는 2023년 9월 25일 과학기술정보통신부가 디지털 환경에서의 자유와 권리, 공정과 안전 등의 원칙을 담은 '디지털 권리 장전'의 전체 내용을 공개했다. 대체적으로 2022년 EC의 '디지털 권리와 원칙 선언' 내용과 유사하다. 구체적인 내용을 살펴보면, 제1장에서는 '디지털 공동 번영 사회 구현'을 위한 기본 원칙으로, 디지털 환경에서의 자유와 권리 보장, 디지털에 대한 공정한 접근과 기회의 균등, 안전하고 신뢰할 수 있는 디지털 사회, 자율과 창의 기반의 디지털 혁신의 촉진, 인류 후생의 증진 등 총 5가지를 규정하였다. 제2장부터 제6장에서는 5가지 기본 원칙을 구현하기 위한 시민의 보편적 권리와 주체별 책무(국가·기업·시민)를 세부 원칙의 형태로 규정했다. 예를 들면, 디지털 환경에서의 '자유와 권리 보장(제2장)'을 위해 키오스크 등에 차별 없이 접근할 수 있어야 한다는 '디지털 접근의 보장', 자신의 정보에 대한 열람·정정·삭제·전송을 보장하는 '개인 정보의 접근·통제', 플랫폼 노동, 원격 근무 등과 관련된 '디지털 근로·휴식의 보장' 등의 내용이

7) European Commission Press Release(2022.12.15.). Digital Rights and Principles: Presidents of the Commission, the European Parliament and the Council sign European Declaration.; https://ec.europa.eu/commission/presscorner/detail/en/ip_22_7683

포함되어 있다.[8] 다만 처음에 '권리 장전'이라는 명칭을 부여했다가 다시 학계의 의견을 수렴해 '디지털 공동 번영 사회의 가치와 원칙에 관한 헌장'을 제명으로 설정했다. 디지털 권리 장전은 약칭이자 부제로서 부연하기로 했다.[9]

미국의 플로리다주는 2023년 7월 데이터 개인정보보호법을 제정했다. 이 법은 원래 플로리다 디지털 권리 장전(FDBR, Florida's Digital Bill of Rights)이었는데 버지니아, 콜로라도, 유타 등 다른 주의 유사한 개인정보보호법을 반영하여 새로운 법으로 제정한 것이다. FDBR은 연간 총 수익이 10억 달러이고 수익의 50% 이상을 디지털 광고 판매로 얻거나 최소 250,000개의 다양한 소프트웨어 애플리케이션을 제공하는 앱 스토어 또는 디지털 배포 플랫폼을 운영하거나 스마트 스피커 및 음성 명령 서비스를 운영하는 회사에 적용된다.[10]

디지털 시민의 법적 권리

디지털 시민으로서 가져야 할 법적 권리는 매우 다양하다. 특히 디지털 신원이 중요한 디지털 플랫폼 자본주의 하에서는 개인정보보호법에서 규정하고 있는 법적 권리가 중요하다. 9장에서 플랫폼에 대한 입법 규제를 설명하겠지만 그러한 입법 규제는 플랫폼 기업 입장에서는 규제로 작용하지만 디지털 시민 입장에서는 권리를 보호받을 수 있는 제도적 장치인 셈이다. 우리나라는 2023년에 개인정보보호법을 대폭 개정하여 정보 주체의 권리 보호를 강화하였다. 개인정보보호법 제4조(정보 주체의 권리)에는 다음과 같은 권리를 명시하고 있다.

① 개인 정보의 처리에 관한 정보를 제공받을 권리
② 개인 정보의 처리에 관한 동의 여부, 동의 범위 등을 선택하고 결정할 권리

8) 대한민국 정책브리핑(2023.9.25.). 디지털 환경에서 자유와 권리 보장… '디지털 권리 장전' 발표.
9) 뉴시스(2025.9.25.). 글로벌 디지털 질서, 韓이 이끈다… 디지털 권리 장전 발표.
10) Sunaina Ramesh , Paul F. Schmeltzer(2023.7.11.). Florida's Digital Bill of Rights Becomes Law; https://www.clarkhill.com/news-events/news/floridas-digital-bill-of-rights-becomes-law/

③ 개인 정보의 처리 여부를 확인하고 개인 정보에 대한 열람(사본의 발급을 포함한다. 이하 같다) 및 전송을 요구할 권리
④ 개인 정보의 처리 정지, 정정 · 삭제 및 파기를 요구할 권리
⑤ 개인 정보의 처리로 인하여 발생한 피해를 신속하고 공정한 절차에 따라 구제받을 권리
⑥ 완전히 자동화된 개인 정보 처리에 따른 결정을 거부하거나 그에 대한 설명 등을 요구할 권리

2020년 8월부터 개인정보보호법, 정보통신망법, 신용정보법 개정안 등 이른바 '데이터 3법'이 시행되었는데 이중 신용정보법 개정안에서는 마이 데이터(My Data) 개념을 신설하였다. 이는 '개인 신용 정보 이동권'으로서 개인이 자기 데이터를 관리하는 것을 넘어서서 능동적으로 활용할 수 있는 권리를 의미한다. 정보 주체가 정보를 보유한 기관에게 그 정보를 제3자 또는 자신에게 이동시키도록 요구할 수 있는 권리이다. 예를 들면 고객이 금융이나 공공 분야 여러 기관에 흩어져 있는 신용 정보를 한눈에 파악하고 관리할 수 있도록 하고 있게 된 것이다.[11]

그밖에도 디지털 시민권의 법적 권리에는 인터넷 접근 이용권, 익명 표현의 자유, 개인 정보 자기 결정권, 잊혀질 권리, 디지털 정보에 대한 형사 절차적 권리, 디지털 콘텐츠에 대한 지식 재산권자의 권리, 차별받지 않을 권리, 개인 정보 통제권, 피해 구제 행동권 등 매우 다양하다.[12]

디지털 시민으로서의 권리 확보는 플랫폼 기업으로부터의 개인 정보 보호도 문제지만 정부로부터의 감시에서도 보호될 필요가 있다. 먼로 프라이스(Monroe E. Price, 2002)[13]는 저서 『미디어와 주권』(Media and Sovernity)에서 정치적 목적을 위해 국가가 미디어를 규제하는 다양한 사례들을 설명하고 있으며, 국가가 시민들

11) 마이 데이터와 관련해서는 이성엽 편(2022). 『마이 데이터와 법』.(서울: 박영사)에 자세한 내용이 나와 있다.
12) 정보통신신문(2022.12.1.). "디지털 권리 장전, 특정 계층 집중 아닌 보편적 '설계' 관점 접근 필요"
13) Monroe E. Price(2002). Media and Sovereignty: The Global Information Revolution and Its Challenge to State Power, Illustrated edition. The MIT Press.

에게 도달하는 정보의 형태를 어떻게 통제하는지에 대해 강조하고 있다.

국내에서도 이런 문제에 대한 우려가 있다. 디지털 정보에 대한 형사 절차적 권리 측면에서 디지털 증거를 확보하기 위한 검찰과 경찰의 선별 없는 압수 수색은 사생활의 비밀과 자유, 정보에 대한 자기 결정권 등을 중대하게 침해할 우려가 있으며, 언제든지 별건 수사로 이어져 피의자에 대한 부당한 압박 수단으로 활용될 위험성도 있다는 것이다. 2012년 국가인권위원회 '사이버 수사 및 디지털 증거 수집 실태 조사' 보고서를 보면, 디지털 증거를 압수·수색당했던 18명 가운데 88.3%가 '사생활 침해'를 당했느냐는 질문에 '매우 그렇다'고 답했다.[14]

개인정보열람요구권의 행사

개인 정보 열람 요구권은 정보 주체가 개인 정보 처리자가 처리하는 자신의 개인 정보에 대한 열람을 해당 개인 정보 처리자에게 요구할 수 있는 권리로서 개인정보보호법 제35조에 규정하고 있다. 김하나 변호사는 무엇보다도 정보 주체의 권리인 개인 정보 열람 요구권 등을 적극적으로 행사해야 한다고 강조한다.[15] 열람을 요구할 수 있는 내용은 다음과 같다.

- 개인 정보의 항목 및 내용
- 개인 정보의 수집·이용의 목적
- 개인 정보 보유 및 이용기간
- 개인 정보의 제3자 제공현황
- 개인 정보 처리에 동의한 사실 및 내용
- 정보 주체가 직접 제공한 개인 정보 이외에 제3자 또는 공개된 정보원으로부터 수집한 개인 정보

14) 한겨레(2023.6.1.). "오래 전 아들 휴대전화까지 싹 다 털려"…압수 수색 손볼 때 됐다.; 국가인권위원회(2012). <사이버 수사 및 디지털 증거 수집 실태 조사>.

15) 김하나(2023.6.23.). 빅테크로부터 개인 정보를 지킬 수 있는 정보 주체의 권리. 시민사회포럼 <빅테크:인권과 민주주의를 위협하는 거인들> 세미나 발제문.

- 개인 정보 처리자가 생산한 개인 정보(신용 평가, 인사 평가, 거래 내역, 진료 기록 등)
- 서비스 제공 등의 과정에서 자동적으로 생성된 개인 정보(수발신 내역, 입출 기록, 쿠키, 로그 기록 등)

열람 방법은 공공 기관의 경우 해당 기관에 직접 요구하거나 개인 정보 포털(privacy.go.kr)에서 신청할 수 있고, 민간 분야의 경우 해당 웹 사이트 하단 '개인 정보 처리 방침'에서 확인가능하다. 진보네트워크센터(act.jinbo.net)에서는 개인 정보 열람권 행사 캠페인을 적극적으로 전개하고 있다.

개인 정보 침해 신고 제도의 활용

개인정보보호법 제62조(침해 사실의 신고 등)에는 누구든지 자신의 개인 정보에 관한 권리 또는 이익을 침해받은 경우에는 개인정보보호위원회가 개인정보보호법 등 관련 법령에 따라 신고 접수 전문 기관으로 지정한 한국인터넷진흥원(KISA)의 개인정보침해신고센터에 피해 내용을 신고할 수 있도록 되어 있다. 개인정보침해신고센터에 신고 접수된 사항은 정부의 조사 계획에 따라 당사자를 조사하게 되며 법규 위반 여부 결정 및 위반 사항 정도에 따라 조치한 뒤, 그 결과를 신고자에게 알려주도록 되어 있다. 아울러, 개인 정보 보호와 관련된 궁금한 사항이나 자신의 권익 내용에 관한 사항을 개인정보침해신고센터에서 상담받을 수도 있다.[16)]

개인 정보 보호의 중요성에도 불구하고 국민들의 개인 정보 보호 인식은 사실상 높지 않은 수준이다. 2023년 개인정보보호법을 개정하면서 매년 9월30일을 '개인정보보호의 날'로 지정하고(법 제13조의2), 공공 기관 767개와 민간 기업 17개 등 총 784개의 기관 및 기업이 참여해 개인 정보 보호 활동을 집중적으로 실시[17)]한 것은 긍정적으로 평가할 수 있는 부분이다. 개인 정보 관련 업무를 담당하고 있는 정부 부처는 2020년 출범한 '개인정보보호위원회'로서 여러 부처에 분산돼 있던 개인 정보 보호 감독 기능을 통합해 장관급 부서로 승격됐다.

16) 개인정보보호위원회(2023.9.12.). https://www.pipc.go.kr

17) 프라임경제(2023.9.11.) 개인정보위, 공공·민간 함께 개인정보 보호문화 확산.

3
디지털 미디어 교육의 패러다임 전환

정보 주체로서의 권리에 대한 교육 강화

현재 방송법 등에 규정되어 있는 미디어 주권, 시청자 주권, 미디어 규제는 모두 방송이 가장 영향력이 있는 매체일 때 형성된 개념인데 이제 영향력 있는 매체의 순위가 바뀌었으므로 미디어 교육의 패러다임도 바뀔 필요가 있다. 스마트폰, 모바일 매체가 가장 영향력이 있으며, 소셜 미디어가 중요한 뉴스 매체로 이용되고 있고, 콘텐츠는 방송 콘텐츠가 아니라 유튜브나 OTT 콘텐츠가 가장 영향력이 커진 점을 고려할 필요가 있다.

미디어 주권 개념 역시 방송에 머물러서는 안 되며, '영향력'이라는 관점에서 모든 미디어 교육의 패러다임을 재구조화해야 한다. 단순히 시청자가 아니라 '미디어 소비자'로서 영향력 있는 매체에 대한 생산과 소비 능력을 진작시키고, 영향력 있는 매체로부터 정보를 얻을 수 있는 능력을 배양할 수 있고, 영향력 있는 매체의 콘텐츠에 접근할 수 있고, 영향력 있는 매체로부터 나타나는 역기능으로부터 보호받을 수 있도록 미디어 교육을 재설계해야 한다.

물론 메타버스와 같은 새로운 매체에서도 과거의 미디어 교육 패러다임이 여전히 유효한 측면이 있다. 예를 들면 박소영(2023.1.14.)[18]은 메타버스 성범죄 피해 방어 기제 영향 요소에 대해 설명하면서 미디어와 정보에 대한 비판적 해석 태도나 능력이 강할수록 메타버스에 대해 비판적이거나 선택적 수용할 수 있고, 고관여의 피해를 낮추거나 피해의 조절이 가능할 수 있다고 주장한다.

전국에 시청자 권익 보호 단체가 많이 존재하지만 올드 미디어 중심의 권익 보호와 교육이 많은 것이 사실이다. 그동안 미디어 교육은 주로 미디어 바로 보기, 미디어 활용 역량, 콘텐츠 제작 역량에 초점을 맞추어 교육되어 온 측면이 없지 않

18) 박소영(2023.1.14.). 메타버스 성범죄 피해의 방어 기제에 대한 소고 : 미디어 심리학적 관점에서. 여성컴 뉴미디어 연구회 월례세미나.

다. 플랫폼 자본주의, 데이터 경제가 구조화되고 있는 사회에서는 디지털 플랫폼에 대한 이해와 함께 정보 주체로서의 권리에 대한 교육을 강화할 필요가 있다.

디지털 시민이라면 자신의 권리가 무엇인지 이해하고 권리가 침해될 경우 구제받을 수 있는 절차가 무엇인지 알 수 있어야 하고, 알아야 하고, 알 수 있도록 교육해야 한다. 사용자는 온라인에서 다른 사용자의 권리가 침해될 때 신고해야 할 수도 있고, 모든 연령대의 인터넷 사용자는 권리 침해 발생 시 콘텐츠 무시, 모욕적인 발언을 한 사람 차단 또는 신고의 주요 조치를 알 수 있도록 교육해야 한다.[19)]

개인 정보 보호 교육을 성폭력 예방 온라인 교육이나 각종 의무 교육처럼 시행할 필요가 있다. 나이든 세대에게 개인 정보 설정과 관련된 정보는 어려운 부분이 있다. 디지털 신원의 정체성 보호와 개인 정보 교육 차원에서 쿠키 교육은 강조해도 지나치지 않다. 젊은 부모들도 자녀들의 사진을 인터넷에 업로드하는 등 쉽게 저지르는 잘못도 있다. 쉐어렌팅(sharenting)이 대표적인 예이다. 아이의 양육 과정을 기록하면서 아이의 사진이나 일화를 공유하는 것은 개인의 사적 기록이지만 아이의 개인 정보 보호 차원에서 의도하지 않은 결과를 가져올 수 있다.

자녀가 온라인에서 안전하게 지내도록 도울 수 있는 교육도 적극적으로 행해져야 한다.

- 온라인 보안 및 개인 정보 보호에 대해 교육
- 소셜 미디어 및 기타 웹 사이트에서의 활동 모니터링
- 사용하는 서비스에 대한 서비스 약관 읽기
- 사용자 데이터에 대한 액세스를 허용하기 전에 타사 앱 조사
- 타깃 콘텐츠와 광고를 인식하는 방법 교육
- 개인 정보 보호를 위한 새로운 법률 이해
- 비밀번호나 전화번호 등의 개인 정보를 온라인에서 낯선 사람과 공유하지 않도록 하기

19) Council of Europe(2023).

모든 사이트와 앱이 데이터 수집 및 판매 관행에 참여한다고 가정하고, 가능하다면 가입이나 소셜 미디어 프로필을 사용한 로그인이 필요하지 않은 앱과 사이트를 사용해야 한다. Kidsrox에서는 개인 정보를 지키기 위한 방법을 다음과 같이 제안하고 있다. [20)]

첫째, 항상 서비스 약관을 읽어야 한다. 작은 글씨로 된 약관을 자세하게 읽기가 어렵지만 개인정보 침해가 다반사로 발생하는 프라이버시 저커링(Privacy Zuckering) 시대에는 꼭 읽어야 한다. 기업이 동의 없이 사용자 데이터를 수집할 수 있도록 허용하는 조항을 삽입하는 경우가 많으므로 서비스에 가입하기 전에 서비스 약관 및 기타 법적 문서를 읽어 보는 것이 중요하다. 인스타그램 및 스탭챗과 같은 회사는 특별히 거부하지 않는 한 사용자 위치 데이터 수집을 허용하는 조항을 포함하였다가 적발되기도 했다.

둘째, 제3자 서비스에 주의해야 한다. 기업에서는 명시적인 동의 없이 사용자 데이터에 액세스할 수 있는 서비스를 제공하는 경우가 많다. 예를 들어, 일부 타사 앱이 작동하려면 사용자의 위치 데이터나 연락처 목록에 대한 액세스가 필요할 수 있다. 앱에 개인 정보에 대한 액세스 권한을 부여하기 전에 서비스를 조사하고 어떤 데이터를 수집하고 있는지, 해당 데이터를 어떻게 사용하는지, 그리고 대안이 가능한지 파악하는 것이 중요하다. 회사가 의심스럽거나 침해적인 것처럼 보이면 사용자 데이터에 대한 액세스 권한을 부여하지 않는 것이 가장 좋다.

셋째, 타깃 콘텐츠와 광고에 주의해야 한다. 때로는 개인 정보 침해를 방지하는 가장 좋은 방법은 회사가 사용자 데이터를 사용하는 방법을 아는 것이다. 회사에서는 종종 사용자가 제품을 구매하거나 특정 링크를 클릭하도록 유도하기 위해 타깃 광고 및 콘텐츠를 사용한다. 콘텐츠가 사용자에게 특별히 맞춤화되었다는 것을 인식함으로써 사용자는 해당 자료에 참여할지 여부에 대해 정보에 입각한 결정을 내릴 수 있으며, 특정 추적 설정을 확인함으로써 사용자는 회사가 액세스

20) Kidslox(2023.2.13). 개인 정보 보호 저커링(Privacy Zuckering) : 이것이 무엇이며 우리는 이를 방지할 수 있습니까?; https://kidslox.com/guide-to/privacy-zuckering/

할 수 있는 개인 데이터의 양을 제한할 수 있다.

넷째, 개인 정보 보호에 관한 법률을 이해할 필요가 있다. 사용자가 최신 개인 정보 보호 법률 및 규정을 최신 상태로 유지하는 것이 중요하다. 단순히 팝업을 클릭하여 제거하기보다는 시간을 내어 메시지를 읽고 회사가 어떤 데이터를 수집하고 있는지, 어떻게 사용하고 있는지, 그리고 이것이 정말로 필요한지 이해하는 시간을 가져야 한다. 그러려면 이러한 메시지 뒤에 숨겨진 법률을 이해해야 한다.

한편 웰 다잉(well dying)의 차원에서 잊혀질 권리(Right to be forgotten)를 존중받을 수 있도록 디지털 발자국(digital footprints) 지우기와 관련된 교육도 필요하다. 디지털 정체성과 신원을 가지고 살 수밖에 없는 디지털 세상인만큼 디지털 신원 소멸에 대한 사전 준비 교육도 중요하다. '디지털 발자국'은 은행 계좌부터 로열티 프로그램, 이메일, 사진, 웹 사이트, 소셜 미디어 프로필에 이르기까지 우리의 모든 디지털 신원을 포함한다. 외국에서는 이미 오래전부터 유언장에 디지털 발자국과 관련된 내용을 포함시키고 있다.[21)]

쿠키 설정과 쿠키 피로 극복

인터넷 정보를 이용할 때 가장 많이 당면하게 되는 것이 쿠키이다. 제4장에서도 언급하였듯이 쿠키의 종류는 매우 다양하며 쿠키의 자기 설정을 통해 어떤 쿠키를 수집해 가는지 파악할 필요가 있다. 특히 제3자에 의한 영구 쿠키는 책임자(쿠키 데이터에 액세스할 수 있는 사람)도 복잡해질 수 있으며, 남용 가능성이 높기 때문에 쿠키에 대한 경각심을 가질 필요가 있다. 유럽 연합의 일반 데이터 보호 규정은 위반 시 여러 가지 경고를 담고 있는데 사용자가 웹 사이트를 검색할 때 데이터에 무슨 일이 일어나고 있는지 이해하지 못하는 경우가 많다.[22)]

21) https://life-loss.com/what-happens-to-my-digital-footprint-when-i-die/; How To Manage A Digital Legacy After Someone Dies(2023.7.30.). https://www.funeralocity.com/blog/how-to-manage-a-digital-legacy-after-someone-dies/

22) Sarah Biely(2019). The Ethics of Cookies : Exploring the Collection of Big Data and Its Ramifications.;https://scholarship.depauw.edu/cgi/viewcontent.cgi?article=1103&context=studentresearch

무엇보다도 쿠키의 유형을 잘 이해하고 쿠키를 거부하거나 꼭 필요한 쿠키에 대해서만 허용하는 습관이 제일 중요하다. 제4장에서 설명한 쿠키의 유형을 잘 이해하고 적절하게 쿠키 설정을 할 수 있도록 습관화하는 교육이 필요하다. '꼭 필요한 쿠키'만 허용하고 나머지 쿠키는 거부하며, 특히 타깃팅 쿠키는 거부하도록 해야 한다.

쿠키 팝업 차단기를 사용하는 것도 쿠키 팝업을 피하는 쉬운 방법 중의 하나이다. 쿠키 팝업 차단기는 모든 쿠키 알림이 화면에 표시되지 않도록 차단하는 브라우저 확장 프로그램이며, 웹 사이트가 쿠키로 사용자의 활동을 추적하려고 할 때 이를 감지하여 작동한다.

브라우저 설정에서 쿠키를 비활성화하는 방법도 있다. 이렇게 하면 웹 사이트가 컴퓨터에 쿠키를 저장하는 것을 막을 수 있다. 그러나 로그인 상태를 유지하거나 기본 설정을 기억하는 것과 같이 쿠키에 의존하는 웹 사이트의 많은 기능을 사용하지 못하는 단점이 있다.[23)]

쿠키 배너를 통해 이용자의 데이터가 수집되고 있다는 것을 알리게 된 것은 2018년 유럽 연합에서 시행된 포괄적인 데이터 개인정보보호법인 GDPR(General Data Protection Regulation)과 2002년에 처음 제정되고 2009년에 개정된 ePrivacy 지침이라는 유럽의 두 가지 법률 때문이다. 기업은 수집하는 데이터와 그 목적에 대해 공개해야 하고, 모든 사람은 자신의 모든 개인 데이터를 보고, 제어하고, 삭제할 수 있는 권리를 명시한 것이다.

9장에서 다시 언급하겠지만 유럽의 개인정보 보호법(GDPR)은 세계에서 가장 포괄적인 데이터 개인 정보 보호 표준 중 하나로서 기업이 개인 식별 정보를 처리하는 방법에 대한 권한과 통제권을 소비자에게 부여하고 있는 규정이다. EU 규정이지만 상당수의 국가가 이를 원용한 개인정보보호법을 제정하고 있으며, GDPR은 경우에 따라 적용범위가 EU 외부의 기업에까지 확대되기도 한다.[24)]

23) Nidhi Singh(2023.1.8.). How to Avoid Cookie Pop-Ups and Protect Your Privacy. https://www.jumpstartmag.com/how-to-avoid-cookie-pop-ups-and-protect-your-privacy/

24) Dara Steele-Belkin(2023.2.24.). Why you need to pay attention to data privacy(your longevity depends on it). https://www.globalpayments.com/en-gb/insights/2022/05/17/why-you-need-to-pay-attention-to-data-privacy

쿠키 알림은 개인 정보를 보호하기 위한 것이지만 이용자 입장에서는 매우 성가시고 오히려 개인 정보 보호 차원에서 효과적이지 않을 때도 있다. 쿠키 동의 메커니즘은 사용자가 새로운 웹 사이트를 방문할 때마다 쿠키 배너가 팝업되는 등 매우 복잡하며, 사용자가 충분한 정보에 입각한 결정을 내릴 수 없도록 하거나 그렇지 않으면 반드시 선택하지 않았을 선택을 유도하는 혼란스러운 방식으로 제시되는 경우가 많기 때문이다.

그로 인해 사람들이 복잡한 쿠키 배너에 지쳐서 오히려 개인 정보 보호 기본 설정을 표현하는 것을 포기하는 '쿠키 피로'(cookie fatigue)의 역설을 낳고 있다. 나아가 플랫폼에 의한 개인 정보 유출 사례는 매우 빈번해져서 사실상 개인 정보 보호 둔감증을 가져오고 있기도 하다. 유럽연합집행위원회(European Commission)는 이러한 문제점을 심각하게 인식하면서 온라인 추적에 대한 소비자 인식을 개선하는 방법과 함께 사용자에게 보다 쉽게 투명한 정보를 제공하도록 하고 있다. 또한 소비자가 정보 과부하(information overload)를 피하면서 자신이 선택한 개인 정보 보호의 영향에 대해 포괄적이고 이해하기 쉽게 정보를 얻을 수 있도록 하는 방안을 강구하고 있다.[25]

디지털 사용자 윤리

테크-페미 활동가 조경숙은 인공 지능 윤리가 개발사가 지켜야 하는 원칙으로만 논의되는 경향이 있는데 사용자 윤리 문제 역시 심각하다고 지적한다.[26] 캐나다의 디지털미디어리터러시센터 Media Smarts에서는 디지털 시민으로서 책임을 다하기 위해 다음과 같이 개인이 취할 수 있는 영역별 행동 가이드라인을 제시하고 있다.[27]

25) Luca Bertuzzi(2023.4.7.). Cookie fatigue: The questions facing the EU Commission initiative. https://www.euractiv.com/section/data-privacy/news/cookie-fatigue-the-questions-facing-the-eu-commission-initiative/

26) 장슬기(2023.9.2.). "딥페이크 성범죄에 활용 가능, 카톡 프사 캡처 막아달라". <미디어오늘>.

27) Media Smarts(2023.6.6.). What is Digital Citizenship?; https://mediasmarts.ca/digital-media-literacy/general-information/digital-media-literacy-fundamentals/what-digital-citizenship

• 공감과 커뮤니티 구축

- 온라인에서 혐오와 편견을 보면 밀어낸다.
- 온라인에서 혐오 및 괴롭힘을 보면 신고한다.
- 혐오를 지지하는 플랫폼과 광고주를 보면 항의한다.
- 온라인 커뮤니티의 가치를 형성하기 위해 목소리를 높인다.

• 긍정적인 기술 사용

- 디지털 도구를 사용하여 친구 및 가족과 연결한다.
- 커뮤니티에서 적극적인 시민이 되기 위해 디지털 도구를 사용한다.
- 특정 목적을 위해 특정 시간에 디지털 장치를 도구로 사용한다.

• 정보 공유

- 정보를 공유하기 전에 평판이 좋은 출처를 확인한다.
- 내가 알고 있는 유용하고 신뢰할 수 있는 정보를 공유한다.
- 잘못된 정보에 대해서는 바로 잡을 수 있도록 도전한다.
- 온라인에서 정보를 볼 때 다음과 같이 질문한다.
  내가 이것에 대해 이미 알고 있는 것은 무엇인가?
  왜 나는 그것을 믿거나 반증하고 싶은가?
  무엇이 내 마음을 바꾸게 만드는가?

• 권리, 프라이버시 및 윤리

- 개인 정보를 관리하기 위해 도구, 설정 및 기본 설정을 사용한다.
- 온라인에서 정보를 공유할 때 다른 사람의 사생활을 존중한다.
- 음악, 게임, 비디오와 같은 콘텐츠에 윤리적으로 액세스한다.
- 공정 거래 권리를 사용하는 방법을 숙지한다.
- 시민, 소비자, 인간으로서 나의 권리와 온라인에서 이를 주장하는 방법을 숙지한다.

관심 관리의 자기 조절 교육, 비판적 무시

제3장에서 설명한 관심 경제 시대에는 지속적인 정보 과부하 속에서 개인이 자신의 관심을 효과적으로 관리할 수 있는 능력이 필요하다. 알자지라의 선임정치분석가 Marwan Bishara은 교육자이자 예술가인 Jean Odell의 2019년 저서 『아무것도 안하는 법』(How to Do Nothing)를 인용하며 관심 경제 시대에서는 아무런 관심을 주지 않는 것이 곧 행동이라는 입장을 취한다.[28] 하이테크 플랫폼, 소셜미디어 회사 및 정보 생태계가 복잡한 알고리즘을 사용하여 전략적으로 우리의 관심을 끌고 확장하며 이익을 위해 상품화하기 때문이다. 포착된 관심이 클수록 이익도 커진다. 그런 의미에서 '아무것도 하지 않는 것'은 삶의 질이 아닌 끊임없는 경쟁, 잉여 생산, 과소비로 삶의 기준이 결정되는 자본주의에 대한 비판이 될 수도 있다는 주장이다.

디지털 세계에는 전 세계의 도서관을 합친 것보다 더 많은 정보가 포함되어 있는데 우리가 접하는 모든 정보와 출처를 통해 비판적으로 생각하면 우리가 힘들게 식별한 귀중한 정보를 실제로 읽을 시간이 없기 때문에 우리를 완전히 마비시킨다. 애당초 무시했어야 할 출처에 비판적 사고를 투자한다는 것은 악의적인 행위자가 원하는 관심을 주는 것일 수 있다.

'비판적 무시'(Critical ignoring)는 무엇을 무시하고 자신의 제한된 주의력을 어디에 투자할지 선택하는 능력이다. 비판적 무시는 단순히 주의를 기울이지 않는 것 이상으로서 정보의 과잉에 직면하여 마음 챙김과 건전한 습관을 실천하는 것이다. 디지털 플랫폼 사회에서는 비판적 사고가 필요한 만큼 비판적 무시 역량도 중요하다. 이를 위한 몇 가지 전략을 살펴보면 다음과 같다.[29]

28) How to do nothing : An action plan; https://www.aljazeera.com/opinions/2022/6/13/how-to-do-nothing-an-action-plan

29) Ralph Hertwig, Anastasia Kozyreva, Sam Weinburg, Stephan Lewandowsky and The Conversation(2023.2.22.). The attention economy has never been more cutthroat— Forget critical thinking, it's time to get good at 'critical ignoring'; https://fortune.com/2023/02/21/critical-ignoring-new-skill-attention-information-economy-critical-thinking-not-enough/

첫째, 셀프 너징(self-nudging)이다. 너지(nudge)는 2017년 노벨 경제학상을 수상한 시카고 대학교 행동 경제학자 리처드 세일러와 법률가 캐스 선스타인이 쓴 책 제목이다. 사람들을 바람직한 방향으로 부드럽게 유도하되, 선택의 자유는 여전히 개인에게 열려있는 상태를 말한다. 비판적 무시 전략에서 셀프 너지는 주의를 산만하게 하는 메시지를 스스로 제한하는 것이다. 메시지를 받을 수 있는 특정 시간을 설정하거나 개인 데이터 사용을 제한하는 등의 행위가 포함될 수 있다.

둘째, 측면 읽기(lateral reading)이다. 콘텐츠를 살펴보기 전에 사이트 뒤의 조직이나 개인에 대한 정보를 검색하여 믿을 수 있는 정보 소스인가를 확인하는 것이다.

셋째, 트롤 무시하기(do-not-feed-the-trolls) 전략이다. 트롤은 북유럽 신화에 나오는 무서운 괴물인데, 온라인 게임에서 남을 괴롭히는 전략이나 행위의 의미로도 사용된다. 디지털 공간에서는 트롤 또는 트롤링이라고 하는데 '타인의 감정을 상하게 해서 괴롭히는 행위'라고 이해하면 된다. 트롤은 관심을 받으면서 수익을 창출하기 위해 위험한 허위 정보를 의도적으로 퍼뜨리는 사람들의 전략이다. 존재하지 않는 논쟁의 모습을 만들어 사람들의 관심을 가로채는 것이다. 때문에 트롤링에 직접 대응하지 않는 것이 좋다.

휘트니 필립스(Whitney Phillips)는 저서 『미디어는 어떻게 허위정보에 속았는가』(2019)에서 소셜미디어가 정보의 지형을 만드는 데 어떻게 영향을 미치며, 언론인들조차도 온라인상의 조작된 허위정보에 어떻게 영향을 받게 되는지를 설명하고 있다. 그는 트럼프 대통령을 당선시킨 2016년 미국 대통령 선거 기간 전후에 일어났던 여러 가지 커뮤니케이션 현상을 '트롤'과 '밈문화'로 설명하고 있다. 필립스는 2016년 대선에서 트럼프가 당선될 수 있었던 것은 너무나 많은 개별 행위자들의 네트워크와 트롤링 때문이라고 보고, 특히 이를 증폭시킨 것은 언론인들의 증폭행위라고 분석하였다.[30)]

30) Phillips, W. 저. 박상현 역(2019). 『미디어는 어떻게 허위정보에 속았는가』. 한국언론진흥재단.

물론 이러한 비판적 무시 전략은 첫 번째 방어선이며, 트롤 차단 및 보고와 정체 폭로를 포함한 투명한 플랫폼 콘텐츠 조정 정책이 제도적으로 마련되어야 할 것이다.

슬로우 미디어 운동의 전개

푹스(Fuchs. C., 2021, 14쪽)[31]는 슬로우 미디어(slow media)를 제안한다. 슬로우 미디어는 정보 및 커뮤니케이션 흐름의 양을 줄임으로써 정보, 뉴스 및 정치적 커뮤니케이션의 속도를 떨어뜨리는 미디어를 말한다. 단순히 미디어 소비의 다른 형태가 아니라 미디어를 조직하고 수행하는 대안적인 방식, 즉 성찰과 합리적인 정치적 토론을 위한 공간의 의미를 지닌다.

그는 슬로우 미디어의 구체적인 예로 오스트리아의 <Club 2>와 영국의 <After Dark>를 제시한다. <Club 2>는 언론인 Kuno Knöbl과 Franz Kreuzer가 오스트리아 방송 공사(ORF)를 위해 만든 것으로서 화요일과 목요일에 방송된 토론 프로그램이다. 청중 없이 진행된 이 프로그램에 참여하는 사람의 수는 4명 이상 8명 이하이며, 토론은 비전문가가 주최하고, 참가자는 다양하며 모두 해당 주에 논의 중인 주제에 직접적으로 관련되도록 하였다. 그리고 가장 중요한 것은 프로그램이 생중계되고 개방형으로 진행되어야 한다는 것이다. 첫 번째 프로그램은 1976년 10월 5일에 방송되었고 마지막 프로그램은 1995년 2월 28일에 방송되었다. 1,400개의 프로그램이 ORF에서 방송되었다.[32]

31) Christian Fuchs(2021). The Digital Commons and the Digital Public Sphere: How to Advance Digital Democracy Today. *Westminster Papers in Communication and Culture*, 16(1), 9-26. DOI: https://doi.org/10.16997/wpcc.917

32) Jalaja Ramanunni(2023.3.39). Navigating through the attention economy: https://campaignme.com/navigating-through-the-attention-economy/

유튜브 리터러시 교육

가장 많이 이용하고 직업적 대상으로도 인기있는 유튜브 플랫폼에 대해서는 이용자 교육과 생산자 교육이 같이 이루어질 필요가 있다. 박명호(2020)[33]는 유튜브를 단순히 돈을 벌기 위한 수단으로 이해하기보다 '모든 세대가 자신의 이야기를 할 수 있는 공간'으로 이해시키는 교육이 필요하다고 주장한다.

김형진·정효정·권보람(2022)[34]은 특히 10대들이 유튜브 콘텐츠를 건강하게 선택하고 활용하는 역량을 배양하도록 하기 위해 전문가 델파이 방법 등을 사용하여 어린이·청소년의 유튜브 플랫폼 활용 안내·지도 시 활용할 수 있는 체크 리스트를 개발하였다. 최종적으로 개발한 체크 리스트는 <표 7-1>과 같이 미디어 접근, 비판적 이해, 미디어 참여, 윤리적 활용 등 4개 범주의 10개 역량, 23개 문항을 포함하고 있다.

<표 7-1> 유튜브 리터러시 역량 체크 리스트

역량	하위 역량	진단 문항
미디어 접근	플랫폼 이해	내가 보고 싶거나, 필요한 영상을 찾을 수 있다.
		추천해 주는 영상 목록에 무엇이 영향을 주는지 잘 알고 있다.
		나는 추천 동영상이 한쪽 측면만 보고, 생각하게 할 수 있다는 점을 알고 있다.
	자기 조절 능력	영상 시청 시간을 스스로 조절할 수 있다(너무 오랫동안 보지 않게).
		내게 유익하고 필요한 영상을 중심으로 선택하여 시청할 수 있다.
비판적 이해	미디어 재현 이해	영상에 나오는 내용이 항상 진실이라고 생각하지 않는다.
		영상에는 만든 사람의 의도가 담겨 있다고 생각한다.
	정보 판별	영상이 믿을만한 내용인지 확인하는 방법을 잘 알고 있다.
		영상 속 내용에 대한 다양한 입장을 알아보기 위해 추가 정보를 검색한다.

33) 박명호(2020).『미디어 교육 리부트』. 서울 : 북랩.

34) 김형진·정효정·권보람(2022). 디지털 네이티브 세대를 위한 유튜브 리터러시 체크 리스트 개발 연구. <한국콘텐츠학회논문지>, 22(3), 273-283.

미디어 참여	콘텐츠 생산	내가 하고 싶은 이야기를 영상으로 만들어 표현할 수 있다.
		영상 제작을 위한 다양한 도구(편집 프로그램 등)을 잘 다룰 수 있다.
	콘텐츠 공유	공유할만한 우수한 콘텐츠와 그렇지 않은 콘텐츠를 구분하는 기준이 있다.
		영상을 공유하면서 생각을 나누고 소통한다.
	사회적 참여	사회적인 문제가 함께 생각해야 할 중요한 것에 대한 영상을 직접 만들거나 공유한다.
		유익하고 가치 있는 콘텐츠를 보면 '좋아요' 버튼을 누르거나 댓글을 통해 의사를 표현한다.
		나쁜 콘텐츠를 보면 불건전 콘텐츠를 신고하거나 '싫어요' 버튼을 눌러 표시한다.
윤리적 활용	관용과 배려	영상을 만들거나 공유할 때 다른 사람의 입장을 충분하게 생각한다.
		영상에 담긴 다양한 관점을 선입견이나 편견 없이 살펴본다.
		영상 속 사회적 문제나 관심사에 대해 나와 반대되는 의견도 존중한다.
	책임 있는 이용	영상 또는 영상 속 내용을 공유할 때 출처를 반드시 표시한다.
		다른 사람의 콘텐츠(폰트, 이미지, 영상 등)를 이용해서 영상을 만들 때는 저작권 정책을 준수한다.
	보호	나와 다른 사람의 개인 정보나 사생활이 노출되지 않도록 유의한다.
		일정한 기간마다 ID와 비밀번호를 변경한다.

출처 : 김형진·정효정·권보람(2022), 279-280.

유튜브 활용 교육 못지않게 중요한 것이 콘텐츠를 생산하는 크리에이터 유튜버 교육이다. 유튜버라는 직업은 밀레니얼 세대에게 가장 인기 있는 직종으로서 유튜버는 단순한 취미가 아니라 일자리이다. 우리나라는 국민 529명당 1명이 유튜버인 세계 1위 '유튜브 공화국'으로 알려져 있다. 유튜브의 본고장인 미국의 경우 인구 666명당 1개 채널인 것에 비해 매우 높은 수치이다. 미국은 유튜브로 광고 수익을 거둘 수 있는 채널이 세계에서 가장 많은 49만6379개이며, 2위는 인도(37만

9899개)이다.[35)]

유튜버가 플랫폼에서 돈을 벌 수 있는 방법은 다양하다. 동영상에 광고를 게재하고, 채널 멤버십을 제공하고, 슈퍼챗(Super Chat)을 사용 설정하고, 콘텐츠에 제품을 태그할 수도 있고, 스폰서십과 브랜드 거래를 통합할 수도 있으며, 자신이 홍보하는 제품을 구매함으로써 청중으로부터 커미션을 받을 수도 있다. 이 경우 유튜버의 신뢰성이 중요한 역할을 하며, 자칫 거짓이나 잘못된 정보를 제공하는 경우에는 한때 크게 논란이 되었던 유튜브 뒷광고 같은 문제를 초래할 수 있다.

어린이의 유튜브 시청과 유튜버 리터러시 교육도 중요하다. 반옥숙(2022)[36)]은 유튜브가 어린이 보호를 위해 보호자들에게 유해한 동영상 콘텐츠를 차단하거나 검색 기능을 끄게 하고, 검색 기록을 삭제하도록 권고하고 있지만 근본적인 해결책이 되기 어렵다고 설명하면서 세부적인 어린이 보호 지침을 마련해야 한다고 주장한다.

가짜 뉴스, 딥페이크에 대한 경계 교육 - 거짓말쟁이의 배당금

AI의 대중화로 인해 동영상 딥페이크가 심각한 사회 문제로 대두되고 있으며 이에 대한 윤리 교육이 시급하다. 딥러닝(deep learning)과 페이크(fake)의 합성어인 딥페이크(deepfake)는 인공 지능을 활용하여 사람의 초상이나 목소리의 디지털 사본을 만드는 합성 미디어의 한 형태이다. 딥페이크 동영상의 90~95%는 합의되지 않은 포르노 동영상이며, 그중 90%는 대부분 미성년자인 여성을 대상으로 한다는 점이 심각한 문제이다. 또한 딥페이크 기술에 대한 규제가 부족한 상황에서 유명 인사뿐만 아니라 일반 개인도 피해를 입힐 가능성이 크다. 합성 비디오를 만드는 것 외에도 딥페이크는 음성 흉내도 낼 수 있어서 음성 딥페이크로 부정 송금을 요구하여 피해를 입은 사례도 보고되고 있으며, 정치 후보자에 대한 잘못된 정보 유포, 세계 지도자의 허위 진술 공개 등 정치 영역에서도 다양한 사례가 나

35) 머니투데이(2021.2.14.). 국민 529명당 1명이 유튜버… 세계 1위 '유튜브 공화국'

36) 반옥숙(2022). 어린이들의 유튜브 이용과 영향; 이동후 외(2022). 『디지털 미디어 소비와 젠더』. 제3장, 71-104쪽, 커뮤니케이션북스

타나고 있다. 2018년에는 딥페이크를 통해 생성된 오바마 대통령의 이미지와 발언하는 영상이 인기를 끌기도 했다.[37)]

일부 정치인이나 크리에이터는 잘못된 정보로 가득 찬 정보 환경에서 오히려 이익을 얻을 수도 있다. 이것은 일종의 거짓말쟁이 배당금(liar's dividend)으로 알려진 효과이다. 법학자인 Chesney and Citron(2018)[38)]가 주장한 이 개념은 잘못된 정보가 정치인의 평판을 훼손하기는 커녕 오히려 지지를 유지하는 데 도움이 되며 정치인에게 이익이 된다는 것이다. 이들은 딥 포르노, 사이버 괴롭힘, 기업 스파이 활동, 정치적 잘못된 정보가 모두 위험한 거짓말인데 특히 가장 위험한 거짓말은 '진정한 비디오와 오디오를 딥 페이크로 비난함으로써 자신의 행동에 대한 책임을 회피하려는 나쁜 행위자들'이라고 주장한다. 정치인뿐만 아니라 가짜 뉴스를 생산해서 수익을 올리는 유튜버들도 결국 거짓말쟁이 배당금을 받고 있다고 할 수 있다.[39)]

거짓말쟁이 배당금 현상이 나타나는 경로를 설명하는 다양한 연구들이 많다.[40)] 연구 결과에 따르면, 첫째, 딥페이크나 가짜 뉴스에 대한 주장은 정보의 불확실성을 야기할 수 있다. 잘못된 정보를 접한 후 대중은 그 정치인에 대한 평가를 낮추거나 그 정치인이 나쁘다고 생각할 가능성이 높지만 정치인이 그 이야기를 부인하고 딥페이크나 가짜 뉴스의 형태로 상대 정당의 반칙을 주장하는 성명을 발표한다면 일부 대중은 무엇을 믿어야 할지에 대해 더 확신을 가질 수 없다는 것이다.

37) https://www.nbcnews.com/tech/internet/deepfake-twitch-porn-atrioc-qtcinderella-maya-higa-pokimane-rcna69372.; https://www.businessinsider.com/obama-deepfake-video-insulting-trump-2018-4.

38) Bobby Chesney, Danielle Citron(2019). Deep Fakes : A Looming Challenge for Privacy, Democracy, and National Security. California Law Review, 107(6), 1753 - 1820; https://doi.org/10.15779/Z38RV0D15J

39) SBS뉴스(2023.5.10.). 합치면 2천만 조회수 육박… 故서세원 가짜 뉴스로 돈번다.

40) Natalia Bueno. The Liar's Dividend : The Impact of Deepfakes and Fake News on Politician Support and Trust in Media; https://gvu.gatech.edu/research/projects/liars-dividend-impact-deepfakes-and-fake-news-politician-support-and-trust-media(2023.9.28.접속)

둘째, 딥페이크나 가짜 뉴스에 대한 주장은 수사학적 은폐를 제공할 수 있다. 정치적 핵심 지지자는 자신이 선호하는 정치인에 대한 부정적 뉴스를 접하게 되면 인지적 부조화를 피하기 위해 뉴스를 외면하거나, 아니면 다른 그럴듯한 이유를 찾게 된다. 즉 정치인에 대한 평가를 상향 편향시키는 정보 불확실성을 미디어 환경에 주입하거나 핵심 지지자들의 동기 유발적 추론을 지지하는 반대 집회를 장려하는 것이다.[41] 해당 정치인은 자신의 결백을 주장할 뿐만 아니라 정치적 반대자들과 언론을 비판하며 지지자들이 반대자들에 맞서 결집하도록 유도하는 악마 이동(devil shift) 전략을 사용하게 된다. 악마 이동은 정치적 갈등이 심한 상황에 있는 정치인들이 다른 행위자들보다 상대를 더 악하고 더 강력하게 인식한다는 개념이다.

Sam Gregory(2021)[42]는 시민 저널리즘이 AI에 의해 잘못된 정보 및 허위 정보에 영향을 받을 가능성이 있다고 설명한다. 인권 및 시민 저널리즘 네트워크 위트니스(WITNESS)의 사례를 제시하면서 딥페이크와 같은 새로운 형태의 미디어 조작에 넘어가지 않기 위한 교육이 이루어질 필요가 있다고 주장한다. 딥페이크 기술은 거짓말쟁이 배당과 같은 효과로 인해 시민 저널리즘의 신뢰성을 약화시키며, 목격자들의 신뢰성과 안전성에 도전하면서 궁극적으로 정보 장애(information disorder)를 가져올 위험이 있다는 것이다.

미디어의 잘못된 정보 장애는 다음과 같이 대략 세 가지 유형으로 나타날 수 있다.[43]

41) Kaylyn Jackson Schiff, Daniel Schiff, Natália S. Bueno(2021). The Liar's Dividend: How Deepfakes and Fake News Affect Politician Support and Trust in Media; https://osf.io/f75v2/download

42) Sam Gregory(2021). Deepfakes, misinformation and disinformation and authenticity infrastructure responses : Impacts on frontline witnessing, distant witnessing, and civic journalism. SAGE Journals, 23(3), https://journals.sagepub.com/doi/10.1177/14648849211060644#bibr66-14648849211060644

43) João França(2022.4.26.). Wolf, Wolf! Alarm Over Disinformation and The Liar's Dividend. ; https://lab.cccb.org/en/wolf-wolf-alarm-over-disinformation-and-the-liars-dividend/

- 오보(Mis-information) : 잘못된 정보가 포함되어 있지만 의도성을 가지고 있지 않으며 해를 끼치지 않는 형태의 정보.
- 허위 정보(Dis-information) : 실제 이미지의 맥락을 수정하는 것부터 완전히 꾸며낸 헤드라인에 이르기까지, 허위 사실을 포함하고 의도적으로 유해한 모든 콘텐츠.
- 악의적 정보(Mal-information) : 거짓은 아니지만 해를 끼칠 목적으로 유포되는 콘텐츠(예: 특정 정보 유출 또는 괴롭힘의 한 형태로 유포되는 콘텐츠).

영국 케임브리지대 조사 결과, 인터넷 이용 시간이 길수록 가짜 뉴스 판별 능력이 떨어지는 것으로 드러났다. 온라인 공간에서 '9시간 이상' 머무는 그룹에서 20점 만점에 16점 이상 맞은 비율은 15%에 불과했다. 반면 '2시간 이하'로 시간을 보낸 그룹에선 약 30%가 16점 이상을 받았다.[44)]

4.
디지털 시민권 보호를 위한 국내외 조직과 활동

디지털 시민권의 함양을 위해서는 관련 국내외 조직 및 기구에 대한 정보를 알고 있는 것도 권리 확보나 권리 침해에 따른 구제 방안을 모색하는 데 도움이 된다. 이들 조직 및 기구들은 정책과 프로그램을 개발하고 이슈에 따른 가이드라인을 마련하고 심도 있는 관련 자료를 제공하면서 디지털 플랫폼 사회에서 발생하는 문제를 해결하기 위한 적극적인 노력을 하고 있다.

44) 매일경제(2023.10.16.). 가짜 뉴스에 더 잘속는 1020세대… '미디어 리터러시' 교육 시급.

1) 국내 조직과 활동

(1) 한국인터넷진흥원(KISA)

한국인터넷진흥원은 정보통신망법 제52조에 근거하여 설립되었으며, 인터넷 보안 및 개인 정보 보호와 관련된 다양한 활동을 수행하는 과학기술정보통신부 산하 준정부 기관이다. 2009년 7월 정부의 공공 기관 선진화 정책에 따라 방송통신위원회 산하 3개 기관인 한국정보보호진흥원(KISA), 한국인터넷진흥원(NIDA), 정보통신국제협력진흥원(KIICA)이 통합되어 출범하였다. KISA는 정보 통신망의 고도화와 안전한 이용 촉진 및 정보 보호·디지털과 관련한 대국민 지원을 효율적으로 추진하는 목표를 두고 있다. 디지털 시민권 보호를 강화하기 위해 정보 보호 정책 수립, 개인 정보 유출 대응, 사이버 공격 대응 등을 담당하고 있으며, 사이버 트레이닝, 정보 보호 인증 등을 통해 디지털 시민들에게 보안 교육을 제공하고 있다.[45)]

(2) 개인정보보호위원회(PIPC)

개인정보보호위원회는 2011년 9월 개인정보보호법 시행에 따라 공식 출범한 중앙 행정 기관으로서 개인 정보의 처리와 보호에 관한 사안을 독립적으로 수행하기 위해 설립되었다. 이 기관의 사이트에 가면 개인 정보 관련 국내외 법령 및 개인 정보 열람 등의 요구와, 분쟁 조정, 유출 신고 등을 할 수 있도록 되어 있다. 개인 정보 침해 신고, 개인 정보 보호와 관련된 법령 개선, 정책·제도·계획 수립·집행, 권리 침해에 대한 조사·처분, 고충 처리·권리 구제 및 분쟁 조정, 국제기구 및 외국의 개인 정보 보호 기구와의 교류·협력, 법령·정책·제도·실태 등의 조사·연구, 교육, 홍보, 기술 개발의 지원·보급 및 전문 인력의 양성 등에 대한 업무를 수행하고 있다(개인정보보호법 제7조의8).[46)]

45) KISA소개(2023). https://www.kisa.or.kr/605.

46) 개인정보보호위원회 기관소개(2023). https://www.pipc.go.kr/np/default/page.do?mCode=F010010010

2) 국제조직

(1) EU(European Union) / EC(European Commission)

GAFAM과 같은 대표적인 디지털 플랫폼이 미국에 소재하고 있기 때문에 디지털 플랫폼에 대한 국제적 감시는 유럽 연합(EU)을 중심으로 행해지고 있다고 해도 과언이 아니다. EU 정책은 EU의 시민, 기업 및 기타 이해 관계자에게 혜택을 제공하도록 설계되고 있다. EU의 집행 기구인 EC는 EU의 전반적인 전략을 개발하고 EU 정책을 설계 및 구현하는 역할을 수행하고 있다. EC 홈페이지에 가보면 '당신의 나라에서 무슨 일이 일어나고 있는지 확인하라'는 메시지가 뜬다. EC는 다음과 같은 방법으로 EU 정책을 개발하고 시행하고 있으며, 연간 주기로 활동을 계획하고 결과 보고서를 발행하고 있다.[47)]

- 유럽 의회 및 유럽 연합 이사회에 법률 제안
- EU 국가가 EU 법률을 이행하도록 지원
- EU의 예산 관리 및 자금 할당
- 사법 재판소와 함께 EU 법률이 준수되도록 보장
- 유럽 연합(EU)의 외교 서비스인 유럽 대외 활동 서비스(European External Action Service)와 함께 유럽 이외의 지역에서 EU를 대표

EC는 2023년 4월 18일 주요 빅테크 기업들이 사용하는 인공 지능 기반 알고리즘에 대해 연구 분석할 EU알고리즘투명성센터(ECAT, European Centre for Algorithmic Transparency)를 출범시켰으며, 데이터 과학자, 인공 지능 전문가, 사회 과학자, 법률 전문가들이 참여하고 있다. EC의 홈페이지에 있는 ECAT 소개 내용을 보면, '사람과 기업을 위한 보다 안전하고 예측 가능하며 신뢰할 수 있는 온라인 환경에 기여하기 위함'이라는 목표가 인상적이다. 이 센터는 디지털서비스법(DCA)에 따라 알고리즘 책임성 및 투명성 감사를 하게 된다. 소셜 네트워크, 온

47) European Commission(2023.6.12). https://commission.europa.eu/about-european-commission/what-european-commission-does/strategy-and-policy_en

라인 마켓 플레이스 및 검색 엔진과 같은 온라인 플랫폼의 사회적 영향이 계속 증가함에 따라 비즈니스의 핵심에 있는 프로세스에 대한 대중의 감독이 시급하며, 특히 이들 플랫폼과 검색 엔진이 콘텐츠를 조정하는 방법과 사용자를 위해 정보를 선별하는 방법이 포함된다고 적혀 있다.[48)]

(2) 유엔 인터넷 거버넌스 포럼(UNIGF, IGF)

IGF(Internet Governance Forum)은 인터넷과 관련된 공공 정책 문제에 대한 토론을 촉진하는 글로벌 포럼으로 인터넷 관련 정책, 기술, 경제, 사회, 문화 등 다양한 이슈에 대한 다자간 토론과 협력을 촉진하며, 디지털 시민권 보호와 인터넷 자유, 개인 정보 보호 등을 주요 주제로 다루고 있다. 매년 장소를 달리하여 포럼을 개최하는데 2022년에는 아디스아바바에서, 2023년에는 교토에서 다양한 주제를 논의하는 포럼이 개최되었다.[49)]

(3) 유럽 데이터 보호위원회(EDPB)

유럽 데이터 보호위원회(European Data Protection Board)는 유럽 연합 내에서 개인 정보 보호를 담당하는 독립 기구로서, 개인 정보 보호와 관련된 규제 및 정책에 대한 협조와 조정을 수행하며, 8장과 9장에서 설명하고 있는 EU 일반 데이터 보호 규정(EU GDPR)의 적용과 개인 정보 보호에 대한 지침을 제공하고 있다. EDPB의 목표는 유럽 경제 지역(EEA) 전반에 걸쳐 데이터 보호법의 일관된 적용 및 집행을 보장하는 것이다. 이를 위해 EDPB는 EU 데이터 보호법에 대한 공통된 이해를 명확히 하고 촉진하기 위한 일반 지침(지침, 권장 사항 및 모범 사례 포함)을 제공한다. EDPB는 합의에 도달하지 못한 국경 간 사건에 대해 구속력 있는 결정을 내리기도 한다.[50)]

48) European Commission(2023.6.14.). European Centre for Algorithmic Transparency. https://algorithmic-transparency.ec.europa.eu/index_en

49) Internet Governance Forum.(2023). https://www.intgovforum.org/en

50) European Data Protection Board(2023). https://edpb.europa.eu/about-edpb/who-we-are/edpb-chairmanship_en

(4) UN여성기구(UN Women)

디지털 성별 격차를 해소하며, 보다 안전한 온라인 환경을 조성하여 양성 평등과 역량 강화를 촉진하는 것을 목표로 한다. 여성들은 신기술의 창조, 사용, 규제 전반에 걸쳐 여전히 과소 대표되고 있으며, 그것이 여성들의 디지털 역량 강화를 제한한다고 주장한다. 2026년까지 기술로 인한 젠더 폭력 예방을 위한 정책과 솔루션을 개발하겠다고 약속했으며, 2022년에는 젠더 기반 온라인 괴롭힘 및 학대에 대한 행동을 위한 글로벌 파트너십(Global Partnership for Action on Gender-based Online Harassment and Abuse)을 출범시켰다.[51)]

(5) 국제변호사조직 IBA 산하 인권연구소 IBAHRI

IBA(International Bar Association)는 세계 유수의 로펌에서 온 8만 명 이상의 국제 변호사와 190여 개국의 변호사 협회 및 법률 협회로 구성된 국제 조직이다. IBA 산하에 있는 인권 연구소 IBAHRI(IBA's Human Rights Institute)는 언론 자유에 관한 국제 조직이기도 한다. 유네스코가 관리하는 글로벌 미디어 기금의 지원을 받아 운영하고 있다.[52)]

이와 같은 국제 조직 외에도 디지털 플랫폼 자본주의와 관련된 이슈를 공유하는 차원에서 관심을 가져볼만한 다양한 영리, 비영리 국제 민간 단체들이 많다.

- CFEU(Citizens for Europe) : 유럽 전역의 NGO, 재단, 미디어, 공공 기관이 참여하는 범유럽 시민 커뮤니티이다. 유럽 전역에 걸쳐 수백 개의 조직 및 이니셔티브가 있는 네트워킹 플랫폼 역할을 수행하면서 정보를 공유하며 활동하고 있다. CFEU의 조직은 보다 참여적이고 민주적인 유럽을 만들기 위해 서로를 지원한다.[53)]

51) UN Women(2023.11.3.). Creating safe digital spaces free of trolls, doxing, and hate speech; https://www.unwomen.org/en/news-stories/explainer/2023/11/creating-safe-digital-spaces-free-of-trolls-doxing-and-hate-speech

52) International Bar Association's Human Rights Institute(2023). https://www.ibanet.org/IBAHRI

53) https://www.citizensforeurope.eu/organisations

• 뉴스가드(NewsGuard) : 뉴욕에 있는 가짜 뉴스 판독 회사. 언론인 출신 Steven Brill과 전 Wall Street Journal 발행인 Gordon Crovitz가 2018년 설립하였으며 숙련된 언론인과 정보 전문가로 구성되어있다. 뉴스 및 정보 소스에 대해 690만 개 이상의 데이터 포인트를 수집, 업데이트 및 배포했으며 온라인에 퍼지는 모든 주요 허위 이야기를 분류하고 추적하고 있다. 이러한 데이터는 생성형 AI 모델을 미세 조정하고 보호하기 위해 배포되며, 양질의 뉴스 사이트에 광고하고 사기 사이트를 피할 수 있도록 하며, 개인에게 미디어 활용 능력 지침을 제공하고, 시민을 대상으로 하는 적대적인 허위 정보 작전에 대응하기 위함이다.[54)]

• 스케일AI(Scale AI) : 미국의 주요 테크 기업들이 자사의 AI 시스템에 사용된 학습 데이터를 공개한 것을 평가하는 민간 기업. 2016년 설립되었으며 샌프란시스코에 본부를 두고 있다.[55)]

• 위트니스 미디어랩(WITNESS Media Lab) : 위트니스는 목격자 영상을 통해 전 세계 사람들의 인권 보호를 위한 활동을 전개하고 있는 인권 단체이다. 많은 사람들이 학대에 대한 이야기를 기록하고 전달하기 위해 비디오를 사용하고 있으나 안전하고 효과적으로 촬영하지 못하는 경우가 있어 비디오 제작의 기초, 안전하고 윤리적인 촬영 기술 등을 가르친다. 위트니스 미디어랩은 인권 침해를 비디오로 기록하는 시민과 풀뿌리 단체를 지원하는 20년 이상의 WITNESS 경험을 활용하고 있다. 미디어랩은 Google의 News Lab과 협력하여 만들어졌다. WITNESS, YouTube, Storyful이 2012년에 시작한 전 세계 시민 학대 영상을 선별하기 위해 시작한 프로그램인 Human Rights Channel과 그 전신인 The Hub를 기반으로 개발되었다.[56)]

54) News Guard(2023.9.27). https://www.newsguardtech.com/about-newsguard/; Alex Pasternack(2023.2.22.). GPT-powered deepfakes are a 'powder keg. https://www.fastcompany.com/90853542/deepfakes-getting-smarter-thanks-to-gpt

55) https://scale.com/about

56) WITNESS : https://www.witness.org/; Witness Media Lab;. https://lab.witness.org/about/

- HateAid : 디지털 공간에서 인권을 증진하고 디지털 폭력에 맞서 싸우는 비영리 단체로서 특히 온라인 혐오 발언의 피해자를 돕는 단체이다. 디지털 폭력 사건에 대한 직접적인 상담과 법적 지원을 제공하고, 더 나은 공존을 위한 구체적인 해결책을 제시함으로써 민주적 가치를 강화하는 것을 목표로 삼고 있다.[57)]
- 디지털혐오대응센터 CCDH(Center for Countering Digital Hate) : 런던과 워싱턴 DC에 사무실을 두고 있는 영국의 비영리 단체이다. 신나치주의자와 백신 반대론자 등 혐오와 허위 정보를 조장할 수 있는 개인에 대한 서비스 제공을 중단하도록 빅테크 기업을 위한 캠페인을 벌이고 있으며, 가짜 뉴스를 생산하는 언론사의 광고를 제한하는 캠페인을 벌이고 있다.[58)]
- 디지털혐오대응센터 CCDH(Center for Countering Digital Hate) : 런던과 워싱턴 DC에 사무실을 두고 있는 영국의 비영리 단체이다. 신나치주의자와 백신 반대론자 등 혐오와 허위 정보를 조장할 수 있는 개인에 대한 서비스 제공을 중단하도록 빅테크 기업을 위한 캠페인을 벌이고 있으며, 가짜 뉴스를 생산하는 언론사의 광고를 제한하는 캠페인을 벌이고 있다.[59)]
- Tactical Tech : 2003년 암스테르담에서 설립되어 베를린에 본부를 두고 있는 이 조직의 활동은 상당히 흥미롭다. 디지털 기술의 영향에 대한 대화에 전 세계 수백만 명의 사람들을 참여시키는 대규모 이벤트와 끊임없는 협업 접근 방식으로 전 세계 현지 파트너 및 협력자들과 협력하여 프로젝트를 진행하고 있다. 예를 들면, 45개 이상의 언어로 제공되는 데이터 디톡스 키트(Data Detox Kit)를 개발하였으며, 기술이 사람들의 삶에 어떤 영향을 미치는지 알려주는 실용적인 솔루션을 탐색하도록 방문객을 초대한 '유리방(Glass Room) 프로젝트'는 2016년부터 2019년까지 베를린, 뉴욕, 런던, 샌프란시스코를 순회하며 대규모 전시를 벌였다. 2023년에는 디지털 제국의 영향력을 여러 가지 재료로 매핑한 작품 전시회를 선보이기도 했다.[60)]

57) https://hateaid.org/en/; http://www.ecumenian.com/news/articleView.html?idxno=23720
58) 위키피디아(2023.11.14.). Center for Countering Digital Hate.
59) TNI(Transnational Institute). https://www.tni.org/en/about
60) Tactical Tech(2023). Adventures in mapping digital empires : https://tacticaltech.org/news/adventures-in-mapping-digital-empires/

8장

디지털 플랫폼의 사회적 책임과 자율 규제

디지털 사회의 모든 문제를 플랫폼 때문이라고 치부할 수는 없다. 그러나 재차 강조하는 것처럼 이 책은 플랫폼이 사회의 필수재이자 생존재로서 중요한 위치를 점하고 있는 상황에서 나타날 수 있는 문제적 측면에 대해 인지하고 이해하며 대안을 모색해야 한다는 지향점을 가지고 있다. 그런 측면에서 디지털 플랫폼의 사회적 책임과 자율 규제의 실현방식에 대해 보다 적극적으로 사회적 논의가 이루어질 필요가 있다.

1
디지털 플랫폼의 사회적 책임에 대한 논의

디지털 플랫폼의 사회적 책임

신문 방송과 같은 올드 미디어에 대해서는 사회적 책임을 논하는 것이 학계의 매우 일반적인 인식이었으며, 미디어 업계에서도 그렇게 받아들였다. 그러나 언제부터인가 미디어의 범주가 확대되면서 학계에서 미디어 기업이라고 인식하는 국내외 플랫폼 기업들이 스스로는 미디어 기업이 아니라는 입장을 취하기 시작했다. 구글이 대표적인 예이다. 구글은 새로운 서비스를 발표할 때마다 자신들은 미디어 회사가 아니라는 주장을 밝혔으며, 구글의 그러한 주장에 비평가들은 상당한 의문을 제기하곤 했다.[1] 어느 나라든지 미디어는 저널리즘적 기능을 수반하는 수단으로 인식되어 사회적 책임에 대한 요구가 강하기 때문에 그 책임으로부터 자유로워지고 싶은 마음에서 나온 입장 표명일 것으로 생각한다.

과거 신문, 방송에 해당하던 미디어가 SNS 등으로 확대되고 이들 미디어가 저널리즘의 기능을 수행하고 있는 현실을 고려한다면 디지털 플랫폼 기업이 미디어 기업으로 분류되는 것을 거부한다고 해서 구글이나 페이스북, 네이버, 카카오 등이 미디어 기업으로서의 사회적 책임으로부터 자유롭기는 어렵다. 그들이 제공하는 미디어가 사회 커뮤니케이션 수단의 역할을 수행하는 이상 그에 대한 사회적 책임은 매우 무겁게 인식될 필요가 있다.

우형진(2023)[2]은 미디어 기업은 기본적으로 다른 기업에 비해 보다 많은 사회적 책무를 부여받고 있는데 그중에서도 어떤 영역에 중점을 두어야할 것인지 결정하는 것이 중요하다고 설명한다. 전문가 심층 인터뷰 조사 결과 특히 사회적 영역 즉

1) Miguel Helft(2008.8.10.). Is Google a Media Company?. *New York Times*. https://www.nytimes.com/2008/08/11/technology/11google.html

2) 우형진(2023). 우리 사회의 지속 가능성 확보를 위한 교육공영방송의 ESG 실천 방안 모색. 한국여성커뮤니케이션학회 30주년 기념 봄철학술대회 발제문. ; 우형진·성용준·김용희(2022). <미디어 기업의 ESG실천방안>, 한국언론진흥재단.

노동 및 인권, 공정 거래, 소비자 보호, 지역 사회 봉사 및 참여, 미디어 다원성을 우선순위 1영역으로 꼽은 것으로 나타났다.

미국의 애넌버그스쿨 교수진인 Sandra González-Bailón과 Yphtach Lelkes(2022)[3]는 수백만 개의 소셜 미디어 게시물을 분석하여 이들 미디어가 사회에 미치는 영향력에 대해 검증하는 연구를 수행하였다. 연구자들은 소셜 미디어가 사회적 결속력을 약화시킨다는 점을 강조하면서 그것이 소셜 미디어 회사를 규제해야 하는 이유이며, 이에 대한 지속적인 정책 토론이 있어야 한다고 주장한다.

<그림 8-1>을 보면 플랫폼이 사회적 결속에 영향을 미치는 몇 가지 인과 경로가 있다. 예를 들어, 네트워크의 구조와 구성을 변경하여 개인의 무형의 자산인 사회적 자본을 늘리거나 줄인다는 것이다. 사회적 자본은 자원(예 : 정보)에 대한 개인의 접근과 참여 및 협력 기회를 형성하기 때문이다. 온라인에서 경험하는 정보 현실을 변경하여 개인의 인식과 신념을 변경하여 다양한 유형의 행동을 유발할 수도 있다. 사회적 자본과 친 사회적 행동은 사회적 결속의 가장 일반적인 두 가지 지표이며 긴밀하게 연관되어 있기 때문이다. 이러한 사회학적 및 심리적 요인은 소셜 미디어가 만드는 정보 환경에서 지속적으로 상호 작용한다.

3) Sandra González-Bailón & Yphtach Lelkes(2022). Do social media undermine social cohesion? A critical review, *Social Issues and Policy Review*(2022). DOI : 10.1111/sipr.12091

<그림 8-1> 소셜미디어가 사회적 결속에 영향을 미치는 경로

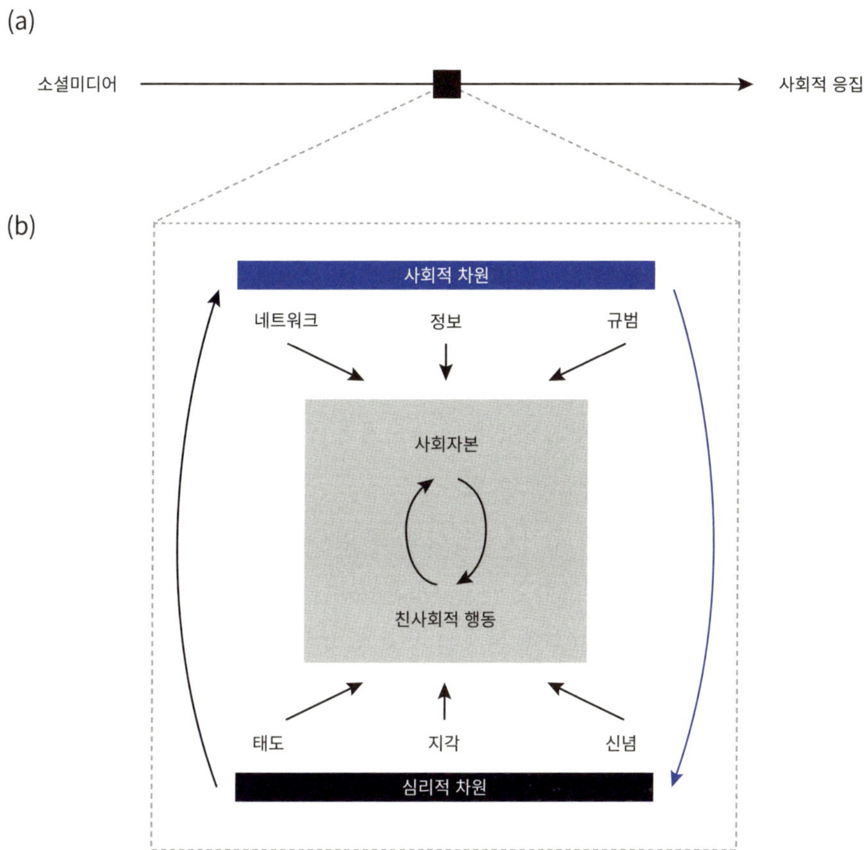

출처: Sandra González-Bailón & Yphtach Lelkes(2022)

디지털 플랫폼 기업의 사회적 책임을 명확하게 규정하는 ESG

기업의 사회적 책임(CSR, Corporate Social Responsibility)은 사회와 환경 개선을 목표로 하는 자율 규제 비즈니스 모델이다. 기업은 일반적으로 연례 보고서에서 CSR 노력의 성과를 강조하지만 그것은 때로 관행적 철학에 그치는 경우도 있다. CSR이 가지는 이러한 실천적 한계를 보완하기 위한 외부적 압력이 ESG이다. ESG란 기업의 비재무적 요소인 환경(Environment), 사회(Social), 지배 구조(Governance)를 뜻하는 것으로, 'ESG 경영'이란 장기적인 관점에서 친환경 및 사회적 책임 경영과 투명 경영을 통해 지속 가능한 발전을 추구하는 경영 전략이라고 할 수 있다.

ESG는 지속 가능성과 비즈니스 관행을 정량적으로 평가한다. ESG에는 명시적인 기준이 있다. 예를 들어 Bloomberg, MSCI, S&P Global와 같은 ESG 평가 기관은 다양한 성과 기준을 사용하여 기업에 ESG 점수를 부여한다. 투자자는 이 점수를 사용하여 비즈니스를 평가하고 궁극적으로 투자 선택을 알리며, 기업은 투자자 및 기타 이해관계자의 관심을 끌고 규제 준수 요구 사항을 충족하기 위해 ESG 보고서를 작성한다. ESG는 CSR에서 시작하지만 비즈니스 지속 가능성을 향한 보다 명확한 물질적 경로를 제공한다. 즉 ESG 계획을 실천하기 위해서는 CSR의 철학이 필요한 것이다. ESG는 느슨하게 정의된 CSR을 측정 가능한 계획을 포함하도록 만든 것이라고 할 수 있다.[4)]

유럽 연합은 2023년 1월 기업지속가능성보고지침(CSRD; Corporate Sustainability Reporting Directive)을 발표하였으며, 2025년부터는 약 5만개 기업이 이 새로운 ESG 기준을 따라야 한다. EU에 본사를 두고 있지 않은 기업 역시 EU에 소재하는 자회사가 있다면, ESG 보고 규정의 영향을 받게 된다. 이 지침은 기업이 보고해야 하는 사회 및 환경 정보에 관한 규칙으로서, 투자자와 기타 이해관계자가 기업이 사람과 환경에 미치는 영향을 평가하고, 기후 변화 및 기타 지속 가능성 문제로 인해 발생하는 재정적 위험과 기회를 평가하는 데 필요한 정보에 접근할 수 있도록 보장하는 데 목적을 두고 있다. 특히 환경 문제, 사회 문제와 직원 처우, 인권 존중, 부패 방지 및 뇌물 수수, 회사 이사회의 다양성(연령, 성별, 교육 및 직업적 배경 측면에서) 등에 초점을 맞추고 있다.[5)]

예를 들면, 구글의 모기업인 알파벳(Alphabet)은 ESG 경영에 대해 9가지 영역으로 나누어 각각의 보고서 및 원칙을 공표하고 있다. ① 전반적인 ESG에 대

4) Ben Lutkevich(2023.4.21.). ESG vs. CSR vs. sustainability : What's the difference?. https://www.techtarget.com/whatis/feature/ESG-vs-CSR-vs-sustainability-Whats-the-difference

5) European Commission(2023.9.20.). Corporate sustainability reporting. https://finance.ec.europa.eu/capital-markets-union-and-financial-markets/company-reporting-and-auditing/company-reporting/corporate-sustainability-reporting_en

해서는 Bond Impact Report를 제출하고 있으며, ② 데이터, 프라이버시, 보안 부분에서는 구글 투명성 보고서, 유튜브 실행 보고서, 광고 안전 보고서 등을 발행하고 있고, ③ 다양성, 평등, 포용 영역에서는 EEO(Equal Employment Opportunity) 보고서와 연간 리포트 발행 ④ 환경 지속 가능성 분야에서는 구글의 지속 가능성 원칙과 환경 리포트 발행 ⑤ AI 영역에서는 구글 AI 원칙 제시 ⑥ 인권 영역 ⑦ 공공 정책 영역 ⑧ 공급 체인 영역 ⑨ 작업장 영역 등으로 구분하여 각각의 원칙들을 상세하게 보고하고 있다.[6]

2022년 발행된 Alphabet Sustainability Bond Impact Report에 따르면 구글을 포함한 알파벳은 1998년 설립 이래로 환경적, 사회적으로 책임 있는 방식으로 비즈니스를 운영하는 것이 자신들의 핵심 가치였다고 설명하고 있다. 특히 우리 시대의 가장 시급한 과제들 중 몇 가지인 인종적, 경제적 불평등 등을 해소하기 위한 투자를 약속하고 있기도 하다.[7]

2 플랫폼 기업 자율 규제의 가능성과 한계

플랫폼 기업 자율 규제의 의미와 유형

자율 규제란 기업이나 산업 협회 등 민간 영역에서 행하는 일체의 자기 주도적 규율을 의미한다. 내용상으로는 규제 위반에 대한 자체 모니터링에서부터 기업의 사회적 책임(CSR)에 이르기까지 다양하며, 형식적인 측면에서는 <표 8-1>에서 보는 것과 같이 기업 내부의 위원회형이나 협의체형, 자치 규범형 등의 형태를 통해 이루어진다.

6) Alphabet Investor Relations(2023.9.18.). https://abc.xyz/investor/esg/

7) https://abc.xyz/assets/36/d7/84a25d7246cc954a9442f95fcf73/alphabet-2022-sustainability-bond-impact-report.pdf

<표 8-1> 해외 플랫폼 자율 규제 유형

유형	형태	사례
위원회형 (내부 감시 기구형)	• 기업 내부에 독립적인 위원회 내지 감시 기구를 설치하는 형태 • 자율 규제 실행에 따른 성과의 명확성이 관건	Meta의 “Oversight Board”
협의체형	• 사업자 주도 협의체 • 등급분류를 위한 독립기구 • 자율 규제 기구 자체의 정당성 확보와 자율 규제 체제 자체에 대한 지속적인 감시와 피드백이 필요	• 영국 인터넷감시기구 IWF(Internet Watch Foundation) • 미국 디지털 광고 연합DAA(Digital Advertising Alliance) • 북미의 오락용소프트웨어등급위원회 ESRBB(Entertainment Software Rating Board)
자치 규범형	플랫폼의 자체 규정	유튜브의 커뮤니티 가이드 이드(YouTube Community Guide) 등 주요 글로벌 플랫폼의 행동강령
자율 규제와 공동규제의 연합		유럽 연합의 온라인 플랫폼 공동규제

출처 : 선지원(2022)의 내용 중 일부를 표로 재구성.

또한 자율 규제의 유형을 국가 연관성을 기준으로 분류할 수도 있다. Julia Black(1996)은 자율 규제의 형태를 4가지로 구분한다. 첫째, 위임된 자율 규제(mandated selfregulation)로서, 이는 일정 산업 집단이 정부가 설정한 프레임워크 내에서 규범을 제정하고 집행하는 권한을 정부로부터 요구받거나 수권받은 모델을 의미한다. 둘째, 승인된 자율 규제(sanctioned self-regulation)로서, 집단 스스로가 규제를 형성하되 정부의 승인을 받는 것을 의미한다. 셋째, 강제된 자율 규제(coerced self-regulation)이다. 산업계 스스로가 규제를 형성하고 시행하지만 이는 그러한 행위를 하지 않으면 정부가 법률상의 규제를 부과할 것이라는 정부의 위협에 반응한 측면이 있다. 넷째, 자발적 자율 규제(voluntary self-regulation)는 직간접적으로 자율 규제를 촉진하거나 위임하려는 적극적인 정부의 참여가 존재

하지 않는 유형이다.[8)]

선지원(2022)은 자율 규제는 완결되고 고정된 개념이 아니라 지속적으로 보완해야 할 시스템이라고 보면서, 자율 규제의 성공적인 안착을 위해서는 먼저 규제의 필요성에 대한 시장 상황에 대한 객관적인 평가가 이루어져야 하며, 규제의 영역별로 관련, 쟁점별로 자율 규제가 타당한 것인지, 타당하다면 어떤 자율 규제의 모델이 적합한 것인지에 대한 검토를 선행될 필요가 있다고 주장한다.[9)]

자율 규제는 규제 선점?

자율 규제는 정부의 규제가 예상되는 상황에서 기업이 규제를 선점하기 위한 행동 패턴으로 이해되는 경우도 있다. 오랫동안 영화, 비디오 게임, 텔레비전 쇼와 광고를 제작하는 사업을 하는 회사들은 모두 오늘날의 소셜 미디어 플랫폼과 유사한 방식으로 콘텐츠의 적절성에 대한 사회적 비판에 직면해왔다. 따라서 규제 당국의 개입을 막기 위해 영화 및 비디오 게임 산업은 자체 모니터링 등급 시스템 같은 자율 규제 시스템을 갖추었다. 때문에 자율 규제는 기업 운영에 대한 효과적이고 저렴한 지침을 전달할 뿐만 아니라 강력한 정부 개입을 사전에 차단하는 효과가 있는 것도 사실이다.

자율 규제의 실현 가능성을 모색하기 위해 인터넷 도입 전후 자율 규제의 역사를 조사한 Michael A. Cusumano, Annabelle Gawer, and David B. Yoffie(2021.1.15.)는 몇 가지 흥미로운 연구 결과를 내놓고 있다.[10)]

첫째, 기업이나 업계 연합은 단기적인 매출과 이익을 해칠 수 있더라도 정부 규

8) Black, Julia(1996). Constitutionalising Self-Regulation, *The Modern Law Review*, 59(1), 24-55.; 선지원(2022). 자율 규제의 유형별 사례와 플랫폼 자율 규제를 위한 시사점. <경제규제와 법>, 15(2), 88쪽에서 재인용.

9) 선지원(2022). 자율 규제의 유형별 사례와 플랫폼 자율 규제를 위한 시사점. <경제규제와 법>, 15(2), 86~104.

10) Michael A. Cusumano, Annabelle Gawer, and David B. Yoffie(2021.1.15.). Social Media Companies Should Self-Regulate. Now. *Harvard Business Review*; Cusumano, Michael A. and Gawer, Annabelle and Yoffie, David, Can Self-Regulation Save Digital Platforms?(2021.7.14). *Industrial and Corporate Change*, Available at SSRN: https://ssrn.com/abstract=3900137 or http://dx.doi.org/10.2139/ssrn.3900137

제의 위협이 느껴지면 자율 규제에 대해 진지해진다는 점이다. 연구자들은 선도적인 기술 기업들은 언제 정부 규제가 그들의 사업에서 핵심적인 요소가 될 가능성이 있는지를 예측해야 한다고 주장한다. 영화, 라디오 및 텔레비전 방송, 컴퓨터를 통한 항공 예약 및 기타 새로운 산업에서 초기에는 규제의 공백이 있었으나 점차 정부가 개입하여 기업들이 남용을 억제하도록 규제하거나 압력을 가하는 것으로 나타났다. 때문에 문제가 되는 정부 규제를 피하기 위해서 플랫폼 기업들은 자체적인 규율 시스템을 도입해왔다는 것이다. 자율 규제가 나타나는 영역은 주로 침탈적 규제(invasive regulation) 가능성이 높고 예상되는 기업의 비용은 낮은 영역이다. 문제는 실제로 플랫폼 기업들이 자율 규제할 의지가 어느 정도까지 있느냐 하는 것이다.

둘째, 새로운 산업에 종사하는 기업들은 지각된 비용이 수익의 상당한 감소를 가져오는 것으로 예측되는 경우 자율 규제를 회피하는 경향이 있다는 것이다. 예를 들면 3장에서 언급한 미국의 통신품위법(CDA; Communication Decency Act) 제230조를 둘러싼 논란이 대표적인 경우이다. 통신품위법은 1996년에 제정된 법으로서 인터넷의 유해한 콘텐츠로부터 이용자를 보호하기 위해 만들어진 법안인데, 플랫폼이 외설, 폭력 등 불법적인 정보를 송신할 경우 2년 이하 징역과 25만 달러 이하 벌금을 부과하도록 되어 있다. 그러나 이러한 처벌은 과잉 규제이며 표현의 자유를 침해한다는 논란이 일었고, 결국 민주당 론 와이든 상원의원의 주도하에 면책 조항인 230조가 추가되었다.[11]

또 다른 사례로는 어린이 청소년 개인 정보 수집과 관련된 이슈이다. 2023년 2월 7일 미국의 조바이든 대통령이 연두 교서에서 빅테크 기업이 어린이와 청소년의 온라인 개인 데이터를 수집하는 것을 막기 위해 초당적인 법안을 통과시켜야 할 때라고 밝히면서 어린이를 대상으로 한 타깃 광고를 금지하고 기업이 우리 모두에 대해 수집하는 개인 데이터에 더 엄격한 제한을 가하겠다는 입장을 밝혔다.

그러자 아마존, 구글, 메타 등이 회원사로 속해 있는 Interactive Advertising Bureau는 어린이를 대상으로 한 광고를 전면적으로 금지하는 것에 대해 불만

11) 이코리아(2023.5.22.). 미국 달군 '통신품위법 230조' 논쟁에 빅테크 손 들어준 대법원.

을 표시하였다. '나쁜 행위자를 처벌하는 것은 필수이며 IAB는 어린이를 보호하기 위해 더 강력한 법률을 지지한다. 하지만 복잡한 문제에 대해 데이터와 기술을 비난하고 디지털 광고를 제한하거나 제거하는 것은 모든 사람을 위한 인터넷의 이점을 심각하게 감소시킬 수 있다'라고 IAB의 공공 정책 담당 수석 부사장인 Lartease Tiffith이 입장을 밝혔다.[12] 결국 이는 정부 규제에 대해 부정적인 입장을 표명한 것이라고 볼 수 있다.

뉴질랜드의 사례에서도 자율 규제의 규제 선점 우려가 나타나고 있다. 페이스북의 모회사인 메타와 구글을 포함한 거대 기술 기업들은 뉴질랜드의 디지털 플랫폼에서 공유되는 유해한 콘텐츠에 대해 스스로 규제하기로 합의했으나, 뉴질랜드 비평가들은 이것이 빅테크 기업들이 '규제를 선점하려는 시도'라고 평가하였다. 새로운 프레임워크는 온라인 안전을 장려하고 지침을 제공하는 데 주력하는 비영리 기관인 Netsafe를 비롯한 여러 조직에서 주도하고 있는데, Netsafe는 비정부 조직이기는 하지만 다양한 정부 부서의 지원을 받고 있으며 2015년에 통과된 뉴질랜드의 유해한 디지털 통신법(HDCA)을 관리하는 역할도 담당하고 있다. 공식 발표에서는 이 규정이 기술 회사에 유해한 콘텐츠를 줄여야 하는 의무를 명시하고 있지만 법적 구속력이 없기 때문에 많은 사람들이 실제 영향력에 대해 회의적이라는 것이다. 더욱이 뉴질랜드 내무부(DIA)가 온라인 콘텐츠 규제 검토를 진행하고 있는 상황에서 표현의 자유, 증오와 괴롭힘으로부터의 자유를 포함하여 인터넷 사용자의 권리를 보호하는 규제 프레임워크를 개발하는 데 필요한 정당성과 자원은 오직 정부만이 가지고 있다는 입장을 표명했다.[13]

12) Alfred NG(2023.2.7.). Biden calls for ban of online ads targeting children. https://www.politico.com/news/2023/02/07/biden-calls-for-ban-of-online-ads-targeting-children-00081731

13) Paul Sawers(2022.7.25.). Big Tech's push to self-regulate harmful content in New Zealand is 'weak attempt to preempt regulation', critics say; https://techcrunch.com/2022/07/25/big-techs-push-to-self-regulate-harmful-content-in-new-zealand-is-weak-attempt-to-preempt-regulation-critics-say/

자율 규제는 무규제?

때로 자율 규제는 무규제로 이해되기도 한다. Brittany Doyle(2022)는 플랫폼 기업의 자율 규제는 무규제라는 비판적인 입장을 취한다. 그는 미국이 SMP(social media platforms)에 대해 무간섭 대응(hands-off approach)을 하고 있다고 주장하며 의회는 페이스북과 다른 SMP가 어떻게 작동하는지 제대로 이해하지 못한다고 주장한다. 거의 모든 SMP는 사용자 동의 조건을 포함하여 플랫폼 내부에 어느 정도 수준의 규제를 가지고 있으며, 각 플랫폼은 일반적으로 적합하다고 판단되는 대로 자율 규제하는데 SMP 간에 통일된 기준이 없어 사실상 자율 규제의 실효성이 없다는 것이다.

예를 들어, 2019년에 트위터는 더 이상 유료 정치 광고를 허용하지 않을 것이라고 발표한 반면, 페이스북은 처음에 정치 캠페인을 정기적인 사실 확인 과정에서 면제했고, 구글은 검증 가능한 거짓 정치 광고를 거의 제한하지 않았다. 페이스북은 2020년 대선을 5주 앞두고 정책을 바꿨으며, 선거 전 일주일 동안 새로운 정치 광고를 받는 것을 중단할 것이라고 발표했지만, 이전에 승인된 수많은 정치 캠페인의 광고를 차단하면서 기술적 결함(technical flaws)이 있었다고 변명하였다. 2018년 페이스북은 콘텐츠에 대한 독립적인 감독 위원회(The Oversight Board)를 만들겠다고 발표했다. 2020년 초에 출범한 감독 위원회는 전 세계에서 온 20명의 학자 또는 디지털 및 기술 전문가로 구성되어 있으며, 페이스북이 '무엇을 삭제할지, 무엇을 남길지, 그리고 왜 남길지' 결정하는 것을 지원하는 역할을 하고 있다. 그럼에도 페이스북은 2020년 내내 정치 광고에 대한 정책을 수없이 변경했고, 자율 규제의 가이드라인을 제대로 시행하지 못했다.[14)]

2020년에 이디오피아 출신의 인지 과학자 Abeba Birhane과 그의 동료 Vinay Prabhu는 MIT가 사용하는 8천만 개의 이미지 데이터 세트를 분석해서 그것들이 흑인 이미지에 대한 인종 차별적 비방을 포함하여 공격적인 레이블로 가득 차 있다는 것을 밝히는 논문을 발표하였다. 두 사람이 연구결과를 발표한 이

14) Brittany Doyle(2022). Self-regulation is no regulation—the case for government oversight of social media platforms. ; https://mckinneylaw.iu.edu/iiclr/pdf/vol32p97.pdf

틀 후, MIT 팀은 사과하고 이미지 데이터 세트를 삭제했다. 연구자들은 이러한 작업을 하는 것이 '정말 우울하다. 그런 더러운 이미지 데이터 세트들을 분석하는 것이 정말 힘들고 트라우마가 될 수 있다. 플랫폼 기업들이 스스로 점검해야 하는데 상당한 압력 없이는 그럴 가능성이 없다'는 현실에 대해 우려했다.[15)]

자율 규제와 신뢰할 수 있는 정부 감독의 조합, 공유지의 비극 해소

자율 규제만으로는 다루기 어려운 공익을 보호하기 위해서는 국가 규제, 감독과 같은 국가 개입이 필요할 수밖에 없다. Michael A. Cusumano, Annabelle Gawer, David B. Yoffie(2021)[16)]는 자율 규제만으로는 한계가 있으며 신뢰할 수 있는 정부 규제와의 조합이 최상의 결과를 가져올 수 있다고 주장한다. 대부분의 기업이 정부 압력 없이는 자율 규제하지 않을 것이기 때문에 정부와 기업이 협력해야 한다는 것이다. 다만 문제는 정부가 디지털 플랫폼과 복잡한 기술 및 운영에 대해 역동적이고 지속적인 변화를 규제하고 모니터링할 기술이나 자원이 없다는 딜레마가 있다는 점이다. 정부가 플랫폼 기업에 포획될 가능성이 있다는 점을 고려할 때 글로벌 플랫폼에 대한 정부 감독과 그 정부에 대한 감독이 동시에 필요하다는 것이다.

디지털 플랫폼 기업들은 자율 규제의 진정성을 위해 좀 더 적극적으로 행동할 필요가 있다. 지금까지 인터넷 시대의 정부 조치 비용은 미미했지만, 규제 환경은 빠르게 변화하고 있으며, 정부 조치의 가능성이 증가하는 것을 고려해 볼 때, 기업들이 소비 대중이나 산업 전반의 이익보다 단기적이고 기업 개별적인 이익을 우선시하는 경우 공유지의 비극(tragedy of the commons)을 초래할 수 있다. 공유지의 비극은 개방적인 자원의 경우 개인이 이익에 따라 행동할 시 자원의 고갈을 일으키는 상황을 설명하는 경제학 용어로서 결국 기업의 개별적 이익 우선이 자율 규제의 공적 가치를 훼손하게 됨을 의미한다.

15) Grace Browne(2023.5.25.). AI Is Steeped in Big Tech's 'Digital Colonialism';https://www.wired.co.uk/article/abeba-birhane-ai-datasets

16) Michael A. Cusumano, Annabelle Gawer, David B. Yoffie(2021). Can Self-Regulation Save Digital Platforms?. file:///C:/Users/GACHON/Downloads/self%20regulation.pdf

그래서 자율 규제의 목표는 디지털 플랫폼이 번창할 수 있게 했던 환경을 파괴하는 공유지의 비극을 피하는 것이어야 한다는 것이다. 그러기 위해서 정부와 디지털 플랫폼은 더 긴밀히 협력해야 하고, 동종 업종의 기업들이 연합하고 협력하여 적극적인 자율 규제를 하게 되면 좋은 결과를 가져올 수 있다고 강조한다. 예시로서 영화 및 비디오 게임 분야에서 산업이 연합하여 등급 시스템을 통해 폭력적이거나 외설적인 내용을 제한한 경우 등을 들고 있다.

자율 규제의 실효성을 높이기 위해서는 정부 규제와의 조합과 함께 단계적인 접근을 통해 불법 정화 모델로 이행하는 것도 좋은 방법일 것이다. 황성기(2022)는 온라인 플랫폼에서 자율 규제 영역과 이슈를 구별하면서 온라인 플랫폼에 있어서 자율 규제 모델의 구체적 적용 방안과 관련하여 단계적 방안을 제시한다. 제1단계에서는 사업자 자율 규제, 제2단계에서는 산업계 자율 규제 모델의 적용, 제3단계에서는 자율 규제 법정화 모델의 적용, 제4단계에서는 법정 자율 규제 기구 모델의 적용 등을 제시하였다. '법정 자율 규제 기구 모델'은 자율 규제 기구를 법률에 규정하여 법정 기구로 만드는 모델이다. 자율 규제 기구를 법인의 형태로 자율 규제 기구의 설치를 법률에 명시하고 이 기구에 자율 규제 모니터링 및 평가 등 자율 규제 관련 제반 기능을 법률에 근거하는 것이다.[17)]

3 국내 플랫폼 자율 규제의 특징

정부 개입의 강제적 자율 규제

정부의 강력한 규제 역사를 가지고 있는 국내 미디어 산업의 정책 역사를 고려할 때 아직까지 국내 플랫폼 산업의 규제 형태는 정부 개입의 강제적 자율 규제의

17) 황성기(2022). 온라인 플랫폼 자율 규제 방안에 관한 연구

형태를 띠고 있다고 할 수 있다. 황성기(2022)는 한국의 ICT 분야 자율 규제가 정부 규제 혹은 법적 규제로 '강제 전환'될 위험성에 노출되어 있다는 점에서 진정한 자율 규제로의 패러다임 전환이 필요하다고 주장한다. 그러면서 한국에서의 정부 규제 혹은 법적 규제는 원칙과 철학 없이 그때그때 이슈에 대응하여 문제를 즉흥적으로 해결하려는 경향이 매우 강하고, 규제의 '경로 의존성' 또한 매우 강하다는 점을 지적하고 있다.[18]

이희정(2023, 34쪽)[19]은 국내 인터넷 영역에서의 성공적인 자율 규제의 사례로 두 가지를 언급한다. 첫째는 한국인터넷자율정책기구(KISO)에서 인터넷 포털상의 사생활 침해나 명예 훼손 등 타인의 권리를 침해한 표현물에 대해 삭제 등 조치를 통해 구제한 것이고, 둘째는 2015년부터 게임 사업자들이 확률형 아이템의 획득 확률 정보를 자발적으로 공개하면서 시작된 자율 규제이다. 둘 다 자율 규제의 유형이고 성공적이라고 평가할 수 있지만 역시 정부 개입에 의한 결과라는 특징을 갖는다.

2023년 5월 11일, 과학기술정보통신부, 공정거래위원회, 방송통신위원회 등 관계 부처와 플랫폼 사업자들로 구성된 플랫폼 민간 자율 기구가 '검색·추천 서비스의 투명성 제고를 위한 자율 규제 원칙'을 발표하였다(표 8-2 참고). 그동안 정부는 '플랫폼 민간 자율 기구'를 구성하여 민간 스스로 플랫폼 시장에서의 자율 규제 방안을 마련하도록 했으며, 2022년 8월 19일 자율 규제 기구가 출범한 이후 갑을, 소비자·이용자, 데이터·AI, 혁신 공유·거버넌스의 4개 분과를 구성하여 각 분과별로 자율 규제 방안을 논의해 왔다. 민간 플랫폼 자율 기구가 발표한 원칙에 따르면 "인터넷 검색 또는 추천 서비스에서 노출되는 순서, 방식 등이 이용자의 선택에 영향을 미친다는 점에서 이를 결정하는 기준에 대한 정보를 사업자가 스스로 공개하여 이용자의 권익을 보호하고 관련 서비스의 투명성과 신뢰성을 제고하기 위해 자율 규제 원칙을 마련"하였다고 되어 있다.[20]

18) 황성기(2022). ICT 분야에서의 자율 규제. <공법연구>, 50(3), 33-61.

19) 이희정(2023). 온라인플랫폼 자율 규제에 관한 시론. <경제규제와 법>, 15(2), 24-41.

20) 대한민국 정책브리핑(2023.5.11.). 플랫폼 자율 규제 방안 발표회 개최.

특히 이 자율 규제 원칙에서 눈에 띄는 부분은 앞으로 플랫폼 사업자들은 영업 비밀이 노출되지 않는 선에서 이용자들에게 인터넷 검색·추천 서비스의 노출 순서 결정 기준 등을 알기 쉽게 설명해줘야 한다는 부분이다. 네이버·카카오·구글·쿠팡·우아한형제들 등 주요 업체들은 웹·앱 공지 사항이나 고객 센터 등을 통해 관련 기준을 안내하기로 했다.[21)]

2023년 11월에는 IT 플랫폼 기업들이 과학기술정보통신부 주관으로 열린 플랫폼 자율 규제 업계 간담회에서 자율 규제 추진 근황을 전하기도 했다. 국내 대표적 플랫폼 기업인 네카쿠배당(네이버, 카카오, 쿠팡, 배달의 민족(우아한형제들), 당근)이 각각의 자율 규제 사업 내용을 공유한 것이다. 예를 들면 네이버는 자체 출범한 네이버 자율 규제 위원회 논의를 통해 불법·가짜 상품 판매 시 원스트라이크 아웃제 적용을 도입하고, 눈속임 설계(다크 패턴) 및 허위 후기 피해 방지 방안을 마련하고 있다는 내용 등이다.[22)]

21) 뉴시스(2023.5.11.). "플랫폼 검색 투명성 높인다"… 검색 노출 기준 등 명확히 알려야

22) 정보통신신문(2023.11.7.). 주요 플랫폼사, 상생협력·자율 규제 '강화'

<표 8-2> 국내 플랫폼 자율 규제 원칙

검색·추천 기준 공개 사업자는 검색 노출 순서 결정 및 추천 기준을 구성하는 주요 변수와 그에 관한 설명 등을 이용자가 쉽게 이해할 수 있도록 평이하고 알기 쉬운 용어를 사용하여 공개하여야 한다. 공개 방법에 있어서도 검색·추천 결과, 고객 센터 등 이용자가 접근하기 쉬운 위치와 방식으로 공개해야하며, 변경 사항이 있는 경우 이를 현행화하여야 한다. 다만 제3자에 의해 이용자에게 기만 또는 피해가 발생할 우려가 있거나 사업자의 영업 비밀을 침해할 우려가 있는 경우에는 이를 부분적으로 공개하지 않을 수 있다. 이용자의 권익 증진을 위한 노력 사업자는 공개된 검색 노출 결정 및 추천 기준 정보에 대해 이용자가 설명을 요구하는 경우 성실히 답변하여야 하며, 이용 사업자의 수수료, 광고료 등 대가 지불 여부가 노출 결과에 영향을 미치는 경우 이를 이용 사업자에게 설명하여야 한다. 또한 사업자는 검색 노출 순서 결정 및 추천 기준이 목적한대로 동작하는지, 의도하지 않은 결과를 도출하는지 등을 주기적으로 점검하여야 한다. 이행 점검 등 실효성 확보 사업자는 「플랫폼 민간 자율 기구(추후 상설 플랫폼 자율 기구)」의 본 자율 규제 원칙 이행여부 점검 시 협조하며, 이행 점검 결과 시정을 권고 받은 사업자는 관련 사항을 확인하고 개선 및 조치 결과를 「플랫폼 민간 자율 기구」에 신속하게 알려야 한다. 또한 데이터·AI분과는 기술·서비스 발전 및 환경변화, 사업자·전문가·이해관계자 등의 요청에 따라 자율 규제 원칙의 내용 변경이 필요한 경우 개선 등의 조치를 할 수 있다.

이와 같은 자율 규제는 앞서 언급한 협의체형 자율 규제로 보이지만 사실상 정부의 개입에 의한, 정부 주도의 강제된 자율 규제의 모습을 보이고 있다. 2023년 6월 28일, 진보네트워크센터가 주관하고 10개 시민 단체가 공동 주최한 시민 사회 포럼이 '빅테크:인권과 민주주의를 위협하는 거인들'이라는 주제로 개최되었다.[23] 이 세미나는 디지털 플랫폼에 대한 범시민 사회의 첫 번째 공동 대응이라는 점에서 매우 의미 있는 자리로 기록될 수 있다. 여기서 디지털 플랫폼의 자율 규제에 대해 다양한 의견이 제시되었는데, 실질적으로 국내 디지털 플랫폼에 대한 자율 규제는 유럽 시민 사회의 자율 규제 논의와는 상당히 다른 방향성을 가지고 있다는데 의견을 모았다.

23) 관련 발제내용과 토론내용은 동영상 참고. https://www.youtube.com/watch?v=Z3CHu71dsCY

오병일 진보네트워크센터 대표는 "자율 규제를 배제하는 입장은 아니다. 그러나 우리나라에서 말하는 자율 규제는 규제를 하지 말자는 쪽에 가깝다. 강제적인 법적 규제를 회피하기 위한 하나의 명분으로 자율 규제라는 담론이 많이 활용되고 있다"는 의견을 제시하였다. 윤명 소비자연맹 사무총장은 국제소비자기구(Consumers International:CI)의 예시를 들며 "CI에서의 자율 규제는 사업자가 알아서 하라는 자율 규제가 아니다. 거버넌스를 만들어 거기서 자율 규제의 규율과 체계를 만들어나가자는 것이다. 때문에 소비자 관점에서 감시 기구와 역할이 필요하다. 문제는 우리 사회는 아직까지 자율 규제의 역할을 제대로 한 경험이 없다는 것이다. 정부의 자율 규제 방향성에 대해 함께 고민해야 한다"는 의견을 제시하였다.

정지연 한국소비자연맹은 "정부에서 운영하는 자율 규제 기구에 소비자 단체 대표로서 참여하고 있는데 기업들이 자율 규제를 내부의 엄격한 기준을 만들고 문제를 같이 개선하기 위해 노력하는 것으로 이해해야 함에도 불구하고 아직까지는 그렇지 못하고 있는 것으로 보인다. 때문에 자율 규제는 외부의 압력 없이는 안된다는 생각이다. 외부의 압력 없는 자발적인 자율 규제는 의미가 없다"는 입장을 표명하였다.

정부에 의한 강제적 자율 규제는 기업의 자율 규제 개선 노력을 가져오기도 하지만 때로 의도하지 않은 부정적 결과를 가져올 수도 있다. 2023년 7월 네이버는 네이버 뉴스 알고리즘이 보수 언론 인기도 순위를 떨어뜨렸다는 의혹을 받게 되자 뉴스 인공 지능 알고리즘 안내 페이지를 개편하면서 뉴스 알고리즘 추천에 영향을 미치는 주요 팩터 16개를 공개했다. 금준경(2023.7.8.)은 이에 대해 네이버 뉴스 알고리즘이 주요 현안에 관한 최신 기사들을 적극적으로 노출하는 데 초점을 맞춤으로써 양질의 심층 기사를 추천하기 어렵게 만들며, 중요 사안' 판단을 위해 '클러스터'에 의존하는 등의 문제가 있다고 지적한다.[24]

24) 금준경(2023.7.8.). 네이버 뉴스 알고리즘 공개 내용 살펴보니. <미디어오늘>.

자율 규제의 지속적 관리와 성과 관리의 필요성

국내외 디지털 플랫폼 기업들은 대부분 앞의 <표 8-1>에서 언급한 자율 규제 유형을 모두 가지고 있으며, 특히 자체 규범형 윤리 기준을 마련하고 있다. 예를 들면 AI와 관련해서 구글은 7가지의 AI 윤리 기준을 제시하고 있으며, 2019년부터 매년 원칙을 업데이트하여 제시하고 있다.[25)]

① 사회적으로 유익해야 한다.
② 부당한 편견을 조성하거나 강화하지 않는다.
③ 안전성을 위해 제작하고 테스트한다.
④ 사람들에게 책임감을 갖는다.
⑤ AI 기술의 개발 및 사용에 개인 정보 보호 원칙을 통합한다.
⑥ 높은 수준의 과학적 기술을 유지한다.
⑦ AI 기술을 개발하고 배포하면서 원칙에 맞는 용도를 평가한다.

국내 양대 디지털 플랫폼 기업인 네이버와 카카오의 AI 윤리 준칙 역시 유사하다. 네이버는 사람을 위한 AI 개발, 다양성의 존중, 합리적인 설명과 편리성의 조화, 안전을 고려한 서비스 설계, 프라이버시 보호와 정보 보안 등 5가지를 AI 윤리 준칙으로 제시하고 있다.[26)] 카카오는 인류의 편익과 행복추구, 차별에 대한 경계, 윤리에 근거한 학습 데이터 운영, 알고리즘의 독립성과 엄정한 관리, 알고리즘에 대한 성실한 설명, 기술의 포용성, 아동과 청소년에 대한 보호, 프라이버시 보호 등 8가지를 제시하고 있다.[27)]

다만 국내 플랫폼 기업들의 윤리 헌장은 내용이 구체적이지 않으며, 구글처럼 매년 원칙이나 헌장이 개정되어 발표되고 있는 것은 아니다. 2023년 6월 20일 현재 네이버 홈페이지에는 2018년 3월 30일 공지되어 동년 5월 1일 적용된 이용 약

25) 구글의 AI원칙(2023.9.11.). https://ai.google/responsibility/principles/
26) 네이버 AI 윤리 준칙(2023.8.21.). https://www.navercorp.com/value/aiCodeEthics
27) 카카오 AI 윤리(2023.8.21.). https://www.kakaocorp.com/page/responsible/detail/algorithm

관 및 정책이 게재되어 있다. 약관은 수시로 개정할 수 있으며, 사전에 개정 이유와 적용 일자를 공지한다고 되어 있는 것을 볼 때 5년간 한 번도 개정되지 않았거나 별도 약관 운영 정책에 의거하여 공지된 것으로 보인다.[28)]

여러분이 쉽게 알 수 있도록 약관 및 운영정책을 게시하며 사전 공지 후 개정합니다.

네이버는 본 약관의 내용을 여러분이 쉽게 확인할 수 있도록 서비스 초기 화면에 게시하고 있습니다.

네이버는 수시로 본 약관, 계정 및 게시물 운영정책을 개정할 수 있습니다만, 관련 법령을 위배하지 않는 범위 내에서 개정할 것이며, 사전에 그 개정 이유와 적용 일자를 서비스 내에 알리도록 하겠습니다. 또한 여러분에게 불리할 수 있는 중대한 내용의 약관 변경의 경우에는 최소 30일 이전에 해당 서비스 내 공지하고 별도의 전자적 수단(전자메일, 서비스 내 알림 등)을 통해 개별적으로 알릴 것입니다.

네이버는 변경된 약관을 게시한 날로부터 효력이 발생되는 날까지 약관 변경에 대한 여러분의 의견을 기다립니다. 위 기간이 지나도록 여러분의 의견이 네이버에 접수되지 않으면, 여러분이 변경된 약관에 따라 서비스를 이용하는 데에 동의하는 것으로 간주됩니다. 네이버로서는 매우 안타까운 일이지만, 여러분이 변경된 약관에 동의하지 않는 경우 변경된 약관의 적용을 받는 해당 서비스의 제공이 더 이상 불가능하게 될 수 있습니다.

네이버 서비스에는 기본적으로 본 약관이 적용됩니다만, 부득이 각 개별 서비스의 고유한 특성을 반영하기 위해 본 약관 외 별도의 약관, 운영정책이 추가로 적용될 때가 있습니다. 따라서 별도의 약관, 운영정책에서 그 개별 서비스 제공에 관하여 본 약관, 계정 및 게시물 운영정책과 다르게 정한 경우에는 별도의 약관, 운영정책이 우선하여 적용됩니다. 이러한 내용은 각각의 개별 서비스 초기 화면에서 확인해 주시기 바랍니다.

본 약관은 한국어를 정본으로 합니다. 본 약관 또는 네이버 서비스와 관련된 여러분과 네이버와의 관계에는 대한민국의 법령이 적용됩니다. 그리고 본 약관 또는 네이버 서비스와 관련하여 여러분과 네이버 사이에 분쟁이 발생할 경우, 그 분쟁의 처리는 대한민국 '민사소송법'에서 정한 절차를 따릅니다.

- 공지 일자: 2018년 3월 30일
- 적용 일자: 2018년 5월 1일

네이버 서비스와 관련하여 궁금하신 사항이 있으시면 고객센터(대표번호: 1588 – 3820/ 평일 09:00~18:00)로 문의 주시기 바랍니다.

› 이전 이용약관 보기(2014년 6월 25일 ~ 2018년 4월 30일 적용)

2023년 6월 20일 현재 페이스북 홈페이지에는 2020년 8월 31일 발표한 플랫폼 정책이 최신 업데이트된 내용으로 올라와 있다.[29)] 지난 몇 년간 페이스북에서는 데이터 처리 방식과 파트너에게 데이터 액세스 및 관리에 대한 책임을 묻는 방식을 변경해왔고, API에 대한 액세스를 제한하고 앱 검수를 강화하였으며 앱 개발자에 대한 조사를 시작하고 최근 들어서는 FTC와의 협정을 공식화했다는 내용을 알리고 있다. 그리고 개발자가 책임감 있게 플랫폼을 지속적으로 사용하는 데 필요한 도구와 정보를 제공하기 위해 4가지 영역을 개선하였다는 내용이다. 첫째, 개발자에게 데이터 사용과 공유에 관한 더욱 명확한 지침을 제공하고, 둘째, 개발자에게 책임을 지우기 위한 새로운 도구와 컨트롤을 구축하며, 셋째, 개발자 경험을 개선하고, 넷째, 사용자 경험을 개선하였다는 내용이다.

28) 네이버(2023.6.20.). 네이버약관 및 개인 정보 보호. https://policy.naver.com/policy/service.html

29) Meta(2020.7.2.). Simplifying Our Platform Terms and Developer Policies; https://developers.facebook.com/blog/post/2020/07/01/platform-terms-developer-policies

미국 뉴욕대학교에서 운영되고 있는 인공 지능 연구기관인 AI Now Institute에서는 기업들의 알고리즘 투명성 보고서나 알고리즘 책임 보고서에 대한 책임 이행을 감사하는 보고서를 발간하고 있다.[30)] 보고서 발간을 통해 플랫폼 기업들이 유의해야 할 원칙 같은 것에 대한 제안도 하고 있는데, 예를 들면 데이터 최소화 원칙(Broad data minimization principles) 같은 것이 향후 시민 사회에서 요구할 수 있는 AI 시스템에 대한 가장 강력한 원칙이 될 수 있다는 점을 지적하고 있다. 때문에 과도하거나 유해한 데이터 수집 및 사용을 금지하는 명확한 규칙인 데이터 최소화 정책에 대한 준수 여부가 비즈니스 모델에도 영향을 미칠 수 있다는 것이다.[31)]

기업들이 만든 윤리 지침의 실효성을 위해서는 끊임없는 추가 개선의 노력이 필요하다. 네이버의 가이드라인에는 성별, 인종, 국적에 따라 차별하는 AI를 개발하지 않겠다고 명시되어 있지만 무엇이 차별을 구성하는지에 대한 명확한 정의가 없기 때문에 준수 여부를 측정하기가 어렵다고 지적하는 리뷰도 있다. 가이드라인 준수 여부를 확인하기 위한 독립적인 감독도 부족해 실효성에 의문이 제기된다는 것이다. 윤리적 영향 평가를 수행하고 의사 결정 과정에 다양한 이해관계자를 참여시켜야 한다는 점도 지적하고 있다.[32)]

플랫폼 기업들은 윤리 부서를 두고 다양한 윤리 원칙을 마련하고 있지만 이용자 입장에서는 언제나 그 대응이 불만스러울 수밖에 없다. 장슬기(2023)[33)]는 기술이 그에 걸맞은 효용을 주는지에 대해 의문을 제기하며, 오히려 디지털 세상이 새로운 범죄의 장으로 변질했고 이를 제재할 수단은 마땅치 않다고 진단한다. 조경숙 테크-페미 활동가에 대한 인터뷰를 통해 밝힌 내용에서는 "카카오톡 프로필 사진(프사)을 캡처할 수 있는데, 이게 딥페이크 기술을 이용한 성범죄 등에 활용된다. 십대여성인권센터 IT지원단 활동을 할 때부터 이 기능을 막아달라고 요청했는데 아직도 반영되지 않았다"고 밝히고 있다.

30) https://ainowinstitute.org/publication/algorithmic-accountability-for-the-public-sector-report)

31) https://ainowinstitute.org/spotlight/data-minimization)

32) 가으니의 리뷰노트(2023.5.22). 네이버·카카오 AI 윤리기준강화 ; https://blog.naver.com/hvip5082/223109057043

33) 장슬기(2023.9.2.). "딥페이크 성범죄에 활용 가능, 카톡 프사 캡처 막아달라". <미디어오늘>.

4
디지털 플랫폼 자율 규제를 위한 선결 요건

대등한 교섭 관계

앞서 살펴보았듯이 자율 규제는 그 의미의 스펙트럼이 넓어서 자칫 왜곡되기 쉬운 용어이다. 무규제나 규제 선점으로 인식되는 경우 자율 규제의 효용성과 신뢰성은 침해될 수 있다는 점에서 자율 규제의 전제 조건이 중요하다. 김남근 변호사는 2023년 6월 28일, 진보네트워크센터가 주관하고 10개 시민 단체가 공동 주최한 시민 사회 포럼에서 자율 규제의 구성 요건에 대한 저자의 질문에 자율 규제 참여자 간의 대등한 교섭 관계가 선결되어야 한다고 다음과 같이 언급하였다.[34]

"현 정부의 입장은 플랫폼의 독과점 규제, 즉 자사 우대나 끼워 팔기, 데이터의 이동성과 접근성 제한, 멀티 호밍 제한 등과 같은 행위에 대해서는 어느 정도 합리적 입법 규제를 해야 한다는 입장인 것 같다. 다만 플랫폼과 소비자, 플랫폼과 입점 상공인 관계에서는 규제 입법을 하기보다는 자율 규제하자는 입장이다. 유럽은 2단계의 집단 소송 제도를 가지고 있다. 일차적으로 플랫폼 알고리즘의 투명성을 소비자나 입점 상공인들과 공유하라는 것이다. 단체 소송 제도를 만들어 문제가 있을 때는 고충 처리를 만들어 서로 협의하고, 그 다음에 안 되는 경우는 소비자 단체나 입점 상인 단체가 단체 소송을 통해 금지 청구를 구하거나 위법 행위를 확인한 다음에 피해 구제를 해주라는 것이다. 플랫폼과 소비자 관계, 플랫폼과 입점 상공인 부분에 대해 과거 문재인 정부에서는 온라인 플랫폼 같은 법을 만들 것인가에 대해 논쟁을 했고 윤석열 정부에서는 그런 법을 안 만든다 자율 규제로 간다는 입장을 표명한 것이다.

34) 김남근(2023.6.28.). 빅테크(독과점 플랫폼) 독과점 지위남용과 불공정행위. <빅테크 : 인권과 민주주의를 위협하는 거인들>, 진보네트워크센터. 관련 발제내용과 토론내용은 동영상 참고. https://www.youtube.com/watch?v=Z3CHu71dsCY

논쟁의 지점은 그 부분에 있다. 자율 규제가 되려면 서로 대등한 교섭 관계가 되어야 하며, 소비자나 경제적 약자인 입점 상인들이 플랫폼과 대등한 입장에서의 교섭을 통해 문제를 해결할 수 있는 제도적 장치가 만들어져야 한다. 그렇지 않으면 독과점 플랫폼에 대한 시혜적 조치에 문제 해결을 맡기는 것밖에 안 된다. 정부가 발표한 자율 규제 원칙이 실효성을 확보하려면 소비자 단체나 입점 상인 단체 등과 끊임없이 교섭하고 점검하면서 해결하는 시스템이 만들어져야 한다."

데이터 이용에 대한 기업의 패러다임 변화

데이터 이용에 대한 기업의 패러다임이 바뀔 필요가 있다. Hossein Rahnama and Alex Sandy Pentland(2022.2.25.)는 기업의 개인 정보 이용에 대해 다음과 같은 패러다임 변화가 필요하다고 주장한다. 첫째, 개인 데이터로부터 가치를 창출하는 기업은 개인 데이터를 획득하고, 공유하면서 이익을 창출하고 있기 때문에 고객과의 신뢰 관계를 지속적으로 구축하여 고객의 데이터가 어떻게 사용되고 있으며 고객에게 무엇이 제공되는지 '상식적인 용어'로 설명해야 한다. 여기서 특히 주목을 끄는 부분이 데이터 이용에 대해 상식적인 용어로 설명해야 한다는 부분이다. 사람들이 기업의 데이터 보호 정책에 대해 잘 읽지 않으려는 이유 중의 하나는 어렵고 복잡하다는 점도 있기 때문이다.

둘째, 개인 식별 가능 정보가 아닌 통찰력을 추출하는 데 중점을 두어야 한다. CIO(Chief Information Officer)와 CDO(Chief Data Officer, Chief Digital Officer)가 협력하여 통찰력의 흐름을 촉진해야 한다. 고객의 이익을 위해 동의된 데이터로부터 최대한의 통찰력을 얻는 것에 공통의 목표를 두어야 한다.[35] CIO는 조직을 위한 기술 전략을 주도하는 최고 정보 책임자라면 CDO는 최고 데이터 책임자이다. CDO는 새로운 비즈니스 도구 실험이나 전체 인력의 디지털 기술 개발 등에 책임을 지며, 디지털 혁신 계획을 시행해 CIO가 IT 운영 및 인프라에 집중할

35) Hossein Rahnama and Alex "Sandy" Pentland(2022.2.25.). The New Rules of Data Privacy. https://hbr.org/2022/02/the-new-rules-of-data-privacy

수 있도록 지원하는 역할을 한다.[36] 주요 기업들은 처음에 CIO를 두다가 다음에는 CDO, 이어서 CTO(Chief Technology Officer)를 두고 있다. 데이터 경제로 진화하면서 기업들은 지속적으로 IT 관리직을 신설하고 있다. CTO는 기업과 제품의 경쟁력을 높일 수 있는 새로운 기술을 식별하고 도입하는 일을 담당하는 기술 최고 책임자로서 기술 스타트업과 제품, 서비스 및 운영에 첨단 기술이 필요한 산업(예 : 금융 서비스, 생명 과학, 제약 회사, 전자 상거래 등)에서 가장 자주 볼 수 있다.[37]

Clara Lindh Bergendorff(2021.3.12.)[38]는 관심 경제가 지나가고 크리에이터 경제(Creator Economy)로 패러다임 이동이 된다고 예측한다. 관심 경제와 크리에이터 경제의 차이점은 청중에 대한 관점의 차이이다. 관심 경제에서는 이용자의 숫자와 이용자 데이터의 규모가 중요했지만 크리에이터 경제에서는 크리에이터의 충성도 높은 커뮤니티가 중요하다. 그 청중을 실제 자산, 즉 그들이 참여하는 커뮤니티로 전환하는 것이다. 청중 자체는 자산에서 포착하는 가치보다 획득하는 데 더 많은 비용이 든다는 점에서 자산으로 차려입은 부채라는 입장을 견지한다는 점에서 차이가 있다.

조직 내 윤리의 중요성

기업의 자율 규제가 제대로 이루어지기 위해서는 사내 조직 윤리도 매우 중요하다. 외부적으로 명백한 자율 규제의 형식요건을 유지하고 있는 구글에서 AI 윤리 연구원 팀닛 게브루 박사를 해임하고 페이스북에서 내부 고발자 프란시스 호겐을 사임시킨 예와 같은 사례들을 보면 플랫폼 기업의 자율 규제에 대한 신뢰를 가지기가 쉽지 않아 보인다. 팀닛 게브루 박사는 스탠포드대에서 컴퓨터 공학 전

36) CDO와 CIO의 차이는 무엇인가(2019.11.25.); https://www.ciokorea.com/tags/7783/CDO/137479

37) Mary E. Shacklett(2022.7.20.). CIO, CDO and CTO: The 3 Faces of Executive IT; https://www.informationweek.com/it-leadership/cio-cdo-and-cto-the-3-faces-of-executive-it

38) Clara Lindh Bergendorff(2021.3.12.). From The Attention Economy To The Creator Economy : A Paradigm Shift. https://www.forbes.com/sites/claralindhbergendorff/2021/03/12/from-the-attention-economy-to-the-creator-economy-a-paradigm-shift/?sh=14d1bdd6faa7

공 후 2019년 구글에 입사해 AI 윤리팀을 신설하고 공동 팀장을 맡아 근무하다가 구글 검색 엔진의 문제점을 지적하고, 여성에 대한 처우 문제를 지적하다가 해고되었다.[39)]

전직 페이스북 직원이었던 프랜시스 하우젠(Francis Haugen)은 페이스북 알고리즘이 혐오를 확산하는 양극화 콘텐츠에 더 높은 등급을 부여하며, 이는 결국 사회 전체에 치명적인 결과를 초래한다는 내용의 페이스북 내부 문서를 미국 의회와 증권거래위원회(SEC)에 공개했다. 이 문서는 월스트리트 저널에서 시리즈로 계속되었고, 이로 인해 페이스북의 주가는 하락세를 보였으며, 전 세계 국회의원들이 페이스북에 대한 규제를 강화하도록 촉구하는 계기가 되었다.[40)]

AI 조직 내 윤리 문제를 해결하기 위해서는 기업 내 윤리 교육 및 훈련 개선, 내부 및 외부 윤리 감사, AI 윤리 옴부즈맨, AI 윤리 검토 위원회 및 AI 윤리 감시단의 설립, 신뢰할 수 있는 AI 윤리 내부 고발자 조직에 대한 접근 등을 보장해야 한다고 주장하는 연구도 있다.[41)]

조직 내에서 설정한 윤리 원칙이 부서별로 유기적으로 연결되는 문화 또한 중요하다. 아직 국내 주요 미디어 플랫폼 기업의 AI 자율 규제를 위한 조직 시스템과 로드맵은 제대로 갖추어졌다고 보기 어렵다. 정부가 주도하는 표준 가이드라인을 기업에 일괄적으로 적용하는 것도 기업의 개별성과 서비스의 다양성을 고려할 때 쉽지 않을 것이다. 기업 스스로가 자기 완성적 자율 규제의 원칙과 모델, 조직 문화를 만들어야 할 것이다. 카카오는 2022년 7월에 '인권과 기술윤리팀'과 '기술윤리위원회'를 만들었으며, 2018년 국내 기업 최초로 '인공 지능 알고리즘 윤리 헌장'을 제정한 바 있다.

39) AI타임스(2020.12.4.). 구글의 민낯? AI 윤리팀 팀닛 게브루 박사 해고 논란, 내부 고발 메일 발단

40) Billy Perrigo(2021.11.22.). Inside Frances Haugen's Decision to Take on Facebook; https://time.com/6121931/frances-haugen-facebook-whistleblower-profile/

41) Mark Ryan. Eleni Christodoulou, Josephina Antoniou, Kalypso Iordanou(2022). An AI ethics 'David and Goliath': value conficts between large tech companies and their employees. AI & Society, ;https://link.springer.com/article/10.1007/s00146-022-01430-1

개발사의 선제적 노력과 폭넓은 파트너십

서비스 개발 초기 단계부터 윤리와 가치에 대한 자기 점검이 강화될 필요가 있다. 황용석(2021)[42]은 알고리즘의 편향을 줄이기 위한 노력은 크게 개발 단계와 개발 후로 나눠 설명할 수 있는데, 추천 시스템의 공정성 및 편향 보정을 위해서는 이를 개발하는 기업의 역할이 매우 중요하다고 지적한다. 머신러닝은 스스로 학습하고 변화하는 동적인 논리 체계로서 작동 원리를 규명하기 어려워 블랙박스라 불리기 때문에 이용자 피해가 발생했을 때 제3자가 사후적으로 원인을 추적하는 것이 매우 어려우며, 이 기술을 개발하고 적용하는 사업자의 자발적인 선제 노력이 필요하다는 것이다. 개발 단계와 개발 후 단계에서 이행해야 할 개발사가 해야 할 노력에 대해 관련 내용을 요약하면 다음과 같다.

먼저 개발 단계에서는 개발자를 위한 오픈 소스 툴킷 제공을 언급하고 있다. 머신러닝 모델 개발 및 사용 과정에서 지속해서 발생하는 알고리즘의 편향성을 측정하고 알고리즘 공정성을 개선할 수 있는 다양한 '공정성 툴킷'들을 개발하고, 다양한 영역의 개발자들이 활용할 수 있도록 오픈 소스(무상으로 공개된 소스 코드) 형태로 제공하는 것이다. IBM이 오픈 소스 서비스를 제공하는 깃허브(Github)를 통해 2018년 공개한 AI 페어니스 360(AI Fairness 360)나, 구글이 제공하는 왓이프(What-if)라는 툴킷, 마이크로소프트가 제공하는 페어런(Fairlearn), 링크드인(LinkedIn)이 제공하는 LiFT라는 오픈 소스 공정성 툴킷 등이 이에 해당한다.

개발 후의 노력은 개발 기업들의 자율 규제와 알고리즘 영향성 평가 등이 포함된다. 이 부분에서는 개발사와 다학문적 전문가 및 시민 단체와의 연대 및 상호 협력, 파트너십이 필요하다고 설명한다. 국내 자율 규제 원칙 내용 중에서 가장 중요한 것은 디지털 알고리즘의 매개 변수 및 구조에 대해 매우 쉽게 설명해야 할 책임을 부여하고 있는데, 이를 위해서는 시민 단체와의 상설 포럼과 같은 파트너십을 통해 정기적인 정보 및 의견 교환이 이루어질 필요가 있다는 것이다.

전 세계 디지털 플랫폼과 인권 단체 등 105개 조직이 함께 파트너십을 구성하

42) 황용석(2021). [알고리즘 편향을 해결하기 위한 노력들] 편향으로부터 자유로울 수 없는 알고리즘 원인 찾으려는 개발사의 선제 노력 필요해. <신문과 방송>, 8월호.

여 디지털 플랫폼의 문제를 해결하고 있는 글로벌 비영리 조직 PAI(Partnership on AI)의 사례가 대표적인 예이다. PAI는 2022년 AI에 대한 폭넓은 정보 공유와 참여를 위해 필요한 과제와 기회를 식별하는 백서인 *Making AI Inclusive*를 발표했다. 윤리적 참여를 위한 4가지 기본 원칙과 몇 가지 권장 사항을 제공하는 이 백서는 업계 전문가와의 토론, 이해관계자 및 70명의 AI 실무자와의 개별 인터뷰를 통해 이루어졌다.[43)]

미국 PAI의 파트너십 구조에서 파트너는 다음과 같은 방법으로 PAI의 업무에 참여한다.[44)]

- PAI 소집에 참여하고 전문 지식과 경험을 바탕으로 통찰력을 공유한다.
- PAI 프로그램 및 연구팀 및 기타 파트너와 협력하여 PAI 중점 분야와 관련된 리소스, 도구 및 권장 사항을 개발한다.
- 프로그램의 운영 위원회에 가입하여 특정 주제에 대한 전문 지식을 제공한다.
- 파일럿 프로그램에 대한 공동 작업, PAI 권장 사항 채택 및 동료와 리소스 공유를 포함하여 조직 내에서 연구 및 모범 사례를 적용한다.
- 다양하고 시급한 AI 정책 문제에 대한 교육을 지원한다.

유럽위원회(Council of Europe)에서는 디지털 이용자의 권한이 최적으로 분배되는 공정한 참여 메커니즘을 고안하는 것이 중요하다고 설명한다. 위키피디아(Wikipedia)와 블록체인 기술(blockchain technology)과 같은 사례에서 영감을 얻을 수 있으며, 이는 통제와 권력의 분권화, 진정한 온라인 직접 민주주의의 출현을 가능하게 한다는 것이다.[45)]

43) Partnership on AI(2023). Inclusive Research & Design.https://partnershiponai.org/program/inclusive-research-design/

44) https://partnershiponai.org/partners/

45) Council of Europe(2023.6.5.). Rights and Responsibilities; https://www.coe.int/en/web/digital-citizenship-education/rights-and-responsibilities

자율 규제의 지속적 성과 관리 및 시스템 개선

자율 규제의 신뢰성 확보를 위해서는 지속적인 성과 관리 및 시스템 개선이 필요하다. 펜실베니아대학교 Hailey Reissman(2023.2.2.)는 온라인상에서 나타나는 유해 커뮤니케이션의 문제를 해결하려면 콘텐츠 조정이 작동하는 방식과 건설적인 교환 및 유익한 대화를 장려하는 규범을 가장 잘 시행할 수 있는 방법을 끊임없이 개발해야 한다고 주장한다.[46] 3장에서 살펴본 것처럼 소셜 미디어 담론은 목소리가 크고 일반인보다 더 극단적인 견해를 가진 소수의 사용자가 지배하고 있으며, 이는 사회적, 정치적 갈등이 실제보다 더 일반화되었다는 착각을 불러일으킬 수 있다. 따라서 그는 온라인 커뮤니케이션의 프로세스 일부를 자동화해야 할 필요성이 있다고 주장한다.

알고리즘의 경우에도 투명성과 공정성 못지않게 지속적인 성과 관리가 중요하다. 윤호영·진보래(2023)는 알고리즘의 내용이 특별한 설명 없이 조용히 변경되어 운영된 네이버의 사례를 실제 데이터를 통해 분석하였다. 연구 결과 알고리즘 검증은 투명성 설명으로만은 부족하며 알고리즘 적용 후 나타나는 결과 및 알고리즘 변경에 대한 끊임없는 설명이 동반되는 책무성 기반 논의가 중요하다는 결론을 도출하였다. 알고리즘 검증이 투명성 중심이 아닌 책무성을 기반으로 하여 알고리즘이 작동한 결과를 평가하고 모니터링하는 방식으로 이루어져야 한다는 것이다.[47]

안자나 수살라(Anjana Susarla, 2021.3.9.)는 소셜 미디어 플랫폼의 자율 규제에 대해 회의적인 시선이 있지만 잘만 하면 효과적일 수 있다고 주장하며, 세 가지 방안을 제시한다.[48]

46) Hailey Reissman(2023.2.2.). Is social media good or bad for social unity?; https://phys.org/news/2023-02-social-media-good-bad-unity.html

47) 윤호영.진보래(2023). 공문을 보내면 네이버는 검색 알고리즘을 바꾸는가?: 알고리즘 책무성 관련 증거 기반 논의. <커뮤니케이션 이론>, 19(2), 55~105.: https://doi.org/10.20879/ct.2023.19.2.055

48) Anjana Susarla(2021.3.9.). Faculty voice: Self-regulation can work; https://msutoday.msu.edu/news/2021/faculty-voice-self-regulation-can-work?collection=b5aeb011-2fbb-411f-9179-81bb58d9936e

첫째, 참여 우선순위 낮추기이다. 소셜 미디어에서는 거짓이 진실보다 더 빨리 퍼지는데 이는 사람들이 감정을 자극하는 뉴스가 더 매력적이라고 생각하여 그러한 뉴스를 읽고, 반응하고, 공유하기 때문이다. 특히 이러한 효과는 알고리즘을 통해 더욱 증폭된다. 대부분의 거대 기술 플랫폼은 세밀하고 상세한 인구 통계 데이터를 통해 소수의 사용자를 마이크로 타깃팅(micro targeting)할 수 있다. 빅테크 플랫폼의 알고리즘 설계는 마이크로 타깃팅된 콘텐츠를 우선시하므로 거의 확인되지 않은 잘못된 정보의 확산을 조장한다. 대중의 참여를 높이기 위해 고안된 콘텐츠의 알고리즘 증폭과 결합되어 허위 정보를 위한 소수자 타깃팅, 차별적 광고 타깃팅 등 수많은 부정적인 결과를 초래할 수 있다. 따라서 콘텐츠 추천에서 참여의 우선순위를 낮추면 그런 부정적 효과를 줄일 수 있다는 것이다.

둘째, 잘못된 정보 라벨을 지정하여 수정하는 것이다. 빅테크 기업은 뉴스 항목의 검증 여부를 식별하기 위해 콘텐츠 라벨링 시스템을 채택할 수 있다. 선거 기간 동안 트위터는 논란의 여지가 있거나 오해의 소지가 있는 것으로 분류된 트윗을 알고리즘에서 권장하지 않는 시민 청렴 정책을 발표했다. 이러한 방법은 효과가 있는 것으로 나타났다.

셋째, 크라우드소싱 정확성 검증이다. 이는 일종의 위키피디아 모델로서 개별 자원봉사자가 게시물을 인증하고 사실 확인 시 일관된 지침을 따르도록 보장하는 강력한 커뮤니티 거버넌스 메커니즘을 구축하는 것이다. 예를 들면, 페이스북에서 신뢰할 수 있는 게시물에 라벨을 붙여 크라우드소싱 작업자가 주석을 추가한 라벨과 함께 표시한 결과 정치적 스펙트럼 전반에 걸쳐 크라우드 노동자들은 주류 뉴스 소스와 가짜 뉴스 소스를 구별할 수 있는 것으로 나타났다. 또한 뉴스 매체에 어느 정도 노출된 개인은 일반적으로 실제 뉴스와 가짜 뉴스를 구별할 수 있는 것으로 나타났으며, 게시물의 정확성에 대한 알림을 제공하면 참가자가 부정확한 게시물보다 정확한 게시물을 공유할 가능성이 더 높아진다는 사실도 밝혀졌다. 이미 페이스북은 사실 확인 도구와 유사성 탐지 알고리즘을 결합하여 코로나19 관련 잘못된 정보를 차단한 바 있으며, 트위터는 잘못된 정보를 골라내기 위해 커뮤니티 포럼인 버드워치(Birdwatch)를 개설하기도 했다. 인기 게시물에 투표 또는 반대 투표를 추가하고 뉴스피드 알고리즘을 사용하여 신뢰할 수 없는 소스의 콘텐츠 순위를 낮추는 군중 기반 검증 메커니즘을 사용하여 잘못된 정보를 줄이는 노력을 하고 있는 것이다.

콘텐츠 영역에 대한 자율 규제의 딜레마

디지털 플랫폼의 자율 규제 영역에서 가장 논란이 되는 영역 중의 하나는 콘텐츠 영역이다. 콘텐츠 영역의 경우 표현의 자유와 연관성이 있어서 기업의 자율성이 크게 확보되어야 하지만 그것이 자칫 플랫폼 기업의 책임을 면책시킴으로써 의도하지 않은 부정적 효과를 가져올 수 있기 때문이다. 앞서 언급한 미국의 통신품위법(CDA) 제230조가 대표적인 사례이다. 특히 미국은 오랫동안 유지해온 표현의 자유에 대한 민주적 법적 전통을 훼손하지 않으면서 자율 규제의 효과를 가져오기 위한 방안에 고심하고 있다. 대략적으로 세 가지 방안이 제시되고 있는데 첫째는 연방 기관의 규제, 둘째, 법원에서 플랫폼의 콘텐츠에 대한 책임을 묻는 것, 셋째, 자율 규제 차원에서 데이터 투명성 및 보고 요구 등이다.[49)]

니나 브라운(Nina Brown, 2021)[50)]은 소셜 플랫폼이 비공개 콘텐츠 자체 조정으로 어떤 종류의 콘텐츠를 제거할지 결정하는 콘텐츠 조정(content moderation)에 대해 지나치게 폭넓은 재량권을 가지게 되면 위험할 수 있다고 주장한다. 소셜 미디어 플랫폼은 종종 파괴적인 콘텐츠로부터 사용자를 보호하는 것보다 수익 창출에 더 큰 비중을 두기 때문이다. 따라서 플랫폼 기업의 변화를 촉진하기 위해 규제 감독이 필요하다는 주장이다.

브라운은 대법원이 소셜 미디어를 인쇄 매체와 동일하게 취급하는 것에 불만을 표시한다. 그것은 미국 수정헌법 제1조의 표현 보호 조항을 적용시켜 온라인 커뮤

49) Luke J. Matthews, Heather J. Williams, Alexandra T. Evans(2023.10.20.). Protecting Free Speech Compels Some Form of Social Media Regulation; https://www.rand.org/pubs/commentary/2023/10/protecting-free-speech-compels-some-form-of-social.html

50) Nina Brown(2021). Regulatory Goldilocks: Finding the Just and Right Fit for Content Moderation on Social Platforms. Texas. A&M Law Review, 8(3), 451-494.; https://scholarship.law.tamu.edu/cgi/viewcontent.cgi?article=1219&context=lawreview

니케이션의 내용이 대체로 규제되지 않는다는 것을 의미하기 때문이다. 예를 들면 미국의 통신품위법 230조는 의도적인 정서적 고통, 테러 지원 및 명예 훼손과 관련된 사항에서 서비스 제공자를 보호하는 방패라는 주장이다.

아울러 230조와 콘텐츠 조정의 필요성을 조화시키는 최선의 방법으로 규제 골디락스(regulatory goldilocks)라고 부르는 대안을 제시한다. 소셜 미디어 분야에서 규제 조치를 위한 세 가지 주요 옵션인 자율 규제, 정부 규제, 부문별 산업 규제가 있는데 현재의 자율 규제 모델이나 정부 규제 모두 적절하지 않다고 주장하면서, 세 번째 옵션인 부문별 산업 규제가 플랫폼의 유해한 언어 문제를 해결하기 위한 '공정하고 올바른' 규제 경로라고 주장한다. 자율 규제 위원회가 산업 규제 모델의 최전선에서 산업 표준을 만들고 자체 규제를 시행할 권한을 행사해야 한다는 것이다.

브라운은 성공적인 자율 규제 위원회의 예로서 ASRC(Advertising Self-Regulatory Council)를 제시한다. 광고 업계가 1970년대 초 광고에 대한 대중의 불신이 극에 달했을 때 ASRC를 발족시켜 업계 개혁을 통해 부정적인 태도를 퇴치하고 소비자의 신뢰를 회복했다는 것이다.

브라운은 ASRC 모델이 소셜 미디어 산업에서도 작동할 수 있다고 설명하면서 소셜플랫폼규제위원회(SPRC, Social Platform Regulatory Council) 같은 조직을 구성할 것을 제안하고 있다. 그러면서 SPRC가 기능하려면 네 가지 기본 요소가 필요하다고 덧붙인다. 플랫폼 전반에 걸친 자발적인 참여, 다양한 이사회 구성, 안내 원칙, 진정한 변화를 가져오게 할 권한이다.

이러한 자율 규제는 앞에서 분류한 자율 규제의 유형중 협의체형에 해당된다고 할 수 있다. 유럽위원회(EC)가 온라인 정치 광고를 관리하기 위해 채택한 자율 규제 원칙 역시 이와 유사하다. EC는 미디어 중심(media-centric)과 정치 중심(politics-centric)의 요소들을 모두 고려했을 때 산업 협의체의 자율 규제가 적절한 이유로 두 가지를 들고 있다. 첫째, 표현의 자유의 민감성 때문에 온라인 정치 광고의 투명성을 높이기 위해 자율 규제가 더 적합하다. 둘째, 신속한 결과의 필요성(the need for swift results) 때문이다. 입법 규제는 시간이 너무 많이 소요될 뿐

만 아니라 정보 비대칭으로 정책 표류의 가능성이 존재한다.[51)]

개별 플랫폼 기업이 각자의 행동 강령과 위원회 형태로서 자율 규제를 행하고 있지만, 자율 규제의 신뢰성과 성과의 효율성을 위해서는 산업 협의체의 독립적이고 자발적인 규제가 이루어지는 패러다임으로 전환해야 할 것이다.

51) Wouter Wolfs & Jan Jaap(2023). VeldhuisRegulating social media through self-regulation: a process-tracing case study of the European Commission and Facebook; https://www.tandfonline.com/doi/full/10.1080/2474736X.2023.2182696

MEMO

9장

디지털 커뮤니케이션 정책의 재구조화

디지털 플랫폼 자본주의 사회에서 나타나는 다양한 이슈는 결국 사회 커뮤니케이션의 문제로 귀결된다. 특히 AI와 관련된 쟁점은 기술 혁신을 넘어서서 '존재론적 불확실성'에 따른 사회적 불안을 야기하고 있기도 하다. 플랫폼 기업이 자율 규제를 통해 대응해나가고 있기는 하지만 제8장에서 보았듯이 자율 규제는 한계가 있다. 정부와 국가의 역할이 중요하게 부각되는 부분이며, 새로운 미디어 환경에 맞는 커뮤니케이션 정책의 재구조화가 끊임없이 요구되는 지점이기도 하다. 국내외적으로 도입하고 있는 다양한 법적 규제와 정책 방안을 통해 우리 사회의 커뮤니케이션 정책에 대한 방향성을 제시해보았다.

1
디지털 플랫폼 시대의 불확실성과 가치 충돌

존재론적 불확실성의 증대

제1장에서 '디지털 플랫폼은 생존재다'라는 명제를 제시하였다. 이 장에서는 디지털 플랫폼이 가지는 기술적 속성과 예측 불가능한 영향력을 고려할 때 '디지털 플랫폼은 존재론적 불확실성(ontological uncertainty)이다'라고 규정하고자 한다. 디지털 플랫폼은 분명히 사용자에게 다양한 효용성과 가치를 제공하고 있지만 예측하지 못한 결과를 초래하고 있는 것도 사실이다. 제2부에서 다양한 사례를 제시하며 설명한 커뮤니케이션의 왜곡, 의식의 상업화, 노동 위험 관리의 개인화, 시장의 디지털 식민화 현상은 모두 그러한 현상들이라고 할 수 있다.

네덜란드 델프트(Delft) 대학교 기술정책관리학과 교수진은[1] 디지털 플랫폼은 미래에 어떤 모듈이 플랫폼에 추가될 것인지 또는 사용자가 실제로 어떻게 상호 작용할 수 있는지 예측할 수 없다는 점에서 생성적(generative)이며, 심지어 어떤 사회적 가치가 영향을 받을지조차 알기 어렵다고 설명한다. 지금까지 사회의 많은 시스템들이 대체로 지식을 증대시킴으로써 인식론적 불확실성(epistemic uncertainty)을 보여주었다면, 디지털 플랫폼은 완전한 정보가 있더라도 예측할 수 없는 결과가 생성된다는 점에서 '존재론적 불확실성'을 보여준다고 설명한다.

혁신적 기술이 사회 구성원들에게 존재론적 불확실성을 가져온다는 것은 지금까지 경험하지 못한 새로운 사회적 불안을 야기하는 것이라는 의미이기도 하다. 디지털 플랫폼이 가져오는 존재론적 불확실성은 사회 구성원이 어떻게 살아갈 것인지 예측하기 어려운 내적 불안의 문제로 다가오기 때문이다. 심우민(2023.5.31.)[2]은 아키텍쳐 기반인 인공 지능 및 데이터 기술의 다층적 불확정성

1) Mark de Reuver, Aimee van Wynsberghe, Marijn Janssen, Ibo van de Poel(2020). Digital platforms and responsible innovation : expanding value sensitive design to overcome ontological uncertainty. *Ethics and Information Technology*, 22, 257-267.

2) 심우민(2023.5.31.). 디지털 사회갈등과 입법-영향분석 제도화의 한 맥락. 방송통신법 포럼 발제문.

(indeterminacy)은 위험에 대한 사전 예측을 어렵게 하면서도 매우 광범위한 확산 가능성을 가지며, 이는 인간의 내면적 의사 결정에 영향을 미친다고 설명한다.

2023년 3월, Future of Life Institute라는 유명한 기술 연구소가 인간을 대체할 수 있는 비인간적인 마음(Unhuman Minds)의 발달을 막기 위해 일부 유형의 AI 연구를 적어도 6개월 동안 중단할 것을 촉구하는 공개서한을 발표했다.[3)]그 중심에는 미국의 의사 결정 이론가이며 Machine Intelligence Research Institute에서 연구를 이끌고 있는 유명한 연구자 엘리에저 유드코프스키(Eliezer Yudkowsky)가 있다. 그는 2001년부터 인공 일반 지능을 정렬하는 작업을 해왔으며 이 분야의 창시자로 널리 알려져 있는데, 그런 그가 전 세계의 모든 AI 연구실은 GPT-4보다 강력한 AI 시스템 교육을 최소 6개월 동안 즉시 중단할 것을 요구하는 공개서한에 동참했다. 누군가가 너무 강력한 인공 지능을 만든다면, 인류의 모든 구성원과 지구상의 모든 생물학적 생명체는 결국 죽음에 이를 것이라고 주장한 것이다.[4)]그뿐이 아니다. 인지 심리학자이자 컴퓨터 과학자이고 AI의 선구자 중 한 명인 제프리 힌튼(Jeoffrey Hinton)은 인류에 대한 위협을 포함하여 기술의 위험에 대해 더 자유롭게 연구하기 위해 구글을 떠났다. 동년 5월 말에는 인공 지능 업계를 대표하는 경영자·연구자·개발자 350여명이 인공 지능으로 인한 인류 멸종의 위험을 경고하는 데 동참하고 나섰다.[5)]

AI를 산업적으로 활용하려는 기업의 다양한 기술 개발이 이어지고 있지만 다른 한편에서는 이 분야의 전문가들이 공상 과학 영화에서나 나올 법한 무서운 미래를 예측하고 있다는 점에서 오픈AI사에 의해 촉발된 AI의 대중화에 대한 우려가 심각하지 않을 수 없다.

3) Future of Life Institute(2023). Pause Giant AI Experiments：An Open Letter. https://futureoflife.org/open-letter/pause-giant-ai-experiments/

4) Eliezer Yudkowsky(2023.3.29.). Pausing AI Developments Isn't Enough. We Need to Shut it All Down. ;https://time.com/6266923/ai-eliezer-yudkowsky-open-letter-not-enough/

5) Matthew Hutson(2023.5.16.). Can We Stop Runaway A.I.?; https://www.newyorker.com/science/annals-of-artificial-intelligence/can-we-stop-the-singularity

한겨레(2023.6.15.)는 이러한 현상의 심각성을 제대로 파악하기 위해 인공 지능 분야 해외 석학 4명을 인터뷰했다. 인터뷰에 응한 교수들 역시 인공 지능이 머지않은 미래에 위험을 초래할 것이라고 봤으며, '인간에 의한 악용', '대량의 사기와 허위 정보 범람'에 대한 우려가 가장 큰 것으로 나타났다. 인터뷰이 중의 한명은 인간에 대한 중요 의사 결정이 불투명한 알고리즘에 의해 이뤄지게 될 미래를 비판하는 『블랙박스 사회』(2017)의 저자 프랭크 파스콸레(Frank Pasquale) 교수이다. 그는 인공 지능의 무책임성에 대해 다음과 같이 언급했다. "알고리즘은 사람의 자질을 평가하는 평판 알고리즘, 웹 사이트를 포함한 콘텐츠의 순위를 매기는 검색 알고리즘, 돈과 관련해 많은 기능을 수행하는 금융 알고리즘 등 세 가지로 분류할 수 있는데 공정한 알고리즘은 사람이 지속적으로 검토하고 개선하는 경우에만 가능하다. 그러나 완전히 공정하기란 어렵다. 이 때문에 알고리즘으로 부당하고 불리한 대우를 받은 이들이 정부에 알고리즘의 개선을 요구할 수 있어야 한다."[6]

프랭크 파스콸레의 저서 『블랙박스』를 보면 '감시자 감시하기'라는 챕터가 나온다. 평판 알고리즘의 '공정한 평판 보고'가 제대로 되고 있는지 확인하기 위해서는 그것을 감독할 수 있는 조직이 필요하며, 기업이나 정부가 실제 의사 결정에 데이터를 어떻게 이용하는가를 감시할 필요가 있다는 주장이다.[7]

경제적 가치와 공적 가치의 충돌

6장 디지털 식민주의에서도 언급하였듯이 디지털 플랫폼을 기반으로 하는 사회에서 나타나는 또 다른 문제점의 핵심은 가치 충돌에 있다. 첫째는 경제적 가치 간의 충돌이며, 둘째는 경제적 가치와 공적 가치의 충돌이다. 경제적 가치 간의 충돌은 주로 사업자 간 혹은 고용주와 노동자 간의 갈등 이슈라고 한다면, 경제적 가치와 공적 가치의 충돌은 좀 더 복잡한 양상을 띠고 있는 사회적 가치 충돌이다.

경제적 가치간의 충돌은 신기술 플랫폼의 등장에 따른 시장 플레이어 간의 갈등이 대표적이다. 국내 사업자 간의 갈등, 신구 사업자 간의 갈등, 국내 사업자와

6) 한겨레(2023.6.15.). "AI는 무엇도 책임지지 않는다"… 인간의 고삐 시급한 이유.

7) 랭크 파스콸레 지음. 이시은 역(2017).『블랙박스 사회』. 안티고네.

외국 사업자 간의 갈등, 그리고 사업자와 노동자 간의 갈등을 모두 포함한다. 특히 챗GPT와 같은 AI 플랫폼이 일반화되면서 이를 둘러싼 사업자 간 갈등이 표면화되고 있는 상황이다. 미국의 증권거래위원회(SEC)는 AI가 아직 준비되지 않은 위험을 초래하고 이해 상충을 초래할 가능성이 있다고 보고 '책임 있는 혁신'을 위해 위험 관리 모델을 개발하고 있다고 밝혔다.[8] AI로 언론사들의 콘텐츠를 과다 이용하는 상황이 나타나면서 국내 언론사들은 콘텐츠에 대한 저작권 침해 방지 및 IP 보호를 위해 홈페이지와 포털, 유튜브 채널 등에 올라온 콘텐츠 하단에 'AI 학습이용금지'와 같은 문구를 내걸고 있는 것도 그러한 예 중의 하나이다.[9]

보다 근본적인 경제적 가치 충돌은 4장에서도 설명하였듯이 물질 자본주의 시대의 지대 추구와 마찬가지로 네트워크 경제, 플랫폼 자본주의에서도 지대 추구 이슈가 존재한다는 점이다. 시장에서 지대 추구 행위가 고착화되면 자원 분배의 균형이 무너지고, 소득 불균형의 심화는 물론 정부 세입 감소 등의 부작용이 일어날 수 있다. 임대료는 통상 희소 자산에 대한 통제 또는 소유권을 기반으로 한 수익으로 정의할 수 있는데, 대체로 불평등을 확대하는 중요한 요인으로 간주되며 투자, 소득, 혁신 및 경제 성장 수준의 하락을 가져오는 요인으로 설명되기 때문이다.

디지털 경제의 임대료에 대해 Mariana Mazzucato, Josh Ryan-Collins, Giorgos Gouzoulis(2023)는 좋은 임대료(good rents)와 나쁜 임대료(bad rents)를 구별한다.[10] 불평등과 경제 침체에 기여하는 임대료가 나쁜 임대료라면, 혁신과 성장의 핵심인 일시적인 임대료는 좋은 임대료로 볼 수 있다는 것이다. 혁신과 성장을 위한 인센티브로서의 기술 임대료는 신기술이 제품 차별화로 이어져 신기술이 확산될 때까지 단기적으로 독점 이익을 얻을 수 있는 경우이다. 이는 다른 기업이 미래에 그러한 단기 임대료를 벌기 위해 R&D 집약적이 되도록 동기를 부여

8) Reuters(2023.7.18.). US SEC developing rules on AI 'conflicts of interest'. https://telecom.economictimes.indiatimes.com/news/internet/us-sec-developing-rules-on-ai-conflicts-of-interest/101842097

9) 박서연(2023.8.31.). SBS, 국내 방송사 최초로 'AI 학습 이용 금지' 선언. <미디어오늘>.

10) Mariana Mazzucato, Josh Ryan-Collins, Giorgos Gouzoulis(2023). Mapping modern economic rents : the good, the bad, and the grey areas, Cambridge Journal of Economics, 47(3), 507-534; https://doi.org/10.1093/cje/bead013

한다는 점에서 착한 임대료에 해당한다. 혁신은 경쟁을 촉진하고 추가 혁신을 촉진하기 때문이다. 우버, 구글, 아마존 등이 모두 이러한 혁신적 임대료를 창출하고 있다는 설명이다. 다만 신기술에 의한 혁신 임대료는 일시적이어야 하며, 이것이 장기화되면 네트워크 독점 임대료(network monopoly rents)가 되는 것이다. 때문에 정부의 역할은 좋은 임대료와 나쁜 임대료를 잘 식별하고 측정한 다음 이를 처리하기 위한 회계 프레임워크와 정책을 개발해야 한다는 것이다.

한편 알고리즘 임대료(algorithmic rents)라는 개념도 있다. 주요 디지털 플랫폼은 사용자 관심의 문지기 역할을 수행하기 때문에 사용자 관심을 어떻게 할당할지에 의존하는 공급 업체 생태계에 막대한 권한을 갖게 된다. 지배적인 플랫폼은 알고리즘적으로 가치를 할당하는데 점유율을 높이기 위해 사용자 선호도를 무시하거나, 공급 업체 생태계의 정보 콘텐츠를 무시하거나, 플랫폼 의사 결정 맥락의 미묘한 변화를 통해 사용자 주의를 조작할 수도 있다는 것이다.[11] [12]

플랫폼 자본주의 속 가치 충돌에서 특히 우려되는 부분은 경제적 가치와 공적 가치의 충돌 부분이다. 예를 들면 기업의 경제적 이익이 개인 정보 보호, 표현의 자유, 공공 안전 및 보안과 같은 공공적 가치를 침해하는 경우이다. 경제적 가치가 공공의 선과 핵심적인 사회적 가치와 충돌하는 경우 경제적 이익에 대한 규제 조치는 불가피해진다. 그러나 제8장에서 보았듯이 사업자들은 구속력 있는 규제 및 입법보다 자율 규제를 선호하는 것이 사실이다.

AI의 사회적 및 경제적 위험을 관리하면서 AI로 인한 편익을 거두는 방법에 대해 국가 및 지역 사회의 우선순위를 정하는 것이 앞으로 중요한 이슈가 될 수 있다. 거대 글로벌 플랫폼은 특별히 규제되지 않는 한 자신들이 데이터와 알고리즘의 규칙을 정하기 때문에 그것이 시민 사회나 공공 부문의 우선순위와 다른 결과

11) Tim O'Reilly, Ilan Strauss, and Mariana Mazzucato(2023). Algorithmic Rents in the Attention Economy: How digital platform algorithms shape user attention to allocate value, UCL IIPP Working Paper 2023.

12) Mazzucato, M., Entsminger, J. and Kattel, R.(2020). Public value and platform governance. UCL Institute for Innovation and Public Purpose, Working Paper Series(IIPP WP 2020-11). Available at: https://www.ucl.ac.uk/bartlett/public-purpose/wp2020-11

를 가져올 수 있기 때문이다.[13)]

결국 국가와 정부는 상충하는 가치들을 상호 조정하는 역할을 해야 하는데 이미 오래전부터 제4차 산업 혁명에 대한 제도적 대응은 '사회적 가치의 충돌'을 미래 지향적 관점에서 어떻게 풀어 갈 것인가가 관건이라는 주장이 제기되어 왔다. 공영일(2017)은 개인 정보 보호 대 산업 경쟁력 강화, 대기업 경제력 집중 방지 대 창업 생태계 활성화, 기존 산업 보호 대 융합 신산업 활성화 등의 가치 충돌을 국가가 여하히 조정할 것인가가 당면 과제라고 제시하고 있다.[14)]

책임 있는 혁신을 위한 도덕적 성찰의 중요성

지금까지 플랫폼을 지배했던 핵심 가치는 기술 혁신이었지만 나쁜 임대료 개념을 고려했을 때 이제는 책임 있는 혁신(responsible innovation)이 새로운 가치로 떠오르고 있다. 앞의 네덜란드 학자들은 디지털 플랫폼의 특성은 VSD(value sensitive design)의 근본적인 가정에 도전한다고 주장한다. VSD는 '가치를 반영한 기술 설계' 정도로 번역할 수 있는데, 기술을 개발할 때 특정 가치를 촉진하고 사회적 가치에 대한 위협을 최소화하는 기술을 만드는 것을 목표로 하는 가치 설계 디자인을 의미한다. 전통적으로 VSD 방법은 신기술의 설계 단계에서 관련 가치를 식별할 수 있다고 가정하는데, 플랫폼 개발의 동적 특성, 즉 모듈성은 그것이 어렵다는 것이다. 우버와 같은 단순한 디지털 플랫폼을 넘어서서 기계 학습, 로봇 공학 및 인공 지능과 같은 기술들이 모두 존재론적 불확실성을 나타내고 있다고 주장한다.

존재론적 불확실성으로 인한 가치 충돌을 해소하기 위해서 연구자들은 VSD 설계를 확장할 필요가 있다고 주장하면서 <그림 9-1>에서 보는 것과 같이 VSD를 확장한 TERC(Technical, Empirical, Reflexivity, Conceptual) 모델을 제안한다. 이는 세 가지 측면의 가치 확장을 포함하는 개념이다. 첫째, VSD를 디지털 플랫폼

13) Mark Nitzberg & John Zysman(2022.7.21.). Algorithms, data, and platforms: the diverse challenges of governing AI. *Journal of European Public Policy*, 29, 1753-1788; https://www.tandfonline.com/doi/full/10.1080/13501763.2022.2096668

14) 공영일(2017.11.20). 제4차 산업 혁명, 사회적 가치 충돌 조정이 핵심. <디지털타임즈>.

의 전체 라이프 사이클로 확장하는 것이다. 둘째, 기존의 기술적, 경험적, 개념적 가치에 성찰성(Reflexivity)을 추가하는 것이다. 즉 목표로 할 값에 대한 2차 학습을 통해 VSD를 확장하는 것이다. 셋째, 그러한 성찰성을 향상시키기 위해 도덕적 샌드박스 및 도덕적 프로토타이핑(moral sandboxing and moral prototyping)의 도구를 추가하는 것이다.

<그림 9-1> 디지털 플랫폼의 TERC 모델

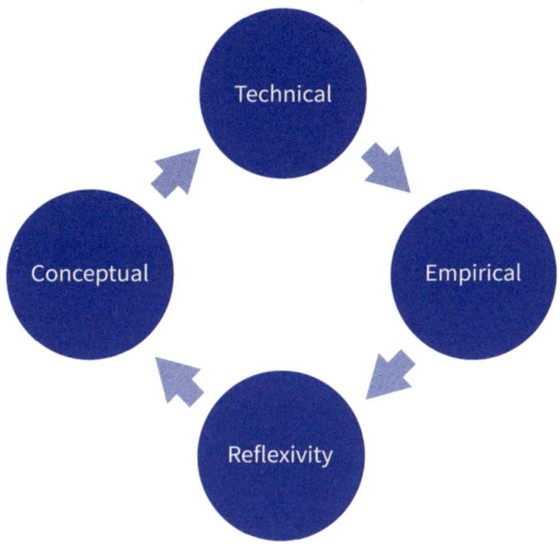

디지털 플랫폼 기술이 가져오는 존재론적 불확실성이 커짐에 따라 기술 정책에 성찰성을 도입하고 보다 윤리적인 AI(more ethical AI)를 만드는 것에 대한 학문적 관심은 이미 여러 곳에서 나타나고 있다. Kristin Undheim, Truls Erikson, Bram Timmermans(2023)는 AI가 우리를 더욱 알 수 없는 곳으로 이끌고 있다고 전제하면서, 도덕적 상상력을 배양함으로써 보다 윤리적인 AI 개발을 지원해야 한다고 주장한다. 도덕적 상상력만이 불확실성에 대한 진정한 해결책이며 규제 샌드박스(regulatory sandbox)가 그것의 적절한 수단이라는 입장이다. 그러나 규제 샌드박스를 단순한 기술 시험장이 아니라 탐험과 도덕적 상상을 할 수 있는 장소로 설계해야 한다고 주장한다. 샌드박스는 '퍼즐'이 아니라 '미로'일 필요가 있으며, 규제 당국과 혁신 기업가들이 도덕적 상상력을 발휘하여 책임 있는 혁신을

해야 한다고 주장한다.[15)]

일반적으로 규제 샌드박스는 새로운 제품이나 서비스가 출시될 때 일정 기간 동안 기존 규제를 면제, 유예시켜주는 제도를 말한다. 즉, 신기술·서비스가 국민의 생명과 안전에 저해되지 않을 경우 기존 법령이나 규제에도 불구하고, 실증(실증 특례) 또는 시장 출시(임시 허가)할 수 있도록 지원하는 것이다.[16)] 그러나 디지털 플랫폼이 존재론적 불확실성을 높이는 기술이라는 점을 고려한다면 이러한 규제 샌드박스가 단순히 규제 회피나 규제 면제가 아니라 도덕적 샌드박스로서 작동해야 할 필요가 있음을 의미하는 것이다.

2 글로벌 플랫폼 규제 법제와 함의

글로벌 플랫폼 규제의 근거, 브뤼셀 이펙트

<표 9-1>에서 보는 것처럼 거대 글로벌 플랫폼에 의한 데이터 흐름에 대해 정부가 규제를 하는 이유는 여러 가지가 있다. 각 국가의 시민 보호, 국가 안보, 경제 발전이 주된 이유이다. 앞에서 언급한 글로벌 플랫폼들은 대부분 미국에 국적을 두고 있다. 그래서인지 이들 기업에 대해 유럽 국가들의 대응은 다른 어느 나라에 비해 더욱 강력하고 적극적이다. 모두 자국 국민 보호와 자국의 산업 보호를 목적으로 한 것이다. 특히 시장에서의 경쟁과 지배력 남용에 대한 법률적 제한에 많은 관심을 가지고 있다. 전 세계적으로 디지털 플랫폼 관련 규제는 공정 경쟁 제한 규제, 데이터 수집 및 활용 관련 규제, 유해 콘텐츠 규제 등에 대해 대체로 규제의 강도를 높이고 있는 상황이다.

15) Kristin Undheim, Truls Erikson, Bram Timmermans(2023). True uncertainty and ethical AI: regulatory sandboxes as a policy tool for moral imagination. AI and Ethics , 3:997-1002.

16) [네이버 지식백과] 규제 샌드박스(시사상식사전, pmg 지식엔진연구소).

<표 2-3> 국가간 데이터 흐름을 규제하는 이유

시민 보호	국가 안보/주권	경제 발전
• 데이터 보호 및 개인 정보 보호 • 사이버 보안 • 민감한 부분에 대한 규제 감독 • 법 집행을 위한 데이터 엑세스 • 데이터 윤리	• 외국 감시 주소 • 중요 인프라 보호 • 국내 인터넷에 대한 주권 통제 강화 • 사회/문화적 안정 • 정치적 안정	• 국내 데이터 챔피언 구축 • 데이터에 대한 공평한 엑세스 보장 • 현지 제품 및 서비스를 통한 현지 수요 해결

출처: UNCTAD(2021). Digital Economy Report 2021. 123쪽.

한편 자국의 빅테크 기업을 보유하고 있지 않은 EU의 경우 제도와 규정을 통해 디지털 패권 경쟁에서 주도권을 쥐려고 한다는 주장도 있다. 이를 '브뤼쉘 이펙트'(Brussels effect)라고 한다. 컬럼비아대 법학 교수인 브래드포드(Anu Bradford)가 저서 『브뤼셀 효과』에서 주장한 용어이다. 브뤼셀은 유럽 연합의 수도로서 유럽 통합의 길을 닦은 두 국가인 프랑스와 독일 사이의 중간 위치에 있기 때문에 붙여진 이름이다. 브래드포드는 EU가 국제 비즈니스 환경을 형성하는 규정을 공포하고 전 세계적으로 표준을 높이며 글로벌 상거래의 여러 중요한 측면에 대한 주목할 만한 유럽화를 주도함으로써 여전히 영향력 있는 초강대국으로 남게 되었다는 것이다.[17] 즉 브뤼셀 효과는 유럽 연합이 시장 메커니즘을 통해 법률을 국경 외부로 외부화함으로써 발생하는 일방적인 규제 세계화 과정으로서 AI법이나 디지털시장법(DMA) 등 EU에서 주도하고 있는 디지털 플랫폼에 대한 사전 규제가 대표적인 예이다.

미국의 셔먼 공정거래법

플랫폼의 독과점 규제에 대해서는 GAFAM이 소재하고 있는 나라 미국에서도 매우 강한 규제를 행하고 있다. 가장 대표적인 법안 중 하나는 미국의 셔먼 공

17) Anu Bradford(2020). The Brussels Effect:How the European Union Rules the World.; https://scholarship.law.columbia.edu/books/232/

정거래법(Sherman Antitrust Act)이다. 이 법은 기업들이 경쟁을 제한하거나 독과점을 형성하는 것을 금지하며, 이를 위해 기업의 시장 지배력을 분석하고 경쟁 상황을 모니터링한다. 미국 법원은 이 법을 기반으로 구글을 상대로 연방공정위원회(Federal Trade Commission)가 구글 검색 시장에서의 독과점 여부를 조사하여 2020년 12월 반독점법 위반 혐의로 구글과 페이스북을 제소했다. 2023년 1월에도 미 법무부는 디지털 광고 기술 제품을 독점한 구글을 상대로 독점 금지 소송을 제기하였다. 소송 이유를 보면, 콘텐츠 제작자가 광고를 판매하는 데 사용하고 광고주가 광고를 구매하는 데 사용하는 디지털 광고 기술에 대한 구글의 오랜 독점권이 15년 동안 경쟁 업체를 몰아내고, 광고 비용을 부풀리고, 뉴스 게시자와 콘텐츠 제작자의 수익을 줄이고, 혁신을 저해했다는 것이다.[18)]

EU의 디지털 서비스법(DSA)과 디지털 시장법(DMA)

EU는 디지털 플랫폼에 대해 강력한 책임을 물어야 한다는 입장을 견지하면서 지배적인 플랫폼에 대한 효과적인 감독을 가능하게 할 입법, 실천 강령 및 기타 도구를 개발하는 데 매우 적극적으로 나서고 있다. 디지털 플랫폼과 관련된 EU의 규제 입법은 매우 엄격하며 세계적인 표준으로 인식되고 있는 상황이다.

유럽 연합(EU)에서는 EU 경쟁법(EU Competition Law)을 기반으로 구글과 아마존 등의 거대 플랫폼을 대상으로 제재를 가하고 있다. EU 경쟁법은 기업들이 시장 지배력을 남용하거나 경쟁을 제한하는 행위를 금지하며, 이를 위해 기업들의 행동을 모니터링하고 조사한다. 2017년 6월 유럽연합집행위원회(European Commission)는 EU 독점 금지법 위반 혐의로 구글에 24억 2000만 유로의 벌금을 부과했다. 구글이 유럽 경제 지역(EEA) 전체, 즉 EEA 31개 국가 전체에서 일반 인터넷 검색에 대한 각 국가 시장에서 지배적이라는 결론을 내린데 따른 조치이다. 위원회는 2008년부터 일반 인터넷 검색에서 구글의 시장 지위를 조사한 결과

18) Department of Justice(2023.1.24.). Justice Department Sues Google for Monopolizing Digital Advertising Technologies. https://www.justice.gov/opa/pr/justice-department-sues-google-monopolizing-digital-advertising-technologies

2008년부터 구글의 검색 엔진은 모든 EEA 국가에서 대부분 90%를 초과하는 매우 높은 시장 점유율을 차지했다는 것이다.[19)]

2020년 12월 15일 EU의 행정부 역할을 하는 유럽연합집행위원회(European Commission, EC)는 디지털 서비스법(Digital Services Act, 이하 DSA)과 디지털 시장법(Digital Markets Act, 이하 DMA)이라고 하는 두 가지의 입법 제안서를 발표했다. 이 두 가지 규제법의 목표는 첫째, 디지털 서비스를 이용하는 모든 이용자의 기본적인 권리가 보호되는 보다 안전한 디지털 공간을 창출하고, 둘째, EU 단일 시장과 글로벌 시장에서 혁신, 성장과 경쟁력을 촉진하기 위한 평등한 경쟁의 장을 확립하는 것이다.[20)]

디지털 플랫폼 이용자 보호를 목적으로 한 DSA의 경우 2022년 7월 전체 회의에서 법이 통과되었으며, 이 법의 핵심은 월 이용자 4,500만 명 이상인 대형 온라인 플랫폼이나 검색 서비스를 규제의 대상으로 지정해서 매우 강력한 규제를 적용하는 것이다. 2023년 4월 25일, 유럽위원회(EC)는 <표 9-1>에서 보는 것과 같이 DSA의 적용을 받는 대형 온라인 플랫폼과 검색 엔진 서비스 기업 19개를 발표했으며, 이들 기업은 2023년 8월 25일부터 디지털 서비스법을 적용받고 있다.[21)]

DSA를 적용받는 기업에는 인터넷 서비스 제공자(ISP), 클라우드 서비스 제공자, 마켓 플레이스, 앱 스토어, 소셜 네트워크, 콘텐츠 공유 플랫폼, 여행 및 숙박 플랫폼과 같은 온라인 플랫폼이 포함되어 있다. 구체적으로 알파벳의 자회사 구글, 아마존, 애플, 페이스북, 틱톡, 유튜브, 애플(앱스토어), 아마존(마켓 플레이스), 구글(구글 플레이, 구글 맵스, 구글 쇼핑, 구글 검색), 마이크로소프트(빙), 메타(페이스북,

19) European Commission(2017.6.27.). Antitrust: Commission fines Google €2.42 billion for abusing dominance as search engine by giving illegal advantage to own comparison shopping service – Factsheet. https://ec.europa.eu/commission/presscorner/detail/en/MEMO_17_1785

20) 김병일(2022). EU의 디지털 시장법(Digital Markets Act)의 주요 내용과 국내 시사점. ≪KISO저널≫, 제46호. Retrieved from https://journal.kiso.or.kr/?p=11535

21) 최민재·진민정·이현우(2023). 유럽의 가짜뉴스 대응정책. <미디어정책리포트>. 2월호, 한국언론진흥재단.

인스타그램), 링크드인, 핀터레스트, 스냅챗, 알리바바(알리익스프레스), 틱톡, 잘란도 등이 모두 규제의 대상에 포함되었다. 우리가 일상적으로 사용하고 있는 글로벌 플랫폼들이 대부분 포함되어 있다.

DSA 규정은 유럽 시장에서 서비스(상품, 콘텐츠 또는 서비스 등)를 제공하는 모든 온라인 중개자에게 적용하고 있으며, 이러한 중개자가 유럽에 설립되었는지 또는 전 세계 다른 곳에 설립되었는지는 중요하지 않다. 이들 기업들은 DSA를 위반한 경우 글로벌 매출의 6%에 해당하는 벌금을 내야 한다. 뿐만 아니라 DSA법에서는 빅테크의 체계적 위험(systemetic risk)에 대한 영향 평가 요구 즉 불법적 서비스 오남용, 기본권에 미치는 부정적 영향, 시민 담론, 선거 과정 및 공공 안전에 미치는 실제적 또는 잠재적 영향, 젠더 폭력, 공중 보건, 아동 보호 및 개인의 신체적 정신적 건강에 미치는 실제적이고 예상되는 부정적 영향에 대한 광범위한 영향 평가를 요구하고 있다는 점에서 매우 강력한 규제 입법이 아닐 수 없다.

<표 9-1> 디지털 서비스법(DSA) 적용 글로벌 플랫폼 기업명

Alibaba AliExpress	Google Play	Pinterest	YouTube
Amazon Store	Google Maps	Snapchat	Zalando
Apple AppStore	Google Shopping	TikTok	Bing
Booking.com	Instagram	Twitter	Google Search
Facebook	Linkedin	Wikipedia	

출처 : 최민재·진민정·이현우(2023)

대부분의 글로벌 플랫폼이 본부를 두고 있는 미국도 2023년 2월 16일 연방의회가 소셜 미디어 사업자에게 유해 정보 차단 책임을 부과하는 인터넷 플랫폼 책임 및 소비자 투명성 법안(ITACT Act, Internet Platform Accountability and Consumer Transparency Act)을 발의했다. 그동안 미국은 연방 법률인 통신품위법(Communications Decency Act) 제230조에 근거하여 소셜 미디어 사업자의 면책 특권을 인정해왔다. 그러나 SNS 플랫폼에서 허위 사실, 위법 행위 또는 부적절한 내용의 콘텐츠가 무차별적으로 노출되는 결과를 가져오면서 드디어 초당적으로 입법 규제를 위한 법안 발의를 시작한 것이다.[22)]

이 법안에서는 국립과학재단(NSF)이 진행하는 프로그램을 만들어 연구원들이 소셜 미디어 회사의 특정 데이터에 대한 액세스를 요청하고 연방거래위원회(FTC)가 프로그램에 대한 개인 정보 보호 및 보안 프로토콜을 개발하도록 요구하고 있다. 또한 광고 라이브러리에 대한 대중의 접근 및 바이러스성 콘텐츠에 대한 공개 조항을 포함하여 소셜 미디어 플랫폼에 대한 공개 투명성 요구 사항이 포함되어 있다. 그밖에도 추천 및 순위 알고리즘이 어떻게 작동하는지 설명하고 콘텐츠 조정 작업에 대한 통계를 제공해야 하는 의무도 부과하고 있다.[23)]

한편 DMA는 기존 독점 규제법과는 달리 특정 온라인 플랫폼 기업을 게이트키퍼(gatekeeper)로 지정하여 이들에게 사전적 의무(obligations)를 부과하는 규제 방식을 택하고 있다. 이를 통해 관련성이 없는 것처럼 여겨졌던 개인 정보 보호와 독과점 규제를 연결시켜 게이트키퍼 기업에게 명시적인 동의 없는 개인 정보 처리 금지와 데이터 이동권 보장 의무 등을 부과하고 개인정보보호법인 GDPR과의 조화 및 협력을 명시함으로써 디지털 시장 내 공정한 경쟁 보장을 위해 개인 정보 보호가 필수라는 점을 강조하였다는 점이 특징적이다.[24)]

그러나 미국 내에서는 EU의 DMA법이 한국과 같은 국가에서도 같은 기조의 규제를 택하도록 만들고 있으며 미국 기업을 겨냥한 표적 규제라는 점을 지적하면서 비판적인 입장을 표명하고 있다. 국제전략문제연구소(CSIS, Center for Strategic and International Studies)의 선임 연구원 William Alan Reinsch & Kati Suominen(2023.6.21.)는 DMA식의 규제가 미국을 부당하게 표적함으로써

22) 최서지(2023.9.26.). 미국의 온라인 콘텐츠 규제 입법동향. <국회도서관 최신외국입법정보>, 통권 제232호.

23) John Perrino(2023.6.8.). Platform Accountability and Transparency Act Reintroduced in Senate; https://cyber.fsi.stanford.edu/news/platform-accountability-and-transparency-act-reintroduced-senate

24) 김지연(2022). EU 디지털 시장법(Digital Markets Act)에 대한 분석과 독점 규제법 및 개인 정보 보호와의 관계에 관한 고찰. <법제연구>, 62, 209-249.

오히려 중국의 플랫폼 기업에 유리하게 작용할 수 있다는 의견을 내놓고 있다.[25)]

EU 경쟁법, 디지털 서비스법(Digital Services Act, DSA), 디지털 시장법(Digital Markets Act, DMA)은 모두 EU에서 거대 플랫폼 규제와 관련된 법률이지만, 각각 목적과 범위, 그리고 규제 방식에서 차이가 있다. EU 경쟁법은 모든 기업이 지켜야 하는 일반적인 경쟁 법규로, 기업 간 독과점 방지나, 카르텔(업계 내 공동 독과점) 방지 등을 목적으로 한다. 이 법률은 모든 기업에 적용되는 법규인데 디지털 플랫폼은 전통적인 경쟁 규제와는 다른 특성을 갖기 때문에 전용 법률이 필요하게 된 것이다.

호주 역시 2021년 페이스북과 구글과 같은 디지털 플랫폼이 뉴스 피드나 검색 결과에 콘텐츠를 연결하기 위해 지역 언론 매체와 게시자에게 비용을 지불하도록 요구하는 새로운 법을 통과시켰다. 뉴스 미디어와 디지털 플랫폼의 광고 시장 접근법(Bargaining Code)이 그것이다. 이 법은 2020년 12월에 발표되어 호주 연방의회를 통과, 2021년 2월 25일부로 시행되었다. 이 법에 의거하여 호주 정부는 대형 디지털 플랫폼들에게 뉴스 기사에 대한 사용료를 지불하도록 규정하고, 상호 협상에 따른 사용료 합의에 도달하지 못한 경우 중재할 수 있는 기구를 설립하였다. 이러한 조치들은 뉴스 산업의 지속 가능성을 보장하고, 디지털 플랫폼들의 독과점적 지위를 규제하는 데에 목적이 있다.[26)]

대체적으로 유럽 국가들은 플랫폼 기업이 특정 시장에서 갖는 지배적 지위를 인접 시장으로 확장하기 위해 지위를 이용하는 행위를 심각한 시장 경쟁 제한으로 보고 규제하고 있다. 이기종(2021)[27)]은 유럽위원회가 구글 안드로이드 심결에서 일반 검색 서비스 시장에서의 지배적 지위를 이용하여 인접 시장의 제품을 끼워 팔기한 것은 인접 시장에서의 경쟁을 제한하였다고 판결한 것은 플랫폼 사업

25) William Alan Reinsch and Kati Suominen(2023.6.21.). Are U.S. Digital Platforms Facing a Growing Wave of Ex Ante Competition Regulation?; https://www.csis.org/analysis/are-us-digital-platforms-facing-growing-wave-ex-ante-competition-regulation

26) CNBC(2021.2.24.). Australia passes new media law that will require Google, Facebook to pay for news. https://www.cnbc.com/2021/02/25/australia-passes-its-news-media-bargaining-code.html

27) 이기종(2021). <플랫폼경쟁법>. 삼영사.

자의 확장 전략에 대한 경쟁 제한성 평가에 중요한 의미를 갖는다고 해석하였다.

EU의 AI 법(EU AI Act)

EU는 AI에 대해서도 가장 먼저 규제 법안을 내놓았다. 2021년 4월, 유럽위원회(EC)는 AI에 대한 최초의 EU 규제 프레임워크를 제안했다. AI 시스템을 사용자에게 미치는 위험에 따라 분석하고 분류하겠다는 것으로서 이는 AI에 대한 세계 최초의 규칙이다. 그리고 마침내 2023년 3월 유럽 연합(EU)이 인공 지능(AI)에 관한 법을 발표했으며, 동년 6월 유럽의회는 더욱 엄격한 개정안에 동의했다

유럽의회가 취하고 있는 기본 입장은 세 가지로 요약할 수 있다. 첫째, EU에서 사용되는 AI 시스템이 안전하고 투명하며, 추적 가능하고, 차별이 없으며, 환경 친화적인지 확인하겠다는 것이다. 둘째, 인공 지능 시스템은 유해한 결과를 방지하기 위해 자동화가 아닌 사람들이 감독해야 한다는 입장이다. 셋째, 유럽의회는 미래의 AI 시스템에 적용될 수 있는 기술 중립적인 AI 정의를 확립한다는 것이다.[28)]

EU AI 법에서 규제하고 있는 위험의 정도는 다음과 같이 4가지로 분류된다.

1) 절대 허용할 수 없는 위험도의 AI

- 사람 또는 특정 취약 계층의 인지적 행동을 조작하는 AI : 예를 들어 어린이의 위험한 행동을 장려하는 음성 활성 장난감 같은 것은 절대 금지된다. 2023년 나온 영화 <메간(Megan)>을 보면 자동 생성형 AI 인형을 다루고 있는데 아이가 가지고 노는 애착 인형이 아이의 사고를 지배한다는 이야기로서 보는 내내 끔찍하다는 느낌을 받았다. 2013년에 나왔던 영화 <그녀(Her)>가 어른의 애착 상대로서 AI였다면 <메간>은 어린이 AI 장난감인데 아이들이 절대적으로 AI 장남감에 의해 정신적으로 지배당한다는 내용을 담고 있기 때문이다.

28) European Parliament(2023.6.14.). EU AI Act: first regulation on artificial intelligence. https://www.europarl.europa.eu/news/en/headlines/society/20230601STO93804/eu-ai-act-first-regulation-on-artificial-intelligence

- 사회 점수(Social Scoring) 관련 AI : 행동, 사회 경제적 지위 또는 개인적 특성을 기준으로 사람을 분류하는 것은 절대적으로 금지된다.
- 얼굴 인식과 같은 실시간 및 원격 생체 인식 시스템

2) 고위험 AI

고위험 AI 시스템은 허용되기는 하지만 개발자와 사용자는 엄격한 테스트, 데이터 품질에 대한 적절한 문서화, 사람의 감독을 자세히 설명하는 책임 프레임워크를 요구하는 규정을 준수해야 한다. 고위험 시스템은 시장에 출시되기 전에 라이프 사이클 전반에 걸쳐 평가를 받아야 한다. 자율 주행차, 의료 기기, 중요 인프라 기계 등이 포함되어 있으며, 생체 인식 감시에 AI 기술 사용을 금지하고 있다. 고위험 AI는 다음과 같이 범주화되어 있다.

- EU의 제품 안전법에 해당하는 제품에 사용되는 AI 시스템 : 장난감, 항공, 자동차, 의료 기기 및 리프트 등
- EU 데이터베이스에 등록해야 하는 8개의 특정 영역에 해당하는 AI 시스템

- 자연인의 생체 인식 및 분류
- 중요한 인프라의 관리 및 운영
- 교육 및 직업 훈련
- 고용, 근로자 관리 및 자영업 접근성
- 필수 민간 서비스 및 공공 서비스 및 혜택에 대한 접근 및 향유
- 법 집행
- 이주, 망명 및 국경 통제 관리
- 법 해석 및 법 적용 지원

3) 생성형 AI

챗GPT와 같은 생성형 AI에 대해서는 다음과 같은 투명성 요구 사항을 준수해야 한다고 규정하고 있다.

- 콘텐츠가 인공 지능에 의해 생성되었다는 것을 밝혀야 한다.
- 모델이 불법 콘텐츠를 생성하는 것을 방지하기 위한 모델 설계가 있어야 한다.
- AI 훈련에 사용된 저작권 있는 데이터의 요약물을 발표해야 한다.

4) 제한된 위험의 AI 시스템

제한된 위험 AI 시스템은 사용자가 정보에 입각한 결정을 내릴 수 있도록 최소한의 투명성 요구 사항을 준수해야 한다. 응용 프로그램과 상호 작용한 후 사용자는 응용 프로그램을 계속 사용할지 여부를 결정할 수 있어야 하며, 사용자가 AI와 상호 작용할 때 이를 인식할 수 있어야 한다. 여기에는 이미지, 오디오 또는 비디오 콘텐츠, 예를 들어 딥 페이크를 생성하거나 조작하는 AI 시스템이 포함된다.

EU의 인공지능법은 규정을 준수하지 않을 경우 엄격한 처벌을 받게 되어 있다. 기업의 경우 벌금이 최대 3천만 유로 또는 전체 소득의 6%에 달할 수 있으며, 허위 또는 오해의 소지가 있는 문서를 규제 기관에 제출하면 벌금이 부과될 수도 있다. EU는 AI를 신뢰할 수 있도록 하기 위한 새로운 글로벌 표준 개발을 주도하고 있으며, EU 시민의 안전과 기본권이 위태로워지는 것을 막기 위해 이러한 규칙을 도입한다는 입장을 밝혔다.

물론 EU의 이러한 AI 법에 대해 반발하는 기업들이 적지 않다. 하이네켄 등 유럽 기업들조차도 법안 초안이 비즈니스에 미칠 수 있는 영향에 대해 우려했으며, 파이낸셜타임스는 유럽 연합 집행위원회에 보낸 서한에서 "법안이 우리가 현재 직면하고 직면하게 될 문제를 효과적으로 해결하지 못한 채 유럽의 경쟁력과 기술 주권을 위태롭게 할 것"이라고 밝히기도 했다.[29]

EU의 개인정보보호법 GDPR

개인 정보 보호에 대한 EU의 지침 역시 매우 엄격하며 전 세계적으로 개인정보보호법의 가이드라인 역할을 하고 있다. EU는 1995년에 제정된 EU 데

29) World Economic Forum(2023.6.30.). The European Union's Artificial Intelligence Act – explained. https://www.weforum.org/agenda/2023/06/european-union-ai-act-explained/

이터 보호 지침(Data Protection Directive)을 대체하여 2018년 5월 25일부터 GDPR(General Data Protection Regulation)을 시행하고 있다. EU의 새로운 개인 정보 보호 법령인 GDPR은 위반 시 과징금 등 행정 처분이 부과될 수 있으며, EU 내 사업장이 없더라도 EU를 대상으로 사업을 하는 경우 적용 대상이 될 수 있다. GDPR에서는 대규모로 데이터 처리 및 데이터 주체 모니터링을 수행하는 기업 및 조직은 데이터 보호 책임자(DPO, Data Protection Officer)를 두어야 하며, DPO는 해당 기업의 데이터 거버넌스 및 법규 준수 시스템(compliance)을 책임져야 한다.

GDPR은 특히 민족 또는 인종, 종교적 신앙, 생체 데이터, 정치적 견해, 유전 데이터, 건강 정보, 성적 지향 또는 성생활, 노동조합 가입 등과 같은 중요한 개인 데이터 범주에 더 강력한 보호를 적용하고 있다.[30] GDPR 규정을 지키지 않은 기업은 2천만 유로, 또는 연간 글로벌 매출의 4% 중 더 큰 금액에 해당하는 과징금을 내는 등 법적 제재를 받게 되며, DPO는 개인 데이터를 유지 관리하기 위해 적절한 데이터 보호 원칙을 적용하도록 감독해야 한다. GDPR의 시행에 따라 기업의 책임은 더욱 강화되었으며, 정보주체의 정보 이동권 등 새로운 권리가 추가되었다. 우리나라 인터넷진흥원(KISA)에서도 GDPR 대응 센터를 설치하여 국내 기업들이 대응할 수 있도록 지원하고 있는 상황이다.[31]

GDPR은 개인 정보 보호 원칙으로 다음과 같은 7가지 보호 및 책임 원칙을 제시하고 있다.[32]

① 합법성, 공정성 및 투명성 : 데이터 처리는 데이터 주체에게 합법적이고 공정하며 투명해야 한다.

② 목적 제한 : 데이터를 수집할 때 데이터 주체에게 명시적으로 지정된 합법적인 목적에 따라 데이터를 처리해야 한다.

30) 베리타스(2023.9.6.). 유럽 일반 개인정보보호법(GDPR)이란?. https://www.veritas.com/ko/kr/information-center/gdpr

31) KISA GDPR 대응 센터(2023.9.6.). https://gdpr.kisa.or.kr/gdpr/static/infoSubjectsRights.do.

32) GDPR(2023.9.6.). Complete guide to GDPR compliance. https://gdpr.eu/

③ 데이터 최소화 : 지정된 목적에 절대적으로 필요한 만큼만 데이터를 수집하고 처리해야 한다.
④ 정확성 : 개인 데이터를 정확하고 최신 상태로 유지해야 한다.
⑤ 저장 제한 : 지정된 목적에 필요한 기간 동안만 개인 식별 데이터를 저장할 수 있다.
⑥ 무결성 및 기밀성 : 데이터 처리는 적절한 보안, 무결성 및 기밀성을 보장하는 방식(예: 암호화 사용)으로 수행되어야 한다.
⑦ 책임 : 데이터 관리자는 이러한 모든 원칙에 대한 GDPR 준수를 입증할 책임이 있다.

GDPR은 또한 데이터 주체의 개인 정보 보호 권리에 대해 다음과 같은 내용을 규정하고 있다.

① 정보를 받을 권리
② 접근권
③ 정보를 수정할 권리
④ 삭제할 권리
⑤ 처리를 제한할 권리
⑥ 데이터 이동성에 대한 권리
⑦ 반대할 권리
⑧ 자동화된 의사 결정 및 프로파일링과 관련된 권리

개인 정보 수집과 처리에 대한 동의를 구하는데 있어서도 다음과 같이 엄격한 원칙을 제시하고 있다.

① 동의는 '자유롭게, 구체적으로, 정보를 바탕으로, 모호하지 않게' 이루어져야 한다.

② 동의 요청은 '다른 문제와 명확하게 구별되어야' 하며 '명확하고 평이한 언어'로 제시되어야 한다.

③ 데이터 주체는 원할 때마다 이전에 제공한 동의를 철회할 수 있으며 그들의 결정을 존중해야 한다. 단순히 처리의 법적 근거를 다른 정당화 중 하나로 변경할 수는 없다.

④ 13세 미만의 어린이는 부모의 허락이 있어야만 동의할 수 있다.

⑤ 동의를 증명하는 서류를 보관해야 한다.

미국의 보안데이터법(Secure Data Act)은 대형 IT 기업의 개인 정보 수집과 사용을 감시하고, 불공정한 정보 공개 사례에 대한 벌금을 부과하는 데 목적을 두고 있다. 미국의 연방거래위원회(Federal Trade Commission)는 건강 위반 통지 규칙(Health Breach Notification Rule)에 따라 디지털 헬스케어 플랫폼 GoodRx Holdings에 대해 개인의 건강 데이터를 페이스북과 구글에 공유한 것과 관련, 150만 달러의 벌금을 부과했다.[33)]

데이터에 대한 국가 통제가 강한 것으로 알려진 중국 또한 2020년에 '개인정보 보호법'을 발표하여, 사용자의 개인 정보를 보호하고, 기업의 데이터 수집과 활용에 대한 제한을 강화하고 있다. 그러나 서방 국가들은 중국 데이터 보호 법안과 정책에 대해 상당한 의구심을 가지고 있는 것이 사실이다. 2023년 3월 23일 틱톡 CEO 츄(Shou Zi Chew)는 미국 하원 에너지 및 상업위원회 청문회에서 틱톡과 그 모회사인 바이트댄스(ByteDance)가 중국 공산당과 연결되어 정보를 공유하고 있다는 점과 틱톡이 미국 사용자의 데이터를 수집하여 어떻게 처리하는지에 대해 수많은 질문을 받아야 했다. 물론 츄는 중국 정부의 데이터 접근에 대해 부정했지만 미국 내에서는 미국민의 데이터를 수집하는 틱톡에 대한 강제 매각을 요구하는 소리가 높은 상황이다.[34)]

33) Stephenson Harwood(2023.3.3.). Data Protection update. https://www.shlegal.com/insights/data-protection-update-february-2023.

34) Duncan Riley(2023.3.3.). TikTok CEO grilled on China links and data protection efforts

3
국내 디지털 플랫폼 관련 규제 법제

개인정보보호법

우리나라는 1994년 1월에 제정한 '공공 기관의 개인 정보 보호에 관한 법률'을 민간 영역까지 확대하여 2011년 3월 29일 '개인정보보호법'을 만들었다. 개인정보보호법은 개인 정보의 처리 및 보호에 관한 사항을 정함으로써 개인의 자유와 권리를 보호하고, 나아가 개인의 존엄과 가치를 구현함을 목적으로 한다. 2023년에는 개인정보보호법을 대폭 개정하여 정보 주체의 권리 보호를 강화하고 개인 정보 처리자·정보 통신 서비스 제공자 등으로 이원화되어 있는 법체계를 일원화하였으며, 국제 규범에 부합하는 개인 정보 국외 이전 요건의 다양화, 영상 정보 처리 기기 설치·운영 지침 등의 내용을 포함시켰다.

개정된 개인정보보호법은 사업자에 대한 규제는 완화한 반면 개인의 권리는 강화한 측면이 있다. 전자의 예로는, 정보 주체의 동의 없는 개인 정보의 수집, 이용의 경우 일부 엄격한 예외로 규정되어 있던 '정보 주체와의 계약의 체결 및 이행을 위하여 불가피하게 필요한 경우'의 요건 중 '불가피하게' 요건을 삭제하여, 불가피성이라는 요건이 없이도 계약 이행 또는 계약 체결 과정에서 정보 주체의 요청에 따른 조치를 이행하기 위해서 정보 주체의 동의 없이 개인 정보를 수집, 처리할 수 있도록 하였다(제15조 제1항 제4호). 또한 제재 조치에 있어서도 과거 개인 정보 처리자가 안전성 확보에 필요한 조치를 하지 아니하여 개인 정보를 분실·도난·유출·위조·변조 또는 훼손당한 경우나, 정보 통신 서비스 제공자가 이용자의 동의를 받지 아니하고 개인 정보를 수집한 경우, 개인 정보가 불필요하게 되었음에도 이를 파기하지 아니한 경우 형사 처벌을 받았으나 개정안에서는 행정적 제재 또는 과징금으로 규제 완화하였다.

반면 정보 주체의 개인 정보 전송 요구권, 자동화된 결정에 대한 거부권 및 설명 요구권 등을 새롭게 도입함으로써 정보 주체의 개인 정보에 대한 통제권을 강

화한 것이 특징이다.[35)]

2025년부터는 보건 의료, 교육, 고용, 노동 등의 분야를 넘어서 전 분야에 걸쳐 마이 데이터 서비스가 본격화된다.

이성엽(2022)은 현행법상 개인 정보에 대한 명시적인 분류는 개인정보보호법 상의 개인 정보, 민감 정보, 그리고 고유 식별 정보의 구분 정도가 유일하다고 설명한다.[36)] 개인 정보란 '살아있는 개인에 대한 정보'로서 개인정보보호법 제2조에서는 개인 정보의 범주를 다음과 같이 규정하고 있다.

가. 성명, 주민 등록 번호 및 영상 등을 통하여 개인을 알아볼 수 있는 정보

나. 해당 정보만으로는 특정 개인을 알아볼 수 없더라도 다른 정보와 쉽게 결합하여 알아볼 수 있는 정보. 이 경우 쉽게 결합할 수 있는지 여부는 다른 정보의 입수 가능성 등 개인을 알아보는 데 소요되는 시간, 비용, 기술 등을 합리적으로 고려하여야 한다.

다. 가목 또는 나목을 가명 처리함으로써 원래의 상태로 복원하기 위한 추가 정보의 사용·결합 없이는 특정 개인을 알아볼 수 없는 정보. 즉 가명 정보를 지칭하는데 추가 정보의 사용 없이는 특정 개인을 알아볼 수 없게 조치한 정보로서 개인 정보 중 일부를 삭제하거나 모호하게 표시해 누군지 알 수 없게 만든 정보를 뜻한다.

개인정보보호위원회는 2023년부터 2026년까지 향후 3년간의 우리나라 개인 정보에 관한 정책 방향을 담은 '개인 정보 보호 기본 계획(2024-2026)'을 의결하면서 3대 추진 전략과 10대 과제를 제시하였다. 10대 과제 중 '개인 정보를 두텁게 보호한다'는 내용이 있는데, 구체적으로 개인 정보 열람, 정정·삭제, 이용 내역 및 유출 사실 통지 등 정보 주체의 권리를 실질화하면서, 아동 청소년, 어르신, 장애인, 사망자 등 개인 정보 보호 사각지대를 해소하겠다는 방안이 제시되어 있다.

35) 손도일, 김선희, 안다연, 허승진(2023). 개인정보보호법 전면개정 : 주요내용 살펴보기. 법무법인 율촌.
36) 이성엽 편(2022). 『마이 데이터와 법』. 서울 : 박영사.

이러한 법령에도 불구하고 개인 정보 보호를 위한 안전 조치 의무를 소홀히 하거나, 개인 정보 미파기, 선택 동의 사항 미동의 시 서비스 제공을 거부한 사업자들이 계속 나타나고 있는 것이 현실이다.[37)]

다크 패턴에 대한 규제

제4장에서 설명했듯이 다크 패턴(Dark Pattern)이란 온라인 상에서 사업자의 이익을 위해 소비자의 착각, 실수, 비합리적인 지출 등을 유도하는 상술이자 눈속임 설계를 말한다. 데이터 자본주의 사회에서 플랫폼 기업의 다크 패턴 기술은 더욱 교묘해지고 있기 때문에 다크 패턴에 의한 소비자 권익 침해를 막기 위한 입법 규제는 매우 강력하게 시행될 필요가 있다. 국내에서 다크 패턴의 규제는 전기통신사업법, 전자 상거래 등에서의 소비자 보호에 관한 법률(일명 '전자상거래법'), 개인정보보호법 등을 통해 이루어지고 있다.

2022년 1월, 프랑스의 CNIL(National Commission for Information Technology and Freedom)은 2022년에 발표된 ePrivacy Directive 또는 기업이 수집된 쿠키를 광고 목적으로 사용하기 전에 동의를 얻어야 한다고 규정하고 있는 쿠키 법을 위반한 페이스북과 구글에 총 2억 4천억 달러의 벌금을 부과했다. CNIL은 이들 플랫폼들이 사용자가 쿠키를 거부하는 것을 어렵게 만드는 반면 쿠키를 수락하는 것은 클릭 한 번으로 간단하게 만들었다고 판단한 것이다.[38)]

우리나라 공정거래위원회는 2023년 4월 21일 "온라인 다크 패턴으로부터 소비자 보호를 위한 정책 방향"을 발표하며 다크 패턴에 대한 본격적인 규제 도입의 의지를 밝힌 바 있다.[39)]

공정거래위원회는 다크 패턴의 유형을 크게 편취형 상술, 오도형 상술, 방해형 상술, 압박형 상술의 네 가지로 나누고, 이를 다시 19개 세부 유형으로 구분하였

37) 개인정보보호위원회 보도자료(2023.6.14.). 개인정보보호법 위반 5개 사업자 제재.

38) Nidhi Singh(2022.4.14.). What Are Dark Patterns and Why Google, YouTube & Facebook Are in Trouble for Them; https://www.jumpstartmag.com/what-are-dark-patterns-and-why-google-youtube-in-trouble/

39) 공정거래위원회 뉴스(2023.4.21.). 온라인 다크 패턴으로부터 소비자 보호를 위한 정책 방향 발표.

다. 세부 유형을 살펴보면 우리가 플랫폼을 이용할 때 한 번쯤은 다 경험했던 내용들임을 알 수 있으며, 언론에서도 다양한 경험 사례를 보도하고 있다.[40]

<표 9-2> 다크 패턴의 세부 유형

대분류	세부 유형	설명
편취형 상술 (2개 행위 유형)	숨은 갱신	서비스가 무료에서 유로로 전환되거나 결제 대금이 증액될 때 소비자에게 별도의 고지 없이 계약을 자동 갱신하고 그 대금이 자동 결제되도록 하는 행위
	순차 공개 가격 책정	첫 화면에서 소비자가 지급해야 하는 최종 금액을 표시할 수 있음에도 불구하고 정당한 사유 없이 그 일부 금액만 표시하고 나머지 금액을 그 표시에서 은폐·누락시키는 방법으로 소비자를 유인하는 행위
오도형 상술 (7개 행위유형)	거짓 할인	할인에 관한 정보를 거짓으로 표시함으로써 소비자가 높은 가격에 상품을 구매하도록 유인하는 행위
	거짓 추천	불리한 이용 후기를 삭제하거나 유리한 이용 후기를 거짓으로 작성하는 행위
	유인 판매	실제로는 판매되지 않은 이른바 '미끼 상품'을 마치 판매 중인 것처럼 거짓으로 표시·광고함으로써 소비자를 유인하는 행위
	위장 광고	광고를 마치 광고가 아닌 다른 콘텐츠인 것처럼 위장하여 소비자에게 제공하는 행위
	속임수 질문	소비자에게 선택 항목을 제시하는 경우 소비자가 그 선택 항목의 내용을 정확하게 이해할 수 있도록 구성할 수 있음에도 불구하고 정당한 사유 없이 그 내용이나 표현 방식을 복잡·모호하게 구성하여 소비자의 실수·착오를 유발할 우려가 있는 행위로서 소비자의 합리적 의사 결정을 방해하는 행위
	잘못된 계층 구조	상품 구매·회원 가입·계약 해지 등의 결정에 관한 선택 항목을 제시하는 경우, 그 항목들 사이에 크기·모양·색깔 등에 현저한 차이를 두어 소비자로 하여금 그들이 서로 대등한 항목이 아닌 것으로 잘못 알게 할 우려가 있거나, 그 구매·회원 가입·계약 해지 등의 전제 조건으로 특정 항목을 반드시 선택해야 하는 것으로 잘못 알게 할 유가 있도록 표시하는 행위
	특정 옵션 사전 선택	특정 옵션 사전 선택

40) 한겨레(2023.7.3.). 소비자 뒤통수 치는 '다크 패턴'… AI 날개 다는데, 규제는 속수무책.

방해형 상술 (3개 행위 유형)	숨겨진 정보	상품 구매 여부 결정 등에 필요한 중요한 정보를 은폐·축소·누락하는 등의 방법을 사용하여 소비자를 유인하거나 소비자와 거래하는 행위
	취소·탈퇴 방해	정당한 사유 없이 구매·계약 체결·회원 가입 등의 절차보가 그 취소·해지·탈퇴 등의 절차를 복잡하게 설계하거나 그 방법을 제한해 소비자의 구매 취소·계약 해지·회원 탈퇴 등을 방해하는 행위
	가격 비교 방해	상품 사이에 가격 비교를 어렵게 만들기 위해 정당한 사유 없이 같은 종류의 상품들 사이에 크기·수량·묶음 단위 등을 서로 달리 적용해 그 가격을 표시하고 그 사실을 은폐·누락·축소하는 방법으로 소비자를 유인하거나 소비자와 거래하는 행위
압박형 상술 (1개 행위 유형)	반복 간섭	소비자가 이미 선택·결정한 내용에 대해 그 선택·결정을 변경할 것을 팝업 등을 통해 짧은 시간 내(특정 페이지에 접속해 그 접속이 끊어지기 전까지 머물러 있는 시간 내)에 반복적으로 요구해 소비자의 자유로운 의사 결정을 방해하는 행위. 단 그 요구 중 첫 번째 요구의 단계에서 일정 기간 이상 그런 요구를 받지 않을 수 있도록 소비자에게 선택권을 주는 경우는 제외한다.

출처 : 법률신문(2023.4.28.).

아동 청소년에 대한 개인 정보 수집 규제

미국은 COPPA(Children's Online Privacy Protection Rule)라는 어린이온라인프라이버시보호법을 제정하였다. COPPA는 13세 미만의 어린이를 대상으로 하는 웹 사이트 또는 온라인 서비스의 운영자, 그리고 13세 미만의 어린이로부터 온라인으로 개인 정보를 수집하고 있다는 사실을 실제로 알고 있는 기타 웹 사이트 또는 온라인 서비스의 운영자에게 특정 요구 사항을 부과하는 규칙이다.[41]

2023년 2월 7일 미국의 조바이든 대통령은 연두 교서에서 빅테크 기업이 어린이와 청소년의 온라인 개인 데이터를 수집하는 것을 막기 위해 초당적인 법안을

41) Fedral Trade Commission(2023.9.13.). Children's Online Privacy Protection Rule("COPPA").https://www.ftc.gov/legal-library/browse/rules/childrens-online-privacy-protection-rule-coppa

통과시켜야 할 때라고 밝히면서 어린이를 대상으로 한 타깃 광고를 금지하고 기업이 수집하는 개인 데이터에 더 엄격한 제한을 가하겠다는 입장을 밝혔다. 1998년 제정한 COPPA을 더욱 강화하겠다는 의지이다. 1998년 COPPA에서는 보호 대상의 연령 범위를 13세 미만으로 하고 있어서 플랫폼 기업과 데이터 브로커는 13세 이상의 사람들에게 속한 데이터를 수집하고 공유할 수 있으며, 청소년을 대상으로 광고를 타깃팅할 수 있다. 그러나 2021년 발의된 COPPA 2.0으로 불리는 법안에서는 18세 미만으로 보호 대상을 확대하는 법안이 제시되기도 했다.[42]

아동 청소년에 대한 개인 정보 수집의 위법성이 매우 심각하나 국내의 입법 규제는 아직 미흡한 편이다. 김묘희 변호사(2023)는 온라인에서 아동 청소년에 대한 개인 정보를 수집하는 행위를 막아야 한다고 주장한다.[43] 아동 청소년은 권리의 주체이자 보호의 대상이라는 이중적 지위를 가지고 있기 때문이다. 아동 개인 정보는 최소한으로 수집되어야 잠재적 착취를 막을 수 있으며, 아동에 대한 추적 광고도 막아야 한다는 주장이다. 아동에 대한 개인 정보 수집에 대해 더욱 철저히 감독할 필요가 있으며, 아동이 자신에 대한 디지털 기록을 삭제할 수 있는 권한이 주어져야 한다고 주장한다.

또한 개인 정보 보호를 위한 '연령 적합 설계'가 필요하다고 주장한다. 아동이 온라인 환경에서 노출될 수 있는 위험성 맥락에서 공정한 데이터 처리를 위한 실용적인 조치와 보호 방법이 필요하다는 것이다. 예를 들면 개인 정보 보호의 일반 원칙에 다음과 같은 아동 특화 원칙 같은 것을 포함할 것을 제안하고 있다.

① 자녀 보호 기능(아동이 감시를 당할 때 해당 사실을 명확히 알릴 것)
② 프로파일링(비활성화가 기본설정이어야 하며 적절한 조치가 취해진 상태에서만 허용될 것)

42) Alfred NG(2023.2.7.). Biden calls for ban of online ads targeting children. https://www.politico.com/news/2023/02/07/biden-calls-for-ban-of-online-ads-targeting-children-00081731

43) 김묘희(2023.6.23.). 온라인에서의 아동.청소년보호. 시민 사회 포럼 <빅테크:인권과 민주주의를 위협하는 거인들> 세미나 토론문.

③ 넛지 기술(불필요한 설정을 하도록 유도하지 말 것)

④ 연결되는 완구 및 기기(본 규약을 준수할 수 있는 확실한 방안 마련)

⑤ 온라인 도구 제공(아동이 자신의 개인 정보 보호 권리를 실행하고 관련 문의를 접수할 수 있는 도구를 마련할 것)

EU의 강력한 규제 방침과는 달리 국내에서 개인 정보 보호는 경제적 가치와 산업적 요구에 의해 완화되는 경향성을 보이고 있다. 예를 들면 앞으로 촬영 대상이 거부 의사를 밝히지 않는 한 동의 절차 없이도 드론·자율 주행차 등 이동형 영상 정보 처리 기기를 이용한 업무 목적의 촬영이 가능해진다. 이 같은 조치는 산업 현장의 규제 개선 요청을 반영한 것으로서 개인정보보호위원회는 2023년 9월 15일부터 개인정보보호법과 후속 개정 시행령이 시행된다고 밝혔다.[44)]

아동 청소년 개인 정보 보호의 경우에도 법적 구속보다는 자율 규제의 방향성을 가지고 있다. 2022년 7월 정부 합동으로 '아동 청소년 개인 정보 보호 기본 계획'을 발표하였고, 곧이어 후속 조치로서 개인정보보호위원회는 '아동 청소년 개인 정보 보호 가이드라인'을 발표하였다. 일종의 자율 규제 가이드라인인 셈이다. 가이드라인은 ① 개인 정보 자기 결정권 존중, ② 아동 최선의 이익 고려, ③ 권리 실현을 위한 적극적 지원, ④ 투명성 확보를 통한 아동의 역량 강화, ⑤ 연령대별 특성을 고려한 보호 조치 등을 아동·청소년 개인 정보 보호 원칙으로 제시하고 있다. 개인 정보 처리는 기획 설계 단계, 수집 단계, 이용 제공 단계, 보관 파기 단계, 권리 보장으로 구분하여 각 단계별로 세부 사항을 규정하고 있는데, 수집 단계에서 만 14세 미만 아동의 개인 정보를 처리하기 위해서는 법정 대리인의 동의를 받아야 하며, 정보 통신 서비스 제공자는 법정 대리인의 동의 여부도 확인해야 한다.[45)]

44) 조선일보(2023.9.5.). 동의 없이도 드론 촬영 가능… 개인정보보호법 개정안 15일부터 시행.

45) 아동·청소년 개인정보보호위원회 가이드라인(2022.7). 개인정보보호위원회.

4
커뮤니케이션 정책의 재구조화를 위한 두 가지 질문

디지털 플랫폼과 관련하여 발생하는 상당수의 문제는 사회 커뮤니케이션의 문제로 귀결된다. 플랫폼 자본주의 사회에서 디지털 플랫폼을 생존재로 안고 살아가야 하는 사회 구성원들의 안전과 행복을 위해서 국가는 디지털 커뮤니케이션 정책의 재구조화를 통해 국민에게 정책 신뢰를 보여줄 의무가 있다. 이에 두 가지 질문을 제기하면서 이 책을 마무리하고자 한다.

첫째, AI 플랫폼이 지배하는 세상에서 디지털 커뮤니케이션에 대한 정책 목표를 어떻게 설정할 것인가?

AI 플랫폼이 가져오는 존재론적 불확실성과 플랫폼 기업이 보여주는 기만적 상술 등을 고려할 때 디지털 플랫폼이 가져오는 문제의 해결을 기업의 자율에만 맡기기는 어렵다고 본다. 정부의 정책이 중요한 이유이며, 정부가 커뮤니케이션 정책을 끊임없이 성찰하고 재구조화해야 하는 이유가 여기에 있다. 정부는 가치 충돌에 대한 조정자 역할을 수행해야 한다. 정부가 플랫폼 기업의 경제적 가치에 기반하는 정책 목표만을 앞세우는 것은 심각한 소비자 권익 침해를 가져올 수 있다. EU가 지속적으로 유럽 시민들의 안전을 위해 강력하고 다양한 규제 입법을 내놓는 것은 그러한 이유에서이다. 디지털 플랫폼은 플랫폼 자본주의의 핵심 기제로서 국가 경제와 산업적 성장을 견인하는데 매우 중요한 분야이지만, 경제적 가치와 정치, 문화와 같은 공적 가치와의 균형을 이루는 것이 무엇보다 중요하다.

EU 국가들의 플랫폼 정책 문제에 대해 독립적이고 객관적이며 권위 있는 분석과 연구를 제공하고 있는 유럽의회(European Parliament)가 2021년 발간한 보고서 <온라인 플랫폼: 경제 사회적 효과>(Online platforms: Economic and societal effects)를 보면 우리의 디지털 플랫폼 정책이 어떤 정책 방향성을 가져야 할 것인가에 대해 시사하는 바가 크다. 이 보고서에서는 시장의 경쟁과 혁신도 중요하지만 시민의 권리 증진과 노동 여건의 개선 및 사회의 지속가능한 발전을 함께 고려해야 하는 정책 과제와 방향성을 제시하고 있다. 플랫폼 경제에 대한 현행 법 집행 및 규제를 강화할 필요가 있다는 기본 원칙을 제시하고 있으며, 피해가 발생한 후 처벌에만 초점을 맞추는 현재의 집행 방식에 의존하기보다는 피해를 예방하는 것이 중요하다는 입장을 보여주고 있다. 결론적으로 보고서는 사전에 강력한 규제, 더욱 강력한 사후 집행, 온라인 플랫폼 기업과 생태계 구성원의 적극적인 참여를 결합하는 새로운 규제 방식이 플랫폼 경제에 필요하다고 제안한다. 또한 플랫폼과 생태계의 행동에 대한 근본적인 연구를 지원해야 하며, 플랫폼에 대한 더 많은 연구가 필요하다고 결론을 내리고 있다.[46)]

디지털 플랫폼 자본주의 사회에서 발생하는 다양한 가치 갈등을 조정하기 위해서는 정책의 목표를 다차원화하고 시민 참여를 확대하는 방향으로의 정책 방향성을 가져가는 것이 경제적 가치와의 균형을 유지할 수 있는 방안이 될 수 있다. 유럽의 플랫폼 관련 규제 입법은 시민과 관련이 있고 시민의 삶에 영향을 미치는 데이터에 대한 시민의 통제를 형성, 또는 발전시키는 규제 프레임워크라는 지향성을 보이고 있다.

앞에서도 여러번 언급한 바 있는 웨스트민스터 대학교 교수 푹스(Fuchs. C., 2021, 21쪽)는 디지털 플랫폼이 지향해야 할 차원을 경제, 정치, 문화의 세 차원으로 나누고 이에 따른 플랫폼을 구분하여 설명한다. 자본주의 플랫폼이 중심이 되는 경제 시스템에서 플랫폼은 디지털 자본을 축적하는 개인 소유의 가치가 중요하지만, 공공 서비스 플랫폼과 시민 사회 디지털 플랫폼으로 이행할수록 공적 소유와 공동체 소유의 가치가 중요해진다는 것이다. 특히 문화적 차원에서는 소통과 참여의 공익을 넘어서서 시민 저널리즘의 가치를 실현할 수 있는 플랫폼에 대한 고려가 필요하다고 설명한다.[47)]

46) European Parliament(2021). Online platforms: Economic and societal effects. https://www.europarl.europa.eu/RegData/etudes/STUD/2021/656336/EPRS_STU(2021)656336_EN.pdf

47) Christian Fuchs(2021). The Digital Commons and the Digital Public Sphere: How to Advance Digital Democracy Today. *Westminster Papers in Communication and Culture*, 16(1), 9-26. DOI: https://doi.org/10.16997/wpcc.917

디지털 플랫폼 자본주의 사회에서 공론장의 역할은 매우 중요하다. 그런 의미에서 디지털 플랫폼 정책 목표의 하나로 디지털 공론장에 대한 정책 목표를 재구조화할 필요가 있다. 심우민(2023.5.31.)[48]은 디지털 갈등 해소 수단으로서 입법 영향 분석을 제도화해야한다고 주장한다. 입법 영향 분석이 갈등의 주체와 쟁점을 구별해서 공론화할 수단이기 때문이다. 이는 결국 갈등의 공론화를 위한 공론장 확대가 중요하다는 점을 시사해준다.

베일라드(Catie Snow Bailard)는 『민주주의의 양날의 검』(2014)이라는 책에서 인터넷이 시민들이 이용할 수 있는 정보의 양과 범위를 바꿈으로써 개인들의 정부 성과를 평가하는 능력에 직접적으로 영향을 미친다고 주장한 바 있다. 그녀는 시민들이 거울 잡기(Mirror-holding)와 창 열기(Window-opening)를 할 수 있도록 해야 한다고 주장한다. '거울 잡기'는 인터넷 접속을 통해 시민들이 자신의 정부 성과에 대해 보다 자세하게 볼 수 있도록 하는 것이고, '창 열기'는 시민들이 다른 정부의 성과, 특히 자신의 정부와 비교하여 어떻게 수행되는지 더 상세하게 알 수 있도록 함을 의미한다.[49] 아날로그 공론장의 영향력이 약화되고 있지만 디지털 공론장의 역할이 재구조화되어야 하는 이유이다.

디지털 자본주의가 심화되면서 공적 가치가 약화되고 소멸되는 것처럼 보이지만 디지털 시대의 공적 영역에 대해 새로운 학문적 접근과 정책의 개발 역시 필요하다.[50] 공적 영역의 이론들은 커뮤니케이션과 미디어 연구의 핵심 요소로서 디지털 시대에도 공적 영역의 개념은 여전히 유효하고 필요하다. 사회 전반에 걸쳐 사회 통합자 역할을 하는 공공 영역의 개념은 설득력을 잃고 있지만, 복잡하고 역동적인 공공 영역의 네트워크 개념은 오히려 견인력을 얻고 있기 때문이다. 디지털 시대에 미디어가 흩어져 있는 청중을 하나로 모으는 것이 점점 더 어려워지고 있

48) 심우민(2023.5.31.). 디지털 사회갈등과 입법-영향분석 제도화의 한 맥락. 방송통신법 포럼 발제문.

49) Catie Snow Bailard(2014). Democracy's Double-Edged Sword : How Internet Use Changes Citizens' Views of Their Government. Johns Hopkins University Press.

50) Mark Eisenegger, Mike S Schäfe(2023). Editorial : Reconceptualizing public sphere(s) in the digital age? On the role and future of public sphere theory. Communication Theory, 33(2-3), 61-69. https://doi.org/10.1093/ct/qtad011

지만, 디지털 플랫폼이 사회 구성원들로 하여금 레거시 미디어와 언론인들을 우회하도록 하면서, 플랫폼 자체가 새로운 역할을 하고 있기 때문이다.

영국 런던대학교 정치 경제학과의 바트 카마르츠와 로빈 맨셀(Bart Cammaerts & Robin Mansell)이 제기하는 디지털 플랫폼 정책 대안은 다소 급진적이지만 새로운 민주적 다원주의 정책 수립의 필요성을 보여주고 있다는 점에서 참고할만하다.[51)]

첫째, 다중이해관계자주의(Multistakeholderism)와 신중함(deliberation)이다. 다중이해관계자주의는 정부, 시민 사회, 민간 부문, 종교 단체, 학계 및 언론의 대표가 함께 정책결정에 참여해야 함을 의미하며, 그들이 함께 신중하게 정책 및 규제 논의를 구성할 필요성이 있다는 것이다. 디지털 플랫폼 정책에 시민 참여를 더 강화해야 하는 이유이다.

둘째, 급진적 다원주의와 디지털 플랫폼 논의(Radical Pluralism and Digital Platform Debate)이다. 급진적 다원주의로의 전환을 수용하고 이러한 이론적 전통의 통찰력을 디지털 플랫폼 정책 및 규제 논의의 실천에 적용하는 것이다.

셋째, 급진적 다원주의로의 전환에 대한 실질적 조치이다. 처음 두 가지 조치를 달성하기 시작할 수 있는 실질적인 조치를 명시하는 것이다. 디지털 플랫폼 정책과 규제 이슈에 대한 급진적인 민주적 다원주의 프레임은 디지털 플랫폼 정책과 규제와 관련한 논의 과정의 체질 변화를 요구하기 때문에 실질적인 적용이 중요하다는 것이다. 상반된 가치 사이의 균형을 추구하는 것 이상의 것을 논의할 필요가 있으며, 그래야만 해결책을 마련할 수 있다는 주장이다.

연구자들은 디지털 플랫폼 시대에 경제적 가치와 공공 가치의 재균형을 넘어서는 움직임이 필요하다고 주장한다. 논쟁의 여지가 있는 가치들 사이의 본질적이고 해결 불가능한 갈등에 대해, 디지털 플랫폼의 사회적 역할에 대해 기존의 지배적인 인식을 벗어날 필요가 있다고 주장한다. 새로운 논의를 통해 시민의 기본적 인

51) Digital Platform Policy and Regulation : Toward a Radical Democratic Turn. *International Journal of Communication*, 14(2020), 135 - 154.

권 존중과 민주적 원칙에 더욱 부합하는 디지털 플랫폼 서비스에 대한 상식을 구축해야 한다는 것이다. 기존의 정책 및 규제 대응은 디지털 플랫폼의 데이터 프로젝트 논리 내에서 계속 반응할 가능성이 높기 때문에 정책 및 규제의 대전환이 필요하다고 강조한다.

여전히 지배적인 신자유주의 시대에 가장 높게 평가되는 것은 기술 혁신이고, 기술에 대한 투자와 인공 지능 및 머신러닝 적용을 통해 촉진되는 경제적 가치 축적이 최고라는 정책 방향에 매몰될 수 있다. 한국 사회의 소통 위기 문제는 이미 오래전부터 심각한 이슈로 제기되어 왔으며,[52] 디지털 플랫폼 자본주의 사회에서 문제의 심각성은 더욱 커지고 있다. 송호근(2011)[53]은 한국 사회에서 공론장이 제대로 형성되지 못한 것은 자발적으로 활성화된 19세기 말의 초기의 공론장이 1910년 일본 강점에 의해, 제국의 침탈이라는 외적 강압력에 의해 폐쇄되면서 이후 민주화 이행 과정에서 공론장이 심각하게 위축, 왜곡되었다고 설명한다. 디지털 플랫폼이 한국 사회의 공론장 위기를 더욱 가속화할 것인가, 아니면 정책 목표와 정책 과정의 재구조화를 통해 새로운 사회로 나아갈 것인가는 우리의 선택에 달려 있다.

둘째, 포용과 설명 책임의 정책 과제를 어떻게 실현할 것인가?

대만의 디지털장관이자 유명한 프로그래머인 오드리탕(Audrey Tang)이 쓴 『내일을 위한 디지털을 말하다』(2021)[54] 에서 저자는 디지털 민주주의에 잠재된 위험성은 아날로그 시대부터 계속된 것이라고 지적하면서 두 가지의 정책 과제를 제시한다.

52) 강준만 외(2011). 『한국 사회의 소통 위기』. 커뮤니케이션북스. 이 책에는 16명의 사회과학자들이 한국사회의 위기를 소통의 위기로 규정하며 대안을 제시하고 있으니 참고하기 바란다. 오래된 책이기는 하나 디지털 플랫폼 사회에서도 여전히 참고할만한 가치가 있는 책이다.

53) 송호근(2011). 공론장의 역사적 형성과정: 왜 우리는 불통사회인가. 『한국 사회의 소통 위기』. 커뮤니케이션북스, 42-45.

54) Audrey Tang(2021). The Future of Digital Innovation. 안선주 옮김. 『내일을 위한 디지털을 말하다』. 프리렉.

첫째는 포용(inclusion)이다. 국민 전체를 아우르는 포용을 달성하지 못하면 디지털 접속이 가능한 사람만 민주주의에 참여할 수 있게 되고, 자신이 배제된 상태에서 모든 것이 정해지는 세상을 살아가게 된다고 설명한다. 이는 앞서 언급한 정치, 경제, 문화적 차원의 정책 목표 균형과 함께 시민 참여 확대와도 관련성이 있다.

디지털 플랫폼 프로세스에 관련된 주체별 분류 및 연령 적합 설계에 따른 이용자 보호 정책도 필요할 것이다. 김여라·박소영(2022)[55]는 온라인 플랫폼의 이용자 보호를 위해서는 개발자, 플랫폼 내 사업자, 중개 거래 업자, 데이터 사업자, 최종 사용자 등 주체를 세부적으로 분류하여 접근할 필요가 있다고 주장한다. 각자가 겪는 문제와 필요로 하는 보호의 방식이 다를 수 있기 때문에 주체의 세분화 접근은 온라인 플랫폼 장애로 인한 피해 보상 체계화 등을 위해서도 필요하다는 주장이다.

두 번째는 설명 책임(inclusion)이다. 디지털 민주주의에서는 어느 정도의 연역법을 사용하여 문제의 답을 도출해나가야 한다. AI에 전적으로 의존하지 말고 국민의 의견을 듣고 AI에게 최선의 방법을 구하되 AI가 제시한 방법을 국민이 이해하지 못하면 정부가 '설명 책임'을 다 해야 한다는 것이다. 즉 '설명 책임이 충분히 실현되어 있는지' 그리고 '확실하게 설명 책임을 다하는 상태인지'가 디지털 민주주의의 가장 큰 과제라는 것이다. 그녀 스스로가 프로그래머이고 행정을 담당하고 있다는 점에서 매우 설득력 있게 다가오는 주장이다. EU의 디지털 플랫폼 규제 입법에서 설명책임을 강조하고 있는 것도 이런 맥락일 것이다.

이미 오래전부터 디지털 플랫폼 정책의 프레임은 개방성(openess)에서 포용으로 전환해야 한다는 주장이 제기되어 왔다. 포용의 문제는 비단 국내 구성원 간의 포용만을 의미하는 것이 아니라 전 지구적인 포용의 문제로 확대되고 있으며, 글로벌한 연구가 진행되고 있다. 인도의 IT for Change가 주도하고 캐나다의 IDRC(International Development Research Centre)가 지원한 프로젝트의 보고서를 보면 디지털 플랫폼의 거버넌스와 관련된 이슈부터 다양한 디지털 플랫폼

55) 김여라.박소영(2022.12.21.). 디지털 시대 온라인 플랫폼 규제와 책임의 조화. <이슈와 논점>, 2030호, 국회입법조사처.

포용 정책의 방향성이 나타나 있다.[56)]

이 보고서에서도 다중이해관계자 거버넌스를 제안한다. 플랫폼 거버넌스에 대한 논의를 위한 공간을 마련하기 위해 여러 이해관계자로 구성된 법률 및 규제 패널이 존재해야 한다고 주장한다. 패널에는 특히 근로자 데이터의 공정한 처리 및 알고리즘 배포와 관련하여 플랫폼 회사의 운영을 감독하고 점검하기 위해 정책입안자, 기업, 법률 학자, 근로자 및 노동조합의 대표가 포함되어야 한다고 설명한다. 다중 이해관계자 감사 패널은 디지털 플랫폼의 운영을 위한 포괄적인 의사소통 및 보고 메커니즘을 유지해야 한다는 것이다.

『블랙박스 사회』의 저자 프랭크 파스콸레의 말을 인용하면, “진정한 문화적 변화가 이루어지려면 구글 … 같은 플랫폼들이 자신들에게 피해를 입었다고 주장하는 사람들을 자발적으로든 강제적으로든 보다 책임감 있게 대해야 할 것이다. … 법정보다는 비공식적인 환경에서 … 인터넷 사용자를 단지 알고리즘의 재료로만 취급하지 않고 존엄성을 지닌 존재로 대하는 중요한 진정이 있어야 한다. … 블랙박스는 언뜻 경탄스러워 보이지만, 우리의 블랙박스 사회는 위험을 초래할 만큼 불안정하고 불공정하며 비생산적이다. … 시민들은 위험을 이해할 수 있을 때에만 제 역할을 수행할 수 있다.”[57)]

디지털 플랫폼이 개인과 사회에 가져오는 편익과 효능은 차고 넘친다. 플랫폼 기업은 기업의 수익 창출을 위해 소비자들이 원하는, 혹은 원하지 않으나 욕구를 창출할 수 있는 다양한 AI 상품이나 서비스를 지속적으로 개발할 것이다. 그러나 편익의 반대편에서 증가하고 있는 플랫폼 알고리즘의 불확정성과 불공정성, 불투명성 등에 대해 사회 구성원 모두가 지속적으로 관심을 가지고 문제를 제기할 때 디지털 플랫폼의 효용성과 안전성을 증대시키고 지속가능한 공정성과 투명성을 실현할 수 있을 것이다.

56) IT for Change(2017). Policy Frameworks for Digital Platforms: Moving from Openness to Inclusion. https://itforchange.net/index.php/platform-politics-policy-frameworks-digital-platforms-openness-inclusion

57) 프랭크 파스콸레 지음. 이시은 역(2017). 『블랙박스 사회』. 안티고네.

디지털 플랫폼의 지배와 왜곡

초판 1쇄 인쇄 / 2023년 12월 22일
초판 1쇄 발행 / 2023년 12월 29일

저자 정인숙
발행처 형설출판사
경기도 파주시 회동길 37-23 · 전화 (031) 955-2361~4 · 팩시밀리 (031) 955-2341
발행인 장진혁
등록 라-제9호 · 1962년 5월 1일
홈페이지 http://www.hyungseul.co.kr
e-mail hs@hyungseul.co.kr

정가 22,000원

ISBN 978-89-472-8667-1 93500

* 본 저서는 '2022년 한국방송학회-GS리테일 방송/영상 분야 저술 출판 지원'에 의해 수행되었음

디지털 플랫폼의
지배와 왜곡